最高人民法院
知识产权法庭

审判指导与参考

（第一辑）

主　编／郃中林

知识产权出版社
全国百佳图书出版单位
——北京——

图书在版编目（CIP）数据

最高人民法院知识产权法庭审判指导与参考. 第一辑/最高人民法院知识产权法庭编；郃中林主编. —北京：知识产权出版社，2021.11
ISBN 978 - 7 - 5130 - 7761 - 3

Ⅰ.①最… Ⅱ.①最… ②郃… Ⅲ.①知识产权—审判—中国 Ⅳ.①D923.4

中国版本图书馆 CIP 数据核字（2021）第 201871 号

内容提要

本书为最高人民法院知识产权法庭组织编写的面向全国的技术类知识产权审判业务指导书籍，主要内容包括最新技术类知识产权司法政策与精神、相关法律和司法解释制修动态、国家层面技术类知识产权审判分析报告及裁判规则、全国法院相关典型案例和理论研究成果等。本书立足于打造全国法院技术类知识产权审判业务交流平台，为统一裁判尺度和提升审判能力提供指导与参考，同时也是社会各界深入了解人民法院服务保障科技创新和维护公平竞争有关司法工作动态的重要载体。本书内容翔实、专业权威，具有较强的可读性和较高的参考价值。

责任编辑：程足芬　　　　　　　　　　　　责任校对：王　岩
封面设计：杨杨工作室·张冀　　　　　　　责任印制：刘译文

最高人民法院知识产权法庭审判指导与参考（第一辑）

最高人民法院知识产权法庭　编

郃中林　主　编

出版发行：知识产权出版社 有限责任公司	网　址：http://www.ipph.cn
社　址：北京市海淀区气象路 50 号院	邮　编：100081
责编电话：010 - 82000860 转 8390	责编邮箱：chengzufen@qq.com
发行电话：010 - 82000860 转 8101/8102	发行传真：010 - 82000893/82005070/82000270
印　刷：天津嘉恒印务有限公司	经　销：各大网上书店、新华书店及相关专业书店
开　本：720mm × 1000mm　1/16	印　张：23.25
版　次：2021 年 11 月第 1 版	印　次：2021 年 11 月第 1 次印刷
字　数：405 千字	定　价：98.00 元
ISBN 978 - 7 - 5130 - 7761 - 3	

编辑委员会

周强院长在最高人民法院知识产权
法庭座谈会上的讲话（代序）

最高人民法院院长　周　强

在以习近平同志为核心的党中央坚强领导下，在中央政法委领导下，在中央有关部门及北京市各有关方面大力支持下，最高人民法院知识产权法庭今天正式成立了。这是我国知识产权审判事业发展进程中的一件大事，标志着知识产权审判工作迈上了新台阶，人民法院司法体制改革进入了新阶段，在我国法治建设和人民司法事业发展史上都具有非常重要的意义。

设立最高人民法院知识产权法庭，是以习近平同志为核心的党中央作出的重大决策部署，是深化依法治国实践、推进公正司法的重大改革举措，是严格保护知识产权、服务创新驱动发展战略、营造国际一流营商环境的重大制度创新。2014年6月6日，习近平总书记主持召开中央全面深化改革领导小组第三次会议，审议通过《关于设立知识产权法院的方案》，提出"在北京、上海、广州三地设立知识产权法院。将来条件成熟时，再考虑在其他地区设立知识产权法院及知识产权高级法院"，规划了我国知识产权法院体系的发展方向和实现路径。2017年11月20日，习近平总书记主持召开十九届中央全面深化改革领导小组第一次会议，审议通过《关于加强知识产权审判领域改革创新若干问题的意见》，要求"研究建立国家层面知识产权案件上诉审理机制，从根本上解决知识产权裁判尺度不统一、诉讼程序复杂等制约科技创新的体制性难题"。2018年10月19日，中央批准最高人民法院设立知识产权法庭，统一审理全国范围内专利等专业技术性较强的上诉案件。11月26日，十三届全国人大常委会第六次会议审议通过《关于专利等知识产权案件诉讼程序若干问题的决定》，规定了知识产权法庭的受案范围，为知识产权法庭开展工作提供了明确法律依据。这些都充分体现了党中央对知识产权司法保护工作的高度重视，对最高人民法院知识产权法庭的大力支持。希望知识产权法庭全体干警勇担时代重任，以高度的政治责任感和强烈的历史使命感，抓住机遇，奋力拼搏，不辱使命，为人民法院知识产权司法事业发展作出积极贡献。

在各方面的关心支持下，知识产权法庭筹建工作稳妥有序、进展迅速。短短两个月的时间，法庭改造基本完成，已经能够满足办公办案需要；信息化建设稳步推进，将为法官办案和群众诉讼提供最大便利；从最高人民法院本部和部分地方法院抽调人员，面向全社会公开选拔高级法官，充分体现了人员组成广泛的代表性和知识产权审判工作的特殊性。目前法庭组织架构已经搭建完成，第一批审判人员已经全部到位，工作机制基本建立，为知识产权法庭工作顺利开局奠定了坚实基础。在此，我代表最高人民法院，向关心、支持知识产权法庭筹建工作的中央政法委、中央编办、国家知识产权局等中央有关单位，向北京市、丰台区有关单位以及社会各界表示衷心的感谢！向参与最高人民法院知识产权法庭组建工作的全体同志表示亲切的慰问！

12月18日，习近平总书记在庆祝改革开放40周年大会上发表重要讲话，深刻总结改革开放的伟大成就和宝贵经验，明确提出把新时代改革开放继续推向前进的目标要求，突出强调要实施创新驱动发展战略，完善国家创新体系，加快关键核心技术自主创新。12月21日，习近平总书记在中央经济工作会议上发表重要讲话，全面分析当前国内国际经济形势，系统阐述我国发展的重要战略机遇期，明确提出明年经济工作的总体要求、主要目标、政策取向和重点任务，突出强调要加强知识产权保护和应用。这两个讲话内涵十分丰富，意义非常重大，为人民法院下一步工作指明了方向，也是推进知识产权法庭工作必须深刻把握的关键所在。大家一定要深入学习领会，结合工作实际，不折不扣抓好落实。

刚才，罗东川同志谈了下一步知识产权法庭工作的设想，讲得很好，我都赞成。设立最高人民法院知识产权法庭，统一审理全国范围内专业技术性较强的专利等上诉案件，促进知识产权案件审理专门化、管辖集中化、程序集约化和人员专业化，有助于激励和保护科技创新，优化科技创新法治环境，实施创新驱动发展战略；有助于推进严格公正司法，依法平等保护中外市场主体知识产权，营造法治化国际化便利化营商环境；有助于提高知识产权审判质量效率，解决制约科技创新的裁判尺度不统一等问题。知识产权法庭各项工作都要坚持围绕中心、服务大局，瞄准创新驱动发展战略需要，瞄准改善营商环境、树立我国重视知识产权保护国际形象的需要，瞄准提高知识产权司法保护能力和水平的需要，瞄准提高我国在国际知识产权保护领域话语权的需要，朝着专业化、国际化方向，把知识产权法庭建设成各知识产权法院和知识产权庭工作的新示范，建设成我国对外展示国家形象的新窗口，建设成国际知识产权司法保护新高地，为建设知识产权强国和世界科技强国提供有力司法服务和保障。

下面，我讲几点意见。

一、坚持党的绝对领导，确保正确政治方向。要坚持以习近平新时代中国特色社会主义思想为指导，牢固树立"四个意识"，坚定"四个自信"，坚决做到"两个维护"，始终在政治立场、政治方向、政治原则、政治道路上同以习近平同志为核心的党中央保持高度一致，牢牢坚持党对人民法院工作的绝对领导，坚定不移走中国特色社会主义法治道路，确保党中央决策部署在人民法院得到不折不扣贯彻落实。要切实提高政治站位，确保知识产权法庭各项工作始终与党和国家事业发展同频共振，为经济持续健康发展保驾护航。要充分认识到知识产权法庭案件特点，尤其是涉外案件社会关注度高、影响面广、事关全局，必须建立严格的内部监督和管理程序制度，认真落实"三同步"工作要求，妥善处理重大敏感案件，积极服务党和国家工作大局，实现办案政治效果、法律效果和社会效果的有机统一。

二、坚持国际视野，切实提高我国知识产权司法保护的国际化水平。作为我国知识产权司法保护的重大制度创新，知识产权法庭是以法治方式树立我国知识产权保护负责任大国形象、营造国际一流营商环境、积极参与和引领国际知识产权治理进程的重要平台。要坚持以"高起点、高标准、高水平、国际化"标准加强知识产权法庭建设，以国际一流的人才、制度、设施保证裁判的质量和效率，不断提升中国法院在知识产权保护领域的公信力和吸引力，把知识产权法庭建成国际知识产权诉讼优选地。要树立战略眼光，深刻把握国际形势变化和国内改革发展需求，集中力量攻坚，形成一批在国际上有重大影响的标杆性判决，提升知识产权法庭和裁判的国际影响力。要强化全球视野，通过树立裁判规则和创新诉讼制度，积极参与构建国际知识产权保护规则、推动国际知识产权治理体系变革，增强我国在国际治理规则中的话语权和引领力。要深化知识产权国际交流合作，向世界讲好中国知识产权法治故事，为世界法治文明贡献中国智慧。

三、充分发挥司法保护主导作用，统一知识产权裁判标准。中办、国办联合印发的《关于加强知识产权审判领域改革创新若干问题的意见》明确指出，要充分发挥知识产权司法保护主导作用。作为最高人民法院的派出常设审判机构，知识产权法庭应该在这方面率先垂范。要坚持严格公正司法，完善工作程序，充分运用信息技术，积极运用审判智能辅助平台，把解决知识产权裁判尺度不统一、诉讼程序复杂等制约科技创新的体制性难题作为重要任务，充分发挥审判机构专门化、审判人员专职化和审判工作专业化的优势，统一知识产权司法裁判标准和尺度，确保知识产权案件审判质量和效率。要充分行使对知识产权授权确权行政案件的终审裁决权，回应知识产权授权确权行政案件中枢属性的内在需求，实现知识产权效力判断与侵权认定两大诉讼程序和裁判标准的无缝对接，彻底解决制约科技创新的司法体制性难题。要加强对下指导，帮助各级法院知识产权审判机构及时调整审判方法和思维方式，把知识产权案件特别是涉外知识产权案件审判工作放到国家整体工作中谋划推进，坚决防止出现只顾地方利益、部门利益，不顾整体利益的问题。

四、严格保护知识产权，服务保障国家创新驱动发展战略。习近平总书记多次在重大国际场合阐明中国依法严格保护知识产权的鲜明立场。设立知识产权法庭，就是要落实党中央决策部署，健全科技创新激励机制，彰显我国严格保护知识产权的坚定决心要完善知识产权司法保护措施，积极探索完善知识产权侵权损害赔偿制度，正确适用惩罚性赔偿，加大对侵犯知识产权行为的惩治力度，推动形成尊重知识、尊重创新的良好社会氛围。要通过公正裁判激励科技创新，激发各类主体创新活力，加大对中小企业创新支持力度，优化科技创新及成果转化法治环境，鼓励市场主体通过创新提升核心竞争力。要深入研究当前科技创新和市场竞争的新特点，有针对性地加大新兴产业等重点领域知识产权保护力度，更好发挥知识产权作为国家发展战略性资源和国际竞争力核心要素的关键作用，推动增强我国经济创新力和竞争力。

五、积极深化司法体制改革，不断完善知识产权司法体系。设立知识产权法庭是司法体制改革的重要成果，同时也将成为改革的重要试验田和展示窗。要强化改革创新意识，勇当改革先行者，大胆创新、大胆探索，坚决破除一切不合时宜的思想观念和体制机制弊端，以提升案件质效为根本，以创新的理念和方法破解难题、补齐短板，形成和完善中国特色知识产权司法保护制度。要深化知识产权诉讼制度改革，完善知识产权案件管辖、审理方式、证据规则，推动形成知识产权司法保护新格局。要全面落实司法责任制，积极探索科学的审判权运行机制，正确处理放权与监督、约束与激励、责任与保障的关系，破解监督管理不力、裁判尺度不一、考核激励不足等难题。要及时总结改革成果，为推进司法体制综合配套改革积累更多有益经验，为探索符合中国实际、符合司法规律的人民法院管理和运行模式作出积极贡献。

六、大力加强队伍建设，锻造一支符合知识产权案件特点的高素质专业化干部队伍。知识产权法庭队伍形象代表了最高人民法院形象。知识产权法庭每名同志都要以最高的专业水准、最严的纪法规定、最高的道德规范要求自己，做中国知识产权法官的优秀代表和形象代言人。要坚持把政治建设摆在首位，全面落实新时代党的建设总要求，坚持抓党建带队建促审判，全面提升队伍能力素质。要树立正确选人用人导向，弘扬正气，创先争优，充分调动干警的积极性、主动性和创造性，激励干警在新时代有新担当新作为。要高度重视审判能力建设，知识产权领域思维最活跃、知识更新最快，法官的能力素质必须跟上业务需要。知识产权法庭审理案件的水平对外就代表了最高人民法院的水平，特别是法庭刚成立，国内外都非常关注，要开好局、起好步，必须精心组织审好"第一案"，展示中国法院的良好形象，亮明中国法院知识产权司法保护的立场和观点，向全世界传递中国加强知识产权保护的最强音。要加强人才队伍建设，充分发挥全国审判业务专家的榜样作用，抓好专家型优秀人才培养，努力造就一支政治坚定、顾全大局、精通法律、熟悉技术、具有国际视野的知识产权法庭审判队伍。要把全面从严治党、从严治院要求贯穿法庭工作各方面，深入推进党风廉政建设和反腐败工作，筑牢理想信念，加强理论武装，提升品行作风，以廉洁司法确保公正司法。

同志们，党中央对知识产权法庭寄予厚望，知识产权法庭工作责任重大、使命光荣。希望大家不忘初心、牢记使命，努力创造无愧于党、无愧于人民、无愧于时代的优秀业绩，为实现"两个一百年"奋斗目标、实现中华民族伟大复兴的中国梦作出新的更大贡献！

守正笃实勇担当　凝心聚力拓新局

——《最高人民法院知识产权法庭审判指导与参考》寄语

最高人民法院常务副院长　贺　荣

科技兴则国家兴，创新强则民族强。从时间维度来看，人类近现代的每一次重大变革都与科学技术的革命性突破密切相关；从空间维度来看，科学技术的竞争已逐渐成为当前国际竞争的核心，尤其是关键领域核心技术的实力对于国际关系的影响与日俱增。知识产权作为创新发展的基本保障和重要支撑，已经成为国家发展战略资源和国际竞争力核心要素。以习近平同志为核心的党中央，从建设知识产权强国和世界科技强国的战略高度，作出了设立最高人民法院知识产权法庭的重大战略决策部署。

自2019年1月1日揭牌成立以来，作为世界范围内首个在最高司法层面设立的专门化知识产权上诉审判机构，知识产权法庭行使统一审理全国范围内技术类知识产权上诉案件的终审职能，与具有该类案件一审管辖权的各高级人民法院、4家知识产权法院、40余家中级人民法院构建起技术类知识产权案件审判格局，凝成强有力的全国技术类知识产权司法审判合力，形成了一批具有典型意义和指导价值的裁判文书和裁判规则，结合司法审判实践开展了多项前沿问题专题调研，并积极参与国内外交流合作，学习借鉴国际上保护知识产权的成功做法，同时向世界讲述中国知识产权法治故事。

最高人民法院院长周强到知识产权法庭视察调研时提出，知识产权法庭要"充分发挥职能作用，为党和国家工作大局提供有力司法服务和保障"，首要是"把建设'统一裁判标准、提高审判质效系统工程'作为全庭审判工作第一要务"。基于此，知识产权法庭决定出版《最高人民法院知识产权法庭审判指导与参考》，此书作为全国技术类知识产权审判条线法院的业务指导类出版物，既服务全国技术类知识产权审判实践，也面向法律界、知识产权界、科技产业界以及中外研究机构以及社会公众集中展示我国技术类知识产权司法保护成果和审判实务研究成果，以专业的态度、权威的解读、国际化的视野来打造技术类知识产权审判业务的交流平台，不断提升中国法院知识产权司法公信力和国际影响力。

"凡贵通者，贵其能用之也"。"学以致用"是学习最根本的目的论。本书在内容选取上以技术类知识产权审判实务中的重点、难点和热点问题为导向，博观而约取，厚积而薄发，全面展示我国技术类知识产权司法审判的权威解读和主流观点。相信这本致力于服务审判实践和展示司法成果的出版物对于进一步统一技术类知识产权案件裁判尺度、指导技术类知识产权审判工作、不断提高业界同人在技术类知识产权领域处理新型、疑难、复杂的法律问题的能力有积极的参考借鉴意义。希望本书能够伴随中国技术类知识产权审判事业的发展，见证以知识产权法庭为统领的全国技术类知识产权审判力量为加强关键核心技术知识产权保护、提升我国科技自主创新能力提供更有力的服务和保障，为知识产权国际司法保护实践和规则形成贡献中国智慧和中国方案。在此，谨向关心支持本书的所有同仁表示深深的感谢！期盼本书在大家的呵护下能够茁壮成长！

目　录

年度报告

裁判要旨

典型案例

法律和司法解释

司法学术

调研报告

出访报告

域外撷英

智慧法庭

附　　录

年度报告

最高人民法院知识产权法庭年度报告（2019）

前　言

党的十八大以来，以习近平同志为核心的党中央大力实施创新驱动发展战略，高度重视知识产权保护，从建设知识产权强国和世界科技强国的战略高度，作出设立最高人民法院知识产权法庭（简称"法庭"）的重大战略决策部署。2019年1月1日，法庭正式揭牌成立，成为世界范围内首个在最高法院层面设立的专门化知识产权审判机构，行使统一审理全国范围内专利、垄断等技术类知识产权上诉案件的终审职能，承担进一步统一技术类知识产权案件裁判尺度、进一步提高审判质量和效率、进一步提升司法公信力和国际影响力、进一步为加强创新驱动发展战略和国家知识产权战略实施提供司法保障的职责使命。

自成立以来，法庭始终坚持以习近平新时代中国特色社会主义思想为指导，全面贯彻落实党的十九大和十九届二中、三中、四中全会精神，切实增强"四个意识"、坚定"四个自信"、做到"两个维护"。围绕党中央赋予的职责使命，积极在最高司法层面统筹国内国际两个大局，坚持"高起点、高标准、高水平、国际化"标准，秉持"创新、精进、智慧、卓越"庭训，不断深化技术类知识产权审判领域改革，充分发挥技术类知识产权审判激励和保护创新、促进科技进步和社会发展的职能作用，保障和服务国家经济社会发展大局，并在知识产权国际司法保护实践和规则形成中贡献中国经验和中国智慧，努力推动知识产权国际规则和治理体系朝着开放包容、平衡有效的方向发展。

一、立足审判职能，加强典型示范，进一步统一技术类知识产权案件裁判尺度

统一专利等技术类知识产权案件裁判标准，是法庭设立的重要目标。

2019 年，法庭立足司法审判职能，依法公正高效审结了一批专业技术性较强的知识产权案件，形成了一批具有典型示范作用的标杆性判决，建设实施"统一裁判标准系统工程"，进一步推动了技术类知识产权案件裁判尺度的统一。

（一）立足审判职能，公正审理案件

2019 年，法庭共受理技术类知识产权案件 1945 件，审结 1433 件，结案率 73.7%。其中，受理民事二审实体案件 962 件，审结 586 件；受理行政二审案件 241 件，审结 142 件；受理管辖权异议二审案件 481 件，审结 446 件；受理其他类型案件 261 件，审结 259 件。

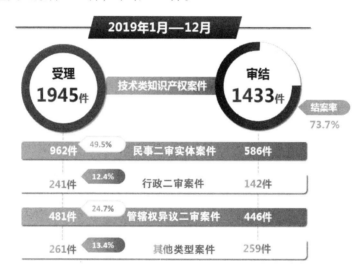

1. 案件数据统计分析

（1）案件来源统计分析

2019 年，法庭共受理各类二审案件 1684 件。其中，一审法院为中级人民法院的为 1678 件，占比 99.6%；一审法院为高级人民法院的为 6 件，占比 0.4%。

就案源地区分析，案件排名前十位的分别为北京知识产权法院（376件）、广州知识产权法院（297 件）、上海知识产权法院（143 件）、南京知识产权法庭（107 件）、深圳知识产权法庭（96 件）、宁波知识产权法庭（85件）、苏州知识产权法庭（71 件）、杭州知识产权法庭（70 件）、青岛知识产权法庭（67 件）、济南知识产权法庭（53 件）。上述数据大致反映出技术类

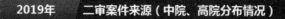

知识产权纠纷在全国的分布情况，并表明：越是经济发达地区，涉技术类知识产权的经济活动越活跃，相关纠纷也越多。

2019年　二审案件来源（前20家法院、法庭分布情况）

	法院/法庭	件数		法院/法庭	件数
1	北京知识产权法院	376件	11	郑州知识产权法庭	44件
2	广州知识产权法院	297件	12	成都知识产权法庭	39件
3	上海知识产权法院	143件	13	福州知识产权法庭	26件
4	南京知识产权法庭	107件	14	兰州知识产权法庭	25件
5	深圳知识产权法庭	96件	15	合肥知识产权法庭	24件
6	宁波知识产权法庭	85件	16	武汉知识产权法庭	24件
7	苏州知识产权法庭	71件	17	石家庄市中级人民法院	22件
8	杭州知识产权法庭	70件	18	西宁市中级人民法院	16件
9	青岛知识产权法庭	67件	19	包头市中级人民法院	13件
10	济南知识产权法庭	53件	20	南宁市中级人民法院	9件

（2）案件类型统计分析

在法庭受理的962件民事二审实体案件中，侵害实用新型专利权纠纷454件，侵害发明专利权纠纷234件，涉计算机软件纠纷142件，涉专利代理、许可合同纠纷40件，技术合同纠纷26件，涉植物新品种权纠纷20件，涉技术秘密纠纷12件，涉垄断纠纷9件，专利申请权及专利权权属纠纷9件，涉确认不侵权纠纷8件，涉职务发明人报酬纠纷7件，涉集成电路布图设计纠纷1件。其中，占比较高的纠纷类型分别为侵害实用新型专利权纠纷（47.2%）、侵害发明专利权纠纷（24.3%）、涉计算机软件纠纷（14.8%）。

在法庭受理的241件行政二审案件中，行政授权确权类案件230件，行

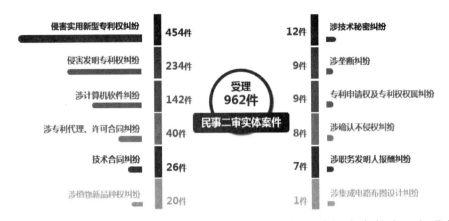

政处罚类案件 7 件，其他行政案件 4 件。在行政授权确权类案件中，发明专利权无效行政纠纷 80 件，发明专利申请驳回复审行政纠纷 71 件，实用新型专利权无效行政纠纷 57 件，实用新型专利申请驳回复审行政纠纷 9 件，外观设计专利权无效行政纠纷 13 件。行政二审案件中，占比较高的纠纷类型分别为发明专利权无效行政纠纷（33.2%）、发明专利申请驳回复审行政纠纷（29.5%）、实用新型专利权无效行政纠纷（23.7%）。

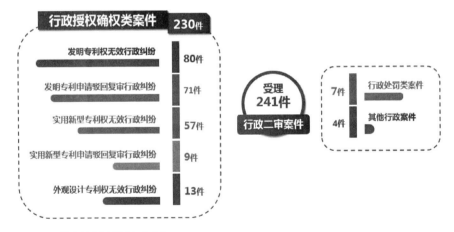

（3）裁判结果统计分析

2019 年，法庭共审结二审案件 1174 件。其中，以维持原审裁判方式结案的为 731 件，以撤诉方式结案的为 280 件，以调解方式结案的为 71 件，调撤率为 29.9%，以发改方式结案的为 92 件，发改率为 7.8%。法庭发改的 92 件案件中，民事二审实体案件 66 件，管辖权异议二审案件 21 件，行政二审案件 5 件。

审结 1174件
二审案件

维持原审裁判 **731件** 62.3%

撤诉 **280件** 23.9%

调解 **71件** 6.0%

发改 **92件** 7.8%

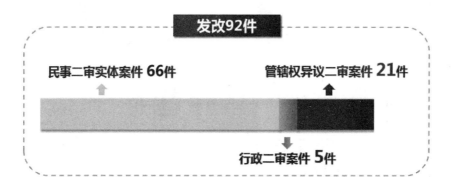

发改92件

民事二审实体案件 **66件**

管辖权异议二审案件 **21件**

行政二审案件 **5件**

在法庭审结的586件民事二审实体案件中，以维持原审裁判方式结案的为236件，以撤诉方式结案的为213件，以调解方式结案的为71件，调撤率为48.5%，以发改方式结案的为66件，发改率为11.3%。

在法庭审结的142件行政二审案件中，以维持原审裁判方式结案的为126件，以撤诉方式结案的为11件，以改判方式结案的为5件，改判率为3.5%。

在法庭审结的446件管辖权异议二审案件中，以维持原审裁判方式结案的有369件，以撤诉方式结案的有56件，以发改方式结案的有21件，发改率为4.7%。

审结 586件
民事二审实体案件

维持原审裁判 **236件**

撤诉 **213件**

调解 **71件**

发改 **66件**

审结 142件
行政二审案件

维持原审裁判 **126件**

撤诉 **11件**

改判 **5件**

审结 446件
管辖权异议二审案件

维持原审裁判 **369件**

撤诉 **56件**

发改 **21件**

（4）审理周期统计分析

2019 年，法庭二审实体案件平均审理周期为 73 天，管辖权异议二审案件平均审理周期为 29.4 天。法官人均结案 39.2 件。

（5）涉外、涉港澳台案件统计分析

2019 年，法庭共受理 174 件涉外、涉港澳台案件。其中，民事二审实体案件 50 件，行政二审案件 52 件，管辖权异议二审案件 71 件，其他案件 1 件。按地域统计，涉欧盟国家 75 件，涉美国 54 件，涉日本 15 件，涉韩国 4 件，涉加拿大、以色列各 2 件，涉澳大利亚、南非各 1 件，涉港澳台 20 件。

法庭共审结 98 件涉外、涉港澳台案件。其中，审结的实体案件为 35 件，外方当事人胜诉（包括部分胜诉）21 件，港澳台方当事人胜诉 3 件，内地当事人胜诉 11 件。

2. 案件特点分析

（1）整体案件特点

2019 年，法庭审理的技术类知识产权案件在整体上具有以下特点：涉及技术领域广，社会影响大，程序交织案件多，审理周期短，平等保护中外当事人的合法权益，加大司法保护力度的导向明显。

第一，涉及技术领域广。当事人诉请保护的知识产权类型涵盖了医药、基因、通信、机械、农林业等诸多与国计民生、前沿科技、衣食住行密切相关的领域。

第二，案件社会影响大。一是案件涉及的知识产权市场价值较高，权利人一审主张侵权赔偿额超过 1000 万元的案件有 17 件，过亿元的有 3 件；二是案件涉及标准必要专利、医药专利等前沿科技和国计民生，社会关注度高。

第三，程序交织案件多。法庭受理不少竞争性互诉案件，当事人在不同法院相互提起多个民事、行政诉讼，涉及不同审级、不同程序的关联案件多。法庭从审理程序、裁判尺度、统筹调解等多方面着手协调处理，成效较好，2019 年审结的二审案件调撤率达 29.9%。

第四，案件审理周期短。由于民事与行政程序交织、技术事实查明难度大等多方面因素，技术类知识产权案件的审理周期一般比较长。法庭 2019 年审结的二审实体案件平均审理周期仅为 73 天，技术类知识产权维权周期长的问题得到有效改善。

第五，平等保护中外当事人的合法权益。法庭受理的涉外、涉港澳台案件占比 8.9%，有部分案件属于当事人之间跨国诉讼的一部分，与国外专利侵权诉讼相互影响。法庭坚持对中外各类市场主体的知识产权依法一视同仁、平等保护。

第六，加大司法保护力度的导向明显。运用诚信诉讼机制，在拒不履行文书提出命令、故意毁损被保全产品等情形下采取不利于该行为人的事实推定。在审结案件中，权利人胜诉案件占比 61.2%。

（2）专利民事案件特点

法庭审理的专利民事案件具有以下特点：

第一，以权利要求解释与等同侵权判定为主要争议的案件较多。权利要求解释关系到专利权保护范围的确定与侵权比对的结果，法庭通过个案裁判在功能性特征的认定标准、主题名称对权利要求保护范围的限定作用、捐献原则的适用等方面进行了深入探索。多起案件涉及等同侵权判断问题，如何在维护权利要求公示作用的同时，给予专利权人以公平保护，成为案件审理的难点。

第二，合法来源抗辩、现有技术抗辩、先用权抗辩为最常见的抗辩事由。提出合法来源抗辩的案件占比最大，争点多集中在举证责任的分配、免除赔偿责任的范围等方面。现有技术抗辩的提出较为随意，当事人在二审程序中才首次提出该抗辩的案件占有一定比重。

第三，具有商业维权色彩的关联案件占有一定比例。此类案件表现为权利人以同一专利在全国各地进行批量商业维权，所涉专利多为未经实质审查的实用新型专利，被诉侵权人多为居于商品流通环节下游的小型销售商。

（3）专利行政案件特点

法庭审理的专利行政案件具有以下特点：

第一，涉发明专利、涉高新技术领域的案件多。三种专利类型中，最具技术含量的发明专利的案件数量，在无效宣告和驳回复审案件中均居于首位，体现了创新主体和相关公众对专利价值的重视。在技术领域方面，机械领域的案件总数最多，但在无效宣告案件中，电学领域与机械领域的案件数并列最多，其中不乏通信技术、计算机等高新技术领域的纠纷。化学领域的无效宣告案件虽总体数量不多，但普遍集中于医药、生物技术等重要产业领域。

第二，多数案件以创造性判断为主要争点。涉及创造性判断的案件共92件，在审结的专利行政案件中占比约70%；在撤改一审裁判的案件中，涉及创造性判断的占比80%。法庭在该类案件的审理中，注重通过"三步法"判断非显而易见性，规范商业成功因素等辅助判断的适用，对化合物药物新晶型、涉保藏生物材料等类型发明的创造性判断进行探索，确保真正有价值的发明创造依法获得保护。

第三，驳回复审案件中自然人作为申请人的案件较多。在审结的57件专利驳回复审案件中，自然人作为申请人的案件占比75%以上，绝大多数因不具备创造性、少数因不具备实用性或不符合授权主题而被驳回。因错误理解专利行政诉讼起诉期限的计算方式而导致起诉不予受理的10件案件中，申请人均为自然人。

（4）涉计算机软件案件特点

法庭审理的涉计算机软件案件具有以下特点：

第一，案件类型较为集中。计算机软件案件主要包括合同案件和侵权案件两类。其中，计算机软件合同案件占全部计算机软件案件总量的80%以上。

第二，争议焦点较为集中。尤其是计算机软件合同案件的争议焦点，主要集中在开发成果是否交付、交付内容是否符合约定、履行中的变更是否已经达成合意、迟延履行应当如何认定等问题。

第三，审理难度差异大。计算机软件侵权案件中，如果双方对于软件侵权的技术事实争议较大，则往往涉及复杂的源程序比对，审理难度很大；反之，则审理难度较小。计算机软件合同案件中，如果合同约定模糊、有关履约标准难以确定，则审理难度较大；反之，则审理难度较小。

（5）管辖案件特点

法庭审理的管辖案件具有以下特点：

第一，案件数量较多。基于诉讼策略、管辖规则复杂性、管辖连结点多等因素，被诉侵权人在知识产权案件中对于管辖权异议有更大的争辩空间。

第二，新难问题较多。如垄断协议纠纷的管辖是否适用协议中的仲裁条款，共谋达成垄断协议的行为实施地可否作为垄断纠纷的管辖连结点，未起诉销售商的情况下能否将网络平台商作为管辖连结点，确认不侵权案件中专利权人主张的侵权行为实施地可否作为管辖连结点，等等。这些问题反映出，伴随科学技术、商业模式以及维权实践的不断发展，技术类知识产权案件的管辖呈现出日趋复杂与多样化的特点。

第三，司法态度较宽容。法庭审结的 446 件管辖权异议二审案件中，以撤改方式结案的仅为 21 件，占比 4.7%。出于保护权利人依法行使诉讼权利，以及适度促进司法竞争的考虑，法庭对权利人选择案件管辖连结点持较为宽容的司法态度，尊重权利人对纠纷管辖法院的选择权。

（6）其他类型案件特点

法庭审理的涉植物新品种权案件具有以下特点：第一，涉及的品种与人们日常生活息息相关，如玉米、水稻、蜜柚、花卉等；第二，技术事实的查明难度较大，尤其是"同一性"的判断难度较大；第三，案件涉及的法律问题多元化，如诉讼主体资格、品种权保护范围、合法来源抗辩、侵权赔偿数额等。

法庭审理的技术合同案件，多数以违约行为的审查认定为审理重点，技术事实的查明对违约行为的认定多具有重大影响。

法庭审理的涉技术秘密案件，涉及程序问题较多，程序规则得到进一步明确。

（二）树立标杆案例，发挥示范作用

法庭作出的裁判是最高人民法院的裁判，具有终局性和权威性。法庭充分利用技术类知识产权案件二审集中管辖的优势，打造出一批有社会影响力、有统一法律适用标准价值的标杆案例，发挥引领示范作用。

2019 年 3 月 27 日，知识产权法庭由庭长罗东川、副庭长王闯等五人组成合议庭敲响法庭"第一槌"，公开开庭审理了上诉人厦门卢卡斯汽车配件有限公司、厦门富可汽车配件有限公司与被上诉人法国瓦莱奥清洗系统公司等侵害发明专利权纠纷一案。从立案、开庭到结案送达，案件审理过程用时仅 50 天。该案涉及专利侵权纠纷的先行判决问题，具有前沿性。通过该案，法庭明晰了功能性特征的认定标准，阐明了判令停止侵害的部分判决尚未发生效力时临时禁令的独特价值，明确了判令停止侵害的部分判决制度和临时禁令制度并存适用的条件和规则。该案被确定为最高人民法院指导性案例，并被评为 2019 年十大民事行政案例。

以"第一槌"为样板，法庭根据不同技术领域知识产权的特性，通过个案智慧总结类案经验，树立了一批标杆案件。如在机械领域，上诉人无锡海斯凯尔医学技术有限公司与被上诉人弹性测量体系弹性推动公司、原审被告中日友好医院侵害发明专利权纠纷案，所涉专利为"肝病无创诊断仪"，该案对专利侵权诉讼中权利要求保护范围的解释、举证责任的分配、相同和等同技术特征的判断等问题确立了裁判规则。在医药领域，上诉人国家知识产权局与被上诉人伊拉兹马斯大学鹿特丹医学中心、罗杰·金登·克雷格发明专利驳回复审行政纠纷案，涉及的发明为前沿生物基因技术药物，法庭厘清了专利创造性判断与说明书充分公开等法律标准的关系，促使专利审查实践中创造性判断标准回归核心和本质，并对如何在创造性判断中避免"后见之明"给出了明确指引。在通信领域，上诉人深圳市吉祥腾达科技有限公司与被上诉人深圳敦骏科技有限公司等侵害发明专利权纠纷案，所涉专利为"一种简易访问网络运营商门户网站的方法"，该案以网络通信领域的技术特点为重要考量因素，确定了多主体实施方法专利的侵权判断规则：以生产经营为目的，未经许可将专利方法的实质内容固化在被诉侵权产品中，对专利权利要求的技术特征被全面覆盖起到了不可替代的实质性作用，即构成侵害方法专利权。在植物新品种领域，上诉人蔡新光与被上诉人广州市润平商业有限公司侵害植物新品种权纠纷案，所涉植物新品种为"三红蜜柚"，该案对植物新品种权保护范围以及被诉侵权行为的认定等问题确立了裁判规则，指出在植物体既

是繁殖材料又是收获材料的情形下，应审查被诉侵权的销售者将其作为繁殖材料还是收获材料进行销售的真实意图。

（三）实施系统工程，统一裁判标准

2019 年，法庭建设和实施"统一裁判标准系统工程"，形成专项规范、分段保障、严管重点的工作体系，为统一技术类知识产权案件的裁判标准提供了制度和体系保障。

在制度建设方面，制定了《知识产权法庭统一裁判标准实施细则》，明确将涉及同一专利的案件原则上分配给同一法官或者合议庭，保障裁判标准统一。在前端梳理方面，采取系统比对、人工复核等多项措施识别类案，将涉及相同专利的民事案件、民行交叉案件与当事人关联案件等类案集中分配给同一合议庭。在中间把控方面，完善法官会议制度，法庭全年召开了 34 次法官会议，统一了 120 个裁判规则，并印发《法官会议纪要摘编》和《办案提示》，使法官及时掌握重要裁判标准和类案办理方式；利用"知识产权法庭讲坛""新知大讲堂"等平台，推动法庭内部形成裁判共识；举办"知识产权法庭工作部署暨业务培训班""全国法院技术类案件审判实务培训班"，加强对下指导和裁判规则的向下传导。在末端审核方面，发挥法官会议对标杆案件、重大敏感案件的裁判文书的把关作用，实施文书评查制度，提升裁判文书质量。在重点案件方面，建立大要案专报和指导机制，编发 28 期《知产法庭工作信息》及特刊，为领导决策提供参考。

二、深化机制改革，推动智能办案，进一步提高技术类知识产权案件审判质效

作为世界范围内首个在最高法院层面设立的审理全国范围专利等技术类知识产权上诉案件的专门化司法机构，法庭锐意进取，勇当改革先行者和探索者，创新体制机制，推进信息化建设，强化队伍能力，全方位多措施提升技术类知识产权案件审判质效。

（一）发挥制度优势，创新审理机制

以创新的方式保护创新，以改革的思维推进改革。一年来，法庭在技术类知识产权案件诉讼制度方面实现了一系列突破和创新。

实行集中统一管辖制度和中国特色"飞跃上诉"制度。根据全国人大常委会《关于专利等知识产权案件诉讼程序若干问题的决定》，法庭集中统一管

辖全国范围技术类知识产权民事和行政上诉案件。无论技术类知识产权案件一审裁判由中级人民法院还是高级人民法院作出，对其提起的上诉均由法庭受理。最高人民法院在中级人民法院一审的技术类知识产权案件的上诉管辖上，跨越了高级人民法院，形成了具有中国特色的"飞跃上诉"制度。这不仅有助于统一裁判标准和缩短纠纷解决周期，也凸显了中国最高司法层面对技术类知识产权案件的司法政策和裁判规则。

探索涉及同一专利民事与行政案件的协同审理机制。我国专利制度采用民事侵权程序与行政无效程序的二元分立体制，该体制在实践中产生的问题是：一方面，专利民事侵权程序往往受到行政无效程序的影响和制约，程序交叠造成维权周期延长和维权结果反复；另一方面，专利权人可能利用分立程序做出不同的权利要求解释，在无效程序中以限缩的保护范围争取获得确权，而在民事侵权诉讼中以扩大的保护范围获得侵权认定中的优势，从而"两头获利"。法庭充分利用审理权限集中的优势，在北京知识产权法院与其他地方法院的支持配合下，建立涉及同一专利民事与行政案件审理工作协同推进机制，实现权利效力判断与侵权判断两大诉讼程序和裁判标准的对接，从机制层面解决专利诉讼周期长、权利人就同一专利在不同案件中对权利要求解释不一致的问题。具体做法是，法庭汇总涉及相同专利的民事、行政案件信息，转递至专门受理专利行政诉讼的北京知识产权法院，协调案件审理进程、统一案件裁判标准。对于已进入二审阶段的此类案件，法庭在"前端梳理"识别的基础上，积极探索在现行法律框架下破解"二元分立"问题的审理机制。如乐金电子（天津）电器有限公司与厦门实正电子科技有限公司专利权无效行政纠纷、侵权纠纷两案，涉及同一专利，法庭组成相同合议庭，指派相同技术调查官，合并召开庭前会议，聚焦审理共同涉及的权利要求解释问题，并记载在裁判文书中，架起了专利行政确权诉讼与民事侵权诉讼之间的沟通桥梁，是实现专利侵权民事诉讼与确权行政诉讼裁判标准对接的一次有益探索。

建构"1+76"技术类知识产权审判格局，建立统筹联动机制。全国有32个高级人民法院、44个中级人民法院对技术类知识产权案件享有一审管辖权，以法庭为上诉机构的"1+76"审判格局已初步构建，形成"全国一盘棋、上下一条线"，逐步发挥出统筹联动机制的优势和整体效能。2019年，法庭以统筹联动机制为依托，扩展纠纷化解渠道方式，跨区域调解80个专利侵权案件，实现了"庭未开、案已结，人未走、事已了"的良好效果。如在上诉人佟某华、宁波照华公司与被上诉人普德水器材厂等侵害发明专利权纠纷一案中，法庭了解到该该当事人就涉案专利与相关专利在不同地区、不同法院尚有其他未结案件，遂联系杭州知识产权法庭、宁波知识产权法庭，协调合作、共同参与调解工作，推动涉及三地两级法院的 8 个案件一揽子化解。在上诉人江苏宝雕公司与被上诉人重庆银钢公司等侵害发明专利权纠纷一案中，法庭在江苏、四川、重庆等地高级法院的支持下，跨地域、跨程序一揽子化解 7 件一审、二审与再审案件。

实行全国范围巡回审判制度。坚持以人民为中心，依托最高人民法院六个巡回法庭和地方法院，探索"知产法庭 + 巡回法庭"巡回审判模式，建立"勘验 + 庭审"案件审理机制，到纠纷发生地或者一审人民法院所在地巡回审理案件，方便当事人诉讼，促进纠纷就地就近从快解决。2019 年，法庭赴南京、深圳、济南、郑州、格尔木等地，对潜水泵、大型丝印机等不便运输的大型机械设备进行现场勘验，共完成 23 个案件的现场勘验和巡回审判，方便了群众诉讼，丰富了"枫桥经验"的知识产权保护实践。如在上诉人东莞市腾飞网印设备有限公司与被上诉人广东皓达科技有限公司、原审被告珠海红森电路板有限公司侵害实用新型专利权纠纷一案中，因被诉侵权的大型丝印机不便运输，且被诉侵权人上诉主张一审法院未就涉案专利权利要求 1 包含的 50 余项技术特征进行一一比对，故合议庭决定到位于珠海的工厂现场进行侵权比对，并在位于深圳的最高人民法院第一巡回法庭公开开庭审理了本案，最终在查明技术事实的基础上支持了上诉人的上诉请求。

完善技术事实查明机制。首先，牵头筹建"全国法院技术调查官、技术咨询专家库"，汇集全国各地技术调查官、技术咨询专家 360 余人，覆盖 30 多个技术领域。其中既有人民法院聘任的技术调查官，也有来自国家知识产权局、科技企业、高校、科研院所的交流、兼职、志愿者等形式的技术调查官与技术咨询专家，有效解决技术事实查明人才来源单一、领域不均、供应不足的问题。其次，建立"全国法院技术调查资源共享机制"，适用《最高人民法院关于技术调查官参与知识产权案件诉讼活动的若干规定》，推动在全国范围内按需调派技术调查官，或参照该规定调派技术咨询专家。共享机制与专家库协同发力，使技术调查人才通过统一调派在全国范围内按需流动，发挥既有资源的最大效用。2019 年 7 月，应宁夏回族自治区银川市中级人民法院申请，法庭调派一名机械领域的技术调查官参与"免耕式双垄沟全铺膜覆土联合作业机"发明专利侵权纠纷一案的审理工作。2019 年 11 月，法庭应天津知识产权法庭申请，综合考虑地域、领域、人员等情况，通过"全国法院技术调查官、技术咨询专家库"从北京知识产权法院调派一名生物医药领域的技术调查官参与"作为心血管的标志和治疗靶的1L1RL－1"发明专利侵权纠纷一案的审理工作。2019年12月，南京知识产权法庭积极调派计算机软件领域技术调查官，协助最高人民法院知识产权法庭计算机软件侵权案件审理，本案复杂的源程序事实问题得以正确查明，当事人在新事实的基础上自愿达成和解，案件得以圆满解决。最后，针对实践中存在的技术调查官工作认知习惯差异大、参与诉讼细节规范不统一等问题，法庭牵头组织北京、上海、广州三家知识产权法院，以及天津、深圳、南京、苏州等地知识产权法庭共同编写、发布《技术调查官工作手册（2019）》，为全国法院技术调查官查明技术事实提供工作指引和范式。

（二）加强信息化建设，推动智能办案

信息化技术是提升司法审判质效的重要手段，法庭高度重视信息化建设工作，探索大数据、人工智能等新一代信息技术在审判工作中的应用，在裁判规则数据库、科技法庭、远程质证等方面取得了积极进展，并对信息化建设工作的未来发展进行了统筹规划。

第一，建立以法律适用具体规则为中心的新型裁判规则数据库。首批上线的裁判规则来自最高人民法院指导案例、最高人民法院知识产权年度报告、全国法院典型案例，以及法庭2019年审结的具有指导意义的案例，由法庭法官提炼、撰写，再进行系统梳理和分类。使用者在该数据库输入关键词，即可获得以"规则脑图"和"规则列表"两种形式展现的相关裁判规则。这一展现形式，是根据案件的类型、领域等特点，按照法律逻辑予以构建，呈现系统性的知识结构，区别于通常的简单罗列形式，可引导使用者主动学习并掌握相关规则。该数据库既可运用于辅助类案审理，也可运用于检验审判质效。目前，裁判规则数据库试运行版已经完成，即将正式上线运行，为全国法院技术类知识产权案件智能审判提供有力支持。

第二，建设集信息化终端运用、同步圈画技术、AR技术、语音识别技术与电子签名技术等多项技术于一体的科技法庭。开庭时，法官席的信息化终端与办案系统连通，法官可调阅电子卷宗资料。终端内嵌同步圈画技术，质证过程中，法官和当事人均可通过各自终端用不同颜色的线条、色块在证据上进行标记，实现同步圈画。科技法庭还可运用AR技术，通过AR眼镜的现实增强技术将电路布图等比较微小、结构精密的证据投到大屏上，便于查看细微结构。科技法庭的语音识别技术与电子签名技术，可以将语音转换为文字实时生成庭审记录，并以电子签名代替传统签字，通过一次电子签名即可实现在庭审笔录的每一页均完成签名。

第三，利用高清视频远程传输技术进行远程质证。对于不便移送的证据，法庭通过高清视频远程传输技术进行远程质证。在上诉人北京热刺激光技术有限公司与上诉人上海容东激光科技有限公司、被上诉人上海嘉定马陆东方激光管厂侵害发明专利权纠纷一案中，被诉侵权产品系玻璃易碎品，不便远途运输，法庭与一审法院上海知识产权法院沟通协作，实现了证据的远程实时展示与质证比对。

第四，统筹规划信息化建设工作的未来发展。法庭制定了《知识产权法庭智能化建设三年发展规划（2019—2021）》，明确信息化建设目标和思路，提出了"一个平台""两个服务""三个场景""四个连接""五个重点项目"的建设思路，打造全面覆盖、互联互通、跨界融合、深度应用、透明便民、安全可控的法庭智能化办案系统。"一个平台"是指法庭电子诉讼平台，面向法官、诉讼参与人、社会公众提供全方位智能服务。"两个服务"是指坚持服务人民群众、坚持服务审判工作。"三个场景"是指将信息化建设成果体现在诉讼服务、科技法庭、大数据分析平台三个场景中。"四个连接"是指连接有关下级法院、外部单位、当事人、社会公众。"五个重点项目"是指裁判规则数据库、大数据分析平台、外部数据交互平台、两级协同平台与远程庭审系统、知产法庭云。

（三）强化队伍建设，提升司法能力

队伍建设是审判事业行稳致远的基础和保障。技术类知识产权审判兼具专业性、前沿性和国际性等特点，审判人员既要有坚定的政治立场，又要有高超的业务能力，还需有慎独慎微的廉洁品质，方能有效提升司法能力，成为审判质效提升的人才保障。

法庭下设8个合议庭以及诉讼服务中心与综合办公室，共140名工作人员。法官42人，全部具有硕士研究生以上学历，其中37.5%为博士研究生学历，22.5%有理工科背景，17.5%有海外留学经历。部分法官是从最高人民法院选派，多数法官是从全国专利审判较为成熟的地方法院借调，还有3名法官是在国家知识产权局的支持下来法庭交流。法庭的审判队伍，经过层层筛选，实现了优中选优，是一次全国范围内的"沙场点兵"。法庭充分发挥人才优势，高标准、严要求、多渠道进一步加强队伍建设，努力锻造一支政治

坚定、清正廉洁、精通法律、熟悉技术、既理解中国国情又具有国际视野的审判队伍。

第一，加强政治建设，提升队伍凝聚力。法庭坚持以习近平新时代中国特色社会主义思想为指导，增强"四个意识"、坚定"四个自信"、做到"两个维护"，坚持党对人民法院工作的绝对领导，确保党中央决策部署在法庭得到不折不扣的贯彻落实，确保知识产权审判工作正确的政治方向。落实新时代党的建设总要求，全面提升队伍素质能力，树立正确选人用人导向，弘扬正气，创先争优，充分调动各位干警的积极性、主动性和创造性，激励法庭干警在新时代新环境有新担当新作为。

第二，加强业务建设，提升队伍履职能力。根据知识产权领域思维活跃、知识更新快、国际化程度高等特点，法庭积极创造条件，针对性地加强知识产权业务培训与外语能力培训，提升队伍履职能力。2019 年，举办两期全国审判实务培训班，深入讲解司法政策和裁判规则，促进全国条线工作统一思想、步调一致；开展多层次业务培训，搭建"新知大讲堂""法庭讲坛"等高质量常态化学习平台，邀请全国知名专家学者到法庭授课，并向地方法院同步直播，提升审判队伍的业务素质；组建法庭外语工作组，开展线上线下日常外语培训，翻译域外裁判及前沿学术文章。法庭充分发挥全国审判业务专家的榜样作用，发挥以点带面的"领头羊"作用，努力成为全国法院技术类专业审判队伍的熔炉和学校。

第三，加强廉洁建设，锻造作风过硬队伍。一方面，根据审判工作实际，借助新媒体，探索形成"线上线下全覆盖、教育管理全天候"党建工作法，以"党员之家""学思践悟""知否，知否？"等不同主题的线上互动微平台，以及"党建园地"宣传廊等线下学习教育平台为媒介，以立体化、年轻态、互动性为导向，搭建党建学习平台，紧贴工作实际设置学习内容，采取互动问答、互教共享的方法检视学习效果，打造喜闻乐见的党建品牌，在中央和国家机关工委《旗帜》杂志举办的第二届党建创新成果评选活动中被评为"百优案例"。另一方面，建立以《知识产权法庭关于从严治庭防范风险的意见》为统领的"1＋N"制度体系，形成规章制度 50 余项，采取发送"知产家书"等创新形式，增强制度的执行力和约束力，推动形成良好的廉政生态。

三、推进司法公开，开展国际交流，进一步提升司法公信力和国际影响力

在全面建设法治社会，推进司法体系和司法能力现代化的背景下，社会对司法公开的广度与深度有着极高的要求。法庭在社会关注、国际瞩目中诞生，秉持高度的自觉性、崇高的使命感，主动推进司法公开，积极参与国际交流，使国内外能够全面、客观地了解法庭技术类知识产权司法保护的制度与实践。

（一）深化司法公开，提升司法公信力

围绕"努力让人民群众在每一个司法案件中感受到公平正义"目标，法庭以司法公开为核心，以司法宣传为抓手，不断增强司法工作的透明度，促进司法公信力的提升。

以司法公开为核心，依法充分公开审判信息。法庭依托最高人民法院搭建的中国审判流程信息公开网、中国庭审公开网、中国裁判文书网、中国执行信息公开网等四大公开平台，实现审判流程的全方位公开。在庭审公开方面，法庭以公开、直播为原则，以不公开为例外。案件的庭审过程既可以在互联网上实时观看，也可以庭后登录中国庭审公开网查看录像。重大案件全流程公开，以公开促公正。在裁判文书公开方面，对于依法应予公开的裁判文书，法庭及时通过中国裁判文书网发布。为提升公众对裁判的认知度，法庭制作的裁判文书均附有裁判要点，对案件所涉法律问题、裁判观点、裁判结果均予以简要释明，以清晰、理性的释法阐理让正义讲得明、看得见。

以司法宣传为抓手，全方位展示法庭工作情况。2019 年 3 月 27 日，法庭的"第一槌"案件开庭审理，经中央电视台等数十家媒体进行全媒体直播和广泛报道，庭审网络直播第一时间观看量达 1800 余万次。4 月下旬，法庭举办"公众开放周""知识产权保护集中开庭周""法官进校园"等一系列活动，邀请来自社会各界的公众和媒体记者参观法庭，体验诉讼材料电子递交、典型案例线上检索等智能化系统，旁听公开庭审；安排法官走进清华大学、中国人民大学、北方工业大学等高校，宣介法庭的基本情况与我国知识产权司法保护的发展。12 月 9 日至 13 日，法庭开展"集中宣判周"活动，对 6 件具有标杆意义的案件进行集中宣判，旁听的业界人士表示："旁听庭审让我感受到了知识产权法庭审判的专业性和客观性。"法庭还充分利用中英文官网及微信公众号及时发布各类司法信息，共计发稿 390 篇，点击量 1601.2 万次。

（二）开展国际交流，增强国际影响力

法庭通过对外交流，学习借鉴国际上保护知识产权的成功做法，同时向世界讲述中国知识产权法治故事，为世界法治文明贡献中国智慧。一年中，法庭共开展外事交流活动 32 次，其中接待来访 18 次，出访 8 次，参加国内涉外活动 6 次。

第一，加强交流互鉴，"迎进来"充分展示严格保护知识产权国家形象。自成立以来，法庭坚持深化知识产权国际交流合作，先后接待了世界知识产权组织、国际知识产权保护协会、美国知识产权法律协会、美中贸易全国委员会、国际法院等组织到庭参观座谈。世界知识产权组织总干事弗朗西斯·高锐在法庭揭牌成立时发来视频表示祝贺，认为法庭的成立"体现了中国对知识产权保护的庄严承诺，表达了中国为知识产权提供更加公正高效司法保护的坚定决心"。美中贸易全国委员会会长克雷格·艾伦来法庭参访时表示，法庭的设立"对于打造国际化、市场化、法治化的营商环境具有重要意义"。美国知识产权法律协会执行董事丽莎·约根森参访时表示，"知识产权法庭有素质非常高的法官，案件的审理会很有效很全面，会对以后的判决一致性有很大的影响"。国际法院院长阿布杜勒卡维·艾哈迈德·优素福到访时表示，"国际上的知识产权专家、律师们都会非常关注知识产权法庭所做的判决……法庭必定会对于知识产权中具有争议的热点问题有自己的判断，比如药品可及性与强制许可、垄断案件中相关市场界定、专利权人和专利使用者、社会公共利益之间关系的平衡等。我相信发展中国家会尤其关注中国在上述类似问题中的作用和采取的路线"。古巴最高人民法院院长鲁本·雷米希奥·费罗到访时表示，"最高法院的各个法庭就各种类别的案件进行专门的数据处理，进行案例的汇总以及检索，这非常具有学习借鉴意义。最令人称道的是随着信息技术的使用，让这些高科技的技术进入到法庭来帮助法官对高技术类的案件做出更为正确的审判，这是非常好的应用"。

第二，坚持国际视野，"走出去"用心讲述中国知识产权法治故事。法庭通过积极参与国际交流活动，展示中国技术类知识产权司法保护的成果，宣传中国技术类知识产权司法保护的理念，争取国际社会对于中国知识产权保护情况的认知、理解和认同，为知识产权国际规则的制定贡献中国智慧和中国方案。2019 年 5 月，法庭副庭长王闯率中国专利法官代表团一行 8 人，赴法国、卢森堡和德国进行技术类知识产权案件审判专题交流，向欧洲知识产权司法和实务界介绍法庭的设立与我国技术类知识产权司法审判制度的创新发展，传递了我国大力加强知识产权司法保护的强烈信号。2019 年 6 月，法庭副庭长周翔参加由国际知识产权保护协会中、日、韩三国分会联合主办的"2019 AIPPI 中日韩三国分会交流会"，并做英文主旨演讲，全面介绍法庭的机构设置和创新工作机制，以及中国知识产权司法保护的最新发展。2019 年，法庭还有多位法官"走出去"讲述中国知识产权法治故事，如赴美国哈佛大学、耶鲁大学进行英文宣讲，赴英国参加 2019 年度 AIPPI 世界大会"模拟法庭"活动，赴瑞士参加世界知识产权组织执法咨询委员会会议，赴西班牙参加欧盟知识产权局举办的"知识产权调解大会"，赴新加坡参加知识产权周活动全球论坛，赴南非参加"国际无性繁殖观赏植物与果树育种者协会"年会，赴韩国参加 WIPO "知识产权争端解决继续教育课程"，等等。

四、加强调查研究，统筹推进合作，进一步加强国家战略司法保障

技术类知识产权司法保护，事关创新驱动发展战略实施与经济社会文化高质量发展，对提升国家战略实力具有重要意义。法庭充分利用案件数量多、涉及技术领域广的调研优势，结合司法审判深入开展调查研究，服务决策并提出立法建议，同时积极推动知识产权保护共同体的构建，形成保护合力，促进中央决策和国家战略精神落地生根。

（一）加强调查研究，服务国家发展大局

第一，起草编制了《知识产权法庭发展规划（2019—2021）》，对法庭建设的指导思想、发展原则、发展目标、主要任务、基础保障、组织实施等方面进行了统筹谋划，推动法庭长远发展，确保中央部署落到实处。

第二，推进各项专题调查研究。来自全国各地区、各技术领域的大量案件为调研工作提供了优质资源，法庭以审判团队为基础，根据审判工作需要与法官的研究兴趣，围绕专利法修改、反垄断、技术秘密、集成电路布图设计、5G 技术、植物新品种等战略领域与重点问题成立调研小组，开展专题调研。已形成《关于药品专利链接制度的立法建议》《关于植物新品种权案件裁判文书分析情况的报告》《专利侵权案件审理周期及专利无效循环诉讼实证研究》等 9 项调研成果，并就专利法第四次修改向全国人大常委会法工委提交《关于改革和完善专利无效程序立法的建议》。法庭还与广州知识产权法院交流合作，就标准必要专利等问题开展调研，研究与行业发展相适应的审判规则。

第三，植物新品种调研取得可喜成果。法庭被农业农村部评为2019年全国农业植物新品种保护先进集体。为提高中国种业的自主创新能力，为种业发展及国家粮食安全提供司法保障，法庭在审理好植物新品种纠纷案件的基础上，开展了一系列调研工作。梳理全国法院近十年审理的植物新品种纠纷案件，形成人民法院植物新品种裁判十年综述；与农业农村部开展植物新品种保护联合调研，赴湖南、海南两省实地考察，为湖南种业硅谷、海南自贸试验区和自贸港的建设建言献策；基于调研掌握的农情、种情、维权实情，围绕扩大品种权保护范围、对实质性派生品种进行保护的紧迫性等问题，撰写植物新品种司法保护专题调研报告。

（二）推动构建保护共同体，形成保护合力

第一，加强与行政部门的沟通合作，形成技术类知识产权司法、行政保护合力。自成立以来，法庭积极与国家知识产权局、农业农村部、国务院反垄断执法部门等沟通合作，不断提升交流与合作水平，推动形成多方合力，积极服务保障创新驱动发展战略。加强与国家知识产权局的合作。双方就电子送达、远程交换证据、数据共享等工作基本达成一致，并确定了数据交换方式。为确保互相提供的数据内容能够稳定快速交换，双方将进一步研究交换数据的专线连接方案。加强与农业农村部的合作。法庭与农业农村部就植物新品种保护开展联合调研，受农业农村部邀请参加农业植物新品种保护工作研讨会、植物新品种保护条例修订研讨会、农业植物新品种保护十大典型案例评审会等会议。法庭亦邀请农业农村部专家做植物新品种保护专题讲座。双方研究建立沟通合作的长效机制，合力保护国家粮食安全。加强与国务院反垄断执法部门的合作。就禁止垄断协议及反垄断执法规章的制定，法庭积极为国家市场监督管理总局提供修改意见和建议。法庭法官受聘担任国务院反垄断委员会专家咨询组成员，参与中国竞争政策论坛、大数据与反垄断会议等，为反垄断竞争政策及法律问题提供咨询意见。

第二，加强与律师协会、学术界等法律职业共同体的沟通，形成知识产权法治保护合力。2019年5月29日，中华全国律师协会知识产权专业委员会参访法庭，围绕法庭的建设发展、相关立法的完善、诉讼体验的优化等问题，与法庭法官座谈交流。2019年11月23日，法庭庭长罗东川应邀出席中国知识产权法律实务研讨会暨中华全国律师协会知识产权专业委员会2019年年会，介绍法庭情况，并围绕知识产权法律人才培养与法律职业共同体建设发表演讲。法庭还邀请中国科学院院士等专家学者，为法庭干警讲授课程，并研讨技术类知识产权审判相关法律问题和技术问题。法庭探索与高校建立长效合作机制，提供司法实践资源助力高校人才培养。

第三，加强与社会各界的交流，凝聚全社会齐抓共管的知识产权保护合力。法庭注重通过交流汇聚社会各界智慧资源和专业合力，共同提升知识产权司法保护的品质和效率，整体提升我国营商环境。法庭以各项司法宣传活动为契机，欢迎社会各界人士观摩庭审、交流座谈。2019 年，法庭共接待 63批 970 余人次参访，其中特约监督员、特邀咨询员、全国及地方人大代表和政协委员 29 人次。法庭的调研小组就涉外专利案件管辖及法律适用、专利侵权损害赔偿、植物新品种保护等问题，先后与多家科技创新企业、专利和法律服务机构进行座谈，听取各方面意见与建议，与社会各界携手构建知识产权大保护工作格局。

结束语

2020 年是中国全面建成小康社会、实现第一个百年奋斗目标的收官之年，也是国家创新驱动发展战略目标实现过程中，进入创新型国家行列、基本建成中国特色国家创新体系、有力支撑全面建成小康社会目标的实现之年。知识产权作为创新发展的基本保障和重要支撑，承载着重要历史使命，也对司法保护工作提出了更高要求。在新的历史节点，法庭将坚持以习近平新时代中国特色社会主义思想为指导，不畏艰险，不惧挑战，充分发挥审判职能作用，加大司法保护力度，服务创新驱动发展战略，以强有力的司法手段激发全社会创造热情，释放创新创业活力，努力营造法治化、国际化、便利化的国际一流营商环境，为实现"两个一百年"奋斗目标、为建设知识产权强国和世界科技强国提供更加有力的司法服务和保障，为实现中华民族伟大复兴的中国梦做出新的更大贡献！

2

裁判要旨

2019 年 1 月 1 日，根据中央决策部署，最高人民法院知识产权法庭正式挂牌办公，统一审理全国范围内的专利等专业技术性较强的知识产权上诉案件。最高人民法院知识产权法庭的成立，是以习近平同志为核心的党中央从建设知识产权强国和世界科技强国的战略高度作出的重大决策部署，是全面深化司法改革、推进公正司法的重大改革举措。一年来，最高人民法院知识产权法庭通过切实加强审判体系和审判能力建设，依法审结一大批具有重要影响的技术类知识产权案件，大力提高知识产权保护力度，不断推进技术类知识产权案件裁判尺度统一，为严格保护知识产权、服务创新驱动发展战略、营造国际一流营商环境作出了重要贡献。

最高人民法院知识产权法庭 2019 年全年受理各类技术类知识产权案件 1945件，其中民事二审案件 962 件、行政二审案件 241 件、管辖权异议上诉案件 481件、其他类型案件 261 件（见图 1）。民事二审案件中，侵害实用新型专利权纠纷案件 454 件，侵害发明专利权纠纷案件 234 件，确认不侵权纠纷案件 8 件，专利代理及许可合同纠纷案件 40 件，专利申请权纠纷案件 9 件，职务发明发明人报酬纠纷案件 7 件，植物新品种纠纷案件 20 件，集成电路布图设计纠纷案件 1件，技术秘密纠纷案件 12 件，计算机软件纠纷案件 142 件，垄断纠纷案件 9 件，技术合同纠纷案件 26 件（见图 2）。行政二审案件中，发明专利权无效行政纠纷案件 80 件，实用新型专利权无效行政纠纷案件 57 件，外观设计专利权无效行政纠纷案件 13 件，发明专利申请驳回复审行政纠纷案件 71 件，实用新型专利申请驳回复审行政纠纷案件 9 件，其他行政纠纷案件 11 件（见图 3）。

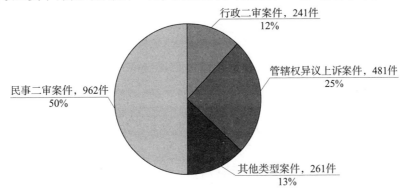

图 1　最高人民法院知识产权法庭 2019 年受理案件类型图

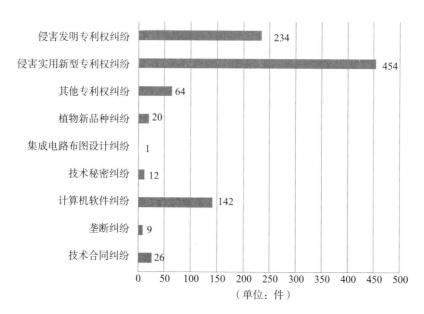

图2　最高人民法院知识产权法庭2019年受理民事案件案由分布图

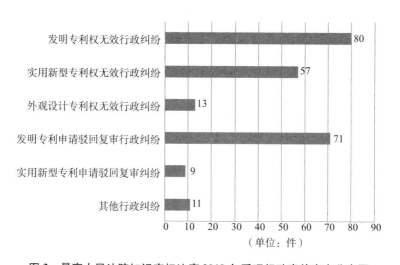

图3　最高人民法院知识产权法庭2019年受理行政案件案由分布图

2019年全年共审结各类知识产权案件1433件，其中民事二审案件586件，行政二审案件142件，管辖权异议上诉案件446件，其他类型案件259件（见图4）。实体案件的平均审理周期为73天，管辖权异议案件的平均审理周期为29.4天。在审结的586件民事二审案件中，以维持原审裁判方式结案的有236件，以撤诉方式结案的有213件，以调解方式结案的有71件，以发改方式结案的有 66 件。在审结的 142 件行政二审案件中，以维持原审裁判方式结案的有 126 件，以撤诉方式结案的有 11 件，以改判方式结案的有 5 件。在审结的 446 件管辖权异议上诉案件中，以维持原审裁判方式结案的有 369 件，以撤诉方式结案的有 56 件，以发改方式结案的有 21 件。

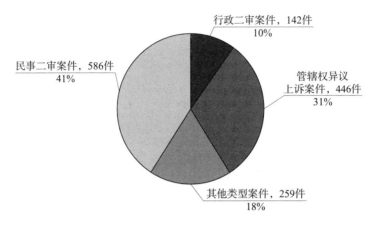

行政二审案件，142件
10%

民事二审案件，586件
41%

管辖权异议
上诉案件，446件
31%

其他类型案件，259件
18%

图 4 最高人民法院知识产权法庭 2019 年审结案件类型图

最高人民法院知识产权法庭 2019 年技术类知识产权审判工作的主要特点如下：一是专利民事案件中权利要求解释是核心问题，等同侵权的适用是重要争点，现有技术抗辩、先用权抗辩和合法来源抗辩是最常见的抗辩事由，加大专利司法保护力度的导向更加突出；二是专利行政案件中创造性判断是核心问题，司法对行政的监督职能进一步强化；三是植物新品种案件中涌现的法律问题愈发多元，技术事实的查明和侵权性质的认定构成该类案件审理中的难点；四是技术秘密案件程序性规则得到进一步澄清，基于技术秘密的非公示性和侵权方式的隐蔽性，实体审理难度较大；五是计算机软件案件争议焦点集中，由于合同约定明确程度和技术事实查明难度存在较大差异，个案审理难度差异较大；六是技术合同案件中涉及技术问题的违约事实查明构成案件审理的重点和难点；七是管辖等程序性案件数量大、类型多，最高人民法院知识产权法庭充分发挥制度优势和职能作用，合理调度审判资源，充分保障权利人维权的政策导向凸显。

《最高人民法院知识产权法庭裁判要旨（2019）》从最高人民法院知识产权法庭 2019 年审结的技术类知识产权案件中精选 36 个典型案件，提炼 40 条裁判规则，反映了最高人民法院知识产权法庭在技术类知识产权领域处理新型、疑难、复杂案件的司法理念、审理思路和裁判方法，现予公布。

各类知识产权案件审理情况概要

一、专利民事案件审判

2019 年，最高人民法院知识产权法庭审理的专利民事案件反映出如下特点和问题：

第一，案件涉及的技术领域广泛。当事人诉请保护的专利类型涵盖了机械、医药、通信、电学、光学、智能检测、3D 打印、食品、环保绿化、农业、材料、便携智能设备等诸多与国计民生、衣食住行密切相关的领域，与国家创新驱动发展战略联系紧密，技术事实复杂。

第二，具有较大影响力的标杆案件较多。"刮水器连接器"专利侵权纠纷案〔(2019) 最高法知民终 2 号〕、"路由器"专利侵权纠纷案〔(2019) 最高法知民终 147 号〕、"肝病无创诊断仪"专利侵权纠纷案〔(2019) 最高法知民终 21 号〕等案件标的额较大，所涉法律问题疑难复杂，引发业内高度关注。

第三，专利民事侵权审理程序与行政无效程序交叉的案件较多。最高人民法院知识产权法庭在处理民行交叉案件时进行了多项程序创新。对涉及同一专利的民事侵权和行政无效案件，交由同一合议庭审理，合并召开庭前会议，对权利要求解释问题进行集中询问。权利人此前据以主张保护的某项权利要求被宣告无效，但仍有权利要求被维持有效时，给予权利人再次明确其据以主张保护范围的权利要求的机会，并在新权利要求的基础上继续审理。

第四，具有商业维权色彩的关联案件占有一定比例。此类关联案件集中表现为权利人以同一专利在全国各地进行商业维权，被诉侵权行为者多为居于商品流通环节下游的小型零售商。

第五，权利要求解释成为专利民事侵权案件的核心问题。权利要求的解释关系到专利权边界的划定、专利权保护范围的确定和侵权技术比对的结论，在审判实践中经常引发较大争议。最高人民法院知识产权法庭通过个案裁判，在功能性特征的认定标准、主题名称对权利要求保护范围的限定作用、捐献原则的适用等方面进行了深入探索。

第六，等同侵权的适用仍然是重要争点。多起案件涉及等同侵权判断问题，如何在维护权利要求的公示和划界作用的同时，给予专利权人以公平保护，成为案件审理的主要难点。这些案件不仅涉及"手段、功能、效果基本一致"的具体判断，还涉及等同侵权与捐献原则、禁止反悔原则等的关系。

第七，现有技术抗辩、先用权抗辩和合法来源抗辩成为最常见的抗辩事由。当事人对现有技术抗辩的提出较为随意，在二审程序中才首次提出或者重新提出现有技术抗辩的案件占有较大比重。提出合法来源抗辩的案件占比最大，争点往往集中在举证责任的分配与转移、免除赔偿责任的范围等方面。

第八，加大专利司法保护力度的导向更加突出。在判决结案的案件中，权利人的诉讼请求得到部分支持或者全部支持的占比61.2%，权利人的诉讼请求被全部驳回的仅占38.2%。在判赔数额方面，百万元以上赔偿额的案件屡屡出现。诚信诉讼机制的运用更加有力，多起案件判决对拒不履行文书提出命令、故意毁损被保全产品等行为采取了不利事实推定。

二、专利行政案件审判

2019年，最高人民法院知识产权法庭审理的专利行政案件反映出如下特点和问题：

第一，案件技术领域分布特点鲜明。机械、电学领域案件数量明显多于其他技术领域，且有一定数量无线通信等高新技术领域的纠纷。化学领域案件总量虽然不多，但涉及医药、生物技术等重要产业领域。

第二，创造性判断仍然是专利授权确权案件的核心问题。涉及创造性认定的案件共98件，占比约75%；在5件改判一审裁判的案件中，涉及创造性认定的有4件，占比80%。为确保真正有价值的技术贡献依法获得专利权利，最高人民法院知识产权法庭通过对有关案件的审理，进一步明确了创造性与说明书充分公开等法律要求的关系、创造性判断中发明实际解决的技术问题的确定、创造性判断中技术启示的认定、研究成果的科学价值与创造性判断的关系等基本问题，以及创造性判断中关于生物材料保藏的考量等具体技术领域的特殊问题。

第三，依法履行对行政行为的司法监督职能。最高人民法院知识产权法庭通过典型案例裁判，在明确创造性判断等实体标准的同时，对于专利无效宣告程序中权利要求的修改、国家知识产权局根据新理由或者证据作出驳回复审决定的条件与程序等程序问题作出了重要指引，为规范专利行政授权确权程序、推动专利授权确权的行政标准与司法标准相一致发挥了积极作用。

三、植物新品种案件审判

2019 年，最高人民法院知识产权法庭审理的植物新品种案件反映出如下特点和问题：

第一，涉及的法律问题愈发多元。主要涉及诉讼主体资格、权利保护范围、合法来源抗辩、权利用尽、举证责任分配、侵权赔偿数额的确定等问题。

第二，案件事实查明难度加大。一是技术事实的审查难度加大，尤其是对尚无 DNA 检测位点的无性繁殖材料进行同一性判断的难度大；二是侵权事实查明难度加大，被诉侵权的繁殖材料以及被诉侵权方的销售账册等证据难以获取，权利人不规范取证的情况时有发生。

第三，裁判规则得到进一步明确。例如"三红蜜柚"植物新品种侵权纠纷案〔（2019）最高法知民终 14 号〕，明确了育种方式与繁殖材料的认定及保护的关系、销售兼具收获材料和繁殖材料属性的植物材料行为的侵权判定标准，受到业界充分肯定。

第四，植物新品种保护力度有待进一步增强。植物新品种侵权案件呈现增多趋势；部分销售者尊重植物新品种权的意识相对欠缺；未列入国家植物品种保护名录的品种因制度设计问题无法得到植物新品种权保护。

四、技术秘密案件审判

2019 年，最高人民法院知识产权法庭审理的技术秘密案件反映出如下特点和问题：

第一，程序规则逐步明晰。最高人民法院知识产权法庭通过对典型案件的审理，明确了因违反保密义务引发的技术秘密许可合同民事纠纷案件与关联刑事案件程序协调问题、侵害技术秘密之诉和专利权权属之诉的合并审理问题等重要程序规则。

第二，实体审理难度较大、审理周期相对较长。由于技术秘密的非公示性和侵权方式的隐蔽性，技术秘密案件审理往往涉及复杂的技术秘密内容确定、侵权行为事实查明等，审理难度较大。相对其他类型知识产权案件的审理周期而言，技术秘密案件的审理周期更长。

五、计算机软件案件审判

2019 年，最高人民法院知识产权法庭审理的计算机软件案件反映出如下特点和问题：

第一，案件类型较为集中。计算机软件案件主要包括合同案件和侵权案件两类。其中，计算机软件合同案件占全部计算机软件案件总量的 80% 以上。

第二，争议焦点较为集中。尤其是计算机软件合同案件的争议焦点，主要集中在开发成果是否交付、交付内容是否符合约定、履行中的变更是否已经达成合意、迟延履行应当如何认定等问题。

第三，审理难度差异大。计算机软件侵权案件中，如果双方对于软件侵权的技术事实争议较大，则往往涉及复杂的源程序比对，审理难度很大；反之则审理难度较低。计算机软件合同案件中，如果合同约定模糊、有关履约标准难以确定，则审理难度较大；反之则审理难度较低。

六、技术合同案件审判

2019 年，最高人民法院知识产权法庭审理的技术合同案件反映出如下特点和问题：

第一，明确了最高人民法院知识产权法庭受理技术合同纠纷上诉案件的范围。以发明专利、实用新型专利、植物新品种、集成电路布图设计、技术秘密、计算机软件等是否构成涉案合同的技术标的物或者主要技术标的物作为确定管辖的基本考量：如果涉案合同的技术标的物为发明专利、实用新型专利、植物新品种、集成电路布图设计、技术秘密、计算机软件，则该技术合同纠纷案件上诉至最高人民法院，由最高人民法院知识产权法庭审理；如果涉案合同的主要技术标的物为发明专利、实用新型专利、植物新品种、集成电路布图设计、技术秘密、计算机软件，且纠纷实质争议涉及该主要技术标的物有关技术问题，则该技术合同纠纷案件上诉至最高人民法院，由最高人民法院知识产权法庭审理。

第二，技术调查官对于违约事实查明的作用凸显。涉及技术问题的违约事实是技术合同案件审判的重点和难点。最高人民法院知识产权法庭通过指派技术调查官参加技术合同纠纷的审理，提高了涉及技术问题的事实查明质效，大幅度降低了当事人诉讼的资金和时间成本。

第三，慎重认定合同解除，合理确定合同解除后的返还数额。在技术委托开发合同中，技术成果通常是"量身定做"的，在无法恢复原状的情况下，综合考虑双方的违约行为、同类产品的开发成本、已付出的成本以及交付的产品等因素，合理确定开发方应返还的合同费用。

七、管辖等程序性案件审判

2019 年，最高人民法院知识产权法庭审理的管辖等程序性案件反映出如下特点和问题：

第一，收结案数量较大。这一方面反映出被诉侵权一方以提出管辖权异议作为诉讼应对策略的普遍现状；另一方面也反映出技术类知识产权案件因涉及主体多元、侵权形式多样导致管辖连结点较多的特点，客观上为被诉侵权者提出管辖权异议及上诉提供了更多的争辩空间。

第二，新型、疑难、复杂案件多。技术类知识产权案件管辖问题随着技术与商业模式以及维权实践的不断发展越来越复杂和多样。最高人民法院知识产权法庭对如何认定作为管辖连结点的信息网络侵权行为、垄断协议纠纷是否具有可仲裁性、金融领域恶意提起知识产权诉讼损害责任纠纷的管辖、未起诉销售商情况下能否将网络平台商作为管辖连结点等问题作出了认定。

第三，充分发挥制度优势和职能作用。最高人民法院知识产权法庭注重以管辖问题为切入点，充分利用技术类知识产权案件二审集中管辖优势，加大对全国范围内技术类知识产权案件的统筹协调，积极推动技术类知识产权案件裁判标准统一。最高人民法院知识产权法庭在相关案件中，明确了统筹审理具有重复诉讼因素的多起关联案件、如何协调特殊情况下分散审理的关联专利侵权之诉与确认不侵权之诉等问题，在充分发挥统筹协调职能、合理调度审判资源、切实便利权利人维权等方面作出了有益探索。

第四，切实体现平等保护。最高人民法院知识产权法庭在相关案件中明确了委托诉讼代理人在获境外当事人明确授权的情况下有权代为在起诉状上签字，以及授权委托书的中文翻译件存在错误的情况下应以外文委托书原件中当事人真实意思为准等规则，彰显了最高人民法院知识产权法庭依法平等保护国内外权利人、打造知识产权国际诉讼优选地的积极作为。

各类知识产权案件审理情况

一、专利民事案件审判

1. 功能性特征的认定

【裁判要旨】

如果专利权利要求的某个技术特征已经限定或者隐含了特定结构、组分、步骤、条件或其相互之间的关系等，即使该技术特征同时还限定了其所实现的功能或者效果，亦不属于《最高人民法院关于审理侵犯专利权纠纷案件应用法律若干问题的解释（二）》第八条所称的功能性特征。

【关键词】

发明专利　侵权　功能性特征

【案号】

（2019）最高法知民终 2 号

【基本案情】

在上诉人厦门卢卡斯汽车配件有限公司（以下简称卢卡斯公司）、厦门富可汽车配件有限公司（以下简称富可公司）与被上诉人瓦莱奥清洗系统公司（以下简称瓦莱奥公司）、原审被告陈某强侵害发明专利权纠纷案（以下简称"刮水器连接器"专利侵权纠纷案）中，涉及专利号为 ZL200610160549.2、名称为"机动车辆的刮水器的连接器及相应的连接装置"的发明专利（以下简称涉案专利）。瓦莱奥公司向上海知识产权法院（以下简称一审法院）提起诉讼称，卢卡斯公司、富可公司未经许可制造、销售、许诺销售，陈某强制造、销售的雨刮器产品落入其专利权保护范围，请求判令卢卡斯公司、富可公司、陈某强停止侵害，赔偿经济损失及制止侵权的合理开支。后瓦莱奥公司申请一审法院作出部分判决，认定卢卡斯公司、富可公司、陈某强构成侵权，并判令其停止侵害。一审法院于 2019 年 1 月 22 日作出部分判决，认定卢卡斯公司、富可公司侵害了涉案专利权并判令其停止侵害。该部分判决认定涉案专利权利要求 1 中"所述连接器通过一安全搭扣锁定在所述刮水器臂中的嵌入位置……在所述关闭位置，所述安全搭扣面对所述锁定元件延伸，用于防止所述锁定元件的弹性变形，并锁定所述连接器"这一技术特征属于功能性特征。卢卡斯公司、富可公司不服上述部分判决，向最高人民法院提起上诉。最高人民法院于 2019 年 3 月 27 日公开开庭审理本案，并当庭宣判，在纠正上述功能性特征认定的基础上，判决驳回上诉，维持原判。

【裁判意见】

最高人民法院二审认为，功能性特征是指不直接限定发明技术方案的结构、组分、步骤、条件或其之间的关系等，而是通过其在发明创造中所起的功能或者效果对结构、组分、步骤、条件或其之间的关系等进行限定的技术特征。如果某个技术特征已经限定或者隐含了发明技术方案的特定结构、组分、步骤、条件或其之间的关系等，即使该技术特征还同时限定了其所实现的功能或者效果，原则上亦不属于上述司法解释所称的功能性特征，不应作为功能性特征进行侵权比对。上述技术特征实际上限定了安全搭扣与锁定元件之间的方位关系并隐含了特定结构——"安全搭扣面对所述锁定元件延伸"，该方位和结构所起到的作用是"防止所述锁定元件的弹性变形，并锁定所述连接器"。根据这一方位和结构关系，结合涉案专利说明书及其附图，特别是说明书第［0056］段关于"连接器的锁定由搭扣的垂直侧壁的内表面保证，内表面沿爪外侧表面延伸，因此，搭扣阻止爪向连接器外横向变形，因此连接器不能从钩形端解脱出来"的记载，本领域普通技术人员可以理解，"安全搭扣面对所述锁定元件延伸"，在延伸部分与锁定元件外表面的距离足够小的情况下，就可以起到防止锁定元件弹性变形并锁定连接器的效果。可见，上述技术特征的特点是，既限定了特定的方位和结构，又限定了该方位和结构的功能，且只有将该方位和结构及其所起到的功能结合起来理解，才能清晰地确定该方位和结构的具体内容。这种"方位或者结构＋功能性描述"的技术特征虽有对功能的描述，但是本质上仍是方位或者结构特征，不是《最高人民法院关于审理侵犯专利权纠纷案件应用法律若干问题的解释（二）》第八条意义上的功能性特征。

2. 主题名称所记载效果、功能对权利要求的实质限定作用

【裁判要旨】

如果权利要求主题名称记载的效果、功能，不是该权利要求特征部分记载的结构、组分、步骤、条件或其之间的关系等能够实现的效果、功能，却是专利技术方案与现有技术方案的区别之所在，那么权利要求主题名称所记载的效果、功能对该权利要求的保护范围具有实质限定作用。

【关键词】

发明专利　侵权　主题名称　实质限定作用

【案号】

（2019）最高法知民终 657 号

【基本案情】

在上诉人孙某贤与被上诉人湖南景怡生态科技股份有限公司（以下简称景怡公司）侵害发明专利权纠纷案中，涉及专利号为 ZL201110239591.4、名称为"有水位高度调节功能的插槽连接式绿化砖"的发明专利（以下简称涉案专利）。孙某贤认为，景怡公司未经专利权人的许可，以生产、经营为目的制造、销售、许诺销售、使用的产品落入涉案专利独立权利要求 1 和独立权利要求 10 的保护范围，侵害了其专利权，故向广西壮族自治区南宁市中级人民法院（以下简称一审法院）提起诉讼，请求判令景怡公司停止侵害、销毁侵权产品及有关专用模具，并赔偿经济损失和维权合理开支。一审法院认为，被诉侵权产品没有落入权利要求 1 和权利要求 10 的保护范围，判决驳回孙某贤的全部诉讼请求。孙某贤不服，向最高人民法院提起上诉。最高人民法院于 2019 年 12 月 31 日判决驳回上诉，维持原判。

【裁判意见】

最高人民法院二审认为，确定专利权的保护范围时，独立权利要求的前序部分、特征部分以及从属权利要求的引用部分、限定部分记载的技术特征均有限定作用。主题名称所包含的对全部技术特征所构成的技术方案的抽象和概括是主题名称的核心部分，是对专利技术方案的命名，在专利授权和确权时用来确定专利所属的技术领域。产品专利的主题名称的结构可能不是单一的，其中包含的用途限定内容以及以效果、功能方式表述的限定内容，其实际限定作用取决于该内容对权利要求所要保护的产品产生了何种影响。对于用途限定而言，如果对要求保护的产品没有带来影响，则这一内容对权利要求保护范围的确定不起作用；如果用途限定隐含或者导致要求保护的产品具有某种特定结构、组成等，则对于权利要求保护范围的确定起到限定作用。对于以效果、功能方式描述的限定内容，如果上述内容是对特征部分记载的产品结构、组分等能够达到的效果、功能的描述，则其实际限定作用通过特征部分的记载得以实现；如果上述内容不是对特征部分记载的结构、组分等能够实现的效果、功能的描述，尤其当限定内容描述的效果、功能被用以区别于现有技术的，该内容实际已构成具体的技术特征。

涉案权利要求 1 主题名称中记载的"水位高度调节功能"是对其特征部分两个技术特征实现的功能的描述，即：土壤容纳空腔的斜面上至少有一个或一组水位高度调节溢水孔；水位高度调节溢水孔是底部即将贯通的盲孔。因此，权利要求 1 中的"水位高度调节功能"的限定作用实质通过后两个技术特征实现。权利要求 10 的特征部分并没有记载实现水位高度调节的方式，因此权利要求 10 主题名称中的"水位高度调节功能"并非对专利技术方案的概括，如何实现水位高度调节功能被用于将涉案专利区别于现有技术，因此虽然"水位高度调节功能"形式上记载在独立权利要求 10 的主题名称中，但其对保护范围具有限定作用。

3. 多主体实施方法专利的侵权判定

【裁判要旨】

如果被诉侵权行为人以生产经营为目的，将专利方法的实质内容固化在被诉侵权产品中，该行为或者行为结果对专利权利要求的技术特征被全面覆盖起到了不可替代的实质性作用，终端用户在正常使用该被诉侵权产品时就能自然再现该专利方法过程，则应认定被诉侵权行为人实施了该专利方法，侵害了专利权人的权利。

【关键词】

发明专利　侵权　多主体实施的方法专利　侵权判定

【案号】

（2019）最高法知民终 147 号

【基本案情】

在上诉人深圳市吉祥腾达科技有限公司（以下简称腾达公司）与被上诉人深圳敦骏科技有限公司（以下简称敦骏公司）、原审被告济南历下弘康电子产品经营部（以下简称弘康经营部）、济南历下昊威电子产品经营部（以下简称昊威经营部）侵害发明专利权纠纷案（以下简称"路由器"专利侵权纠纷案）中，涉及专利号为 ZL02123502.3、名称为"一种简易访问网络运营商门户网站的方法"的发明专利（以下简称涉案专利）。敦骏公司认为，腾达公司制造、许诺销售、销售，弘康经营部、昊威经营部销售的多款无线路由器落入涉案专利权利要求 1、2 的保护范围，构成对敦骏公司涉案专利权的侵害，故向山东省济南市中级人民法院（以下简称一审法院）提起诉讼，请求判令腾达公司、弘康经营部、昊威经营部立即停止侵害，销毁侵权产品库存及有关专用模具；判令腾达公司、弘康经营部、昊威经营部赔偿敦骏公司经济损失及合理费用共计 500 万元。一审法院认为，用户使用被诉侵权产品访问网络运营商门户网站时，再现了涉案专利权利要求 1、2 的全部技术方案，因此腾达公司未经敦骏公司许可，制造、销售、许诺销售被诉侵权产品的行为侵害了涉案专利权。故判令腾达公司、弘康经营部、昊威经营部停止侵害，腾达公司赔偿敦骏公司经济损失及维权合理开支 500 万元。腾达公司不服，向最高人民法院提起上诉，主张涉案专利保护的是一种网络接入认证方法，根据该方法并不能直接获得包括被诉侵权产品在内的任何产品，对于涉案专利的保护并不能延伸到产品，一审判决基于涉案专利权利要求 1、2 直接判令腾达公司立即停止制造、许诺销售、销售涉案的路由器产品，缺乏法律依据。最高人民法院于 2019 年 12 月 6 日判决驳回上诉，维持原判。

【裁判意见】

最高人民法院二审认为，针对网络通信领域方法的专利侵权判定，应当充分考虑该领域的特点，充分尊重该领域的创新与发展规律，以确保专利权人的合法权利得到实质性保护，实现该行业的可持续创新和公平竞争。如果被诉侵权行为人以生产经营为目的，将专利方法的实质内容固化在被诉侵权产品中，该行为或者行为结果对专利权利要求的技术特征被全面覆盖起到了不可替代的实质性作用，也即终端用户在正常使用该被诉侵权产品时就能自然再现该专利方法过程的，则应认定被诉侵权行为人实施了该专利方法，侵害了专利权人的权利。本案中，首先，腾达公司虽未实施涉案专利方法，但其以生产经营为目的制造、许诺销售、销售的被诉侵权产品，具备可直接实施专利方法的功能，在终端网络用户利用被诉侵权产品完整再现涉案专利方法的过程中，发挥着不可替代的实质性作用。其次，腾达公司从制造、许诺销售、销售被诉侵权产品的行为中获得不当利益与涉案专利存在密切关联。最后，因终端网络用户利用被诉侵权产品实施涉案专利方法的行为并不构成法律意义上的侵权行为，专利权人创新投入无法从直接实施专利方法的终端网络用户处获得应有回报，如专利权人的利益无法得到补偿，必将导致研发创新活动难以为继。另外，如前所述，腾达公司却因涉案专利获得了原本属于专利权人的利益，利益分配严重失衡，有失公平。综合以上因素，在本案的情形下，应当认定腾达公司制造、许诺销售、销售的被诉侵权产品的行为具有侵权性质并应承担停止侵害、赔偿损失的民事责任。

4. 现有技术抗辩认定中的发明点考量

【裁判要旨】

涉案专利明确指出其技术方案的发明点，并强调发明点以外的技术特征均为通用部件时，如果该发明点对应的技术特征已经被一项现有技术公开，其余技术特征虽未被该现有技术公开，但该现有技术与通用部件必然结合形成与涉案专利技术方案相对应的整体现有技术方案，则可以认定现有技术抗辩成立。

【关键词】

发明专利　侵权　现有技术抗辩　发明点

【案号】

（2019）最高法知民终 89 号

【基本案情】

在上诉人王某慈与被上诉人徐州华盛实业有限公司（以下简称华盛公司）侵害发明专利权纠纷案（以下简称"潜水泵电机壳"专利侵权纠纷案）中，涉及专利号为 ZL200910025263.7、名称为"电机壳为焊接件的小型电潜水泵"的发明专利（以下简称涉案专利）。涉案专利权利要求 1 为："一种电机壳为焊接件的小型电潜水泵，该电潜水泵由四段组成，包括：导叶体（1）、进水段（3）、上轴承座（4）和电机壳（7）；所述的导叶体（1）的内腔设置叶轮（2），上端与出水管连接，下端通过螺栓与进水段（3）连接；所述的进水段（3）下端与上轴承座（4）的上端连接；所述的上轴承座（4）下端与电机壳（7）连接；电机壳（7）的下端与下轴承座（10）连接；所述的上轴承座（4）、下轴承座（10）分别通过轴承（5）与电机轴连接；所述的电机壳（7）内腔设置定子、转子组件（8）；其中定子线圈与电缆线（6）连接，其特征在于：所述的电机壳（7）主体为圆钢管，其上端与上端环（7－1）焊接，下端与下端环（7－2）焊接；所述的上端环（7－1）、下端环（7－2）均为圆形环；所述的下端环（7－2）内孔设置卡簧（9）。"涉案专利说明书记载，现有技术存在的缺陷是，电潜水泵的电机壳为铸铁件，电机壳壁厚大，重量重，用料多，制造成本高，冬季容易冻裂，而且铸铁件还容易产生气孔、砂眼等铸造缺陷，致使潜水泵的使用寿命低。为了解决上述技术问题，涉案专利提供了一种电机壳为焊接件的小型电潜水泵，其电机壳由圆钢管及上、下端环焊接而成，内径与原设计铸铁件电机壳相对应的内径相近。同时，说明书强调，涉案专利提供一种电机壳为焊接件的小型电潜水泵，该电潜水泵由四段组成，包括：导叶体、进水段、上轴承座和电机壳；其中导叶体、进水段、上轴承座三段仍保持原来的设计不变。王某慈向江苏省南京市中级人民法院（以下简称一审法院）提起诉讼，主张华盛公司未经其许可，生产销售侵害涉案专利权的产品，应承担停止侵害并赔偿经济损失的责任。华盛公司依据其 QT（J）D145－04A 电机壳图纸及电机壳实物提出现有技术抗辩，虽然该图纸及电机壳实物公开了涉案专利关于电机壳的相应技术特征，但是并未公开有关导叶体、进水段、上轴承座的相应技术特征。一审法院认为，华盛公司主张的现有技术抗辩成立，故判决驳回王某慈的诉讼请求。王某慈不服，向最高人民法院提起上诉。最高人民法院于 2019 年 12 月 24 日判决驳回上诉，维持原判。

【裁判意见】

最高人民法院二审认为，根据涉案专利说明书记载，涉案专利系通过圆钢管与上、下端环焊接形成的电机壳替代铸铁件电机壳，以解决铸铁件电机壳制造成本高、冬季容易冻裂以及容易产生气孔、砂眼等缺陷致使潜水泵使用寿命低的技术问题。涉案专利说明书多次强调，除电机壳之外的导叶体、进水段、上轴承座仍保持原来的设计不变。由此可知，涉案专利技术方案非常特殊，其技术方案的电机壳部分系涉案专利强调的唯一发明点，其余部分均为潜水泵的已有通用部件。电机壳产品作为潜水泵零部件，必然需要与其他部件相结合形成潜水泵产品。华盛公司的 QT（J）D145－04A 图纸所承载的电机壳相关技术方案在涉案专利申请日前已经公开，构成现有技术。且该图纸中电机壳产品技术特征与涉案专利中电机壳、被诉侵权产品中电机壳相关技术特征均相同。故考虑到本案专利技术方案的特殊性，在涉案专利除电机壳部分之外的其余技术特征属于通用部件的情况下，可以认为华盛公司的 QT（J）D145－04A 图纸电机壳部分的现有技术与潜水泵通用部分的现有技术必然结合形成作为潜水泵整体的现有技术。本案被诉侵权产品技术方案的全部技术特征与由上述潜水泵所呈现的整体现有技术方案的相应技术特征相同，华盛公司主张的现有技术抗辩成立。

5. 先用权抗辩中"主要技术图纸"的认定

【裁判要旨】

设计图纸是机械制造领域产品加工、检验的基本依据，在被诉侵权人已经设计出被诉侵权产品关键部件图纸且该产品的其他部件均为通用部件的情况下，可以认定其已经完成了实施发明创造所必需的主要技术图纸，为生产被诉侵权产品做好了必要准备，其先用权抗辩成立。

【关键词】

发明专利　侵权　先用权抗辩　主要技术图纸

【案号】

（2019）最高法知民终 89 号

【基本案情】

在前述"潜水泵电机壳"专利侵权纠纷案二审程序中，华盛公司还依据 QT（J）D145 - 04A 电机壳图纸提出先用权抗辩。

【裁判意见】

最高人民法院二审认为，根据《中华人民共和国专利法》（以下简称《专利法》）第六十九条第（二）项的规定，在专利申请日前已经制造相同产品、使用相同方法或者已经作好制造、使用的必要准备，并且仅在原有范围内继续制造、使用的，不视为侵害专利权。《最高人民法院关于审理侵犯专利权纠纷案件应用法律若干问题的解释》第十五条第二款规定，已经完成实施发明创造所必需的主要技术图纸或者工艺文件的，人民法院应当认定属于《专利法》第六十九条第（二）项规定的已经作好制造、使用的必要准备。涉案专利技术方案非常特殊，其技术方案的电机壳部分系涉案专利强调的唯一发明点，其余部分均为潜水泵的已有通用部件。电机壳产品作为潜水泵零部件，必然需要与其他部件相结合形成潜水泵产品。根据本案查明的事实，在涉案专利申请日前华盛公司已经制作完成 QT（J）D145 - 04A 电机壳图纸，王某慈亦认可该图纸与涉案专利电机壳相关技术特征一致。机械制造领域中设计图纸是生产过程中加工、检验的依据。在华盛公司已经设计出电机壳图纸且其他部件为潜水泵通用部件的情况下，可以认定华盛公司已经完成实施发明创造所必需的主要技术图纸，进而已经为生产被诉侵权产品作好必要的准备。本案中，没有证据证明华盛公司超出了申请日前的生产用途及生产规模。华盛公司的先用权抗辩成立。

6. 销售者合法来源抗辩的审查

【裁判要旨】

销售者合法来源抗辩的成立，需要同时满足被诉侵权产品具有合法来源这一客观要件和销售者无主观过错这一主观要件，两个要件相互联系。如果销售者能够证明其遵从合法、正常的市场交易规则，取得所售产品的来源清晰、渠道合法、价格合理，其销售行为符合诚信原则、合乎交易惯例，则可推定其无主观过错。此时，应由权利人提供相反证据。在权利人未进一步提供足以推翻上述推定的相反证据的情况下，应当认定销售者合法来源抗辩成立。

【关键词】

实用新型专利　侵权　销售者　合法来源抗辩　客观要件　主观要件

【案号】

（2019）最高法知民终 118 号

【基本案情】

在上诉人宝蔻（厦门）卫浴有限公司（以下简称宝蔻公司）与被上诉人馆陶县佩龙水暖安装维修门市（以下简称佩龙门市）侵害实用新型专利权纠纷案中，涉及专利号为 ZL201220231053.0、名称为"一种阀体一体式结构的双开关恒温阀"的实用新型专利（以下简称涉案专利）。宝蔻公司认为，佩龙门市未经专利权人的许可，销售落入涉案专利权保护范围的产品，侵害了宝蔻公司的专利权，故向河北省石家庄市中级人民法院（以下简称一审法院）提起诉讼，请求判令佩龙门市停止侵害并赔偿经济损失及维权合理开支 2 万元。一审法院认为，佩龙门市销售的被诉侵权产品落入宝蔻公司涉案专利权保护范围，但佩龙门市提交了《销售出货单》，根据涉案产品的价值及交易惯例，可以认定佩龙门市销售的涉案产品有合法来源，佩龙门市的合法来源抗辩成立，判决佩龙门市停止侵害，驳回宝蔻公司的其他诉讼请求。宝蔻公司不服，向最高人民法院提起上诉。最高人民法院于 2019 年 11 月 8 日判决驳回上诉，维持原判。

【裁判意见】

最高人民法院二审认为，产品被制造者推向市场后，对于后续的产品销售者而言，其销售不知道是未经专利权人许可而制造并售出的专利侵权产品，能证明该产品合法来源的，不承担赔偿责任。销售者合法来源抗辩能否成立，需要同时满足被诉侵权产品具有合法来源这一客观要件和销售者无主观过错这一主观要件。对于客观要件，销售者应当提供符合交易习惯的相关证据；对于主观要件，销售者应证明其实际不知道且不应当知道其所售产品系制造者未经专利权人许可而制造并售出。这两个要件相互联系，缺一不可。在判断销售者是否满足合法来源抗辩的主观要件时，如果该销售者能够证明其遵从合法、正常的市场交易规则，取得所售产品的来源清晰、渠道合法、价格合理，其销售行为符合诚信原则、合乎交易惯例，则可推定该销售者实际不知道且不应当知道其所销售产品系制造者未经专利权人许可而制造并售出，即推定该销售者无主观过错。此时，应由权利人来证明侵权者知道或者应当知道其所许诺销售或者销售的是侵权产品，从而否定合法来源抗辩的成立。在权利人未进一步提供足以推翻上述推定的相反证据的情况下，应认定销售者合法来源抗辩成立。本案中，佩龙门市提交的《销售出货单》显示购货单位为武某龙，并加盖"山东汇恒卫浴设备有限公司"印章，送货地址为河北省邯郸市馆陶县魏征路桃山亭广场南 200 米路西，电话为 133×××× 9706。其中，送货地址为佩龙门市实际经营地址，所留手机号为武某磊之妻郝某立所使用，所购物品中亦包括本案被诉侵权产品。虽购货人与佩龙门市经营者姓名不同，但郝某立所作的武某龙系武某磊别名的解释有合理之处。结合《销售出货单》所留的销货单位的电话、印章以及宣传册、山东汇恒卫浴设备有限公司销售经理之名片等，可以认为佩龙门市所称的浴尔源卫浴设备厂与山东汇恒卫浴设备有限公司实系同一主体。基于现有在案证据，可以认定佩龙门市所销售的被诉侵权产品实际购自山东汇恒卫浴设备有限公司。宝蔻公司虽提交了公证保全证据来证明佩龙门市销售了侵害涉案专利权的产品，但其现有证据不足以证明佩龙门市对产品来源存在审查疏忽，亦无证据证明佩龙门市知道或应知其所售产品系侵害他人专利权的产品。佩龙门市从山东汇恒卫浴设备有限公司购得被诉侵权产品后对外销售，交易链条完整，在案证据不能证明其进货价格及销售价格存在异常之处，符合社会一般交易习惯，因此其所售产品系通过正常商业方式取得，且佩龙门市已披露被诉侵权产品的生产者信息，结合一般市场交易规则，可以认定佩龙门市所售产品具有合法来源，其属于正常开展经营活动，并无主观过错，依法不承担赔偿责任。

7. 销售者合法来源抗辩成立时权利人维权合理开支的承担

【裁判要旨】

合法来源抗辩仅是免除赔偿责任的抗辩，而非不侵权抗辩；销售者的合法来源抗辩成立，既不改变销售侵权产品这一行为的侵权性质，也不免除停止销售侵权产品的责任，仍应承担权利人为获得停止侵害救济所支付的合理开支。

【关键词】

实用新型专利　侵权　销售者　合法来源抗辩　合理开支

【案号】

（2019）最高法知民终 25 号

【基本案情】

在上诉人广州市速锐机械设备有限公司（以下简称速锐公司）与被上诉人深圳市和力泰科技有限公司（以下简称和力泰公司）、原审被告广东快女生物技术有限公司（以下简称快女公司）侵害实用新型专利权纠纷案中，涉及专利号为 ZL201420443947.5、名称为"包装机"的实用新型专利（以下简称涉案专利）。和力泰公司认为，速锐公司销售和许诺销售、快女公司使用的被诉侵权产品落入涉案专利权利要求 1 的保护范围，故向广州知识产权法院（以下简称一审法院）提起诉讼，请求判令速锐公司停止侵害、销毁库存侵权产品及有关专用设备和模具、赔偿经济损失及合理开支 100 万元，判令快女公司停止侵害。一审法院认为，被诉侵权产品落入涉案专利权保护范围，速锐公司的合法来源抗辩不能成立，判决速锐公司停止侵害，赔偿和力泰公司经济损失 15 万元。速锐公司不服，向最高人民法院提起上诉。最高人民法院于 2019 年 11 月 5 日改判速锐公司合法来源抗辩成立，判令其停止销售、赔偿和力泰公司维权合理开支 3 万元。

【裁判意见】

最高人民法院二审认为，合法来源抗辩仅是免除赔偿责任的抗辩，而非不侵权抗辩。销售者合法来源抗辩成立，并不改变销售侵权产品这一行为的侵权性质，也不免除停止销售侵权产品的责任。维权合理开支系基于侵权行为而发生，故在合法来源抗辩成立的情况下，权利人为获得停止侵害救济的合理开支仍应得到支持。本案中，和力泰公司向速锐公司主张了包括合理开支在内的经济损失共 100 万元，但并未提交任何关于合理开支的证据，由于权利人在维权过程中必然会产生合理开支，在和力泰公司未举证的情况下，考虑与本案复杂程度相匹配的代理费用、公证费用以及正常差旅市场价格水平，酌定和力泰公司为本案支出的合理开支为 3 万元。

8. 被诉侵权人无正当理由拒不提供侵权账簿资料时损害赔偿的计算

【裁判要旨】

专利权人主张以侵权获利计算损害赔偿数额且对侵权规模事实已经完成初步举证，被诉侵权人无正当理由拒不提供有关侵权规模基础事实的相应证据材料，导致用于计算侵权获利的基础事实无法精准确定，对其提出的应考虑涉案专利对其侵权获利的贡献度等抗辩理由可不予考虑。

【关键词】

发明专利　侵权损害赔偿计算　举证责任分配　侵权规模　专利技术贡

献度

【案号】

（2019）最高法知民终 147 号

【基本案情】

在前述"路由器"专利侵权纠纷案二审程序中，关于赔偿额的确定，腾达公司上诉认为敦骏公司提供的被诉侵权产品的销售量数据不可信、其主张30%的行业利润率明显偏高，此外确定赔偿额时应当考虑专利的技术贡献度等，并在二审庭后提交了与专利的技术贡献度相关的参考材料。

【裁判意见】

最高人民法院二审认为，专权利人主张以侵权获利确定赔偿额的，侵权规模即为损害赔偿计算的基础事实。专利权人对此项基础事实承担初步举证责任。如果专利权人已经完成初步举证，被诉侵权人无正当理由拒不提供有关侵权规模基础事实的相应证据材料，导致用于计算侵权获利的基础事实无法精准确定，对其提出的应考虑涉案专利对其侵权获利的贡献度等抗辩理由可不予考虑。本案中，首先，敦骏公司主张依照侵权人因侵权获利计算赔偿额，并在一审中提交了腾达公司分别在京东和天猫电商平台的官方旗舰店销售被诉侵权产品数量、售价的证据，鉴于该销售数量和价格均来源于腾达公司在正规电商平台的官方旗舰店，数据较为可信，腾达公司虽指出将累计评价作为销量存在重复计算和虚报的可能性，但并未提交确切证据，且考虑到敦骏公司就此项事实的举证能力，应当认定敦骏公司已就侵权规模的基础事实完成了初步举证责任。其次，敦骏公司在一审中依据其已提交的侵权规模的初步证据，申请腾达公司提交与被诉侵权产品相关的财务账簿、资料等，一审法院也根据本案实际情况，依法责令腾达公司提交能够反映被诉侵权产品生产、销售情况的完整的财务账簿、资料等证据，但腾达公司并未提交。一审法院因此适用相关司法解释对敦骏公司的 500 万元赔偿予以全额支持。二审中腾达公司就此提出异议，却仍然未提交相关的财务账簿等资料。由于本案腾达公司并不存在无法提交其所掌握的与侵权规模有关证据的客观障碍，故应认定腾达公司并未就侵权规模的基础事实完成最终举证责任。最后，根据现有证据，有合理理由相信，被诉侵权产品的实际销售数量远超敦骏公司所主张的数量。综上，在侵权事实较为清楚，且已有证据显示腾达公司实际侵权规模已远大于敦骏公司所主张赔偿的范围时，腾达公司如对一审法院确定的全额赔偿持有异议，应先就敦骏公司计算赔偿所依据的基础事实是否客观准确进行实质性抗辩，而不能避开侵权规模的基础事实不谈，另行主张专利技术贡献度等其他抗辩事由，据此对腾达公司二审中关于一审确定赔偿额过高的各项该抗辩主张均不予支持。

9. 专利侵权行政投诉构成侵权警告的范围与条件

【裁判要旨】

专利权人仅针对被诉侵权产品的部分生产者、销售者、使用者向专利行政部门提起专利侵权纠纷处理请求，导致未参与该行政处理程序的生产者、销售者、使用者的经营处于不确定状态的，可以认定该专利侵权纠纷处理请求对于上述未参与行政处理程序的生产者、销售者、使用者构成侵权警告。

【关键词】

实用新型专利　确认不侵害专利权纠纷　受理条件　侵权警告

【案号】

（2019）最高法知民终 5 号

【基本案情】

在上诉人 VMI 荷兰公司（以下简称 VMI 公司）、固铂（昆山）轮胎有限公司（以下简称固铂公司）与被上诉人萨驰华辰机械（苏州）有限公司（以下简称萨驰公司）确认不侵害专利权纠纷案中，涉及专利号为 ZL201420660550.1、名称为"一种复合件自动接头装置"的实用新型专利。VMI 公司、固铂公司认为萨驰公司于 2018 年 5 月向江苏省苏州市知识产权局针对固铂公司使用被诉侵权产品的行为提出的专利侵权纠纷处理请求，构成对 VMI 公司和固铂公司的专利侵权警告，VMI 公司于 2018 年 9 月 24 日向萨驰公司发出催告函，要求其一个月内撤回侵权警告或者提起侵权诉讼。VMI 公司、固铂公司认为，萨驰公司签收上述催告函后一个月内，既未撤回侵权警告，亦未提起侵权诉讼，遂向江苏省苏州市中级人民法院（以下简称一审法院）提起诉讼，请求确认不侵权。一审法院认为，萨驰公司所提行政投诉不构成专利法意义上的"侵权警告"，且萨驰公司在收到催告函后一个月内向一审法院提起了侵权诉讼，故裁定驳回 VMI 公司、固铂公司的起诉。VMI 公司、固铂公司不服，向最高人民法院提起上诉。最高人民法院于 2019 年 6 月 12 日在纠正一审法院关于"侵权警告"认定的基础上，裁定驳回上诉，维持原裁定。

【裁判意见】

最高人民法院二审认为，权利人主张相对方侵权，但又不通过法定程序予以解决，会使相对方处于不确定状态。确认不侵权诉讼的制度目的在于赋予相对方诉权，使其有途径消除这种不确定状态。确认不侵害专利权之诉，其审理范围在于确定原告所实施的技术方案是否落入被告专利权的保护范围，其目的在于消除原告对其所实施的技术方案是否落入他人专利权保护范围不确定的状态，以利于其经营决策。在专利侵权纠纷中，对于纠纷由专利行政部门处理还是由人民法院审理，专利权人有一定的选择权，但无论该纠纷由专利行政部门处理还是由人民法院审理，关键均在于确定被诉侵权产品或方法是否落入涉案专利权的保护范围。首先，本案中萨驰公司向专利行政部门提起处理专利侵权纠纷的请求，表明其认为涉案的型号为 MAXX 的轮胎成型机侵害其涉案专利权。虽然该行政处理程序的相对方为被诉侵权设备的使用者固铂公司，但对于该型号设备生产者的 VMI 公司，其必然认识到其所生产、销售的设备可能受到侵权指控，一旦纠纷处理机关认定构成侵权，其设备市场必然受到影响，因此，本案中行政处理程序对 VMI 公司经营的影响是客观存在的。其次，萨驰公司提起的专利侵权纠纷处理请求，被请求人仅为设备使用者固铂公司，而设备的制造者 VMI 公司并非被请求人，VMI 公司没有参与到该行政处理程序中的机会，无法在该行政处理程序中主张相应权利。对于 VMI 公司而言，其所制造、销售的被诉侵权设备是否会被专利行政部门认定构成侵权，已经处于一种不确定的状态，其产品销售市场可能因此受到影响，并且其权益在相应行政处理程序中无法得到保障。VMI 公司提起本案确认不侵害专利权之诉的目的，在于尽快通过司法程序确认其生产、销售的 MAXX 型号轮胎成型机未落入萨驰公司涉案专利权的保护范围，从而自可能面临侵权指控的不确定状态中解脱出来并稳定其相应市场。本案中权利人请求专利行政部门处理专利侵权纠纷，其处理结果可能直接影响未作为被请求人的 VMI 公司的利益，可认为其已受到侵权警告。因此，对于 VMI 公司而言，萨驰公司提起的专利侵权纠纷处理请求属于《最高人民法院关于审理侵犯专利权纠纷案件应用法律若干问题的解释》第十八条所称的侵权警告，一审法院适用法律不当，应当予以纠正。

10. 临时禁令与部分判决的关系处理

【裁判要旨】

当事人在专利侵权程序中针对被诉侵权人既申请作出责令停止侵害的行为保全，又申请作出判令停止侵害的部分判决的，人民法院不应因作出停止侵害的部分判决而对该行为保全申请不予处理，而应对该行为保全申请予以审查；符合行为保全条件的，应及时作出裁定。

【关键词】

发明专利　侵权　诉中行为保全　部分判决

【案号】

（2019）最高法知民终 2 号

【基本案情】

在前述"刮水器连接器"专利侵权纠纷案中，瓦莱奥公司在一审程序中除申请先行作出停止侵害的部分判决外，还提出诉中行为保全申请。一审法院作出部分判决，但未处理该诉中行为保全申请。本案二审程序中，瓦莱奥公司表示，坚持原诉中行为保全申请。最高人民法院于 2019 年 3 月 27 日公开开庭审理本案，并当庭宣判驳回上诉，维持原判，并在判决中明确了对于瓦莱奥公司的诉中行为保全申请不予支持的意见和理由。

【裁判意见】

最高人民法院二审认为，瓦莱奥公司在本案一审过程中提出责令卢卡斯公司、富可公司及陈某强停止侵害涉案专利权的诉中行为保全申请，并提供了相应担保。一审法院先行作出支持专利权人关于停止侵害专利权诉请的部分判决后，对于诉中行为保全申请尚未作出处理，该部分判决进入上诉审理程序。首先，关于本案诉中行为保全申请的管辖。对当事人不服一审判决提起上诉的案件，当事人在一审中提出行为保全申请的，在二审法院接到报送的案件之前，由一审法院管辖；在二审法院接到报送的案件之后，应由二审法院管辖。本案中，由于案件已经由最高人民法院受理，与本案有关的行为保全申请亦应由最高人民法院管辖和处理。其次，关于本案诉中行为保全申请的具体处理。本案需要考虑的特殊情况是，一审法院虽已作出关于责令停止侵害涉案专利权的部分判决，但并未生效，专利权人继续坚持其在一审程序中的行为保全申请。此时，二审法院对于停止侵害专利权的行为保全申请，可以考虑如下情况，分别予以处理：如果情况紧急或者可能造成其他损害，专利权人提出行为保全申请，而二审法院无法在行为保全申请处理期限内作出终审判决的，应当对行为保全申请单独处理，依法及时作出裁定；符合行为保全条件的，应当及时采取保全措施。此时，由于一审判决已经认定侵权成立，二审法院可根据案情对该行为保全申请进行审查，且不要求必须提供担保。如果二审法院能够在行为保全申请处理期限内作出终审判决的，可以及时作出判决并驳回行为保全申请。本案中，瓦莱奥公司坚持其责令卢卡斯公司、富可公司停止侵害涉案专利权的诉中行为保全申请，但是其所提交的证据并不足以证明发生了给其造成损害的紧急情况，且最高人民法院已经当庭作出判决，本案判决已经发生法律效力，另行作出责令停止侵害涉案专利权的行为保全裁定已无必要。对于瓦莱奥公司的诉中行为保全申请不予支持。

11. 专利侵权案件审理期间权利人据以主张专利权的权利要求被宣告无效后的程序处理

【裁判要旨】

侵害专利权纠纷案件一审程序中，权利人据以主张专利权的权利要求被宣告无效，但涉案专利权在其他原有权利要求或者经修改形成的新的权利要求基础上维持有效的，应当允许权利人重新明确其据以主张专利权的权利要求。权利人选择现属有效的权利要求主张专利权的，一审法院应当继续审理；经释明，权利人仍然坚持基于已被宣告无效的权利要求主张权利的，一审法院方可裁定驳回起诉。

【关键词】

发明专利　侵权　宣告专利权无效　驳回起诉

【案号】

（2019）最高法知民终 161 号

【基本案情】

在上诉人沈阳飞行船数码喷印设备有限公司（以下简称飞行船公司）与被上诉人青岛瀚泽电气有限公司（以下简称瀚泽公司）侵害发明专利权纠纷案中，涉及专利号为 ZL201410100501.7、名称为"一种同步单双面数码喷绘机及其绕布方法"的发明专利（以下简称涉案专利）。飞行船公司认为，瀚泽公司未经许可，擅自制造、销售的被诉侵权产品落入涉案专利权利要求 1 的保护范围，故向山东省济南市中级人民法院（以下简称一审法院）提起诉讼。本案一审期间，国家知识产权局作出第 16225 号无效宣告请求审查决定（以下简称第 16225 号决定），宣告涉案专利权部分无效，并在飞行船公司修改后的权利要求 1—9 基础上继续维持涉案专利有效。现维持有效的权利要求 1 系在原权利要求 1 基础上补入了权利要求 2 和权利要求 6 的附加技术特征而形成，原权利要求 1 已不复存在。一审法院根据《最高人民法院关于审理侵犯专利权纠纷案件应用法律若干问题的解释（二）》第二条第一款之规定，驳回了飞行船公司的起诉。飞行船公司不服，向最高人民法院提起上诉。最高人民法院于 2019 年 8 月 6 日裁定撤销一审裁定，指令一审法院审理。

【裁判意见】

最高人民法院二审认为，虽然权利人此前据以主张保护范围的某一项权利要求被宣告无效，但是涉案专利还存在其他被维持有效的权利要求，特别是原权利要求经过修改，进一步限缩了其保护范围的情况下，人民法院应当给予权利人再次明确其据以主张保护范围的权利要求的程序性权利，并在权利人重新明确的权利要求的基础上继续审理。本案中，专利权人在无效宣告程序中通过主动修改的方式对原权利要求 1 进行了修改。修改后的权利要求 1 补入了技术特征，形成了不同的技术方案，具有不同的保护范围，从而替代了修改前的原权利要求 1 的保护范围，而且其他从属权利要求也相应进行了修改。该修改后的权利要求被第 16225 号决定维持有效，形成了新的权利要求。在涉案专利权被宣告部分无效之后，只要尚未作出一审判决，一审法院就应当依法向权利人飞行船公司释明，由其在维持有效的权利要求范围内明确主张保护范围的权利要求。一审法院并未给予飞行船公司重新明确权利要求的程序性权利，未经释明直接裁定驳回了飞行船公司的起诉，属适用法律错误。

12. 专利侵权案件审理期间权利要求中部分并列技术方案被宣告无效后的处理

【裁判要旨】

专利侵权诉讼期间，涉案专利权利要求中一个或者多个并列技术方案的对应部分被宣告无效，但其余并列技术方案的对应部分仍维持有效，专利权人依据权利要求仍维持有效的部分继续主张权利的，人民法院可以就宣告无效部分的权利要求驳回起诉，同时就维持有效部分的权利要求进行审理并作出裁判。

【关键词】

实用新型专利　侵权　并列技术方案　专利权部分宣告无效

【案号】

（2019）最高法知民终 350 号

【基本案情】

在上诉人深圳市云充吧科技有限公司（以下简称云充吧公司）与被上诉人深圳来电科技有限公司（以下简称来电公司）侵害实用新型专利权纠纷案中，涉及专利号为 ZL201520691258.0、名称为"一种移动电源"的实用新型专利（以下简称涉案专利）。来电公司认为，云充吧公司未经许可制造、销售、许诺销售、使用的被诉侵权产品落入涉案专利权利要求 8 的保护范围，故向广东省深圳市中级人民法院（以下简称一审法院）提起诉讼，请求停止侵害、销毁库存侵权产品及专用模具等，并赔偿经济损失及维权合理开支400万元。一审法院认为，被诉侵权技术方案落入权利要求8的保护范围，判决云充吧公司停止侵害、销毁库存侵权产品并赔偿损失及维权合理开支80万元。云充吧公司不服，向最高人民法院提起上诉。最高人民法院经审理查明，权利要求8包含2个并列技术方案。本案一审程序期间，权利要求8中含有技术特征"还包括另一组充电输入金属触点"的并列技术方案对应部分的权利要求被宣告无效，含有技术特征"包括多组充电输入金属触点"的并列技术方案对应部分的权利要求维持有效。最高人民法院于2019年12月13日判决撤销一审判决，驳回来电公司依据权利要求8被宣告无效部分的起诉，驳回来电公司依据涉案专利权利要求8被维持有效部分的诉讼请求。

【裁判意见】

最高人民法院二审认为，将多个相对独立的技术特征以并列选择的方式撰写在一个独立权利要求中，应当理解为包括了多个保护范围相互独立的并列技术方案。某个并列技术方案被宣告无效的，不影响其他并列技术方案的效力。来电公司在本案中请求保护的权利要求8包括两个并列技术方案，在涉及两组充电金属触点的技术方案被宣告无效的情况下，来电公司表示就维持有效的多组充电金属触点的技术方案继续寻求专利权的保护。首先，当权利人在专利侵权诉讼中主张的权利要求被宣告无效的，人民法院可以裁定驳回权利人基于该无效权利要求的起诉，无需等待专利行政诉讼的最终结果，有证据证明宣告该权利要求无效的决定被生效判决撤销的，权利人可以另行起诉。本案中一审法院认定被诉侵权产品具有与权利要求8中记载的"还包括另一组充电输入金属触点"的技术方案相同的技术特征，支持了来电公司的侵权主张，但该技术方案在一审期间已经被宣告无效。据此可裁定驳回来电公司基于该被宣告无效的技术方案的起诉。其次，应以来电公司坚持选择的维持有效部分的独立权利要求作为保护范围，据以认定被诉侵权技术方案是否落入维持有效的专利技术方案的保护范围。被诉侵权产品中"两组充电输入金属触点"的技术特征与涉案专利权利要求8中维持有效部分的技术特征既不相同也不等同，未落入涉案专利权的保护范围。

13. 专利无效宣告行政程序中主动放弃权利要求对于专利侵权诉讼的影响

【裁判要旨】

权利人在涉案专利的无效宣告行政程序中以删除权利要求的方式主动放

弃民事侵权案件中据以主张权利的权利要求，无论记载该放弃行为的行政决定的效力是否最终确定，被放弃的权利要求均无恢复之可能，不能在侵害专利权纠纷中再将之纳入专利权保护范围，其据以主张侵权的权利基础不复存在，有关诉讼请求可以判决方式驳回。

【关键词】

实用新型专利　侵权　删除权利要求　驳回诉讼请求

【案号】

（2019）最高法知民终 145 号

【基本案情】

在上诉人山东阳谷达盛管业有限公司（以下简称达盛公司）、山东卓睿达盛管业有限公司（以下简称卓睿达盛公司）与被上诉人顺方管业有限公司（以下简称顺方公司）侵害实用新型专利权纠纷案中，涉及专利号为 ZL201220213928.4、名称为"管骨架塑料复合管"的实用新型专利（以下简称涉案专利）。顺方公司认为，达盛公司、卓睿达盛公司生产、销售的实壁管骨架塑料复合管落入涉案专利权利要求 1—3 的保护范围，向山东省济南市中级人民法院（以下简称一审法院）提起诉讼。一审法院认为，被诉侵权产品落入涉案专利权利要求 1—3 的保护范围，判令达盛公司、卓睿达盛公司停止侵害并赔偿顺方公司经济损失及维权合理支出共计 60 万元。达盛公司、卓睿达盛公司不服，向最高人民法院提起上诉。二审程序期间，国家知识产权局作出第 41399 号无效宣告请求审查决定，该决定载明：顺方公司在无效宣告行政程序中修改了权利要求书，删除了权利要求 1 和权利要求 2，将权利要求 3 和权利要求 4 合并形成新的权利要求 1，国家知识产权局在修改后的权利要求 1 基础上宣告涉案专利权全部无效。最高人民法院于 2019 年 11 月 18 日判决撤销一审判决，驳回顺方公司的全部诉讼请求。

【裁判意见】

最高人民法院二审认为，对于权利人在涉案专利的无效宣告程序中通过删除权利要求的方式主动放弃民事侵权案件中据以主张权利的权利要求，无论记载该放弃行为的行政决定的效力是否最终确定，权利人均不得在侵害专利权纠纷中再将之纳入专利权保护范围。鉴于权利人据以主张权利的请求权基础已不复存在，相关权利要求亦无恢复之可能，为实现纠纷的实质性解决，可以直接判决驳回权利人的诉讼请求。本案中，顺方公司在无效宣告程序中将授权公告文本的权利要求 3 和 4 合并形成新的权利要求 1，此时其在本案中据以主张权利的权利要求1—3已经被主动放弃。鉴于顺方公司在本案中仅以权利要求1—3作为其主张权利的基础，在权利要求1—3已经被其主动放弃的情况下，根据《最高人民法院关于审理侵犯专利权纠纷案件应用法律若干问题的解释》第一条的规定，顺方公司提起本案诉讼的请求权基础不再存在，其诉讼请求不能成立，故判决驳回顺方公司的全部诉讼请求。

14. 再审审查程序中现有技术抗辩新证据的处理

【裁判要旨】

当事人在一审判决作出之后未提起上诉，在再审审查程序中以新证据为由主张现有技术抗辩的，对其现有技术抗辩主张不予审查。

【关键词】

实用新型专利　侵权　现有技术抗辩　申请再审

【案号】

（2019）最高法知民申1号

【基本案情】

在再审申请人佛山市云米电器科技有限公司（以下简称云米公司）与被申请人佛山市顺德区美的洗涤电器制造有限公司（以下简称美的公司）、原审被告深圳市康志科技有限公司（以下简称康志公司）、原审被告浙江天猫网络有限公司侵害实用新型专利权纠纷案中，涉及专利号为ZL201520245340.0、名称为"门体组件和具有它的洗碗机"的实用新型专利（以下简称涉案专利）。美的公司认为，云米公司制造、销售、许诺销售型号为VDW0801的云米洗碗机的行为侵害了涉案专利权，故向浙江省杭州市中级人民法院（以下简称一审法院）提起诉讼。一审法院认为，被诉侵权产品落入涉案专利权的保护范围。一审判决作出后，各方当事人均未提出上诉，该判决生效。后云米公司向最高人民法院申请再审，以出现新证据为由，主张现有技术抗辩。最高人民法院于2019年10月23日裁定驳回云米公司的再审申请。

【裁判意见】

最高人民法院审查认为，再审程序的立法宗旨在于平衡好保障当事人申请再审权利和维护生效裁判既判力和稳定性之间的关系，维护司法公正。由于再审程序启动后直接影响生效裁判的效力，为了维护已经生效裁判确定的法律秩序的稳定性，再审事由应当限于原裁判的诉讼证据存在重大瑕疵或者诉讼程序存在妨害当事人基本诉讼权利的重大缺陷等事项。既然现有技术抗辩已经明确规定在专利法中，被诉侵权人应当在一审、二审期间依法提出，即法律已经规定被诉侵权人在正当程序过程行使其抗辩权。但是，如果被诉侵权人未在一审、二审程序中行使其抗辩权而在申请再审程序中提出，有违程序正当原则，同时也有损生效判决的既判力，违背了再审程序平衡保障当事人申请再审权利和维护生效裁判既判力和稳定性之间关系的立法宗旨。申请再审程序作为在终审程序以外，给予当事人的一种特殊救济途径，有其独特的诉讼价值，不应轻易启动。申请再审程序只能用于例外情况的救济，而不能像普通救济程序那样被频繁启动。如果在正常的民事诉讼程序终结以后，已经生效的裁判可以被轻易启动再审审理程序，则其效力长期处于缺位状态，就会使当事人的权利义务关系始终处于不稳定状态，难以实现社会经济秩序的稳定。如果任由当事人在申请再审阶段首次提出现有技术抗辩的主张，将架空一审、二审的诉讼程序。根据《中华人民共和国民事诉讼法》（以下简称《民事诉讼法》）、《最高人民法院关于适用〈中华人民共和国民事诉讼法〉的解释》（以下简称《民诉法司法解释》）等的规定，权利人应当在一审法庭辩论终结前固定其权利要求，如允许被诉侵权人在再审审查程序中提出在前审程序中未主张的现有技术抗辩理由及其证据，造成诉讼突袭，对权利人而言是极为不公平的。

二、专利行政案件审判

15. 新颖性判断中的单独比对原则

【裁判要旨】

每一篇对比文件所承载的技术方案都是独立的，即使两篇对比文件各自记载的技术方案指向同一项现有技术载体实物，也不能据此想当然地将这两篇对比文件结合起来评价权利要求的新颖性，因为此时实际比对的对象已经被变更为任何一篇对比文件均未曾记载的、存在于评价者观念中的现有技术。

【关键词】

发明专利　无效宣告程序　新颖性　单独比对原则

【案号】

（2019）最高法知行终53号

【基本案情】

在上诉人仝某宁、国家知识产权局与被上诉人浙江双屿实业有限公司（以下简称双屿公司）发明专利权无效行政纠纷案中，涉及专利号为ZL201410312457.6、名称为"一种急冷喷头"的发明专利（以下简称本专利），专利权人为双屿公司。针对上述专利权，仝某宁于2017年5月10日向国家知识产权局提出无效宣告请求。国家知识产权局于2017年10月23日作出第33703号无效宣告请求审查决定（以下简称被诉决定），宣告本专利全部无效。被诉决定认为，认定证据2示出的LAB–G400型喷嘴即为证据1中的LAB–G型喷嘴，证据2能够证明证据1中的LAB–G型喷嘴具有一对斜导壁，其设置的位置以及达到的技术效果与本专利权利要求1相同。因此，本专利权利要求1相对于证据1不具备新颖性。双屿公司认为，证据1和证据2中的喷头型号不完全对应，不能认定二者属于同一喷头，且证据2中并没有关于该喷头具有斜导壁结构的明确记载，故向北京知识产权法院（以下简称一审法院）提起诉讼。一审法院认为，没有证据证明LAB–G400型喷嘴与LAB–G型喷嘴为同一种喷嘴并具有相同的结构；证据1、证据2的文字部分或者附图均未记载或者明确有关"斜导壁"的技术特征；相似的喷射效果并不能必然得出结构相同的结论，仅凭证据2的图7无法确定该喷嘴具有"斜导壁"的技术特征。故判决撤销被诉决定，责令国家知识产权局重新作出无效宣告请求审查决定。仝某宁、国家知识产权局不服，向最高人民法院提起上诉。最高人民法院于2019年12月24日在纠正一审判决关于新颖性判断思路的基础上，判决驳回上诉，维持原判。

【裁判意见】

最高人民法院二审认为，判断发明专利的新颖性时，应当坚持单独对比原则，将一项权利要求分别与一项现有技术单独进行比较，不允许将同一篇对比文件中记载的两项及以上技术方案或者两篇及以上对比文件中记载的技术方案结合起来评价权利要求的新颖性。在新颖性评价的语境下，即使有证据显示，两篇对比文件各自记载的技术方案指向同一项现有技术载体实物，也不能据此想当然地将这两篇对比文件结合起来评价权利要求的新颖性。原因在于，每一篇对比文件所承载的技术方案都是独立的，如果以两篇对比文件各自记载的技术方案指向同一项现有技术为由，将上述两篇对比文件结合起来评价权利要求的新颖性，实际上已经变更了比对对象。该比对对象已经不是任何一篇对比文件本身所记载的技术方案，而是被转换为两篇对比文件结合起来的另一项技术方案。这种做法一方面将会导致新颖性评价与创造性评价之间的界限模糊，另一方面也会致使新颖性评价中的比对对象发生错误，即实际比对的对象是任何一篇对比文件中都未曾记载的、存在于评价者观念中的现有技术，新颖性评价将丧失客观性。本案中，证据1属于专利文献公开方式，证据 2 属于期刊文献公开方式，属于两篇不同的出版物，各自公开了不同的技术内容，不能因为其共同指向同一载体实物就将原本属于两篇对比文件公开的技术内容结合起来形成一项新的产品技术方案评价权利要求的新颖性。如果证据 1 和证据 2 指向的是申请日前同一型号而且具有相同结构的喷嘴，则无效宣告请求人应当提交体现完整产品技术方案的一项现有技术，而非通过多篇出版物结合形成新的技术方案评价本专利权利要求的新颖性。

16. 创造性与说明书充分公开等法律要求的关系

【裁判要旨】

创造性判断与说明书充分公开、权利要求应该得到说明书支持等法律要求在专利法上具有不同的功能，遵循不同的逻辑，原则上不应将本质上属于说明书充分公开等法律要求所应审查的内容纳入创造性判断中予以考虑，否则既可能使创造性判断不堪承受重负，又可能制约申请人对说明书充分公开、权利要求应该得到说明书支持等问题进行实质论辩，还可能致使说明书充分公开等法律要求被搁置。

【关键词】

发明专利　驳回复审程序　创造性　充分公开

【案号】

（2019）最高法知行终 127 号

【基本案情】

在上诉人国家知识产权局与被上诉人伊拉兹马斯大学鹿特丹医学中心（以下简称鹿特丹医学中心）、罗杰·金登·克雷格（以下简称克雷格）发明专利申请驳回复审行政纠纷案（以下简称"结合分子"专利驳回复审行政纠纷案）中，涉及申请号为 201210057668.0、名称为"结合分子"的发明专利申请（以下简称本申请）。经实质审查，国家知识产权局原审查部门驳回了本申请。鹿特丹医学中心、克雷格提出复审请求并修改了权利要求。国家知识产权局经复审作出第 129924 号复审请求审查决定（以下简称被诉决定），维持原驳回决定。国家知识产权局认为，对比文件公开的是利用骆驼化的 V 基因片段生产抗体的方法，在对比文件 1 的基础上结合本领域的常规基因工程试验手段即可获得本申请的合理成功预期，且出于降低抗体免疫原性、提高人体安全性和治疗效果的考虑，本领域普通技术人员有动机以人的天然的特定基因片段生产小型化仅有重链的抗体，本申请不具有创造性。鹿特丹医学中心、克雷格不服，诉至北京知识产权法院（以下简称一审法院），请求撤销被诉决定，判令国家知识产权局重新作出决定。一审法院认为本申请具备创造性，判决撤销被诉决定，国家知识产权局重新作出决定。国家知识产权局不服，提起上诉称，确定发明所解决的技术问题时，要以本申请文件中已验证的技术效果为基础；本申请说明书没有公开使用人的天然存在的 V 基因片段来生产小型化抗体的实验数据，其技术效果并未得到验证，在确定发明解决的技术问题时不予考虑。基于此，源自人的天然存在的 V 基因片段相对于转基因小鼠而言是一种异源基因片段，故本申请实际解决的技术问题"仅是提供一种表达包含其他异源基因片段的异源重链基因座的仅重链抗体的方法"。最高人民法院于 2019 年 12 月 6 日判决驳回上诉，维持原判。

【裁判意见】

最高人民法院二审认为，创造性判断所运用的"问题—解决方案"思路中，一般遵循三个步骤：确定最接近的现有技术；确定发明的区别特征和发明实际解决的技术问题；判断要求保护的发明对本领域普通技术人员而言是否显而易见。在第二个步骤中，确定发明实际解决的问题时，通常是以最接近的现有技术为参照，在分析发明与最接近的现有技术相比所存在的区别特征的基础上，考虑区别特征整体上所能达到的技术效果来确定。在这一意义上，发明所解决的技术问题是客观的，区别特征的确定是理解发明实际解决的技术问题的基础。在此基础上，还应考虑本领域普通技术人员在阅读说明书所记载的内容后能够得出的技术效果。本申请权利要求 1 相对于对比文件 1 的区别特征（2）是，所述 V 基因片段是源自人的天然存在的 V 基因片段，而对比文件 1 公开的是骆驼化的 VH 外显子/区。结合上述区别特征及说明书的记载，本领域普通技术人员可以理解，本申请所优选实现的是一种人源可溶的仅有 VH 重链抗体的效果，本申请相对于对比文件 1 所实际解决的技术问题应该是提供一种产生表达包含天然人 V 基因片段的仅有 VH 重链的可溶抗体的方法。

国家知识产权局质疑说明书是否公开了已经制备上述抗体，并以此为由脱离专利申请权利要求 1 相对于对比文件 1 的区别特征来确定发明所解决的技术问题是错误的。这种做法既否定了区别特征作为发明实际解决的技术问题的基础，又在客观上混淆了创造性判断与说明书充分公开、权利要求应该得到说明书支持等不同法律标准。创造性判断与说明书充分公开、权利要求应该得到说明书支持等法律要求在专利法上具有不同的功能，遵循不同的逻辑。将本质上属于说明书充分公开、权利要求应该得到说明书支持等法律要求所应审查的内容纳入创造性判断中予以考虑，既可能使创造性判断不堪承受重负，不利于创造性判断法律标准的稳定性和一致性，又可能在一定程度上制约了申请人对说明书充分公开、权利要求应该得到说明书支持等问题进行实质论辩，还可能致使说明书充分公开、权利要求应该得到说明书支持、修改超范围等法律要求被搁置。因此，在专利实质审查程序中，既要重视对新颖性、创造性等实质授权条件的审查，又要重视说明书充分公开、权利要求应该得到说明书支持、修改超范围等授权条件的适用，使各种授权条件各司其职、各得其所。根据专利实质审查的一般规律，原则上可以先审查判断专利申请是否符合说明书充分公开、权利要求应该得到说明书支持、修改超范围等授权条件，在此基础上再进行新颖性、创造性的判断，否则可能导致新颖性、创造性审查建立在不稳固的基础上，在程序上是不经济的。本案中，国家知识产权局上诉主张中关于本申请是否公开了制备人源可溶仅有重链的抗体及是否有数据支持和验证等问题，更适合在说明书是否充分公开这一法律问题下予以审查，不宜一概纳入创造性判断中予以考虑。

17. 创造性判断中发明实际解决的技术问题的确定

【裁判要旨】

在创造性判断中确定发明实际解决的技术问题时，应当根据区别技术特征在本专利技术方案中所实现的作用、功能或者效果等对技术问题作恰当提炼，既不能概括得过于上位，又不能简单地将区别技术特征所实现的作用、功能或者技术效果等同于发明实际解决的技术问题。

【关键词】

实用新型　无效宣告程序　创造性　区别技术特征　技术问题

【案号】

（2019）最高法知行终 32 号

【基本案情】

在上诉人国家知识产权局、喀什博思光伏科技有限公司（以下简称博思公司）与被上诉人山东豪沃电气有限公司（以下简称豪沃公司）实用新型专利权无效行政纠纷案中，涉及专利号为 ZL201520439003.5、名称为"一种光伏组件及其自动清扫装置"的实用新型专利（以下简称本专利），专利权人为博思公司。豪沃公司向国家知识产权局申请宣告本专利无效。国家知识产权局经审查作出第 36657 号无效宣告请求审查决定（以下简称被诉决定），维持本专利有效。豪沃公司认为，被诉决定关于本专利具备创造性的认定有误，故向北京知识产权法院（以下简称一审法院）提起诉讼。一审法院认为，基于区别技术特征（2），本专利实际解决的技术问题是如何确保清扫装置能够正常前行。鉴于对比文件3、5均公开了区别技术特征（2），且均给出了将区别技术特征（2）用于对比文件1以解决上述技术问题的启示，可以认定本专利权利要求1不具备创造性。故判决撤销被诉决定，判令国家知识产权局重新作出决定。国家知识产权局、博思公司不服，向最高人民法院提起上诉。最高人民法院于2019年9月27日判决撤销一审判决，驳回豪沃公司的诉讼请求。

【裁判意见】

最高人民法院二审认为，在创造性判断中，确定发明实际解决的技术问题，通常要在发明相对于最接近的现有技术存在的区别技术特征的基础上，考虑本领域普通技术人员在阅读本专利说明书后，根据该区别技术特征在权利要求请求保护的技术方案中所产生的作用、功能或者技术效果等来确定。发明实际所要解决的技术问题的确定，是通过与最接近的现有技术比较得出的，而非以其背景技术的记载为依据。据此，在创造性判断中确定发明实际解决的技术问题时，要针对区别技术特征在本专利技术方案中所产生的作用、功能或者技术效果等来确定。在确定发明实际解决的技术问题时，既不能概括归纳得过于上位，从而低估了本专利的创造性，也不能简单地将区别技术特征在本专利技术方案中实际所产生的作用、功能或者技术效果作为发明实际解决的技术问题，从而高估了本专利的创造性。确定发明实际所要解决的技术问题，应当在区别技术特征在本专利技术方案中实际所产生的作用、功能或者技术效果的基础上，进行适当的概括。本案中，区别技术特征（2）为"设置在框架另一端的支撑轮与光伏面板的下侧边具有预定的间隙"。根据本专利说明书第0054段的记载，该间隙使得自动清扫装置既能够顺着清扫光伏面板移动，又不会由于边沿参差而被卡。由此可见，由于光伏面板边沿上有参差不齐的现象，本专利通过区别技术特征（2）的设置能够解决这一问题，使清扫装置能够正常前行。因此，在确定本专利权利要求1所解决的技术问题时，需要从区别技术特征（2）所直接解决的避免边沿参差而被卡导致清扫装置不能正常前行这一技术问题出发，将本专利权利要求1相对于对比文件1所解决的技术问题确定为如何使自动清扫装置能够适应光伏面板宽度在一定范围内的变化而正常前行。一审判决称该区别技术特征在权利要求1的技术方案中所产生的作用是确保清扫装置能够正常前行，但是，本领域普通技术人员普遍知晓，影响光伏清扫装置正常前行的因素有很多，显然每一种具体问题对应不同的解决手段，将技术问题概括得过于上位，容易导致创造性判断出现偏差。

18. 创造性判断中技术启示的认定

【裁判要旨】

面对实际要解决的技术问题，本领域普通技术人员从现有技术中可以获知的技术启示，原则上应该是具体、明确的技术手段，而不是抽象的想法或者一般的研究方向。仅仅依据研究方向的一致性和本领域的抽象、普遍需求来认定现有技术给出的启示，隐含着后见之明的危险，容易低估发明的创造性。

【关键词】

发明专利　驳回复审程序　创造性　技术启示　后见之明

【案号】

（2019）最高法知行终 127 号

【基本案情】

在前述"结合分子"专利驳回复审行政纠纷案中，国家知识产权局上诉还称，当抗体小型化和人源仅有重链的抗体已经是基因工程抗体进一步的研究方向，出于对这一研究方向的知悉和确保人体安全性等方面的考虑，本领域普通技术人员完全有动机使用人的天然 V 基因片段替换对比文件 1 中的骆驼化 VH 外显子，进行异源表达生产抗体，故本申请不具有创造性。

【裁判意见】

最高人民法院二审认为，面对所要解决的客观的技术问题，本领域普通技术人员从现有技术中可以获知的启示原则上应该是具体、明确的技术手段，而不是抽象的想法或者一般的研究方向。仅仅依据研究方向的一致性和本领域的抽象、普遍需求来认定现有技术给出的启示，隐含着后见之明的危险，容易低估发明的创造性。那些表面上看似显而易见的发明事实上也可能具有创造性。发明的技术方案一旦形成，其可能经常被发现可以从某些已知事物出发，经由一系列非常简单的步骤推导出来。为避免这种后见之明，必须全面、谨慎、现实地评估，面对本申请所要解决的问题，本领域普通技术人员基于其所认知的全部现有技术，是否能够容易地得出本申请的技术方案。本案中，在对比文件 1 的基础上研发仅包含天然人 V 基因片段仅有 VH 重链的抗体时，虽然对比文件 1 给出了使用骆驼化 V 基因片段形成单重链抗体的方法，且本领域确实存在降低抗体免疫原性、提高治疗效果的需求，但是基于人的天然的仅有 VH 重链的抗体会发生聚集或者黏着，而骆驼化 V 基因片段形成的仅有重链的抗体具有更好水溶性的认知，本领域普通技术人员难以有动机以"源自人的天然存在的 V 基因片段"替代"骆驼化 V 基因片段"，制备 V、D、J 基因片段均是天然存在的源自人的仅有重链的抗体。被诉决定在评估对比文件 1 的技术启示时，脱离了申请日前本领域普通技术人员的认知，低估了本申请权利要求 1 的创造性。

19. 创造性判断中关于生物材料保藏的考量

【裁判要旨】

对比文件仅公开了相同或相近的筛选、突变等手段的制备方法，并未对制备出的生物材料进行保藏，本领域普通技术人员不能通过重复该制备方法以及其他途径获得本专利请求保护的生物材料，且无动机改进制备方法以获得该生物材料的情况下，专利申请请求保护的生物材料相对于该对比文件具备创造性。

【关键词】

发明专利　无效宣告程序　创造性　保藏　生物材料　微生物　菌株

【案号】

（2019）最高法知行终 16 号

【基本案情】

在上诉人戴某良与被上诉人国家知识产权局、原审第三人北京万特尔生物制药有限公司（以下简称万特尔公司）发明专利权无效行政纠纷案中，涉及专利号为 ZL200510059850.X、名称为"绿脓杆菌甘露糖敏感血凝菌毛株"的发明专利（以下简称本专利），专利权人为万特尔公司。戴某良向国家知识产权局申请宣告本专利无效。国家知识产权局作出第 29970 号无效宣告请求审查决定（以下简称被诉决定），维持本专利有效。戴某良认为，证据 1（即名称为"绿脓杆菌 MSHA 菌毛株及其建立"、申请号为 CN1090602A 的发明专利申请公开说明书）公开了与本专利菌株相同的菌株的全部技术信息和获得方法，其虽未提供有关保藏号，但有无保藏号属于新颖性审查的问题，不能用于评价创造性，被诉决定关于本专利具备创造性的认定有误，故向北京知识产权法院（以下简称一审法院）提起诉讼。一审法院认为，证据 1 未记载菌株被保藏，且无证据显示其可以为公众获取，本领域普通技术人员预期重复证据 1 的方法很难获得相同或者相似的菌株时，不会有动机通过证据 1 的方法获得本专利所保护的菌株，故本专利具有创造性。戴某良不服，向最高人民法院提起上诉。最高人民法院于 2019 年 8 月 16 日判决驳回上诉，维持原判。

【裁判意见】

最高人民法院二审认为，证据 1 公开了一种绿脓杆菌菌毛株的获得方法和特性，该证据中也记载了与本发明基本相同的菌株获得方法，并且该菌株也具有甘露糖敏感血凝菌毛（MSHA）。但本专利权利要求 1 中记载了菌株的保藏号 CGMCC0190，而证据 1 没有公开该菌株被保藏，无任何保藏信息。此时，不宜简单地将有无保藏号当作区别特征进行认定，而应当考量证据 1 对其中所描述菌株的公开程度和该菌株的可获得性，以判断本领域普通技术人员是否能够通过证据 1 的描述而获得该菌株或有动机制备得到该菌株。首先，证据 1 中没有公开所述绿脓杆菌 MSHA 菌毛株的保藏信息，也未记载可购买的商业渠道或发放渠道。在戴某良提交的证据中，仅有证据 3 和证据 21—22 涉及特定绿脓杆菌菌株制备的药物制剂商品（即绿幕安和佰安），但是所述临床制剂均经过灭菌消毒，其中微生物已被灭活，即使可以商购该制剂商品，也无法获得活性菌株。其次，尽管证据 1 记载了绿脓杆菌甘露糖敏感血凝菌毛株的制备方法，但是由于其中包括了产生随机突变的多个步骤，即使清楚记载了所述步骤的条件和过程等信息，也无法通过重复该步骤而得到确定相同的结果。戴某良也未能提供证据证明重复证据 1 的方法能够克服随机因素从而获得具有所述甘露糖敏感血凝菌毛的菌株。最后，本专利说明书中记载了所述菌株的免疫原性，证实了其有益效果，同时对甘露糖敏感血凝菌毛株进行了专利法规定的微生物保藏，相对于现有技术作出了贡献。综上所述，本专利权利要求 1—4 相对于证据 1 具备创造性。

20. 研究成果的科学价值与创造性判断的关系

【裁判要旨】

一项技术成果的取得可能历经艰辛，构成有意义的研究成果或者具有其他价值，但仅此并不当然使其具备专利法意义上的创造性。

【关键词】

发明专利　驳回复审程序　植物基因　创造性

【案号】

（2019）最高法知行终 129 号

【基本案情】

在上诉人中国农业科学院作物科学研究所（以下简称作物科学研究所）与被上诉人国家知识产权局发明专利申请驳回复审行政纠纷案中，涉及申请号为 201210072718.2、名称为"植物耐逆性相关蛋白 TaHSF1 及其编码基因与应用"的发明专利申请（以下简称本申请），专利申请人为作物科学研究所。作物科学研究所认为，国家知识产权局在第 113305 号复审决定中认定本申请权利要求 1—13 不具备创造性是错误的，向北京知识产权法院（以下简称一审法院）提起诉讼。一审法院认为本申请权利要求 1—13 均不具备创造性。作物科学研究所不服，向最高人民法院提起上诉。最高人民法院于 2019 年 12 月 26 日判决驳回上诉，维持原判。

【裁判意见】

最高人民法院二审认为，判断发明或者实用新型对本领域普通技术人员来说是否显而易见，要确定的是现有技术整体上是否存在某种技术启示，即现有技术中是否给出将该发明或者实用新型的区别技术特征应用到最接近的现有技术以解决其存在的技术问题的启示，这种启示会使本领域普通技术人员在面对相应的技术问题时，有动机改进最接近的现有技术并获得该发明或者实用新型技术方案。创造性的审查通常不考虑发明的获得过程是否艰辛，无论发明人在发明创造过程中是历尽艰辛，还是唾手而得，一般都不影响对该发明创造性的评价。当然，未获得专利权保护的发明创造如果构成有意义的研究成果或者具有其他价值，发明人或者申请人可以依法获得其他方面回报，但仅此并不足以使专利申请获得专利权的保护。

本申请权利要求 1 请求保护的技术方案相对于对比文件 1 公开的技术方案的区别技术特征在于：本申请权利要求 1 要求保护一种小麦热激蛋白 TaHSF1 的具体氨基酸序列，而对比文件 1 公开了小麦中存在能够提高其耐旱性、耐热性的热激因子 TaHsf1，未公开具体的氨基酸序列。基于上述区别技术特征，本申请实际解决的技术问题在于：获得一种来自小麦的具有耐逆性的热激蛋白的具体氨基酸序列。对比文件 2 公开了热激因子（HSF）在调节热激蛋白（HSP）基因表达和传递逆境胁迫尤其热胁迫信息以及提高植物耐逆性等方面起着重要作用。本领域普通技术人员基于现有技术能够预期，植物中的 HSF 普遍具有提高植物耐逆性（耐热性等）的作用。并且，对比文件 1 已经公开了小麦中存在能够提高小麦耐旱性、耐热性以及水利用率的热激因子，故当需要提高小麦对热胁迫的耐受性及耐逆性时，本领域普通技术人员有动机利用已知的生物信息学、分子生物学的手段在小麦基因组中扩增获得其热激因子的编码基因及蛋白。对比文件 2 的方法和本申请均是采用同源基因克隆的方式获得目的植物的热激因子，其具有提高目的植物的耐热能力，因此对比文件2给出了根据其他植物已知的HSF序列和目的植物基因组数据库信息，通过序列比对分析结合常规分子生物学技术获得目的植物HSF的技术启示。本领域普通技术人员在对比文件1的基础上，为了获得小麦HSF，有动机以水稻中已知的HSF序列为模板，通过和小麦基因组数据库信息进行序列比对分析结合常规分子生物学技术获得小麦HSF的编码基因及氨基酸序列。在对比文件1和2的基础上，从小麦中扩增获得的热激因子会具有耐热、耐逆（包括耐干旱）的效果，对本领域普通技术人员而言是可以合理预期的且并未取得预料不到的技术效果。

21. 以实物形式公开的现有技术的认定

【裁判要旨】

当事人以实物主张现有技术的，应当明确其所主张的现有技术方案及该现有技术方案与实物的对应关系，并举证证明或者充分说明公众可以直观地从该实物获得该技术方案。

【关键词】

发明专利　无效宣告程序　实物　现有技术

【案号】

（2019）最高法知行终1号

【基本案情】

在上诉人北京百度网讯科技有限公司（以下简称百度公司）、北京搜狗科技发展有限公司（以下简称搜狗公司）与被上诉人国家知识产权局发明专利权无效行政纠纷案中，涉及专利号为200810116190.8、名称为"一种输入过程中删除信息的方法及装置"的发明专利（以下简称本专利），专利权人为搜狗公司。百度公司以本专利不具备创造性为由请求宣告本专利无效。国家知识产权局认为本专利具备创造性，故作出第35082号无效宣告请求审查决定（以下简称被诉决定），维持本专利权有效。北京知识产权法院一审认为，被诉决定关于证据1'、3、4、5、6没有公开确定的技术方案、不能作为现有技术评价本专利创造性的认定有误，故判决撤销被诉决定，判令国家知识产权局重新作出审查决定。搜狗公司、百度公司不服，向最高人民法院提起上诉。最高人民法院于2019年9月2日判决驳回上诉，维持原判。

【裁判意见】

最高人民法院二审认为，现有技术应当是相关专利申请日以前在国内外为公众所知的技术。现有技术具有一定的相对性和确定性。在专利权创造性审查程序中，这种相对性是相对于被审查的专利而言的，即现有技术必须是在被审查专利申请日以前公开的技术。同时，现有技术应当是确定公开的，处于公众想得知就能得知的状态。本案中，证据1'是飞利浦9@9手机，证据1-1是该手机使用手册公开的一种中文T9拼音输入法，证据1-1是教导公众如何使用飞利浦9@9手机的手册。在被诉决定已经使用证据1-1评价本专利创造性的前提下，认定证据1'是否公开了确定的技术方案，关键是认定公众在拿到飞利浦9@9手机且没有证据1-1的教导下，是否可以较为容易地得到一种输入过程中删除信息的技术方案。需要特别强调的是，公众在这一认定过程中面对的仅仅是证据1'即飞利浦9@9手机，且不应当接受证据1-1的教导。综合已经查明的事实，可以认定证据1'公开了确定的技术方案。首先，现有技术的公开通常强调的是公开状态或结果，而不是公开方式。无论是出版物公开、使用公开还是其他方式公开，都应当以公众为判断主体标准。所谓现有技术"为公众所知"是指现有技术处于公众想得知就能得知的状态，并不意味着公众实际上已经确定知晓该技术方案。具体到本案，手机删除操作可为短按或长按，大部分公众拿到手机实物，都能够在不接受专业技术指导的情况下对输入信息进行简单的短按或长按删除键进行操作，即便有公众可能对长按删除键的操作方式不够了解，仍可通过手机售后服务或手机论坛咨询等方式获知长按删除键的操作方式，故对手机的删除键进行简单的短按或长按操作以删除输入信息，已经处于公众想得知就能够得知的状态。其次，判断某一技术是否构成以使用方式公开的现有技术，不能脱离本专利的技术方案。对于不同技术方案，同一证据是否构成现有技术的结论可能不同。本专利涉及输入信息的删除方法，输入信息的删除方法至少部分能够通过用户操作和相应的界面显示获知：当输入焦点处于编码输入区时，按下删除键，界面显示删除已输入的编码，此时其后台程序必然包含接收删除键指令的步骤，以响应该删除键指令进行删除编码的操作。在此应用场景下，用户操作界面与手机后台程序是能够唯一对应的。因此，手机实物已公开一个确定的涉及输入信息删除方法的技术方案。最后，对于实物而言，其客观上往往使用了多个技术方案，如同一篇技术文献也可能记载多个技术方案一样。但不同的是，公众通过阅读技术文献通常就可以得知其记载的技术方案，但公众要得知实物上所承载的技术方案可能并不都如同其阅读技术文献那样容易。对于以实物形式公开的技术方案，无效请求人在使用实物作为现有技术证据时，有义务说明其使用的是该实物承载的哪个技术方案作为现有技术，并负有证明或充分说明公众通过该实物能够直观地获得该技术方案的责任。本案中，百度公司提交的证据 1'、3、4、5、6 系飞利浦 9@9r 手机、夏新 A8 手机、三星 SGH－S508 手机、摩托罗拉 W161 手机、松下 X77 手机的输入法方案，并在口头审理过程中，百度公司对证据 1' 所涉飞利浦 9@9r 手机及证据 3 所涉夏新 A8 手机进行了实际操作演示，该演示过程基本上可以确定上述飞利浦 9@9r 手机及夏新 A8 手机公开了确定的技术方案。被诉决定仅以证据 1'、3、4、5、6 未公开确定的技术方案为由认定其不能作为评价本专利新颖性和创造性的现有技术，有所不当。

22. 专利无效宣告程序中对于权利要求具体修改方式的要求

【裁判要旨】

无效宣告程序中对于权利要求书具体修改方式的限制，应当着眼于实现对权利要求书的修改满足不得超出原说明书和权利要求书记载的范围以及不得扩大原专利的保护范围两个法律标准的立法目的，兼顾行政审查行为的效率与公平保护专利权人的贡献，不宜对具体修改方式作出过于严格的限制，否则将使得对修改方式的限制纯粹成为对专利权人权利要求撰写不当的惩罚。

【关键词】

发明专利　无效宣告程序　权利要求修改　修改方式

【案号】

（2019）最高法知行终 19 号

【基本案情】

在上诉人阿尔法拉瓦尔股份有限公司（以下简称阿尔法拉瓦尔公司）与被上诉人国家知识产权局，原审第三人 SWEP 国际公司发明专利权无效行政纠纷案（以下简称"不锈钢钎焊"专利无效行政纠纷案）中，涉及专利号为 ZL200680018368.4、名称为"钎焊不锈钢制品的方法和由此方法获得的不锈钢钎焊制品"的发明专利（以下简称本专利），专利权人为阿尔法拉瓦尔公司。针对 SWEP 国际公司提出的无效宣告请求，阿尔法拉瓦尔公司提交了经过修改的权利要求书，其中将从属权利要求 2 和 20 的附加技术特征加入到权利要求 1 中，删除权利要求 18—22 并调整了引用关系。国家知识产权局作出第 29765 号无效宣告请求审查决定（以下简称被诉决定），宣告本专利全部无效。被诉决定认为，因授权权利要求 20 引用权利要求 19，权利要求 19 引用权利要求 18，阿尔法拉瓦尔公司以授权权利要求 20 引用权利要求 2 的技术方案作为修改后的权利要求 1，新权利要求 1 未包含授权权利要求 18、19 的其他附加技术特征，实际上扩大了原专利的保护范围，阿尔法拉瓦尔公司对权利要求的修改不符合《中华人民共和国专利法实施细则》第六十八条和《专利审查指南 2010》第四部分第三章第 4.6.2 节的规定。阿尔法拉瓦尔公司不服被诉决定，向北京知识产权法院（以下简称一审法院）提起诉讼，主张修改后的权利要求 1 没有超出原始申请的范围，也没有扩大专利权的保护范围，此种修改方式应予接受。一审法院认为被诉决定未接受上述修改方式并无不当，遂判决驳回阿尔法拉瓦尔公司的诉讼请求。阿尔法拉瓦尔公司不服，向最高人民法院提起上诉。最高人民法院于 2019 年 12 月 15 日判决撤销一审判决和被诉决定，判令国家知识产权局重新作出无效宣告请求审查决定。

【裁判意见】

最高人民法院二审认为，文字是表达思想的工具，专利文件一旦用文字方式固定，其技术方案也就确定了。但无论是语言表达的准确性，还是专利权人的认知能力都可能存在局限性，特别是对于现有技术以及发明创造存在认知局限，因此，专利法赋予专利权人可以对专利文件进行修改的权利。一方面，为保护专利权人的发明创造和技术贡献，进而推动全社会的创新动力，应允许专利权人对专利文件进行适当修改，而不是简单地将专利权无效作为对权利人撰写水平不足的惩罚。另一方面，在无效宣告程序中，基于社会公众对已授权专利文件的信赖利益，要避免专利权人利用修改机会将专利申请时未完成的技术内容补充到专利文件中，故权利人对权利要求的修改要受到一定限制。这是在专利权人利益与社会公共利益之间实现利益平衡的制度设计。无效宣告程序中，修改方式作为手段，应当着眼于实现对权利要求书的修改满足不得超出原说明书和权利要求书记载的范围以及不得扩大原专利的保护范围两大法律标准的立法目的，兼顾行政审查行为的效率与公平保护专利权人的贡献，而不宜对具体修改方式作出过于严格的限制，否则将使得对修改方式的限制纯粹成为对专利权人权利要求撰写不当的惩罚。在对权利要求书的修改满足不得超出原说明书和权利要求书记载的范围以及不得扩大原专利的保护范围两大法律标准的前提下，对修改方式的适度放宽，既有助于专利确权程序聚焦发明创造核心，又不会影响社会公众对已授权专利文件的信赖利益。本案中，阿尔法拉瓦尔公司的修改方式，系将从属权利要求 2、20 的特定附加技术特征进一步限定至授权权利要求 1 中，属于对权利要求的进一步限定，该修改方式应被接受。

23. 权利要求修改是否扩大原专利保护范围的比对基准

【裁判要旨】

专利无效宣告程序中，当权利要求的修改系将从属权利要求的全部或部分附加技术特征补入其所引用的独立权利要求时，判断修改后的独立权利要求是否扩大了原专利的保护范围，应以作为修改对象的原专利的独立权利要求的保护范围为基准，而非以该附加技术特征所属的原权利要求的保护范围为基准。

【关键词】

发明专利 无效宣告程序 权利要求修改 扩大原专利保护范围 比对基准

【案号】

（2019）最高法知行终 19 号

【裁判意见】

在前述"不锈钢钎焊"专利无效行政纠纷案中，最高人民法院还论述了权利要求修改不得扩大原专利保护范围的比对基准问题。最高人民法院二审认为，专利无效宣告程序中，当权利要求的修改系将从属权利要求的全部或部分附加技术特征补入其所引用的独立权利要求时，判断修改后的独立权利要求是否扩大了原专利的保护范围，应以作为修改对象的原专利的独立权利要求的保护范围为基准。即，应当将修改后的独立权利要求与原专利保护范围最大的独立权利要求进行比较，而非与原专利保护范围较小的从属权利要求进行比较。正因为如此，专利授权后对社会公众具有公示作用，社会公众的信赖利益通常建立在保护范围最大的独立权利要求上，并据此预测和评价自身行为的合法性。将从属权利要求的附加技术特征加入独立权利要求中，系对独立权利要求的进一步限定，并未扩大原独立权利要求的保护范围，相反还会缩小原独立权利要求的保护范围。在此基础上，不会损害原专利的公示效力，也不会损害社会公众基于原专利而产生的信赖利益。本案中，阿尔法拉瓦尔公司在无效宣告程序中修改了本专利权利要求书，将从属权利要求2、20 的附加技术特征补入授权权利要求 1 中，是对授权权利要求 1 的进一步限定，并未扩大授权权利要求 1 的保护范围，该修改方式应被接受。一审法院认为，由于修改后的权利要求 1 对权利要求 19 中 P、Mn、C、Hf 元素的具体含量范围并无限定，故扩大了原专利的保护范围，上述认定实质上是将修改后的权利要求与原专利权利要求 19 的保护范围进行比对，比对基准有误。

24. 国家知识产权局根据新理由或者证据作出驳回复审决定的条件与程序

【裁判要旨】

一般而言，复审决定所针对的权利要求、对比文件、法律理由等相对于驳回决定发生变化的，均属引入新的理由或者证据，国家知识产权局原则上应在作出复审决定前发出"复审通知书"通知申请人，给予其陈述意见和修改的机会，而不能直接变更理由作出维持原驳回决定的复审决定，只有极为特殊的情况下才容许例外。

【关键词】

发明专利　　驳回复审程序　　程序违法　　引入新理由或证据

【案号】

（2019）最高法知行终 5 号

【基本案情】

在上诉人财团法人"国家"卫生研究院（以下简称卫生研究院）与被上诉人国家知识产权局发明专利权驳回复审行政纠纷案中，涉及申请号为 200880122922.2、名称为"影像导引热治疗器定位系统及方法"的 PCT 发明专利申请（以下简称本申请）。国家知识产权局先后向卫生研究院发出两次审查意见通知书。第一次审查意见通知书引用了对比文件 1 评价权利要求 1 的新颖性，指出包含区别技术特征（3）即"收纳处至少沿弯曲结构的半径方向可延展"的权利要求 1 等不具备新颖性。随后，卫生研究院在修改权利要求时删除了区别技术特征（3），并增加了新的技术特征。国家知识产权局最终以部分权利要求修改不符合《专利法》第三十三条的规定驳回本申请。卫生研究院不服，提起驳回复审申请，并提交了权利要求全文替换页，克服了国家知识产权局实质审查部门驳回决定中认定的修改超范围问题。在收到国家知识产权局发出的关于本申请不具有创造性的复审通知书后，卫生研究院再次修改了权利要求，又补充增加了前述区别技术特征（3）。国家知识产权局对增加区别技术特征（3）之后的权利要求是否具有创造性进行审查时，并未再次听取卫生研究院的意见，而是以本申请权利要求不具备创造性为由维持了驳回决定。卫生研究院不服该驳回决定，向北京知识产权法院（以下简称一审法院）提起诉讼，主张国家知识产权局违反法定程序，对于修改后的权利要求是否具备创造性未给予其陈述意见的机会，请求撤销被诉决定，判令国家知识产权局重新作出复审决定。一审法院于 2019 年 2 月 11 日判决驳回卫生研究院的诉讼请求。卫生研究院不服，向最高人民法院提起上诉。最高人民法院于 2019 年 8 月 8 日在阐明国家知识产权局根据新理由或者证据作出驳回复审决定的条件与程序问题，以及本案特殊性的基础上，判决驳回上诉，维持原判。

【裁判意见】

最高人民法院二审认为，首先，关于复审程序的审查对象。原则上，国家知识产权局复审部门在复审程序中一般仅针对驳回决定所依据的理由和证据进行审查。但是，基于审查效率及听证原则的要求，如果复审部门发现审查文本存在足以用在驳回决定作出前已告知过申请人的其他理由及其证据予以驳回的缺陷，亦可以对与之相关的理由及其证据进行审查。因此，复审程序的审查对象原则上限于驳回决定所依据的理由和证据以及驳回决定作出前已告知过申请人的其他理由及证据。其次，关于根据新理由或者证据作出复审决定的条件与程序。在复审程序中，由于申请人修改专利申请等原因，国家知识产权局复审部门可能需要引入新理由或者证据作出复审决定。根据听证原则和正当程序原则，国家知识产权局复审部门应当发出"复审通知书"通知申请人，给予其陈述意见和修改的机会，而不能直接变更理由作出维持原驳回决定的复审决定。一般而言，复审决定所针对的权利要求、对比文件、法律理由等相对于驳回决定发生变化的，均属引入新理由或者证据。此时，国家知识产权局复审部门原则上应在作出复审决定前发出"复审通知书"通知申请人，给予其陈述意见和修改的机会。本案中，对增加区别特征（3）之后的权利要求是否具有创造性，国家知识产权局复审部门并未再次听取卫生研究院的意见，而是径行对创造性进行评判并据此维持驳回决定，原则上属于引入新的理由或者证据。国家知识产权局复审部门本应再次发出复审通知书，给予卫生研究院再次修改或者陈述理由的机会。但是，基于国家知识产权局在实质审查期间已经对包含该区别特征的技术方案的新颖性引用同一对比文件进行过评述、新颖性评价与创造性评价的关系以及该区别特征（3）的相对独立性等因素，本案符合足以用在驳回决定作出前已告知过申请人的其他理由及其证据予以驳回的缺陷的情形，因而不属于引入新事实或者证据作出复审决定的情形，不构成程序违法。

25. 无效宣告程序中的全面审查原则

【裁判要旨】

在无效宣告程序中，国家知识产权局不得在未全面审查请求人全部无效宣告申请理由的基础上，维持专利权全部有效。

【关键词】

发明专利　无效宣告程序　创造性　请求原则　全面审查

【案号】

（2019）最高法知行终 124 号

【基本案情】

在上诉人国家知识产权局与被上诉人宁波裕德金属制品有限公司（以下简称裕德公司）、原审第三人南通明兴科技开发有限公司（以下简称明兴公司）、中国科学院软件研究所（以下简称软件研究所）发明专利权无效行政纠纷案中，涉及专利号为 ZL200610011949.7、名称为"智能物料配送的监控方法及系统"的发明专利（以下简称本专利）。本专利的专利权人为软件研究所、明兴公司。裕德公司针对本专利向国家知识产权局提出无效宣告请求，其主张本专利权利要求 1 不具备创造性的理由包括：（1）以证据 1 为最接近的现有技术，本专利权利要求 1 相对于证据 1 与证据 2 及公知常识的结合不具备创造性；（2）以证据 1 为最接近的现有技术，本专利权利要求 1 相对于证据 1 与证据 2、证据 5 及公知常识的结合不具备创造性；（3）以证据 2 为最接近的现有技术，本专利权利要求 1 相对于证据 2 与证据 1 及公知常识的结合，或相对于证据 2 与证据 1、证据 5 及公知常识的结合不具备创造性。国家知识产权局作出第 29480 号无效宣告请求审查决定（以下简称被诉决定），认定以证据 1 为最接近的现有技术，本专利权利要求 1 相对于证据 1 和证据 2、证据 5 及公知常识的结合具备创造性，在此基础上维持本专利权有效。裕德公司不服被诉决定，向北京知识产权法院（以下简称一审法院）提起诉讼。一审法院认为，以证据 2 为最接近的现有技术，本专利权利要求 1 相对于证据 2、证据 1、证据 5 及公知常识的结合不具备创造性，被诉决定关于权利要求 1 具备创造性的认定错误，故判决撤销被诉决定，判令国家知识产权局重新作出决定。国家知识产权局不服，向最高人民法院提起上诉。最高人民法院于 2019 年 10 月 31 日判决驳回上诉，维持原判。

【裁判意见】

最高人民法院二审认为，在无效宣告请求审查程序中，通常仅针对当事人提出的无效宣告请求的范围、理由和提交的证据进行审查。审查专利是否具备创造性时，主要是审查请求人的主张是否成立，如审查请求人主张的现有技术的组合方式是否足以导致被审查的专利权利要求缺乏创造性，一般应当全面审查请求人提出的无效主张，通常不得在未全面审查请求人无效主张的基础上即维持专利权全部有效。被诉决定仅审查了以证据 1 为最接近的现有技术，本专利权利要求 1 相对于证据 1 和证据 2、证据 5 及公知常识的结合是否具备创造性。对于裕德公司关于以证据 2 为最接近的现有技术并结合证据 1、证据 5 及公知常识，本专利权利要求 1 不具备创造性的无效宣告请求，被诉决定未予以审查。同时，针对裕德公司关于本专利权利要求 1 相对于证据 1 并结合证据 2 及公知常识不具备创造性的无效宣告请求，被诉决定虽然指出本专利权利要求 1 相对于证据 1、证据 2、证据 5 和本领域公知常识的结合具备创造性，但仍未明确指出本专利权利要求 1 相对于证据 1 并结合证据 2 及公知常识是否具备创造性的审查结论。因此，被诉决定未全面审查裕德公司提出的无效宣告请求，即得出本专利应当维持有效的结论，缺乏依据。一审法院虽然审查了以证据 2 为最接近的现有技术时，本专利权利要求 1 相对于证据 2 并结合证据 1、证据 5 及公知常识的组合方式是否具备创造性的无效宣告请求，但依然未审查裕德公司有关本专利权利要求 1 相对于证据 1 并结合证据 2 及公知常识不具备创造性的主张。鉴于一审法院撤销被诉决定并判令国家知识产权局重新作出审查决定的结论正确，故对一审判决结果予以维持。

三、植物新品种案件审判

26. 品种审定与植物新品种权授权的关系

【裁判要旨】

品种审定是市场准入的行政许可，植物新品种权授权是民事权利的授予，二者并无必然关联，不能以获得品种审定的事实作为享有植物新品种权的认定依据。

【关键词】

植物新品种　侵权　品种审定　驳回起诉

【案号】

（2019）最高法知民终 585 号

【基本案情】

在上诉人青海民族大学与被上诉人青海金祥生物科技发展有限责任公司（以下简称金祥生物公司）侵害植物新品种权纠纷案中，涉及已获得品种审定的"青海蕨麻 1 号"品种。青海民族大学认为，金祥生物公司非法取得"青海蕨麻 1 号"原种，冒名接受青海民族大学技术指导，构成对其植物新品种权的侵害，故向青海省西宁市中级人民法院（以下简称一审法院）提起诉讼。一审法院认为，青海民族大学只持有青海省农作物品种审定委员会颁发的《品种合格证》，未获得植物新品种权，判决驳回青海民族大学的诉讼请求。青海民族大学不服，向最高人民法院提起上诉。最高人民法院于 2019 年 12 月 13 日裁定撤销一审判决，驳回青海民族大学的起诉。

【裁判意见】

最高人民法院二审认为，我国实行植物新品种保护制度，对国家植物品种保护名录内经过人工选育或者发现的野生植物加以改良，具备新颖性、特异性、一致性、稳定性和适当命名的植物品种，由国务院农业、林业主管部门授予植物新品种权，保护植物新品种权所有人的合法权益。植物新品种权属于民事权利，植物新品种权的所有人依据《中华人民共和国种子法》（以下简称《种子法》）和《中华人民共和国植物新品种保护条例》（以下简称《植物新品种保护条例》）享有对该品种繁殖材料的独占权。植物新品种权的内容和归属、授予条件、申请和受理、审查与批准，以及期限、终止和无效等依照《种子法》《植物新品种保护条例》及其有关行政法规规定执行。对于可以申请品种权保护的品种，《植物新品种保护条例》第十三条规定："申请品种权的植物新品种应当属于国家植物品种保护名录中列举的植物的属或者种。植物品种保护名录由审批机关确定和公布。"根据本案审理查明的事实，蕨麻品种目前尚未被列入国家植物品种保护名录中，不属于可以申请植物新品种保护的品种，青海民族大学不具备申请"青海蕨麻 1 号"植物新品种保护的前提条件。因此，青海民族大学并无提起侵害植物新品种权的请求权基础。青海民族大学向一审法院提交了有关"青海蕨麻 1 号"的青海省品种审定证书。品种审定制度作为市场准入的行政管理措施，不同于植物新品种保护制度，其属于行政许可而非民事权利，主要由《主要农作物品种审定办法》《主要林木品种审定办法》规范，目的是加强作物品种的管理，加速育种新成果的推广利用，确保有经济推广价值的品种进入市场，防止盲目推广不适合本地区种植的劣质品种给农林业生产和农民利益造成损失。通过品种审定的品种并非获得植物新品种权的品种。即便"青海蕨麻 1 号"品种获得了品种审定，也不能认定"青海蕨麻 1 号"品种取得了植物新品种的授权，并由此享有对所涉品种繁殖材料进行生产、销售的独占权。

27. 繁殖材料的认定

【裁判要旨】

作为目前植物新品种权保护范围的繁殖材料，应当是具有繁殖能力的活体，且能够繁殖出与授权品种具有相同的特征特性的新个体。授权品种的保护范围不受限于申请植物新品种权时采取的特定方式获得的繁殖材料。当不同于授权阶段繁殖材料的植物体已为育种者所普遍使用时，该种植材料应当作为授权品种的繁殖材料，纳入植物新品种权的保护范围。

【关键词】

植物新品种　侵权　繁殖材料

【案号】

（2019）最高法知民终 14 号

【基本案情】

在上诉人蔡某光与被上诉人广州市润平商业有限公司（以下简称润平公司）侵害植物新品种权纠纷案（以下简称"三红蜜柚"植物新品种侵权纠纷案）中，涉及品种权号为 CNA20090677.9、名称为"三红蜜柚"的植物新品种，品种权人为蔡某光。蔡某光主张润平公司销售三红蜜柚果实的行为，侵害其植物新品种权，故向广州知识产权法院（以下简称一审法院）提起诉讼。一审法院认为，通过蔡某光申请植物新品种权过程中提交《意见陈述书》《说明书》《农业植物新品种 DUS 测试现场考察报告》审查三红蜜柚的培育和繁殖过程可见，三红蜜柚是通过从芽变分枝上采穗嫁接，以及采穗高接进行繁殖的，而非利用汁胞等通过组织培养技术进行。在侵权诉讼中判定繁殖材料时所坚持的标准应与此保持相对一致。如果被诉侵权蜜柚果实并非用于嫁接繁殖的材料，一般不宜判定为繁殖材料，否则超出权利人培育其植物新品种所付出的创造性劳动成果的范围、与权利人申请新品种权过程中的应当享有的权利失衡。被诉侵权三红蜜柚果实应属收获材料而非繁殖材料，润平公司不构成对蔡某光植物新品种权的侵害，遂判决驳回蔡某光全部诉讼请求。蔡某光不服，向最高人民法院提起上诉。其上诉理由包括，一审判决对"作为收获材料的涉案柚子果实不应认定为'三红蜜柚'的繁殖材料"的认定错误。考虑生产成本，三红蜜柚一般采用嫁接的方式进行繁殖，但也可利用茎芽、果柄、汁胞、外植体细胞等通过组织培养技术进行繁殖，无论在实践中是否已通过组织培养获得完整的植物，都不影响蜜柚的果实作为繁殖材料的结论。最高人民法院于 2019 年 12 月 10 日判决驳回上诉，维持原判。

【裁判意见】

最高人民法院二审认为，植物新品种权所指的繁殖材料涉及植物新品种权的保护范围，其认定属于法律适用问题，应当以品种权法律制度为基础进行分析。根据《种子法》以及《植物新品种保护条例》的规定，授予品种权是基于育种者培育、发现并开发的品种具备新颖性、特异性以及稳定性、一致性，并有适当命名。当一个品种经过繁殖，除可以预见的变异外，其相关特性保持足够一致，该品种应被认为具有一致性。当一个品种经过反复繁殖后，或者对于特定繁殖周期而言，在每个周期结束时，其相关特性保持不变，该品种应被认为具有稳定性。由此可见，之所以将品种的繁殖材料规定为植物新品种权的保护范围，是因为该品种的遗传特性包含在品种的繁殖材料中，繁殖材料在形成新个体的过程中进行品种的繁衍，传递了品种的特征特性，遗传信息通过繁殖材料实现了代代相传，表达了明显有别于在申请书提交之时已知的其他品种的特性，并且经过繁殖后其特征特性未变。因此，虽然植物体的籽粒、果实和根、茎、苗、芽、叶等都可能具有繁殖能力，但其是否属于植物新品种权保护范围的繁殖材料，有赖于所涉植物体繁殖出的植物的一部分或整个植物的新的个体，是否具有与该授权品种相同的特征特性。判断是否为某一授权品种的繁殖材料，在生物学上必须同时满足以下条件：其属于活体，具有繁殖的能力，并且繁殖出的新个体与该授权品种的特征特性相同。被诉侵权蜜柚果实是否为三红蜜柚品种的繁殖材料，不仅需要判断该果实是否具有繁殖能力，还需要判断该果实繁殖出的新个体是否具有果面颜色暗红、果肉颜色紫、白皮层颜色粉红的形态特征，如果不具有该授权品种的特征特性，则不属于三红蜜柚品种权所保护的繁殖材料。对于三红蜜柚果实能否作为繁殖材料，经审查，即便专门的科研单位，也难以通过三红蜜柚果实的籽粒繁育出蜜柚种苗。二审庭审中，蔡某光所请的专家辅助人称，柚子单胚，容易变异，该品种通过枝条、芽条、砧木或者分株进行繁殖，三红蜜柚果实有无籽粒以及籽粒是否退化具有不确定性。综合本案品种的具体情况，即使考虑到三红蜜柚果实的籽粒有一定的繁殖能力，由于该籽粒尚无法繁殖出具有三红蜜柚品种特征特性的新个体，果实的籽粒不属于该品种的繁殖材料。蔡某光依据细胞全能性理论上诉提出，果实内的汁胞可以进行繁殖，因此被诉侵权蜜柚果实属于繁殖材料。经查，我国早在20世纪80年代就已开展植物组织培养技术研究，利用植物的器官、组织、细胞等通过离体培养进行无性繁殖。在当前技术条件下，组织培养受到植物品种的基因型、器官、发育时期等多方面条件制约，还需要避免品种产生变异，并非柑橘属的每一个品种都能通过组织培养进行繁殖，因此，三红蜜柚果实内的汁胞难以被认定为繁殖材料。综上，本案被诉侵权蜜柚果实的籽粒及其汁胞均不具备繁殖授权品种三红蜜柚的能力，不属于三红蜜柚品种的繁殖材料。

植物新品种保护制度保护的是符合授权条件的品种，通过繁殖材料保护授权品种。虽然蔡某光在申请三红蜜柚植物新品种权时提交的是采用嫁接方式获得的繁殖材料枝条，但并不意味着三红蜜柚植物新品种权的保护范围仅包括以嫁接方式获得的该繁殖材料，以其他方式获得的枝条也属于该品种的繁殖材料。随着科学技术的发展，不同于植物新品种权授权阶段繁殖材料的植物体可能成为育种者普遍选用的种植材料，即除枝条以外的其他种植材料也可能被育种者们普遍使用，在此情况下，该种植材料作为授权品种的繁殖材料，应当纳入植物新品种权的保护范围。一审判决认为侵权繁殖材料的繁育方式应当与该品种育种时所使用的材料以及繁育方式一一对应，认为将不同于获取品种权最初繁育方式的繁殖材料纳入植物新品种权的保护范围，与权利人申请新品种权过程中应当享有的权利失衡。该认定将申请植物新品种权时的繁育方式作为授权品种保护的依据，限制了植物新品种权的保护范围，缩小了植物新品种权人的合法权益，予以纠正。

28. 销售兼具收获材料和繁殖材料属性的植物材料行为的植物新品种权侵权判定

【裁判要旨】

如果一种植物材料既可以用作收获材料，又可以用作繁殖材料，认定销售该植物材料的行为是否侵害植物新品种权时，还应当考虑销售者的真实销售意图和使用者的实际使用行为。

【关键词】

植物新品种　侵权　繁殖材料　收获材料

【案号】

（2019）最高法知民终 14 号

【裁判意见】

在前述"三红蜜柚"植物新品种侵权纠纷案中，最高人民法院还阐述了销售兼具收获材料和繁殖材料属性的植物材料的行为是否构成对植物新品种权的侵害问题。最高人民法院二审认为，植物体的不同部分可能有着多种不同的用途，可作繁殖目的进行生产，也可用于直接消费或者观赏，同一植物材料有可能既是繁殖材料也是收获材料。对于既可作繁殖材料又可作收获材料的植物体，在侵权纠纷中能否认定为繁殖材料，应当审查销售者销售被诉侵权植物体的真实意图，即其意图是将该材料作为繁殖材料销售还是作为收获材料销售；对于使用者抗辩其属于使用行为而非生产行为，应当审查使用者的实际使用行为，即是将该收获材料直接用于消费还是将其用于繁殖授权品种。除有关法律、行政法规另有规定外，对于未经品种权人许可种植该授权品种的繁殖材料的行为，应当认定为侵害该植物新品种权的生产行为。

29. 植物新品种权独占实施许可的认定

【裁判要旨】

植物新品种权独占实施许可系指被许可人获得了在该植物新品种权的授权法域内唯一实施该授权品种的权利，如果被许可人获得的所谓"独占实施许可"被附加了授权法域内的地域限制，则该实施许可仅构成普通实施许可。

【关键词】

植物新品种　侵权　独占实施许可　驳回起诉

【案号】

（2019）最高法知民终 130 号

【基本案情】

在上诉人江苏丰庆种业科技有限公司（以下简称江苏丰庆公司）与被上诉人安徽禾泉种业有限公司（以下简称安徽禾泉公司）、原审被告安徽乐利农种业有限公司（以下简称安徽乐利农公司）侵害植物新品种权及不正当竞争纠纷案中，涉及申请号为 20131196.3、名称为"常糯 1 号"的植物新品种，品种权人为常熟市农业科学研究所。安徽禾泉公司以"常糯 1 号"植物新品种权的"安徽省内的独占被许可人"身份向安徽省合肥市中级人民法院（以下简称一审法院）提起诉讼，主张江苏丰庆公司、安徽乐利农公司构成侵权。一审法院认为，江苏丰庆公司、安徽乐利农公司侵害了涉案植物新品种权，判令其停止侵害并赔偿有关经济损失。江苏丰庆公司不服，向最高人民法院提起上诉。最高人民法院查明，安徽禾泉公司主张其具有诉权的证据为常熟市农业科学研究所与安徽禾泉公司共同发布的《常糯 1 号维权公告》以及常熟市农业科学研究所与安徽禾泉公司的委托授权书。两份证据均限定了许可实施的地域范围，明确记载，"独家在安徽省"区域内许可实施或者在安徽省适宜区域独占许可。安徽禾泉公司对其许可范围限于安徽省内地理区域的事实亦予以认可。最高人民法院于 2019 年 12 月 23 日裁定撤销一审判决，驳回安徽禾泉公司的起诉。

【裁判意见】

最高人民法院二审认为，本案争议焦点在于安徽禾泉公司是否具备单独提起本案的侵权之诉的原告主体资格。根据《最高人民法院关于审理侵犯植物新品种权纠纷案件具体应用法律问题的若干规定》第一条的规定，提起侵害植物新品种权诉讼的原告是植物新品种权所有人或者利害关系人，并非植物新品种实施许可合同的被许可人均可以作为利害关系人单独提起侵害植物新品种权之诉。品种权实施许可分为独占实施许可、排他实施许可、普通实施许可三种基本方式。如果是排他实施许可合同，品种权人在已经许可被许可人实施品种权的范围内无权就同一品种再许可他人实施；如果是独占实施许可合同，品种权人在已经许可被许可人实施品种权的范围内无权就同一品种再许可他人实施或者自己实施；如果是普通实施许可合同，品种权人在已经许可被许可人实施品种权的范围内仍可以就同一品种再许可他人实施。根据二审庭审查明的事实，"常糯 1 号"在安徽省和江苏省均有品种权人常熟市农业科学研究所的授权许可。安徽禾泉公司取得的品种许可虽然名称为"独家"但其是限制在安徽省的区域内，其取得的独家许可实际上属于普通实施许可。根据上述司法解释第一条第三款的规定，作为普通实施许可合同的被许可人，安徽禾泉公司提起本案的侵权之诉，应当经品种权人常熟市农业科学研究所明确授权。安徽禾泉公司自本案起诉至二审期间，未提交品种权人常熟市农业科学研究所的追认和明确授权的相关证据，其尚不具备单独提起本案的侵权之诉的原告主体资格。

四、技术秘密案件审判

30. 涉商业秘密刑民交叉案件的处理

【裁判要旨】

因违反保密义务引发的商业秘密许可合同纠纷案件与关联刑事案件并非基于同一法律要件事实所产生的法律关系，人民法院可以在移送犯罪嫌疑线索的同时，继续审理该商业秘密许可合同纠纷案件。

【关键词】

商业秘密　侵权　刑民交叉

【案号】

(2019) 最高法知民终 333 号

【基本案情】

在上诉人宁波必沃纺织机械有限公司（以下简称必沃公司）与被上诉人宁波慈星股份有限公司（以下简称慈星公司）技术秘密许可使用合同纠纷案中，慈星公司认为，必沃公司违反协议约定，利用慈星公司要求保密的技术图纸生产横机设备的行为，侵害了慈星公司的商业秘密，向浙江省宁波市中级人民法院（以下简称一审法院）提起诉讼。一审程序期间，浙江省宁波市公安局针对必沃公司涉嫌侵犯商业秘密罪有关事项立案侦查，并函告一审法院。一审法院认为，浙江省宁波市公安局侦查的事实涵盖了涉案协议和图纸相关内容，与其所审理的侵害商业秘密民事案件事实具有重合之处，故裁定移送公安机关处理。必沃公司不服，向最高人民法院提起上诉，主张本案系技术秘密许可合同法律关系，而浙江省宁波市公安局立案侦查的侵犯商业秘密案件系侵权法律关系，二者不属于同一法律关系，根据《最高人民法院关于在审理经济纠纷案件中涉及经济犯罪嫌疑若干问题的规定》第十条之规定，本案不应移送，而应继续审理。最高人民法院于2019年11月4日裁定撤销一审裁定，指令一审法院审理。

【裁判意见】

最高人民法院二审认为，根据《最高人民法院关于在审理经济纠纷案件中涉及经济犯罪嫌疑若干问题的规定》第十条的规定，人民法院在审理经济纠纷案件中，发现与本案有牵连，但与本案不是同一法律关系的经济犯罪嫌疑线索、材料，应将犯罪嫌疑线索、材料移送有关公安机关或检察机关查处，经济纠纷案件继续审理。由此可见，本案二审争议核心在于判断本案所涉法律关系与必沃公司涉嫌侵犯商业秘密犯罪是否基于同一法律事实。根据本案查明的事实可知，本案必沃公司与慈星公司之间因履行《采购协议》及其附件《保密协议》产生争议，慈星公司以必沃公司违反保密义务，将其"被许可的技术秘密"用于合同约定事项之外为由提起本案诉讼，请求判令必沃公司承担相应违约责任。同时，必沃公司又因涉嫌侵犯慈星公司的商业秘密（包含涉案合同所涉技术秘密）犯罪与其他案外人一并被浙江省宁波市公安局立案侦查。可见，本案系慈星公司以必沃公司违反合同约定为由所提起的合同之诉，系技术秘密许可使用合同法律关系。而浙江省宁波市公安局所立案侦查的必沃公司涉嫌商业秘密犯罪，系必沃公司涉嫌侵犯慈星公司的商业秘密的侵权法律关系。二者所涉法律关系不同，并非基于同一法律事实所产生之法律关系，分别涉及经济纠纷和涉嫌经济犯罪，仅仅是二者所涉案件事实具有重合之处。本案为技术秘密许可使用合同纠纷，尽管本案的案件事实与浙江省宁波市公安局立案侦查的商业秘密犯罪案具有重合之处，但慈星公司与必沃公司之间的涉案民事法律关系并不受影响。一审法院应将与本案有牵连，但与本案不是同一法律关系的犯罪嫌疑线索、材料移送浙江省宁波市公安局，但也应继续审理本案所涉技术秘密许可使用合同纠纷。因此，一审法院以"必沃公司具有侵犯商业秘密罪嫌疑，应移送公安机关处理"为由，裁定驳回慈星公司的起诉并将本案移送公安机关处理之结论错误，予以纠正。

31. 侵害技术秘密之诉和专利权权属之诉的合并审理

【裁判要旨】

侵害技术秘密之诉与专利权权属之诉系基于同一事实或者裁判结果相互牵连的，适宜在一个案件中合并审理。

【关键词】

侵害技术秘密　专利权权属　合并审理

【案号】

（2019）最高法知民终 672 号

【基本案情】

在上诉人大连博迈科技发展有限公司（以下简称博迈公司）与被上诉人何某江、苏州麦可旺志生物技术有限公司（以下简称麦可公司）侵害技术秘密及专利权权属纠纷案中，涉及专利号为 ZL201610711950.4、名称为"一种多种流体周期性定向导流装置"的发明专利（以下简称涉案专利）。何某江系博迈公司的员工。其在任职期间作为第一发明人，麦可公司作为专利申请人提交了涉案专利的申请。博迈公司认为，涉案专利有关技术方案是博迈公司的技术秘密，何某江、麦可公司的行为构成对博迈公司技术秘密的侵害，且涉案专利系何某江的"职务发明创造"，专利权应当归博迈公司所有，故向辽宁省大连市中级人民法院（以下简称一审法院）提起诉讼，请求确认博迈公司为涉案专利的专利权人，确认何某江、麦可公司侵害了博迈公司的技术秘密，判令何某江和麦可公司赔偿博迈公司经济损失及维权合理开支共计 5 万元。一审法院认为，专利权属纠纷和侵害技术秘密纠纷属于不同案由，并非同一法律关系，所涉及的被告主体亦不相同，不应在一案中处理。因博迈公司在一审中拒绝选择、明确在本案中要处理的法律关系及对应的诉讼请求，致使本案法律关系及对应的被告不明确，故一审法院裁定驳回博迈公司的起诉。博迈公司不服，向最高人民法院提起上诉。最高人民法院于 2019 年 11 月 28 日裁定撤销一审裁定，指令一审法院审理。

【裁判意见】

最高人民法院二审认为，《最高人民法院关于印发修改后的〈民事案件案由规定〉的通知》指出，同一诉讼中涉及两个以上的法律关系的，应当依当事人诉争的法律关系的性质确定案由，均为诉争法律关系的，则按诉争的两个以上法律关系确定并列的两个案由。因此，同一案件涉及两个不同的法律关系并非人民法院驳回当事人起诉的合法理由。本案中，博迈公司以何某江、麦可公司侵害其技术秘密为由要求二者承担侵权责任，以麦可公司申请的专利系其公司技术秘密为由请求确认诉争专利权由其享有，系在同一案件中提出侵害技术秘密纠纷之诉与专利权权属纠纷之诉，符合上述规定之情形。而且，在特定情况下，将基于同一事实或者其他原因存在密切关系的不同法律关系在同一诉讼中解决，有利于查清案件事实、明确法律责任和避免裁判冲突，有利于保护当事人利益和实现诉讼经济的目标。首先，本案审理侵权之诉与确认之诉所需查明的事实基本相同，在同一案件中审理有利于案件事实的查清，符合诉讼经济的目的。其次，本案确认之诉的结果系侵权之诉结果的自然延伸，两者存在较强的关联性。因此，考虑到本案中博迈公司起诉涉及的侵害技术秘密纠纷与专利权权属纠纷在主要事实上的高度重叠以及裁判结果上的相互牵连，具有密切关系，本案宜将上述两诉合并在一个案件中予以审理。

五、计算机软件案件审判

32. 计算机软件开发合同中开发标的的认定

【裁判要旨】

系争软件是否属于计算机软件开发合同开发标的的判断，不应拘泥于合同的字面约定，而应考虑涉案合同的目的、系争软件与合同约定软件的关联性或者功能配套性以及合同履行情况等因素综合判断。

【关键词】

计算机软件开发合同　开发标的　合同目的

【案号】

（2019）最高法知民终 694 号

【基本案情】

在上诉人宁波睿奇智威信息科技有限公司（以下简称睿奇智威公司）与

被上诉人浙江快发科技有限公司（以下简称快发公司）、宁波海曙耀广理发店侵害计算机软件著作权纠纷案中，睿奇智威公司向浙江省宁波市中级人民法院（以下简称一审法院）提起诉讼称，快发公司未经许可大量复制、安装"快剪购票机系统计算机软件"（以下简称被诉侵权软件）的行为侵害了睿奇智威公司的著作权。快发公司辩称，被诉侵权软件是睿奇智威公司受快发公司委托开发的计算机软件，根据合同约定，著作权归快发公司所有。一审法院认为，睿奇智威公司与快发公司签订了"QCHouses 线上平台开发"软件开发合同，被诉侵权软件属于合同项下的软件，根据合同约定，著作权属于快发公司，故判决驳回睿奇智威公司的诉讼请求。睿奇智威公司不服，向最高人民法院提起上诉，最高人民法院于 2019 年 12 月 30 日判决驳回上诉，维持原判。

【裁判意见】

最高人民法院二审认为，涉案合同为"QCHouses 线上平台开发"软件开发合同。对于被诉侵权软件是否属于合同范围的理解不应机械、静态地分析其是属于线上还是线下软件，特别是考虑到合同履行过程中，当事人根据业务需求以及软件开发的进程亦有可能对开发范围进行调整。故应该综合考虑涉案合同的目的、被诉侵权软件与合同软件的功能配套性以及合同履行情况进行判断。根据涉案合同的约定，睿奇智威公司为快发公司设计和开发的项目版权归快发公司所有。现有证据能够形成被诉侵权软件属于涉案合同范围的证据优势，可以证明被诉侵权软件系在涉案合同范围内为快发公司的业务需要而开发设计，根据涉案合同的约定，被诉侵权软件的著作权应当归快发公司所有。首先，被诉侵权软件的功能属于涉案合同的目的范围内。其次，被诉侵权软件无论在软件名称、软件功能、开发时间、研发团队等都与合同软件具有高度的关联性和一致性。再次，从涉案合同开发人员履行涉案合同的情况看，无论是主观认知还是客观履行情况，开发人员均将被诉侵权软件视为合同履行的一部分。复次，被诉侵权软件并非完全独立的软件，其功能需求、逻辑架构等都需要依附于原有的合同软件，二者必须协同配合保持一致。最后，即使如睿奇智威公司所述，其是独立开发被诉侵权软件，鉴于被诉侵权软件与快发公司的业务直接关联，属于同行业软件，睿奇智威公司的开发亦有违涉案合同的约定和其自身负有的保密义务，不符合诚实信用原则的要求。

33. 开源协议适用范围及对软件著作权侵权判定的影响

【裁判要旨】

网站前端代码与后端代码在展示方式、所用技术、功能分工等方面均存在明显不同，属于既相互独立又互相联合的独立程序，即便前端代码使用了 GPL 协议项下的开源代码，后端代码也不受 GPL 协议约束，未经许可复制后端代码仍构成侵害软件著作权。

【关键词】

计算机软件　侵权　开源代码　GPL 许可证协议

【案号】

（2019）最高法知民终 663 号

【基本案情】

在上诉人北京闪亮时尚信息技术有限公司（以下简称闪亮时尚公司）与被上诉人不乱买电子商务（北京）有限公司（以下简称不乱买公司）侵害计算机软件著作权纠纷案中，不乱买公司认为闪亮时尚公司网站侵害其软件著作权，故向北京知识产权法院（以下简称一审法院）提起诉讼。闪亮时尚公司抗辩称，不乱买公司网站前端代码与后端代码存在交互且没有进行有效隔离，该前端代码和后端代码共同构成其主张著作权的软件，整个软件都可以视为前端代码的修订版本。鉴于前端代码使用了 GPL 协议项下的开源代码，根据 GPL 协议内容以及 GPL 协议具有极强"传染性"的特性，包括前端代码和后端代码在内的软件整体均应遵循 GPL 协议向所有第三方无偿开源。一审法院认定闪亮时尚公司构成对不乱买公司软件著作权的侵害，判令其停止侵害并赔偿有关经济损失。闪亮时尚公司不服，向最高人民法院提起上诉。最高人民法院于 2019 年 12 月 23 日判决驳回上诉，维持原判。

【裁判意见】

最高人民法院二审认为，前端代码一般是关于用户可见部分的编码，用以实现操作界面如页面布局、交互效果等页面设计；而后端代码一般是涉及用户不可见部分的编码，用以实现服务端的相关逻辑功能。同时，前端代码与后端代码是可以分别独立打包、部署的。因此，前端代码与后端代码在展示方式、所用技术、功能分工等方面均存在明显不同，不能因前端代码与后端代码之间存在交互配合就认定二者属于一体，前端代码与后端代码其实是相互独立的。因此，当权利人明确放弃以前端代码主张权利仅以后端代码主张权利时，权利软件仅为后端代码而非前端文件和后端文件共同构成权利软件。根据涉案 GPL 协议内容，可以看出 GPL 协议的"传染性"应当是指 GPL 协议的许可客体不仅限于受保护程序本身，还包括受保护程序的衍生程序或修订版本，但不包括与其联合的其他独立程序。由此可见，GPL 协议要求开源的是本身接受其协议的软件代码及针对这些软件代码的修订或者根据这些软件代码开发的延伸程序，而不包括与这些代码有数据交换等联合的其他独立程序。本案中，虽然不乱买公司认可其前端代码中使用了 GPL 协议下的开源代码，但其主张权利的是后端代码，其后端代码是独立于前端代码的其他程序，并不受 GPL 协议的约束，无需强制开源。闪亮时尚公司的相关抗辩不能成立。

34. 计算机软件开发合同开发方迟延履行行为的认定

【裁判要旨】

计算机软件开发合同履行过程中，随着委托方需求的进一步明晰、合同双方交流的不断深入、受托方阶段性完成的具体情况、市场情势的客观变化乃至交易成本控制的考量，软件内容和功能进行调整和改进实属正常，不宜仅因软件开发方超过合同约定的履行期限交付软件即简单认定其构成迟延履行。

【关键词】

计算机软件开发合同　迟延履行　违约责任　合同解除

【案号】

（2019）最高法知民终 433 号

【基本案情】

在上诉人北京中易游网络科技有限公司（以下简称中易游公司）与被上诉人北京盛世星辉网络科技有限公司（以下简称盛世星辉公司）计算机软件开发合同纠纷案中，涉及中易游公司委托盛世星辉公司根据双方于 2016 年 7 月 27 日签订的《软件开发合同》（以下简称涉案合同）开发一款游戏软件。中易游公司认为，中易游公司与盛世星辉公司签订涉案合同后，按约向后者支付了首期开发款，但盛世星辉公司未按要求展开开发工作，也未向中易游公司交付产品，完成验收，致使中易游公司的合同目的不能实现，盛世星辉公司已构成违约，涉案合同应当解除，并应由盛世星辉公司退还款项、赔偿损失，遂向北京知识产权法院（以下简称一审法院）提起诉讼。一审法院认为，因双方一致同意解除涉案合同，故可准许予以解除。鉴于盛世星辉公司应中易游公司的要求对涉案项目进行修改和维护，中易游公司多次提出修改及增加端口的要求是导致涉案合同履行超期的原因之一，且盛世星辉公司完成的工作量与中易游公司已付款项相当，故中易游公司要求返还已支付的开发款及利息的请求不予支持。一审法院判决解除涉案合同，驳回中易游公司其他诉讼请求。中易游公司不服，向最高人民法院提起上诉。最高人民法院于 2019 年 11 月 13 日判决驳回上诉，维持原判。

【裁判意见】

最高人民法院二审认为，盛世星辉公司应履行的主合同义务之一，是按照约定的交付日期和《项目功能说明书》的约定，向中易游公司交付名称为"手机游戏长连接 强联网服务端程序（含源码）"和"手机游戏管理工具（含源码）"的合格软件。结合双方的庭审陈述和举证情况，可以认定涉案合同订立后没有制定《项目功能说明书》。《项目功能说明书》缺失所引发的后果，就是涉案合同自始便存在软件开发工作缺乏具体、清晰指向的风险。在涉案合同缺乏关于《项目功能说明书》制定和提交义务方约定的情况下，前述风险本应有赖于双方遵循诚实信用原则，共同协力消除，特别是在涉案合同项目系采取由委托方负责软件前端开发、受托方负责软件后端开发的分工模式下更当如此。然而，由于涉案合同双方在履行过程中未能及时协商制定《项目功能说明书》，不可避免地增加双方在对接磨合、相互探明意图过程中无谓耗费的时间成本，进而客观上加大了受托方不能如期交付软件的风险和难度。继而，中易游公司和盛世星辉公司均确认合同履行过程中没有制定软件开发计划。虽然，盛世星辉公司作为软件开发方，应当履行主动发起与委托方中易游公司讨论制订软件开发计划的义务。但是，中易游公司作为涉案软件的委托开发方，其既然负有依照开发计划在每一个阶段检测和验收盛世星辉公司开发的阶段性产品的义务，则其同样应当积极督促盛世星辉公司及时协商制定软件开发计划。然而，由于涉案合同双方在履行的初始阶段未能及时共同制定软件开发计划，不可避免地造成后续软件开发过程出现前后端对接上的无序状态，人为增加了双方在协调工作进度上的时间成本，进而同样加大了受托方不能按期交付软件的风险和难度。现实生活中一款软件的开发往往不会是一蹴而就之事，在软件开发过程中随着委托方需求的进一步明晰、合同双方交流的不断深入、受托方阶段性完成的具体情况、市场情势的客观变化乃至交易成本控制的考量，软件的内容和功能需要适时进行调整和改进实属正常。故，软件开发过程中需要修改，不一定是委托开发方的自身原因所致，还可能是因受托方的开发工作不符合要求所致。结合双方开发人员的 QQ 聊天记录内容，现有证据无法证明软件开发过程中出现反复修改甚至推倒重来的原因系盛世星辉公司完成的工作不合要求所致。相反，盛世星辉公司被要求修改或推倒重来，或是因为负责软件前端开发的中易游公司开发人员变动，新进人员未清楚了解前任人员与盛世星辉公司开发人员的沟通过程；或是因为中易游公司在履行过程中自行更改软件开发思路，新增需求事项。而涉案软件开发过程中缺乏《项目功能说明书》和软件开发计划的指引和约束，进一步加剧了前后端开发人员对接混乱的状态。以上情形，客观上都造成涉案软件开发进度的延宕，故开发进度被延宕的原因不应简单归责于盛世星辉公司。

六、垄断案件审判

35. 垄断协议纠纷可仲裁性认定

【裁判要旨】

鉴于垄断协议的认定与处理一般会超出合同相对人之间的权利义务关系，当事人在协议中约定的仲裁条款不能当然成为排除人民法院管辖垄断协议纠纷的依据。

【关键词】

民事　垄断协议　管辖　仲裁

【案号】

（2019）最高法知民辖终 46 号

【基本案情】

在上诉人壳牌（中国）有限公司（以下简称壳牌公司）与被上诉人呼和浩特市汇力物资有限责任公司（以下简称汇力公司）纵向垄断协议纠纷管辖权异议上诉案中，壳牌公司提出管辖权异议，认为本案应裁定驳回起诉或者移送至北京知识产权法院、北京市高级人民法院或者内蒙古自治区高级人民法院管辖，异议理由之一是双方签订的《经销商协议》中约定了仲裁条款，本案争议不属于人民法院受理范围，应裁定驳回汇力公司的起诉。内蒙古自治区呼和浩特市中级人民法院（以下简称一审法院）认为，在垄断纠纷涉及公共利益，且目前我国法律尚未明确规定可以仲裁的情况下，当事人之间的仲裁协议不能作为确定垄断纠纷案件管辖权的依据。壳牌公司不服，向最高人民法院提起上诉。最高人民法院于 2019 年 8 月 21 日裁定驳回上诉，维持原裁定。

【裁判意见】

最高人民法院二审认为，对是否构成垄断的认定和处理，反垄断法明确规定了行政执法和民事诉讼两种方式，并未明确规定仲裁的方式。根据《中华人民共和国仲裁法》第二条的规定，如果当事人之间发生纠纷不属于合同纠纷和其他财产权益纠纷，或者说包含有不属于合同纠纷和其他财产权益纠纷的因素，且一方当事人已经寻求司法解决其纠纷的，人民法院通常具有管辖权。本案中，汇力公司提起的是垄断民事纠纷而非合同纠纷。虽然壳牌公司和汇力公司在经销商协议中约定了争议解决的仲裁条款，但反垄断法具有明显的公法性质，是否构成垄断的认定超出了合同相对人之间的权利义务关系，并使本案争议不再限于"平等主体的公民、法人和其他组织之间发生的合同纠纷和其他财产权益纠纷"。在纵向垄断协议的认定与处理完全超出了合同相对人之间的权利义务关系，且我国法律并未明确规定垄断纠纷可以通过仲裁途径解决的情况下，本案当事人在经销商协议中约定的仲裁条款不能成为排除人民法院管辖纵向垄断协议纠纷的当然依据。因此，一审法院认定当事人之间的仲裁条款不能否定一审法院对本案具有管辖权并无不当。

七、管辖等程序性案件审判

36. 统筹协调具有重复诉讼因素的多起关联案件予以集中管辖的适用

【裁判要旨】

权利人基于同一专利权，针对同一被诉侵权产品，向同一被诉侵权产品制造商提起多起专利侵权纠纷案件，以不同使用者实际使用的被诉侵权产品作为各案中主张赔偿的事实依据，且各案中的被诉侵权产品均系在同一时期内制造，各案被诉制造行为实为同一行为，为避免重复判决、实现诉讼经济和保证裁判结果协调，最高人民法院可以视情指定集中管辖。

【关键词】

实用新型　侵权　重复诉讼　指定管辖　集中管辖

【案号】

（2019）最高法知民终 447 号、470 号

【基本案情】

在上诉人仪征市佳和土工材料有限公司（以下简称仪征佳和公司）与被上诉人张某武、原审被告中交二航局第二工程有限公司（以下简称中交二航

局二公司）、原审被告中铁四局集团第一工程有限公司（以下简称中铁四局一公司）侵害实用新型专利权纠纷系列案中，涉及专利号为ZL201020130562.5、名称为"整体式土工格室"的实用新型专利（以下简称涉案专利）。张某武系涉案专利权人。张某武认为，仪征佳和公司制造、销售，中交二航局二公司、中铁四局一公司分别在杭州湾大桥北接线（二期）工程TJ04、TJ06标段工地上使用的被诉侵权产品落入涉案专利权的保护范围，故分别诉至浙江省嘉兴市中级人民法院（以下简称一审法院），请求判令仪征佳和公司及中交二航局二公司、中铁四局一公司停止侵害并赔偿经济损失。一审法院认为，被诉侵权产品落入涉案专利权保护范围，仪征佳和公司擅自制造、销售的行为构成侵权，中交二航局二公司、中铁四局一公司因合法来源抗辩成立，无需承担有关责任，故判令仪征佳和公司停止侵害并赔偿损失。仪征佳和公司不服，向最高人民法院提起上诉。最高人民法院二审查明，张某武还基于涉案专利，针对仪征佳和公司及不同使用者提起多起诉讼，各案被诉侵权产品均与本案被诉侵权产品相同。最高人民法院于2019年12月30日裁定撤销原判，将该两案及关联案件一并指定上海知识产权法院管辖。

【裁判意见】

最高人民法院二审认为，两案中专利权人均为张某武，被诉侵权产品制造商均为仪征佳和公司，并且发现被诉侵权行为时间相同，被诉侵权行为基本发生在同一时期，起诉立案时间基本相同，一审法院于同日对两案分别作出一审判决，两案区别仅为被诉侵权产品的使用者不同。而对于权利人以制造商为共同被告，只是使用者不同而分别起诉的案件，不得重复判决同一行为人对同一时期的同一被诉侵权产品重复承担民事责任。权利人针对同一专利权、同一被诉侵权产品，在多个案件中均起诉被诉侵权产品的制造商，主张其制造、销售行为侵害专利权，并以由不同使用者所实际使用的被诉侵权产品作为主张赔偿的事实依据的，该种情况下如果被诉侵权产品系同一时期制造的，则不同案件中被诉制造行为实为同一行为，法院应在查明相关事实的基础上对相关案件一并予以集中统筹处理，以避免出现重复判决停止侵害及重复计算赔偿数额等问题。而一审法院对两案于同日分别作出了停止侵害及赔偿损失的判决，对仪征佳和公司的责任承担存在重复处理问题。此外，一审法院对仪征佳和公司是否有权实施涉案专利的事实亦未查清。所以，由于一审法院对有关仪征佳和公司是否有权实施涉案专利及责任承担等基本事实认定不清，应撤销原判，发回重审。根据《最高人民法院关于同意杭州市、宁波市、合肥市、福州市、济南市、青岛市中级人民法院内设专门审判机构并跨区域管辖部分知识产权案件的批复》规定，一审法院现已无权管辖专利案件。考虑到张某武与仪征佳和公司在全国有多起因涉案相同被诉侵权产品侵害涉案相同专利权的诉讼的情况，为统一裁判标准、避免各地法院重复处理，将该两案及现查明的其他相关案件一并指定上海知识产权法院管辖。

37. 关联专利侵权之诉与确认不侵权之诉分散审理的审判协调

【裁判要旨】

涉及相同专利或者关联专利的侵权之诉与确认不侵权之诉，原则上应当合并审理；确有特殊情况，基于方便当事人诉讼、方便人民法院审理的考虑，宜分散审理的，最高人民法院知识产权法庭应当在二审程序中加强统筹协调，确保裁判标准一致。

【关键词】

发明专利　侵权　确认不侵权　管辖　分散审理　二审统筹

【案号】

（2019）最高法知民辖终 1 号、2 号

【基本案情】

在上诉人上海宝冶集团有限公司（以下简称宝冶公司）与被上诉人联奇开发股份有限公司（以下简称联奇公司）、原审被告超视堺国际科技（广州）有限公司（以下简称超视堺公司）、中国建筑一局（集团）有限公司、柏诚工程股份有限公司、江西汉唐系统集成有限公司、中国电子系统工程第二建设有限公司侵害发明专利权纠纷管辖权异议上诉两案（以下简称广州两案）中，涉及专利号为 ZL200410048826.1、名称为"混凝土楼板预留开孔的成型装置"的发明专利（以下简称涉案产品专利）和专利号为 ZL200810083903.5、名称为"一种混凝土楼板预留开孔的施工方法"的发明专利（以下简称涉案方法专利），专利权人均为联奇公司（以下分别简称广州产品专利侵权一案和广州方法专利侵权一案）。联奇公司认为，宝冶公司等侵害其专利权，向广州知识产权法院提起两案诉讼。广州知识产权法院在两案中均进行了证据保全。宝冶公司提出管辖权异议认为，宝冶公司的住所地在上海市，两案应由上海知识产权法院管辖，请求将案件移送至上海知识产权法院审理。广州知识产权法院认为，广州两案的被告之一超视堺公司的住所地位于广州市，且广州市亦为两案侵权行为地，广州知识产权法院具有管辖权，故裁定驳回宝冶公司的管辖权异议。宝冶公司不服，向最高人民法院提起上诉。最高人民法院经审

理查明，广州两案立案前，上海知识产权法院受理了案外人上海惠亚铝合金制品有限公司（以下简称惠亚公司）关于请求确认不侵害涉案产品专利权的起诉（以下简称上海产品专利确认不侵权一案）。最高人民法院于 2019 年 11 月 1 日裁定驳回上诉，维持原裁定。

【裁判意见】

最高人民法院二审认为，联奇公司在广州产品专利侵权一案中请求保护的是名称为"混凝土楼板预留开孔的成型装置"的发明专利，该专利与惠亚公司在上海产品专利确认不侵权一案中请求确认不侵权的专利相同，且上海知识产权法院立案在先。若仅单纯考虑此两案上述情况，广州产品专利侵权一案因与上海产品专利确认不侵权一案涉及同一产品专利，可移送立案在先的上海知识产权法院合并审理。但是，人民法院行使审判权应遵循司法活动的基本规律和特点，坚持便于当事人诉讼，便于人民法院依法独立、公正和高效行使审判权的原则。广州两案中，联奇公司诉请保护的两专利分别为混凝土楼板预留开孔技术领域成型装置和施工方法发明专利，具有较为紧密的关联性。同时，广州知识产权法院依据当事人申请，在广州产品专利侵权一案中裁定查封或扣押各被告使用的被诉侵权产品；在广州方法专利侵权一案中裁定对各被告使用被诉施工方法进行了证据保全。有鉴于此，综合考虑三个关联案件的实质性联系，若将广州产品专利侵权一案移送上海知识产权法院合并审理，同样将出现关联案件分别被不同法院审理的情况。因此，广州两案如何确定管辖法院，应从方便当事人诉讼、方便人民法院审理出发，综合考虑相关案件的案情、裁判文书的执行等因素，作出合法合理的处理。首先，从尊重和保障当事人诉权的原则出发，惠亚公司在上海知识产权法院提起的确认不侵害专利权之诉、联奇公司在广州知识产权法院提起的两起专利侵权之诉，均是当事人依法自主行使诉权的行为，且均符合《民事诉讼法》关于诉讼管辖的相关规定，依法均应予以尊重和保护。其次，从便于当事人诉讼的原则出发，上海知识产权法院受理的确认不侵害专利权诉讼，当事人为原告惠亚公司、被告联奇公司，广州知识产权法院受理的两起专利侵权诉讼，原告均为联奇公司，被告均为宝冶公司、超视堺公司等六家单位，若将广州产品专利侵权一案移送至上海知识产权法院审理，因方法专利侵权诉讼仍应由广州知识产权法院审理，将产生上述六被告以及联奇公司分别在上海、广州两地参加诉讼的情况，当事人为参加诉讼都将投入更多的时间和更高的经济成本。如果两起专利侵权诉讼均在广州知识产权法院审理，相对而言更有利于节约当事人诉讼成本，符合诉讼经济原则，也更便于多数当事人参加诉讼。最后，从便于人民法院公正高效行使审判权的原则出发，考虑到广州知识产权法院还受理了与成型装置专利关联度较高的有关该成型装置专利施工方法的侵权案件，且已在其辖区内对被诉侵权产品和施工方法进行了证据保全，广州产品专利侵权一案由广州知识产权法院审理既便于当事人诉讼，也便于人民法院查明案件事实并依法裁判和执行，从而确保公正、高效地审结案件。综合考虑广州产品专利侵权案的实际情况，广州知识产权法院受理上述两起专利侵权案件符合《民事诉讼法》关于地域管辖的规定，同时从有利于保障和便利当事人诉讼，有利于人民法院公正高效审理案件出发，不宜移送至上海知识产权法院审理。至于上海知识产权法院和广州知识产权法院就确认不侵害专利权纠纷与侵害专利权纠纷分别审理是否会出现冲突，因其上诉统一由最高人民法院知识产权法庭审理，这一可能出现的问题能够通过上诉机制解决。

38. 包含专利权转让条款的股权转让协议纠纷的管辖

【裁判要旨】

基于包含专利权转让条款的股权转让合同产生的纠纷，原则上属于股权转让合同纠纷，而非专利权转让合同纠纷，不宜作为专利案件确定管辖。

【关键词】

专利权转让　股权转让　合同　管辖

【案号】

（2019）最高法知民辖终 158 号

【基本案情】

在上诉人荣阳铝业（中国）有限公司（以下简称荣阳铝业公司）与被上诉人宝纳丽金门窗系统（苏州工业园区）有限公司（以下简称宝纳丽金公司）专利权转让合同纠纷管辖权异议上诉案中，宝纳丽金公司提出管辖权异议认为，涉案《收购协议》的主要内容是股权转让、财务结算、人员安排等，本案的案由应确定为股权转让合同纠纷。在涉案合同明确约定有关纠纷由广东省广州市增城区人民法院管辖的情况下，广州知识产权法院（以下简称一审法院）对本案没有管辖权。一审法院认为，本案案由应当确定为专利权转让合同纠纷，故裁定驳回了荣阳铝业公司的管辖权异议。荣阳铝业公司不服，向最高人民法院提起上诉。最高人民法院于 2019 年 9 月 24 日裁定撤销一审裁定，本案由广东省广州市增城区人民法院管辖。

【裁判意见】

最高人民法院二审认为，根据《民事诉讼法》第三十四条的规定，合同或者其他财产权益纠纷的当事人可以书面协议选择被告住所地、合同履行地、合同签订地、原告住所地、标的物所在地等与争议有实际联系的地点的人民法院管辖，但不得违反本法对级别管辖和专属管辖的规定。本案中，荣阳铝业公司与宝纳丽金公司于 2015 年 6 月 17 日签订《收购协议》，双方约定荣阳铝业公司以 1580 万元收购宝纳丽金公司的 100% 股权，该协议第二条约定"自甲乙双方签约后，乙方所有的包括但不限于注册商标、产品专利等等所有的知识产权属于甲方，乙方应协助甲方尽快完成相关转让手续"。该协议第六条约定"对于执行本合同发生的与本合同有关的争议应本着友好协商的原则解决，如果双方通过协商不能达成一致，任何一方可依法向甲方所在地人民法院起诉"。从本案当事人双方签订的《收购协议》内容来看，双方当事人的约定不仅包含知识产权的转让，还包括股权转让、财务结算、人员安排等内容。因此，本案涉案合同为包含知识产权转让的股权转让合同。本案当事人双方所签署股权转让合同中已明确约定向"甲方所在地人民法院起诉"，作为"甲方"的荣阳铝业公司所在地，也是被告所在地。可见，该约定并不违反对级别管辖和专属管辖的规定。本案应当由作为"甲方"的荣阳铝业公司所在地的广州市增城区人民法院行使管辖权。

39. 作为管辖连结点的零部件使用行为的认定

【裁判要旨】

如果被诉侵权产品系另一产品的零部件，使用该另一产品的行为亦使作为零部件的被诉侵权产品实现了使用价值，则该使用行为亦构成对于被诉侵权零部件产品的使用，可以作为确定案件管辖的连结点。

【关键词】

实用新型专利　侵权　管辖　零部件　使用行为

【案号】

（2019）最高法知民辖终 201 号

【基本案情】

在上诉人深圳市贝纳太阳能技术有限公司（以下简称贝纳公司）与被上诉人上海钧正网络科技有限公司（以下简称钧正公司）、江苏永安行低碳科技有限公司（以下简称永安行公司）侵害实用新型专利权纠纷管辖权异议上诉案中，涉及专利号为 ZL201820107946.1、名称为"一种太阳能电池组件"的实用新型专利（以下简称涉案专利）。贝纳公司向广东省深圳市中级人民法院（以下简称一审法院）提起诉讼称，钧正公司在广东省深圳市投放的"哈罗出行"共享单车使用的太阳能电池组件产品侵害了涉案专利权，永安行公司制造并使用了被诉侵权的太阳能电池组件，亦构成侵权。钧正公司、永安行公司提出管辖权异议认为，本案钧正公司住所地在上海市，且涉案共享单车及其部件"太阳能组件"均不在广东省深圳市生产制造，请求将案件移送至上海知识产权法院审理。一审法院认为，钧正公司、永安行公司的管辖权异议成立，裁定本案移送上海知识产权法院处理。贝纳公司不服，向最高人民法院提起上诉。贝纳公司的主要上诉理由是，钧正公司系在广东省深圳市将被诉侵权的"太阳能组件"组装到涉案共享单车，并将共享单车投放到广东省深圳市。最高人民法院于2019年9月5日裁定撤销一审裁定，本案由一审法院管辖。

【裁判意见】

最高人民法院二审认为，本案中，贝纳公司提交的初步证据显示，钧正公司在深圳市投放的共享单车上，使用了被诉侵权的太阳能电池组件产品。钧正公司将被诉侵权的太阳能电池组件产品组装到共享单车上使用，至少存在组装及实际使用行为。首先，如将太阳能电池组件产品视为零部件组装，可以认定该组装行为属于专利法意义上的使用行为。其次，本案钧正公司除组装行为外，还存在实际使用太阳能电池组件产品，使其真正发挥功能与作用的使用行为。太阳能电池作为组件产品，其实际发挥的功能与作用，系为共享单车接受指令、开关锁等功能提供电能。而能发挥该功能与作用，则是共享单车投放市场营运之后。因此，钧正公司将组装了被诉侵权的太阳能电池组件产品的共享单车投放到深圳市场进行营运之初，为保证共享单车实际被使用时能正常使用，应当维持太阳能电池持续不断地为共享单车开关锁提供电能，该过程需要钧正公司使用电池组件产品，利用太阳能给电池充电。作为营运方，钧正公司也需要对共享单车进行日常维护，使用电池组件产品。钧正公司将共享单车投放市场进行营运，对电池组件产品实际进行使用，显然已经超出其将电池组件产品作为零部件组装到共享单车上的使用范畴。钧正公司作为共享单车的营运方，在向市场投放共享单车的实际经营中，对被诉侵权的太阳能电池组件产品进行使用，此行为并非市场终端消费者的使用行为，属于为生产经营目的的使用行为。该使用行为发生在深圳市，深圳市为侵权行为实施地。一审法院作为使用被诉侵权产品的侵权行为地人民法院，对本案享有管辖权。

40. 作为管辖连结点的信息网络侵权行为的认定

【裁判要旨】

《最高人民法院关于适用〈中华人民共和国民事诉讼法〉的解释》第二十五条规定的作为管辖连结点的信息网络侵权行为系指在信息网络上完整实施的侵权行为；若侵权行为仅部分环节在线上实施，则不构成上述信息网络侵权行为，不能适用上述司法解释之规定确定管辖。

【关键词】

实用新型专利　侵权　管辖　信息网络侵权行为

【案号】

(2019) 最高法知民辖终 13 号

【基本案情】

在上诉人杭州米欧仪器有限公司（以下简称米欧公司）与被上诉人宁波拓普森科学仪器有限公司（以下简称拓普森公司）侵害实用新型专利权纠纷管辖权异议上诉案中，拓普森公司向浙江省宁波市中级人民法院（以下简称一审法院）提起诉讼，主张米欧公司未经其允许，制造、销售、许诺销售侵害拓普森公司专利权的侵权产品，给其造成了经济损失，构成专利侵权。米欧公司提出管辖权异议认为，本案的侵权行为地和被告住所地均为浙江省杭州市，本案应移送至浙江省杭州市中级人民法院审理。一审法院经审理认为，被诉侵权的网络销售行为属于上述司法解释规定的"信息网络侵权行为"，一审法院作为被侵权人住所地法院享有管辖权，故裁定驳回米欧公司的管辖异议。米欧公司不服，向最高人民法院提起上诉。最高人民法院于 2019 年 5 月 28 日裁定撤销一审裁定，本案由浙江省杭州市中级人民法院管辖。

【裁判意见】

最高人民法院二审认为，《民诉法司法解释》第二十五条规定的信息网络侵权行为具有特定含义，是指侵权人利用互联网发布直接侵害他人合法权益的信息的行为，主要针对的是通过信息网络侵害他人人身权益以及侵害他人信息网络传播权等行为，即被诉侵权行为的实施、损害结果的发生等均在信息网络上，并非侵权行为的实施、损害结果的发生与网络有关即可认定属于信息网络侵权行为。本案中，依据拓普森公司的诉讼请求，本案被诉侵权行为包括米欧公司制造、销售、许诺销售被诉侵权产品的行为。拓普森公司提供的公证书记载，米欧公司在其公司网站上声称，其是"集实验室仪器研发、生产、销售于一体的公司"，在网站上展示了涉案被诉侵权产品图片，拓普森公司从米欧公司网站获取米欧公司销售人员联系方式，通过微信沟通并在线下完成购买被诉侵权产品事宜。上述交易过程中，网站和微信仅仅是双方交易的媒介，被诉侵权人米欧公司仅通过互联网不能实施被诉侵害专利权的行为。在网络普及化程度很高的当代社会，如果案件事实中出现网站平台或者双方通过微信等涉网络相关的方式沟通，抑或双方系通过信息网络平台进行被诉侵权产品的交易，即认定为构成信息网络侵权行为，则《民诉法司法解释》第二十五条的规制范围过于宽泛，不符合立法的本意。因此，本案不应当依据《民诉法司法解释》第二十五条确定管辖。本案侵权行为地、被告住所地均在杭州市，本案应由杭州市中级人民法院管辖。

2019年是最高人民法院知识产权法庭的开局之年，也是《最高人民法院知识产权法庭裁判要旨》的创刊之年。最高人民法院知识产权法庭统一审理全国技术类知识产权民事、行政上诉案件，丰富的案件资源和不断涌现的疑难问题既对审判工作提出了挑战，又为法律适用的发展与创新提供了契机。《最高人民法院知识产权法庭裁判要旨（2019）》包含的40条裁判规则主要淬炼自1400余份二审裁判文书，针对亟待解决的鲜活问题提出了切实可行的裁判规则和处理办法，体现了时效性、探索性和发展性，实现了统一裁判规则关口前移和司法政策回应性质效提升。在有关裁判规则适用过程中，既要注意以微观视野细致甄别个案中规则适用场景的一致性，又要注意以宏观视野充分考量法律认识的发展和时代态势变化，通过妥当适用克服个案规则本身的局限，避免张冠李戴和刻舟求剑，实现司法的稳定性与发展性的统一。最高人民法院知识产权法庭将进一步充分利用审判机构专门化、审判人员专职化和审判工作专业化优势，切实发挥司法改革探索者、科技创新助推者、技术类案件审判主导者、公平竞争维护者和国际规则引领者的作用，努力打造国际知识产权司法保护新高地和国际知识产权诉讼优选地。

3

典型案例

最高人民法院指导性案例

瓦莱奥清洗系统公司诉厦门卢卡斯汽车配件有限公司等侵害发明专利权纠纷案

——功能性特征的认定及诉中行为保全申请的处理

【裁判要旨】

1. 如果专利权利要求的某个技术特征已经限定或者隐含了特定结构、组分、步骤、条件或其相互之间的关系等，即使该技术特征同时还限定了其所实现的功能或者效果，亦不属于《最高人民法院关于审理侵犯专利权纠纷案件应用法律若干问题的解释（二）》第八条所称的功能性特征。

2. 当事人在专利侵权程序中针对被诉侵权人既申请作出责令停止侵害的行为保全，又申请作出判令停止侵害的部分判决的，人民法院不应因作出停止侵害的部分判决而对该行为保全申请不予处理，而应对该行为保全申请予以审查；符合行为保全条件的，应及时作出裁定。

【关键词】

民事侵权　发明专利　功能性特征　行为保全

【合议庭成员】

一审合议庭成员：徐　飞　杨馥宇　程晓鸣

二审合议庭成员：罗东川　王　闯　朱　理　徐卓斌　任晓兰

【案件基本信息】

1. 诉讼当事人

上诉人（原审被告）：厦门卢卡斯汽车配件有限公司（简称卢卡斯公司）。

上诉人（原审被告）：厦门富可汽车配件有限公司（简称富可公司）。

被上诉人（原审原告）：瓦莱奥清洗系统公司（Valeo Systèmes d'Essuyage）（简称瓦莱奥公司）。

原审被告：陈某强。

2. 案件索引

一审：上海知识产权法院（2016）沪73民初859号

二审：最高人民法院（2019）最高法知民终2号

3. 相关法条

《中华人民共和国专利法》第五十九条；《最高人民法院关于审理侵犯专利权纠纷案件应用法律若干问题的解释（二）》第八条。

【简要案情】

瓦莱奥公司为第ZL200610160549.2号名称为"机动车辆的刮水器的连接器及相应的连接装置"的中国发明专利的专利权人。瓦莱奥公司于2016年向上海知识产权法院提起诉讼称，卢卡斯公司、富可公司未经许可制造、销售、许诺销售，陈某强制造、销售的雨刮器产品落入其专利权保护范围，请求判令卢卡斯公司、富可公司、陈某强停止侵权，赔偿损失及制止侵权的合理开支暂计600万元。后瓦莱奥公司申请法院作出部分判决，认定卢卡斯公司、富可公司、陈某强构成侵权，并判令其停止侵权。此外，瓦莱奥公司还提出了临时行为保全（又称临时禁令）申请，请求法院裁定卢卡斯公司、富可公司、陈某强立即停止侵权行为。上海知识产权法院于2019年1月22日作出部分判决，认定卢卡斯公司、富可公司构成侵权并判令其停止侵权，亦因此未对临时禁令申请作出处理。

卢卡斯公司、富可公司不服上述部分判决，向最高人民法院提起上诉，请求撤销该判决，改判驳回瓦莱奥公司关于停止侵权的诉讼请求。

【裁判结果】

最高人民法院经审理认为，（一）关于"在所述关闭位置，所述安全搭扣面对所述锁定元件延伸，用于防止所述锁定元件的弹性变形，并锁定所述连接器"的技术特征是否属于功能性特征以及被诉侵权产品是否具备上述特征。第一，关于上述技术特征是否属于功能性特征。功能性特征是指不直接限定发明技术方案的结构、组分、步骤、条件或其之间的关系等，而是通过其在发明创造中所起的功能或者效果对结构、组分、步骤、条件或其之间的关系等进行限定的技术特征。如果某个技术特征已经限定或者隐含了发明技术方案的特定结构、组分、步骤、条件或其之间的关系等，即使该技术特征还同时限定了其所实现的功能或者效果，原则上亦不属于上述司法解释所称的功能性特征，不应作为功能性特征进行侵权比对。前述技术特征实际上限定了安全搭扣与锁定元件之间的方位关系并隐含了特定结构——"安全搭扣面对所述锁定元件延伸",该方位和结构所起到的作用是"防止所述锁定元件的弹性变形,并锁定所述连接器"。根据这一方位和结构关系,结合涉案专利说明书及其附图,特别是说明书第〔0056〕段关于"连接器的锁定由搭扣的垂直侧壁的内表面保证,内表面沿爪外侧表面延伸,因此,搭扣阻止爪向连接器外横向变形,因此连接器不能从钩形端解脱出来"的记载,本领域普通技术人员可以理解,"安全搭扣面对所述锁定元件延伸",在延伸部分与锁定元件外表面的距离足够小的情况下,就可以起到防止锁定元件弹性变形并锁定连接器的效果。可见,前述技术特征的特点是,既限定了特定的方位和结构,又限定了该方位和结构的功能,且只有将该方位和结构及其所起到的功能结合起来理解,才能清晰地确定该方位和结构的具体内容。这种"方位或者结构+功能性描述"的技术特征虽有对功能的描述,但本质上仍是方位或者结构特征,不是《最高人民法院关于审理侵犯专利权纠纷案件应用法律若干问题的解释(二)》第八条意义上的功能性特征。第二,被诉侵权产品是否具备前述技术特征。涉案专利权利要求1的前述技术特征既限定了安全搭扣与锁定元件的方位和结构关系,又描述了安全搭扣所起到的功能,该功能对于确定安全搭扣与锁定元件的方位和结构关系具有限定作用。前述技术特征并非功能性特征,其方位、结构关系的限定和功能限定在侵权判定时均应予以考虑。本案中,被诉侵权产品的安全搭扣两侧壁内表面设有一对垂直于侧壁的凸起,当安全搭扣处于关闭位置时,其侧壁内的凸起朝向弹性元件的外表面,可以起到限制弹性元件变形张开、锁定弹性元件并防止刮水器臂从弹性元件中脱出的效果。被诉侵权产品在安全搭扣处于关闭位置时,安全搭扣两侧壁内表面垂直于侧壁的凸起朝向弹性元件的外表面,属于涉案专利权利要求1所称的"所述安全搭扣面对所述锁定元件延伸"的一种形式,且同样能够实现"防止所述锁定元件的弹性变形,并锁定所述连接器"的功能。因此,被诉侵权产品具备前述技术特征,落入涉案专利权利要求1的保护范围。原审法院在认定上述特征属于功能性特征的基础上,认定被诉侵权产品具有与上述特征等同的技术特征,比对方法及结论虽有偏差,但并未影响本案侵权判定结果。(二)关于本案诉中行为保全申请应如何处理。瓦莱奥公司在本案原审过程中提出责令卢卡斯公司、富可公司及陈某强停止侵害涉案专利权的诉中行为保全申请,并提供了相应担保。原审法院先行作出支持专利权人关于停止侵害专利权诉请的部分判决后,对于诉中行为保全申请尚未作出处理,该部分判决进入上诉审理程序。对于瓦莱奥公司的上述诉中行为保全申请应如何处理，最高人民法院认为：第一，关于本案诉中行为保全申请的管辖。对当事人不服原审判决提起上诉的案件，当事人在第一审程序中提出行为保全申请的，在第二审人民法院接到报送的案件之前，由第一审人民法院管辖；在第二审人民法院接到报送的案件之后，应由第二审人民法院管辖。本案中，由于案件已经由最高人民法院受理，与本案有关的行为保全申请亦应由最高人民法院管辖和处理。第二，关于本案诉中行为保全申请的具体处理。本案需要考虑的特殊情况是，原审法院虽已作出关于责令停止侵害涉案专利权的部分判决，但并未生效，专利权人继续坚持其在一审程序中的行为保全申请。此时，第二审人民法院对于停止侵害专利权的行为保全申请，可以考虑如下情况，分别予以处理：如果情况紧急或者可能造成其他损害，专利权人提出行为保全申请，而第二审人民法院无法在行为保全申请处理期限内作出终审判决的，应当对行为保全申请单独处理，依法及时作出裁定；符合行为保全条件的，应当及时采取保全措施。此时，由于原审判决已经认定侵权成立，第二审人民法院可根据案情对该行为保全申请进行审查，且不要求必须提供担保。如果第二审人民法院能够在行为保全申请处理期限内作出终审判决的，可以及时作出判决并驳回行为保全申请。本案中，瓦莱奥公司坚持其责令卢卡斯公司、富可公司停止侵害涉案专利权的诉中行为保全申请，但是其所提交的证据并不足以证明发生了给其造成损害的紧急情况，且最高人民法院已经当庭作出判决，本案判决已经发生法律效力，另行作出责令停止侵害涉案专利权的行为保全裁定已无必要。对于瓦莱奥公司的诉中行为保全申请，不予支持。因此，判决驳回上诉，维持原判。

【案件评析】

本案是最高人民法院知识产权法庭敲响"第一槌"时所审理的案件，且当庭宣判，引发了国内外的广泛关注。本案判决首次深入阐释了功能性特征的认定标准，明确了诉中行为保全申请与停止侵害的部分判决之间的关系，对于指引专利侵权判定和完善专利司法保护机制具有重要意义。

一、关于功能性特征的判断标准

（一）功能性特征的法律特点

在专利法上，功能性特征是指通过记载发明创造的功能而不是结构等来限定其所保护的技术方案。功能性特征是一种独具特色的技术特征，遵循特殊的侵权比对方法。如果仅从功能性特征的文字表述看，其似乎应该被理解为涵盖了能够实现该功能的任何可能结构或者手段。但是，这种理解可能会将专利权利要求的保护范围扩大至申请人在申请日时并未预想到的技术手段，因而导致专利保护范围与申请人的技术贡献不相适应。为了明确功能性特征的限定内容，实现专利权利要求的保护范围与申请人的技术贡献相一致，《最高人民法院关于审理侵犯专利权纠纷案件应用法律若干问题的解释》（以下简称《解释一》）第四条将功能性特征的内容限定为"说明书和附图描述的该功能或者效果的具体实施方式及其等同的实施方式"。随后，《最高人民法院关于审理侵犯专利权纠纷案件应用法律若干问题的解释（二）》（以下简称《解释二》）第八条又进一步明确了功能性特征的侵权对比方法。该条第二款规定："与说明书及附图记载的实现前款所称功能或者效果不可缺少的技术特征相比，被诉侵权技术方案的相应技术特征是以基本相同的手段，实现相同的功能，达到相同的效果，且本领域普通技术人员在被诉侵权行为发生时无需经过创造性劳动就能够联想到的，人民法院应当认定该相应技术特征与功能性特征相同或者等同。"由此观之，两个司法解释对于功能性特征的规定具有两个重要特点：第一，功能性特征的涵盖范围受到限制，其涵盖范围仅包括专利说明书和附图所给出的该功能或者效果的具体实施方式及其等同的实施方式；第二，功能性特征的等同范围受到限制，其等同判断以实现其功能或者效果不可缺少的技术手段为对象，限于侵权行为发生时与该技术手段基本相同的手段，且其功能或者效果应该相同。因此，判断某一特征是否是功能性特征，直接关系到其限定的权利要求的保护范围。在这个意义上，功能性特征并非是一个纯粹的事实概念，而是一个法律概念，其本质是基于权利要求保护范围与申请人的技术贡献相一致原则，对其字面范围和等同范围均进行限缩。

（二）功能性特征的具体判断标准

《解释二》第八条第一款规定了功能性特征的判断标准："功能性特征，是指对于结构、组分、步骤、条件或其之间的关系等，通过其在发明创造中所起的功能或者效果进行限定的技术特征，但本领域普通技术人员仅通过阅读权利要求即可直接、明确地确定实现上述功能或者效果的具体实施方式的除外。"尽管上述规定从正反两个方面界定了功能性特征的含义，由于实践问题的复杂性，对于功能性特征的判断仍然存在较大争议。争议的核心在于，功能性特征的具体判断标准是什么。要解决这一争议，首先要了解实践中涉及功能或者效果的技术特征的具体类型，然后结合功能性特征的法律实质进行判断。

在实践中，涉及功能或者效果的技术特征主要有三种类型，但并非任何描述了其所实现的功能或者效果的特征均是功能性特征。第一，仅限定了技术特征的功能或者效果，而不限定该技术特征的结构、组分、步骤、条件或其之间的关系。这种类型的技术特征通常并未涉及任何有关结构、组分、步骤、条件等内容，本领域技术人员只能根据该技术特征所描述的功能或者效果，结合说明书和附图所描述实现该功能或者效果的具体实施方式来理解其具体结构、组分等特征。正因如此，这种类型的技术特征会出现其字面涵盖范围超出其技术贡献的可能，并成为前述司法解释所重点规制的对象。这种类型的技术特征是典型的、法律意义上的功能性特征。第二，既限定技术特征的结构、组分、步骤、条件或其之间的关系，又限定了该技术特征所起到的功能或者效果，但是该功能或者效果是该结构、组分、步骤、条件等所必然带来的结果。对于此种类型的技术特征而言，其已经限定了具体的结构、组分等内容，体现了发明的技术贡献，其所描述的功能或者效果仅仅是对该结构、组分等所必然具有的效果的客观记载，因而该功能或者效果对于该技术特征不具有实质限定意义。虽然这类技术特征表面上具有功能或者效果的描述，但是其本质是结构、组分、步骤、条件特征，其所描述的功能或者效果对于该发明不具有实质限定作用。这种类型的技术特征通常不会出现其字面涵盖范围超出其技术贡献的可能，因而不作为前述司法解释意义上的功能性特征对待。可见，这种类型的技术特征徒具功能性特征的形式，实际上并非法律意义上的功能性特征。第三，既限定该技术特征的结构、组分、步骤、条件或者关系，又限定了其所起到的功能或者效果，且只有该结构、组分、步骤、条件或者关系等与其所起到的功能或者效果联系起来，才能确定其结构、组分、步骤、条件或者关系等的具体内容。本案为这类技术特征提供了一个很好的实例。本案争议的技术特征是："在所述关闭位置，所述安全搭扣面对所述锁定元件延伸，用于防止所述锁定元件的弹性变形，并锁定所述连接器。"这一技术特征的特点是，既限定了特定的方位和结构——"所述安全搭扣面对所述锁定元件延伸"，又限定了该方位和结构的功能——"用于防止所述锁定元件的弹性变形，并锁定所述连接器"。而且，该方位和结构及其所起到的功能无法割裂，只有将两者结合起来理解，才能清楚地确定该方位和结构的具体内容。在这种类型的技术特征中，其描述的功能或者效果对于理解其同时描述的结构等内容必不可少，其有关方位、结构关系的限定和功能限定在侵权判定时均应予以考虑。不过，就本质而言，该技术特征中有关功能或者效果的描述旨在对其已经给出的特定结构、组分、步骤、条件、关系等内容进行限定，并非意图涵盖任何实现其所描述的功能或者效果的所有手段。因此，这种类型的技术特征通常亦不会出现其字面涵盖范围超出其技术贡献的可能性，亦非法律意义上的功能性特征。

由上述分析可见，只有那些仅限定了技术特征的功能或者效果，而对结构、组分、步骤、条件或者关系等不作任何限定的技术特征，才属于法律意义上的功能性特征。正如本案判决所言："功能性特征是指不直接限定发明技术方案的结构、组分、步骤、条件或其之间的关系等，而是通过其在发明创造中所起的功能或者效果对结构、组分、步骤、条件或其之间的关系等进行限定的技术特征。如果某个技术特征已经限定或者隐含了发明技术方案的特定结构、组分、步骤、条件或其之间的关系等，即使该技术特征还同时限定了其所实现的功能或者效果，原则上亦不属于上述司法解释所称的功能性特征，不应作为功能性特征进行侵权比对。"

二、关于二审法院对行为保全申请的处理

本案是一个针对停止侵害专利权部分先行作出的部分判决，一审判决支持了专利权人关于停止侵害的诉讼请求。专利权人还提出了责令被告停止侵害涉案专利权的诉中行为保全申请，截至本案被告上诉至最高人民法院时，一审法院对该诉中行为保全申请尚未作出处理。因此，本案还涉及对于当事人在一审中提出的诉中行为保全申请的管辖和处理问题。

关于诉中行为保全申请的管辖。行为保全的目的在于给请求人提供临时便捷的保护，同时兼顾稳妥保护被申请人的利益。基于上述目的，人民法院对于行为保全申请既需要及时进行处理，又需要在必要时听取双方当事人的意见，尽可能保证有关行为保全申请的处理与裁判结果相一致。因此，一审法院在诉讼过程中收到申请人的行为保全申请时，应该及时予以处理。一旦作出判决、当事人提出上诉且第二审人民法院已经接到报送的案件，一审法院则不宜再处理行为保全申请，而应由二审法院管辖并处理。正因如此，本案判决以"第二审人民法院收到报送的案件"为时间节点，确定了诉中行为保全申请的管辖："对当事人不服原审判决提起上诉的案件，当事人在第一审程序中提出行为保全申请的，在第二审人民法院接到报送的案件之前，由第

一审人民法院管辖；在第二审人民法院接到报送的案件之后，应由第二审人民法院管辖。"

关于诉中行为保全的具体处理。本案中，专利权人提出的是责令被告停止侵害涉案专利权的行为保全申请。该申请的核心内容与一审法院已经作出的认定被告行为构成侵犯专利权并判令被告停止侵权行为的部分判决在内容上存在重合之处，在功能上具有尽快明确各方当事人之间的法律关系状态、提高纠纷解决效率的类似之处。但作为两种不同的制度设计，责令停止侵害的行为保全申请具有独特价值。例如，当发生申请人利益被侵害的紧急情况或者给申请人造成损害的其他情况，判令停止侵害的部分判决因处于上诉状态而尚未发生效力时，责令停止侵害的诉中行为保全措施可以起到及时制止侵权行为的效果，更加有效地保护专利权。特别需要提及的是，我国相关民事诉讼法律并未规定未生效判决临时执行制度，责令停止侵害的行为保全可以起到临时执行的效果，填补上述制度缺憾。基于上述考虑，本案判决明确阐释了诉中行为保全申请与停止侵害的部分判决之间的关系，指出了诉中行为保全申请的独立价值，倡导人民法院在作出停止侵害的部分判决的同时，支持专利权人关于责令停止侵权行为的保全申请，从而完善了专利权的司法保护机制，提高了专利司法保护质效。

作为最高人民法院知识产权法庭敲响的"第一槌"，本案的重要意义不仅在于其标志着专利等技术类案件统一上诉机制顺利启动，还在于其澄清了功能性特征解释等实体问题，解决了行为保全、部分判决等重要程序问题，对于完善技术类案件司法保护机制产生了深远影响。

（撰写人：最高人民法院　朱理）

佛山市云米电器科技有限公司诉佛山市顺德区美的洗涤电器制造有限公司等侵害实用新型专利权纠纷案

【裁判摘要】

侵害专利权纠纷案件中，被诉侵权人举证证明被诉侵权技术方案属于现有技术，由此主张其行为不构成侵犯专利权，即构成现有技术抗辩。鉴于现有技术证据均早于专利申请日，为维护生效裁判既判力，规范诉讼秩序，避免对专利权人造成诉讼突袭并架空第一、二审诉讼程序，引导当事人在第一、二审程序中充分抗辩、解决纠纷，对于被诉侵权人在再审审查程序中首次提出的现有技术抗辩理由和证据，不应予以审查。

中华人民共和国最高人民法院
民事裁定书

（2019）最高法知民申 1 号

再审申请人（一审被告）：佛山市云米电器科技有限公司。

被申请人（一审原告）：佛山市顺德区美的洗涤电器制造有限公司。

一审被告：深圳市康志科技有限公司。

一审被告：浙江天猫网络有限公司。

再审申请人佛山市云米电器科技有限公司（以下简称云米公司）因与被申请人佛山市顺德区美的洗涤电器制造有限公司（以下简称美的公司）、一审被告深圳市康志科技有限公司（以下简称康志公司）、一审被告浙江天猫网络有限公司（以下简称天猫公司）侵害实用新型专利权纠纷一案，不服浙江省杭州市中级人民法院于2019年3月20日作出的（2018）浙01民初1673号民事判决，向最高人民法院申请再审。最高人民法院依法组成合议庭进行了审查，现已审查终结。

云米公司申请再审称：1. 一审判决认定的基本事实缺乏证据证明。被诉侵权技术方案与涉案专利技术方案相比，存在多个区别特征，没有落入涉案专利权利要求1—4的保护范围，相关行为不构成侵权。具体地，被诉侵权产品没有包含权利要求1中的技术特征"外门和内门中的至少一个上形成有与叠边相对布置的凸台"和"外门上在安装孔周侧形成凸台"，也没有包含从属权利要求2—4的全部附加技术特征。2. 本案有新证据推翻一审判决。原审庭审结束后，云米公司在南京市的一位用户家里，发现了一款在涉案专利申请日之前已经公开销售的产品。该产品能够证明，被诉侵权产品采用的是现有技术，故云米公司不构成侵权，一审判决的裁判结果错误。上述产品是云米公司因客观原因，于原审庭审结束后才发现的证据，因此，请求再审法院对依据该新证据提出的现有技术抗辩予以审理，以得到公平公正的审理结果。请求：1. 撤销一审判决；2. 改判云米公司不构成对美的公司专利权的侵害，驳回美的公司原审全部诉讼请求；3. 判令美的公司承担本案原审诉讼费用。

美的公司提交意见称：1. 云米公司在一审判决送达以后，未提起上诉。在一审判决生效后，云米公司直接申请再审，该行为不仅违反了我国两审终审的民事审判基本原则，而且是对诉讼资源的滥用，有违诚实信用原则，再审请求不应该得到支持。2. 一审判决关于被诉侵权产品的技术方案落入涉案专利权保护范围的认定正确。3. 云米公司提出的现有技术抗辩不能成立。请求驳回云米公司的再审申请。

最高人民法院审查查明以下事实：

2015年4月21日，芜湖美的洗涤电器制造有限公司向国家知识产权局申请名称为"门体组件和具有它的洗碗机"的实用新型专利（即涉案专利），2015年9月9日涉案专利取得授权公告，专利号为ZL201520245340.0，专利权人为芜湖美的洗涤电器制造有限公司。2016年11月14日，涉案专利专利权人变更登记为美的公司。目前涉案专利有效。涉案专利部分权利要求如下：

1. 一种门体组件，其特征在于，包括：外门，所述外门上形成有安装孔；内门，所述内门设在所述外门的后面，所述内门的边沿形成有叠边，所述叠边抵在所述外门上，所述内门上间隔布置有与多个通孔；螺钉，所述螺钉的一部分穿过所述内门上的所述通孔并伸入所述外门的所述安装孔内与所述外门螺纹连接，所述螺钉为多个；其中，所述外门和所述内门中的至少一个上形成有与所述叠边相对布置的凸台，所述叠边的至少一部分和所述凸台的至少一部分布置在所述螺钉的相对两侧。

2. 根据权利要求1所述的门体组件，其特征在于，所述凸台形成在所述外门上，且所述凸台抵在所述内门上。

3. 根据权利要求2所述的门体组件，其特征在于，所述外门的侧壁上形成有朝向所述外门的内侧延伸的安装部，所述安装孔和所述凸台形成在所述安装部上，所述内门的叠边抵在所述安装部上，且所述凸台抵在所述内门上。

4. 根据权利要求3所述的门体组件，其特征在于，所述凸台形成在所述安装部的内边缘且邻近所述安装孔。

……

10. 根据权利要求1所述的门体组件，其特征在于，所述内门的周缘向前并向内折弯形成所述叠边，所述通孔邻近所述叠边设置。

11. 一种包括权利要求1—10中任一项所述的门体组件的洗碗机。

云米公司认可美的公司通过公证购买的被诉侵权实物洗碗机系其生产销售，美的公司明确以涉案专利权利要求1、2、3、4、10、11主张权利，其中对于权利要求11，主张引用权利要求1—4、10。美的公司主张被诉侵权技术方案与上述权利要求记载的技术方案相同。云米公司和天猫公司对美的公司主张的与凸台相关的技术特征均有异议，认为被诉侵权产品的技术特征不同于涉案专利。云米公司主张其被诉侵权产品不存在美的公司涉案专利中的凸台，不认可其相对两侧的位置关系，对凸台和叠边位于螺钉两侧的技术特征不认同。云米公司在原审程序中没有提出现有技术抗辩的主张。

一审法院认为，被诉侵权产品洗碗机与涉案专利权利要求1—4、10、11（引用权利要求1—4、10）的技术特征均相同，已经落入涉案专利的保护范围，构成侵权。云米公司未经专利权人许可，以生产经营为目的许诺销售、销售、生产涉案侵权产品；康志公司未经专利权人许可，许诺销售、销售涉案侵权产品，均侵犯了美的公司涉案专利权。美的公司据此要求云米公司、康志公司停止侵权、销毁侵权产品、赔偿损失及为制止侵权支出的合理费用的诉求，符合法律规定，在合理范围予以支持。美的公司未提交证据证明天猫公司与云米公司、康志公司存在侵权合意，故美的公司关于天猫公司亦构成侵权的主张不能成立。美的公司未能有效证明其损失和侵权人获利的事实，云米公司、康志公司亦未提供有效证据证明其侵权获利情况。美的公司请求适用法定赔偿，符合法律规定。关于合理费用，综合案件的具体情况，考虑到律师为本案所做的工作及起诉时提交的公证书、证物等相关证据，对律师费和公证费等合理费用在合理范围内予以部分支持。

综上，一审判决：1. 云米公司立即停止制造、销售、许诺销售落入美的公司涉案专利权保护范围的涉案侵权产品之行为，并销毁侵权产品；2. 康志公司立即停止销售、许诺销售落入美的公司涉案专利权保护范围的涉案侵权产品之行为，并销毁侵权产品；3. 云米公司赔偿美的公司经济损失及为制止侵权支出的合理费用共计人民币 500000 元；康志公司赔偿美的公司经济损失及为制止侵权支出的合理费用共计人民币 20000 元；4. 驳回美的公司的其他诉讼请求。

一审判决作出后，各方当事人均未提出上诉。一审判决于上诉期满后生效。

最高人民法院经审查认为，本案争议焦点为：（一）被诉侵权技术方案是否落入涉案专利权的保护范围。（二）云米公司在再审程序中提出在原审程序未提出的现有技术抗辩的主张和证据是否应当接受并进行审查。

第一，被诉侵权技术方案是否落入涉案专利权的保护范围。

《中华人民共和国专利法》（以下简称《专利法》）第五十九条第一款规定，发明或者实用新型专利权的保护范围以其权利要求的内容为准，说明书及附图可以用于解释权利要求的内容。因此，判断被诉侵权技术方案是否落入涉案专利权的保护范围，应在权利人主张的权利要求所记载的技术方案与被诉侵权技术方案之间进行比对，即比对被诉侵权技术方案所具备的技术特征与权利要求所描述的专利的技术特征。如果被诉侵权技术方案完全覆盖了涉案专利权利要求的全部技术特征，则被诉侵权产品落入了专利权的保护范围，其中专利权保护范围包括与该专利技术特征相同或等同的特征所确定的范围。针对云米公司和天猫公司提出的不同点，最高人民法院审查认为，被诉侵权技术方案上存在外门、安装孔、内门、叠边、通孔、螺钉、外门和内门中的至少一个上形成有与叠边相对布置的凸台，外门上在安装孔周侧形成凸台，因此，被诉侵权技术方案落入涉案专利权利要求 1—4 的保护范围。同时，被诉侵权产品的内门周缘向前并向内折弯形成所述叠边，所述通孔邻近所述叠边设置，被诉侵权技术方案落入涉案专利权利要求 10 的保护范围，也落入涉案专利权利要求 11 的保护范围。综上，被诉侵权产品洗碗机的技术方案与涉案专利权利要求 1—4、10、11 的技术特征均相同，已经落入涉案专利的保护范围。一审判决确定云米公司承担停止侵权的民事责任并无不当，未区分损害赔偿和合理支出不妥，但对本案的审理结果并无影响。

第二，云米公司在再审程序中提出在原审程序未提出的现有技术抗辩的主张和证据是否应当接受并进行审查。

《专利法》第六十二条规定，在专利侵权纠纷中，被控侵权人有证据证明其实施的技术或者设计属于现有技术或者现有设计的，不构成侵犯专利权。根据上述规定，侵害专利权纠纷案件中，被诉侵权人举证证明被诉侵权技术方案是现有技术，由此主张其行为不构成侵犯专利权，即构成现有技术抗辩。

本案中，云米公司以其在一审判决生效后发现新的证据为由，向最高人民法院提出再审申请。申请再审是指当事人认为人民法院已经发生法律效力的民事判决、裁定和调解确有错误，请求予以启动再审程序撤销、变更生效裁判的诉讼行为。再审程序的立法宗旨在于平衡好保障当事人申请再审权利和维护生效裁判既判力和稳定性之间的关系，维护司法公正。由于再审程序启动后直接影响生效裁判的效力，为了维护已经生效裁判确定的法律秩序的稳定性，再审事由应当限于原裁判的诉讼证据存在重大瑕疵或者诉讼程序存在妨害当事人基本诉讼权利的重大缺陷等事项。根据《中华人民共和国民事诉讼法》（以下简称《民事诉讼法》）第二百条的规定，有新的证据，足以推翻原判决、裁定的，人民法院应当再审。《最高人民法院关于适用〈中华人民共和国民事诉讼法〉审判监督程序若干问题的解释》第十条对再审新证据作出了进一步规定，即包括"原审庭审结束前已客观存在庭审结束后新发现的证据"。

最高人民法院认为，原审程序中未主张现有技术抗辩而在再审申请中提交新的证据不应属于上述情形。理由如下：

第一，审判权的行使，无论是从保证人民法院裁判的稳定性方面，还是从防止滥用诉权方面，都应赋予人民法院通过正当审判程序形成的裁决结果以实质性的效力，即裁判一旦生效，就应当具有既判力，使诉讼产生最终结论，使之具有稳定性，不得轻易推翻。反之，就某一已发生法律效力的案件轻易地启动重新审理的程序，不仅难以存在真正意义上的终局裁判，而且会严重损害司法权威。云米公司向最高人民法院申请再审时提交的现有技术证据均早于专利申请日，是其在原审阶段可以取得的。云米公司申请再审行为形式上系以新证据为由申请再审，但实质上相当于另行提出新的抗辩理由。如在申请再审程序中接受被诉侵权人首次提出的现有技术抗辩理由及其新的证据，将损害生效裁判的既判力。现有技术抗辩是专利侵权民事纠纷中特有的一种抗辩权，是被诉侵权人依法享有的抗辩权。既然现有技术抗辩已经明确规定在专利法中，被诉侵权人应当依法在一、二审期间提出。但是，如果被诉侵权人未在一、二审程序中行使其抗辩权而在申请再审程序中提出，不仅有违程序正义原则，而且有损生效判决的既判力，违背了再审程序平衡保障当事人申请再审权利和维护生效裁判既判力、稳定性之间关系的立法宗旨。

第二，申请再审程序作为在二审终审程序以外，给予当事人的一种特殊救济途径，有其独特的诉讼价值。如果在正常的民事诉讼程序终结以后，已经生效的裁判轻易进入再审审理程序，则其效力长期处于缺位状态，并导致当事人的权利义务关系始终处于不稳定状态，难以实现社会经济秩序的稳定。专利权作为重要的财产权，在当前的经济生活中发挥着非常重要的作用。在信息通信、生物医药、电器设备、计算机软件等不同技术领域中，许多关键的专利技术直接关系到产业的命脉和技术的发展。一方面，在行业竞争和企业经营发展过程中，专利权人通过专利侵权诉讼获得生效的胜诉判决，不但能够有效地遏制侵权行为，获得高额许可费及赔偿，以补偿其研发成本，为后续研发工作提供资金支持，同时也能够获得并保持长期的竞争优势地位。另一方面，社会公众通过生效判决，能够确定涉案专利的保护范围，从而绕过专利技术方案放心地进行制造、销售等市场经营行为，并可以在涉案专利技术方案的基础上继续进行创新研发。因此，无论对专利权人还是其竞争对手或社会公众，专利侵权纠纷状态的稳定都具有十分重要的意义。专利侵权诉讼程序往往耗时较长，当人民法院作出民事判决，对涉诉法律关系予以确定后，信赖该判决的专利权人及其竞争对手等行业从业者会按照该判决确定的权利义务关系及相关法律事实尽快稳定并安排生产经营活动。如果依据原本就存在的现有技术证据进入再审审查程序，就会使得本已耗时长久获得稳定的经济秩序再次处于不稳定状态，不利于生产经营活动的正常开展。

第三，从两审终审制度的价值角度考虑，我国普通民事诉讼实行两审终审制。当事人对已经终审的判决、裁定，认为确有错误的，只能依据审判监督程序申请再审，但判决、裁定不停止执行。实行两审终审制度既有利于上级人民法院对下级人民法院的审判工作进行监督，及时纠正错误的判决，维护当事人的合法权益，又可以方便当事人参加诉讼，充分行使抗辩权，快速化解争议解决纠纷，及时对当事人受损害的权益给予司法救济，防止案件因久拖不决而形成诉累。如果在再审申请程序中审查在一、二审程序中被诉侵权人未提出的现有技术抗辩理由及其证据，势必会对一、二审程序产生极大的冲击，实质上架空了一、二审程序，损害了两审终审诉讼制度的价值。

第四，从民事诉讼双方在程序中的诉讼平等角度看，如允许在再审阶段审查首次提出的现有技术抗辩主张及证据，违反诉讼平等原则。《民事诉讼法》第一百一十九条规定，原告起诉必须具有具体的诉讼请求和事实、理由。《最高人民法院关于审理侵犯专利权纠纷案件应用法律若干问题的解释》第一条规定，专利权人应当在一审法庭庭审辩论终结前固定其权利要求。根据民事诉讼法及上述司法解释的规定，专利侵权诉讼中原被告之间的诉讼标的应当在一审中确定，以确保原被告之间的诉讼平衡，提高当事人各方对诉讼结果的预期，从而维护程序正义。如允许被诉侵权人在再审审查程序中提出在一、二审程序中未主张的现有技术抗辩理由及其证据，将造成对权利人的诉讼突袭，严重损害了程序正义的要求。

综上，云米公司提出的现有技术抗辩的再审理由不应予以接受。鉴于云米公司全部再审理由均不能成立，对其再审请求最高人民法院不予支持。

依照《中华人民共和国民事诉讼法》第二百零四条第一款，《最高人民法院关于适用＜中华人民共和国民事诉讼法＞的解释》第三百九十五条第二款规定，裁定如下：

驳回佛山市云米电器科技有限公司的再审申请。

审　判　长　　焦　彦

审　判　员　　佘朝阳

审　判　员　　魏　磊

二〇一九年十月二十三日

阿尔法拉瓦尔股份有限公司诉国家知识产权局、第三人 SWEP 国际公司发明专利权无效行政纠纷案

【裁判摘要】

专利无效宣告程序中，修改方式作为手段，应当着眼于实现对权利要求书的修改满足不得超出原说明书和权利要求书记载的范围以及不得扩大原专利的保护范围两大法律标准的立法目的，兼顾行政审查行为的效率与公平保护专利权人的贡献，而不宜对具体修改方式作出过于严格的限制，否则将使对修改方式的限制纯粹成为对专利权人权利要求撰写不当的惩罚。当权利要求的修改系将从属权利要求的全部或部分附加技术特征补入其所引用的独立权利要求时，判断修改后的独立权利要求是否扩大了原专利的保护范围，应以作为修改对象的原专利的独立权利要求的保护范围为基准。

中华人民共和国最高人民法院
行 政 判 决 书

(2019) 最高法知行终 19 号

上诉人（原审原告）：阿尔法拉瓦尔股份有限公司（ALFA LAVAL COR-PORATE AB）。

被上诉人（原审被告）：国家知识产权局。

原审第三人：SWEP 国际公司（SWEP INTERNATIONAL AB）。

上诉人阿尔法拉瓦尔股份有限公司（以下简称阿尔法拉瓦尔公司）因与被上诉人国家知识产权局、原审第三人 SWEP 国际公司发明专利权无效行政纠纷一案，不服北京知识产权法院于 2019 年 2 月 25 日作出的（2016）京 73

行初 5802 号行政判决，向最高人民法院提起上诉。最高人民法院于 2019 年 5 月 15 日立案后，依法组成合议庭，并于 2019 年 8 月 6 日对本案进行了询问。本案现已审理终结。

阿尔法拉瓦尔公司上诉请求：撤销原审判决，撤销国家知识产权局作出的第 29765 号无效宣告请求审查决定（以下简称被诉决定），判令国家知识产权局重新作出无效宣告请求审查决定。其相关事实与理由为：（一）原审判决和无效决定关于专利号为 ZL200680018368.4、名称为"钎焊不锈钢制品的方法和由此方法获得的不锈钢钎焊制品"的发明专利（以下简称本专利）修改后的权利要求扩大了原专利保护范围的认定错误。1. 阿尔法拉瓦尔公司对权利要求的修改方式属于删除并列技术方案，应予接受。（1）在专利无效行政程序中，对权利要求的修改方式并不限于 2010 年《专利审查指南》中规定的三种方式，该指南并未完全排除存在其他修改方式的可能性。修改后的权利要求是对授权权利要求 1 的进一步限定，修改方式应予接受。（2）2017 年《专利审查指南》对无效宣告程序中权利要求的修改方式进行了修改，根据该指南，权利要求修改的方式包括对权利要求的删除、技术方案的删除、权利要求的进一步限定、明显错误的修正。本案中，修改后的权利要求 1 可以视为将授权权利要求 2 和 20 的技术特征补入权利要求 1 以缩小保护范围，属于对权利要求的进一步限定，应予接受。2. 阿尔法拉瓦尔公司对权利要求 1 的修改没有扩大原专利的保护范围。授权权利要求 19 中"含有……0 – 25wt% 的 Si、0 – 6wt% 的 B、0 – 15wt% 的 P、0 – 8wt% 的 Mn、0 – 2wt% 的 C 和 0 – 15wt% 的 Hf 中的至少一种"应解释为"0 – 25wt% 的 Si""0 – 6wt% 的 B""0 – 15wt% 的 P""0 – 8wt% 的 Mn""0 – 2wt% 的 C""0 – 15wt% 的 Hf"这六种要素中的至少一种，而不应如原审判决解释为"当包含这四种元素时，每种元素的含量应符合所述数值限制"。（1）在权利要求 20 中，当满足"0 – 25% 的 Si""0 – 6wt% 的 B"时，即满足了"至少一种"的要求，此时，即使含有 16wt% 的 P，也符合权利要求的记载。即在权利要求 20 中，当包含 P、Mn、C、Hf 时，它们的量不限于"0 – 15wt% 的 P""0 – 8wt% 的 Mn""0 – 2wt% 的 C""0 – 15wt% 的 Hf"。从文义上无法解读出原审判决所述"当包含这四种元素时，每种元素的含量应符合所述数值限制"。（2）说明书和附图可以用于解释权利要求的内容。本专利说明书第 ［0047］ 段记载了专利权人意图披露的钎焊填料组分和含量，其中公开了"至少包含以重量计 40% 的 Fe、14 – 21% 的 Cr、5 – 21% 的 Ni、6 – 15% 的 Si、0.2 – 1.5% 的 B，和作为替代物的余量的其他元素"。可见，说明书明确记载了包含一定含量的 Fe、Cr、Ni、Si、B 的钎焊填料，其他元素可以存在或不存在；当存在时，含量没有限制。上述内容表明说明书并不要求包含 P、Mn、C、Hf 四种元素时，每种元素的含量应符合所述数值限制。（3）最高人民法院（2014）行提字第 17 号行政判决确立了对权利要求的解释采取最大合理解释原则，即基于权利要求的文字记载，结合对说明书的理解，对权利要求作出最广义的合理解释，本案应遵循这一原则。综上，本专利的修改方式应予接受，修改的权利要求没有扩大原专利的保护范围。（二）原审判决和无效决定关于权利要求没有以说明书为依据的认定错误。根据授权权利要求 1，其解决的技术问题是提供一种钎焊区域平均硬度小于 600HV1 的制品，实施例进一步验证了授权权利要求 1 能够提供所述制品。尽管本专利说明书记载了多个技术问题，但这并不意味着授权权利要求 1 必须解决所有的问题，只要权利要求解决了一个技术问题，如能够提供一种钎焊区域平均硬度小于 600HV1 的制品，就应当被认定是以说明书为依据。当授权权利要求 1 能解决上述技术问题时，引用权利要求 1 的其他权利要求也能解决上述技术问题，继而也是以说明书为依据。

国家知识产权局辩称：原审法院认定事实清楚，适用法律正确，程序合法，请求驳回阿尔法拉瓦尔公司的上诉请求。其相关事实和理由为：（一）原审判决关于对本专利权利要求的修改扩大了原专利保护范围的认定正确。阿尔法拉瓦尔公司在无效宣告程序修改的权利要求 1 并未包含授权权利要求 18、19 的特征，且采用开放式撰写方式，并未排除铁基钎焊填料物质可含有 P、Mn、C、Hf 四种元素。当铁基钎焊填料物质含有上述四种元素时，由于修改后的权利要求 1 对此无限定，故实际上扩大了原专利的保护范围。（二）被诉决定于 2016 年作出，不应适用 2017 年《专利审查指南》的相关规定。而且根据 2002 年修订的《中华人民共和国专利法实施细则》（以下简称专利法实施细则）第六十八条的规定，无论适用 2010 年或者 2017 年的《专利审查指南》，上述修改均不得被接受。（三）认可原审判决关于权利要求 1 没有以说明书为依据的认定。本专利说明书没有给出钎焊填料的成分配比、钎焊温度、时间对焊接区域硬度影响的规律或原则，本领域技术人员在本专利说明书披露的全部内容基础上，难以判断权利要求中除说明书具体实施方式所公开的钎焊填料具体点值的实施例以外的其他技术方案均能达到所限定的焊接接头的硬度。

SWEP 国际公司辩称：原审法院认定事实清楚，适用法律正确，程序合法，请求驳回阿尔法拉瓦尔公司的上诉请求。其相关事实和理由为：（一）关于审查文本。1. 从文义解释看，本领域技术人员明确知晓"至少一种"的含义，在保护两种或多种组分时，"至少一种"所主张的组分含量需要满足权利要求中其他组分所限定的范围。阿尔法拉瓦尔公司主张的最高人民法院（2014）行提字第 17 号行政判决主要涉及对权利要求用语的含义作出界定，与本案权利要求对于引用关系导致权利要求保护范围的解释不同，不能简单适用。2. 修改后权利要求的保护范围。阿尔法拉瓦尔公司在合并授权权利要求 2、20 时未加入权利要求 18、19 的全部附加技术特征，对权利要求的保护范围有实质影响。3. 根据法不溯及既往原则，2017 年的《专利审查指南》不适用于本案。（二）关于 2001 年修订的《中华人民共和国专利法》（以下简称《专利法》）第二十六条第四款。1. 本专利的技术问题。结合本专利权利要求书和说明书记载，本专利所要解决的技术问题为利用铁基钎焊填料焊接不锈钢制品，保证钎焊大缝隙的填充及密封性能，从而克服现有技术中采用铜基钎焊填料、镍基钎焊填料中损失强度的问题。阿尔法拉瓦尔公司主张的技术问题并不正确。2. 本专利未以说明书为依据。首先，认可被诉决定和原审判决对该问题的认定。其次，虽然本专利说明书中有权利要求相关技术特征部分的文字记载，但说明书中未记载该等含量的效果和实验数据等内容，说明书未对权利要求形成实质支持，该技术特征与说明书只是表述形式上的一致。本领域技术人员仍不清楚这些含量能否解决本发明所要解决的技术问题。

阿尔法拉瓦尔公司向原审法院提起诉讼，原审法院于 2016 年 11 月 8 日立案受理。阿尔法拉瓦尔公司起诉请求：撤销被诉决定，责令国家知识产权局重新作出无效宣告请求审查决定。其相关事实和理由为：（一）阿尔法拉瓦尔公司对权利要求 1 的修改方式属于删除并列技术方案，应予接受。根据权利要求的引用关系，授权权利要求 20 包括两个并列的技术方案，即引用权利要求 1 的技术方案和引用权利要求 2 的技术方案，阿尔法拉瓦尔公司修改后的权利要求 1 的技术方案实际上是授权权利要求 20 引用权利要求 2 的技术方案，删除了权利要求 20 引用权利要求 1 的技术方案，属于并列技术方案的删除。授权权利要求 18、19 的字面的附加技术特征已经隐含在授权权利要求 20 中，不影响其从属权利要求 20 的保护范围。当授权权利要求 20 包含 P、Mn、C 或 Hf 时，它们的量不限于权利要求 19 对这四种元素限定的量。因此，在将授权权利要求 20 的技术方案撰写为独立权利要求时，权利要求 18、19 的字面附加技术特征可以被省略。综上，修改后的权利要求1的字面特征所限定的范围即为授权权利要求20的一个技术方案的全部特征所限定的范围，修改应予接受。（二）修改后的权利要求1没有超出原始申请的范围，也没有扩大专利权的保护范围，应予接受。无效宣告程序中权利要求的修改方式并不限于2010年《专利审查指南》规定的三种方式。本案中，原始说明书已经记载了至少包含40wt%的Fe、14－21wt%的Cr、5－21wt%的Ni、6－15wt%的Si和0.2－1.5wt%的B的铁基钎焊填料物质，修改后的权利要求1没有超出原始说明书记载的范围且缩小了保护范围，这种情况的修改应予接受。（三）被诉决定对权利要求1所要解决的技术问题认定错误，导致对权利要求1是否以说明书为依据的问题认定错误。尽管本专利说明书记载了多个技术问题，但这并不意味着权利要求1必须解决所有的技术问题，只要权利要求1能解决其中一个技术问题，就应当认为能够得到说明书的支持。权利要求1所要解决的技术问题是提供一种钎焊区域平均硬度小于600HV1的制品，本专利说明书也记载了该技术问题，故权利要求1能够得到说明书支持。引用权利要求1的其他权利要求也同样解决该技术问题，故均能够得到说明书的支持。

国家知识产权局在原审辩称：被诉决定认定事实清楚，适用法律正确，审理程序合法，审查结论正确，阿尔法拉瓦尔公司的诉讼理由不能成立。（一）阿尔法拉瓦尔公司在无效宣告程序修改的权利要求1并未包含授权权利要求18、19的特征，不符合《专利法实施细则》第六十八条及2010年《专利审查指南》的规定。（二）权利要求1没有以说明书为依据，不符合《专利法》第二十六条第四款的规定。故请求驳回阿尔法拉瓦尔公司的诉讼请求。

SWEP国际公司在原审述称：被诉决定认定事实清楚，适用法律正确，审理程序合法，审查结论正确，阿尔法拉瓦尔公司的诉讼理由不能成立。（一）阿尔法拉瓦尔公司对权利要求的修改不符合2010年《专利审查指南》的修改规则。（二）本领域技术人员无法判断除了说明书公开的铁基填料组分外的其他实施方式能够达到小于600HV1的焊接接头硬度。（三）阿尔法拉瓦尔公司在诉讼阶段提交的证据不是国家知识产权局作出被诉决定的依据，不应予以采信。故请求驳回阿尔法拉瓦尔公司的诉讼请求。

原审法院认定如下事实：阿尔法拉瓦尔公司系专利号为ZL200680018368.4、名称为"钎焊不锈钢制品的方法和由此方法获得的不锈钢钎焊制品"的发明专利的权利人。该专利申请日为2006年5月24日，优先权日为2005年5月26日，授权公告日为2010年6月16日。本专利授权公告的权利要求1、2、

18、19、20 内容如下：

1. 一种钎焊不锈钢制品的方法，包含：

（i）将铁基钎焊填料物质施加至不锈钢部件；

（ii）任选地组装部件；

（iii）在非氧化性气氛、还原性气氛、真空或者它们组合中，加热来自步骤（i）或（ii）的部件至少 1000℃，且在至少 1000℃的温度加热该部件至少15 分钟；

（iv）提供所得的钎焊区域平均硬度小于 600HV1 的制品；和；

（v）任选地重复步骤（i）、步骤（ii）和步骤（iii）的一步或多步。

2. 权利要求 1 的方法，其中

通过该方法密封或填充大于 76μm 的接头、孔、间隙、裂纹或裂缝。

……

18. 根据权利要求 1 或 2 的方法，其中，铁基钎焊填料物质含有 Si、B、P、Mn、C 或者 Hf 的一种或者多种。

19. 根据权利要求 18 的方法，其中，铁基钎焊填料物质含有 9－30wt%的 Cr、5－25wt%的 Ni，以及 0－25wt%的 Si、0－6wt%的 B、0－15wt%的 P、0－8wt%的 Mn、0－2wt%的 C 和 0－15wt%的 Hf 中的至少一种。

20. 根据权利要求 19 的方法，其中，铁基钎焊填料物质至少包含 40wt%的 Fe，14－21wt%的 Cr、5－21wt%的 Ni、6－15wt%的 Si 和 0.2－1.5wt%的 B。

针对 SWEP 国际公司提出的无效宣告请求，阿尔法拉瓦尔公司于 2014 年 7 月 21 日提交了经过修改的权利要求书，其中将从属权利要求 2 和 20 的附加技术特征加入到权利要求 1 中，删除权利要求 18—22 并调整了引用关系。修改后的权利要求 1 为：

1. 一种钎焊不锈钢制品的方法，包含：

（i）将铁基钎焊填料物质施加至不锈钢部件，其中，铁基钎焊填料物质至少包含 40wt%的 Fe，14－21wt%的 Cr、5－21wt%的 Ni、6－15wt%的 Si 和 0.2－1.5wt%的 B；

（ii）任选地组装部件；

（iii）在非氧化性气氛、还原性气氛、真空或者它们组合中，加热来自步骤（i）或（ii）的部件至少 1000℃，且在至少 1000℃的温度加热该部件至少15 分钟；

（iv）提供所得的钎焊区域平均硬度小于 600HV1 的制品；和

（v）任选地重复步骤（i）、步骤（ii）和步骤（iii）的一步或多步，其中通过该方法密封或填充大于 76μm 的接头、孔、间隙、裂纹或裂缝。

国家知识产权局于 2016 年 8 月 3 日作出被诉决定。该决定认定：阿尔法拉瓦尔公司于 2014 年 7 月 21 日提交的对权利要求的修改不符合《专利法实施细则》第六十八条和 2010 年《专利审查指南》第四部分第三章第 4.6.2 节的规定；本专利授权公告的权利要求 1、19—22、24、28—32 的技术方案没有以说明书为依据，其他权利要求均不能克服上述缺陷，故本专利说明书不符合《专利法》第二十六条第四款的规定。据此，宣告本专利全部无效。

阿尔法拉瓦尔公司在无效宣告程序的口头审理中陈述，本专利解决的技术问题的实现与含量有关，与温度和时间也有关；本专利的发明点不仅仅是铁替换铜。

原审诉讼过程中，阿尔法拉瓦尔公司提交了国家知识产权局作出的第 24591 号无效宣告请求审查决定，用以说明国家知识产权局曾认定 2010 年《专利审查指南》并未完全排除存在其他修改方式的可能性，可以接受不符合 2010 年《专利审查指南》规定方式的修改。

原审庭审中，阿尔法拉瓦尔公司明确其对被诉决定关于《专利法》第二十六条第四款评述的异议仅在于被诉决定对本专利权利要求 1 所要解决的技术问题认定错误，因此导致被诉决定对本专利是否符合《专利法》第二十六条第四款的结论认定错误。

原审法院认为：

（一）关于阿尔法拉瓦尔公司对权利要求的修改是否应被接受。阿尔法拉瓦尔公司在无效宣告请求的审查过程中修改了权利要求书，修改后的独立权利要求包括授权权利要求 1 的全部技术特征和权利要求 2、20 的附加技术特征。阿尔法拉瓦尔公司称修改后的权利要求 1 的技术方案实际上是授权权利要求 20 引用权利要求 2 的技术方案。然而，授权权利要求 20 引用权利要求 19，权利要求 19 引用权利要求 18，如果阿尔法拉瓦尔公司以授权权利要求 20 引用权利要求 2 的技术方案作为修改后的独立权利要求的内容，则修改后的独立权利要求中还应当包括授权权利要求 18、19 的附加技术特征。授权权利要求 18 限定了铁基钎焊填料物质含有 Si、B、P、Mn、C 或者 Hf 的一种或者多种。授权权利要求 19 限定了铁基钎焊填料物质含有 Cr、Ni、Si、B、P、Mn、C、Hf 中的至少一种，并给出了每种元素的量的范围，即当铁基钎焊填料物质含有上述元素中的多种时，每种元素的量都应受到权利要求 19 记载的数值的限制。修改后的权利要求 1 虽然限定了铁基钎焊填料物质同时包含 Fe、Cr、Ni、Si、B 五种元素，且 Cr、Ni、Si、B 元素的含量范围均小于其引用的权利要求中记载的含量范围，但修改后的权利要求 1 采用开放式的撰写方法，并未排除铁基钎焊填料物质可含有 P、Mn、C、Hf 四种元素。当铁基钎焊填料物质中含有这四种元素时，由于修改后的权利要求 1 对这四种元素的具体含量范围并无限定，故实际上扩大了原专利的保护范围，违反了《专利法实施细则》第六十八条的规定。

（二）关于本专利是否符合《专利法》第二十六条第四款的规定。提供所得的钎焊区域平均硬度小于 600HV1 的制品是授权权利要求 1 方法步骤中的一步，被诉决定在此基础上认定本专利所要解决的技术问题为利用铁基钎焊填料焊接不锈钢制品，保证钎焊大缝隙过程中的填充及密封性能，从而克服现有技术中铜基钎焊填料因腐蚀而消耗，镍基钎焊填料在大缝隙钎焊中损失强度的缺陷，该认定并无不当。此外，被诉决定在评述本专利权利要求能否得到说明书支持时，也评述了根据本专利权利要求的方法能否必然实现特定的焊接接头的硬度，即对于阿尔法拉瓦尔公司在诉讼阶段主张的本专利所要解决的技术问题，被诉决定在评述本专利是否符合《专利法》第二十六条第四款的规定时实际进行了评述，不影响最终认定。本专利的发明点不仅是铁替换铜，本专利解决的技术问题的实现与含量有关，与温度和时间也有关，阿尔法拉瓦尔公司在无效宣告程序的口头审理中对此亦予以认可。但本专利说明书没有给出钎焊填料的成分配比、温度以及时间对焊接区域硬度影响的规律或原则，本领域技术人员在说明书披露的全部内容基础上，难以判断权利要求中除说明书具体实施方式所公开的钎焊填料具体点值的实施例以外的其他技术方案均能解决本专利所要解决的技术问题。因此，本专利权利要求 1 的技术方案没有以说明书为依据。本专利权利要求 1—34 均不符合《专利法》第二十六条第四款的规定。

综上，原审法院判决：驳回阿尔法拉瓦尔公司的诉讼请求。一审案件受理费 100 元，由阿尔法拉瓦尔公司负担。

原审查明的事实基本属实，最高人民法院予以确认。

最高人民法院另查明，本专利说明书第［0047］段记载："根据本方法的另一备选方面，铁基钎焊填料物质可以至少包含以重量计 40% 的 Fe、14 - 21% 的 Cr、5 - 21% 的 Ni、6 - 15% 的 Si、0.2 - 1.5% 的 B，和作为替代物的余量的其他元素。根据本方法的另一备选方面，铁基钎焊填料物质可以至少包含以重量计 40% 的 Fe、14 – 21% 的 Cr、5 – 21% 的 Ni、4 – 9% 的 Si、4 – 9% 的 P，和作为替代物的余量的其他元素。"

最高人民法院认为，本案二审的争议焦点问题是：阿尔法拉瓦尔公司对本专利权利要求的修改是否应予接受；本专利是否符合《专利法》第二十六条第四款的规定。

第一，关于阿尔法拉瓦尔公司对本专利权利要求的修改是否应予接受的问题。

《专利法实施细则》第六十八条第一款规定："在无效宣告请求的审查过程中，发明或者实用新型专利的专利权人可以修改权利要求书，但是不得扩大原专利的保护范围。"

文字是表达思想的工具，专利文件一旦用文字方式固定，其技术方案也就确定了。但无论是语言表达的准确性，还是专利权人的认知能力都可能存在局限性，特别是对于现有技术以及发明创造存在认知局限，因此，专利法赋予专利权人可以对专利文件进行修改的权利。一方面，为保护专利权人的发明创造和技术贡献，进而推动全社会的创新动力，应允许专利权人对专利文件进行适当修改，而不简单将专利权无效作为对权利人撰写水平不足的惩罚。另一方面，虽然允许专利权人可以对专利文件作适当修改，但是在无效宣告程序中，基于社会公众对已授权专利文件的信赖利益，要避免专利权人利用修改机会将专利申请时未完成的技术内容补充到专利文件中，故权利人对权利要求的修改要受到一定限制，并特别要求无效宣告程序中对权利要求的修改不得超出原专利的保护范围。这是在专利权人利益与社会公共利益之间实现利益平衡的制度设计。一般来说，对权利要求的任何修改都将使专利的保护范围发生变化，判断专利权人在无效宣告行政程序中的修改是否应被接受，应当以不得扩大原专利的保护范围和不得超出原说明书和权利要求书记载的范围为标准。对此，应根据案件的具体情况，适度灵活把握原专利文件公开的内容，结合不同修改方式的特点予以综合考量。

本案中，判断阿尔法拉瓦尔公司对本专利权利要求的修改是否应被接受，需要结合其对权利要求的修改方式和修改内容具体判断。

1. 关于权利要求的修改方式。被诉决定认为当授权权利要求 18 引用权利要求 2 时，权利要求 20 的技术方案应当包括权利要求 1、2、18、19、20 的全部技术特征，而目前的修改方式中仅仅将授权权利要求 20 的附加技术特征加入权利要求 1 或权利要求 2 中，故认定专利权人对权利要求的修改方式不符合《专利法实施细则》第六十八条及 2010 年《专利审查指南》的规定。分析上述审查逻辑，被诉决定系以对本专利权利要求的修改不符合 2010 年《专利审查指南》的修改方式为由不予接受。对此，最高人民法院认为，虽然被诉决定依据的 2010 年《专利审查指南》规定无效宣告程序中对权利要求的修改方式一般限于对权利要求的删除、合并和技术方案的删除三种方式，但是并未完全排除存在其他修改方式的可能性。无效宣告程序中，修改方式作为手段，应当着眼于实现对权利要求书的修改满足不得超出原说明书和权利要求书记载的范围以及不得扩大原专利的保护范围两大法律标准的立法目的，兼顾行政审查行为的效率与公平保护专利权人的贡献，而不宜对具体修改方式作出过于严格的限制，否则将使得对修改方式的限制纯粹成为对专利权人权利要求撰写不当的惩罚。特别是，2017 年《专利审查指南》已经将无效宣告程序中的修改方式扩展到四种基本修改方式，包括对权利要求的删除、技术方案的删除、权利要求的进一步限定、明显错误的修正。在对权利要求书的修改满足不得超出原说明书和权利要求书记载的范围以及不得扩大原专利的保护范围两大法律标准的前提下，对修改方式的适度放宽，既有助于专利确权程序聚焦发明创造核心，又不会影响社会公众对已授权专利文件的信赖利益。本案中，阿尔法拉瓦尔公司的修改方式，系将从属权利要求 2、20 的技术特征进一步限定至授权权利要求 1 中，属于对权利要求的进一步限定，该修改方式应被接受。

2. 关于权利要求修改不得扩大原专利的保护范围的比对基准。专利无效宣告程序中，当权利要求的修改系将从属权利要求的全部或部分附加技术特征补入其所引用的独立权利要求时，判断修改后的独立权利要求是否扩大了原专利的保护范围，应以作为修改对象的原专利的独立权利要求的保护范围为基准。即应当将修改后的独立权利要求与原专利保护范围最大的独立权利要求进行比较，而非与原专利保护范围较小的从属权利要求进行比较。这是因为，专利授权后对社会公众具有公示作用，社会公众的信赖利益通常建立在保护范围最大的独立权利要求上，并据此预测和评价自身行为的合法性。将从属权利要求的附加技术特征加入到独立权利要求中，系对独立权利要求的进一步限定，并未扩大原独立权利要求的保护范围，相反还会缩小原独立权利要求的保护范围。在此基础上，不会损害原专利的公示效力，也不会损害社会公众基于原专利而产生的信赖利益。本案中，阿尔法拉瓦尔公司在无效宣告程序中修改了本专利权利要求书，将从属权利要求 2、20 的附加技术特征补入至授权权利要求 1 中，是对授权权利要求 1 的进一步限定，并未扩大授权权利要求 1 的保护范围。原审法院认为由于修改后的权利要求 1 对权利要求 19 中 P、Mn、C、Hf 元素的具体含量范围并无限定，故扩大了原专利的保护范围，上述认定实质上是将修改后的权利要求与原专利权利要求 19 的保护范围进行比对，比对基准有误，最高人民法院予以纠正。

综上，阿尔法拉瓦尔公司在无效宣告程序中对权利要求的修改方式应被接受，且修改范围未超出原专利的保护范围，该修改符合《专利法实施细则》第六十八条之规定。原审法院对此认定错误，最高人民法院予以纠正。阿尔法拉瓦尔公司关于修改后的权利要求 1 未超出原专利保护范围的上诉主张成立，最高人民法院予以支持。

第二，关于本专利是否符合《专利法》第二十六条第四款规定的问题。

《专利法》第二十六条第四款规定："权利要求书应当以说明书为依据，说明要求专利保护的范围。"由于被诉决定错误认定阿尔法拉瓦尔公司在无效宣告程序中对权利要求的修改扩大了原专利的保护范围，因此在认定本专利权利要求是否符合《专利法》第二十六条第四款规定时依据的是授权时的权利要求。如前所述，最高人民法院认为阿尔法拉瓦尔公司在无效宣告程序中对权利要求的修改应被接受，因此本案需以修改后的权利要求为基础重新判断本专利是否符合《专利法》第二十六条第四款之规定。为避免当事人审级利益损失，国家知识产权局应当依据专利权人修改后的权利要求重新作出认定。

综上所述，阿尔法拉瓦尔公司的上诉请求部分成立，应予支持。原审判决适用法律存在错误，最高人民法院予以纠正。依照 2001 年修订的《中华人民共和国专利法》第二十六条第四款，2002 年修订的《中华人民共和国专利法实施细则》第六十八条，《中华人民共和国行政诉讼法》第七十条、第八十九条第一款第（二）项、第三款之规定，判决如下：

一、撤销北京知识产权法院（2016）京 73 行初 5802 号行政判决；

二、撤销国家知识产权局作出的第 29765 号无效宣告请求审查决定；

三、国家知识产权局就 SWEP 国际公司针对专利号为 ZL200680018368.4、名称为"钎焊不锈钢制品的方法和由此方法获得的不锈钢钎焊制品"的发明专利权所提出的无效宣告请求重新作出审查决定。

一审案件受理费 100 元，二审案件受理费 100 元，均由国家知识产权局负担。

本判决为终审判决。

审　判　长　　朱　理

审　判　员　　傅　蕾

审　判　员　　张晓阳

二〇一九年十二月十五日

VMI 荷兰公司、固铂（昆山）轮胎有限公司诉萨驰华辰机械（苏州）有限公司确认不侵害专利权纠纷案

【裁判摘要】

专利权人仅针对被诉侵权产品的使用者向专利行政部门提起专利侵权纠纷处理请求，使被诉侵权产品生产者、销售者的经营处于不确定状态，且其不能参与行政处理程序以维护其权益。尽快确定被诉侵权产品是否落入涉案专利权保护范围，符合涉案各方利益，有利于节约行政和司法资源。应认定此类专利侵权纠纷处理请求属于专利权人发出的侵犯专利权警告，未能参与行政处理程序的相关方有权提起确认不侵害专利权之诉。

中华人民共和国最高人民法院
民事裁定书

（2019）最高法知民终 5 号

上诉人（原审原告）：VMI 荷兰公司（VMI HOLLAND B. V.）。

上诉人（原审原告）：固铂（昆山）轮胎有限公司。

被上诉人（原审被告）：萨驰华辰机械（苏州）有限公司。

上诉人 VMI 荷兰公司（以下简称 VMI 公司）、上诉人固铂（昆山）轮胎有限公司（以下简称固铂公司）因与被上诉人萨驰华辰机械（苏州）有限公司（以下简称萨驰公司）确认不侵害专利权纠纷一案，不服江苏省苏州市中级人民法院（2018）苏 05 民初 1453 号民事裁定，向最高人民法院提起上诉。最高人民法院于 2019 年 4 月 2 日立案后，依法组成合议庭，于 2019 年 4 月 25 日公开开庭进行了审理。

VMI 公司、固铂公司上诉请求：1. 撤销原审裁定；2. 诉讼费用由被上诉人萨驰公司承担。主要事实和理由：1. 萨驰公司向国家知识产权局的行政投诉构成专利法意义上的侵权警告，原审法院认定有误；2. 萨驰公司明知他人在先使用技术方案却依旧将其申请成专利，明知涉案产品不侵权却仍恶意提起行政投诉等行为具有明显恶意，属于滥用知识产权行为，原审法院认定错误；3. 提起诉讼的时间点应以法院受理时间为准，萨驰公司提起的侵权诉讼受理日期在其收到侵权警告 1 个月后，因此 VMI 公司和固铂公司的确认不侵权之诉满足起诉要件；4. 确认不侵权之诉的范围大于萨驰公司提起的侵权诉讼范围，针对超出部分的确认不侵权之诉不应被驳回；5. 提起确认不侵权之诉是原告的法定诉权，法院继续审理确认不侵权之诉确有必要。最高人民法院二审审理过程中，两上诉人撤回其第二项上诉请求。

萨驰公司辩称：1. 萨驰公司从未向两上诉人发送警告函、律师函或者其他侵权警告，而是根据《中华人民共和国专利法》及其实施细则规定直接向国家知识产权局提起行政投诉，而该行政投诉机制是《中华人民共和国专利法》第六十条赋予专利权人的合法维权的权利，并不构成对两上诉人的侵权警告，因此本案不满足确认不侵权之诉的受理条件；2. 萨驰公司在催告期之内，在远早于两上诉人向一审法院提交本诉讼之前已经依法启动了司法程序，即向苏州市中级人民法院提起了侵权诉讼以解决纠纷，因此两上诉人明显不满足提起确认不侵权之诉的法定条件；3. 苏州市中级人民法院对两上诉人提起的确认不侵权纠纷案件的受理具有明显程序性瑕疵。

VMI 公司、固铂公司向原审法院起诉请求：1. 请求确认 VMI 公司制造、许诺销售、销售、进口以及固铂公司使用 MAXX 型号半钢子午胎一次法成型机及相关产品的行为不侵害萨驰公司 ZL201420660550.1 号实用新型专利权；2. 诉讼费用由萨驰公司承担。

原审法院认定如下事实：2018 年 5 月 24 日，苏州市知识产权局受理了萨驰公司提交的固铂公司侵犯其涉案专利权的纠纷处理请求。同年 6 月 12 日，苏州市知识产权局基于案件管辖原因将该行政投诉案件移送至江苏省知识产权局。同年 7 月 5 日，江苏省知识产权局受理了萨驰公司提交的固铂公司侵犯其涉案专利权的纠纷处理请求。同年 8 月 15 日，江苏省知识产权局出具中止处理通知书，载明因固铂公司向国家知识产权局专利复审委员会（以下简称专利复审委）❶ 提出涉案专利权无效宣告的请求被受理，固铂公司请求江苏省知识产权局中止处理，故江苏省知识产权局决定中止对案件的处理。同年 9 月 24 日，VMI 公司向萨驰公司邮寄催告函，催告函中记载萨驰公司向苏州市知识产权局提起了专利侵权行政投诉，声称固铂公司使用的 VMI 公司的 MAXX 型号轮胎一次法成型机涉嫌侵犯了萨驰公司包含涉案专利在内的共计六项专利权，萨驰公司的行政投诉使 VMI 公司和其中国客户的生产经营处于极为不稳定状态，因此要求萨驰公司撤回行政投诉或依法提起侵权诉讼。萨驰公司于同年 9 月 26 日签收了该函件。同年 9 月 30 日，萨驰公司向 VMI 公司回函。在回函中，萨驰公司称其将会毫不迟疑地提起针对任何包括固铂公司和 VMI 公司在内的侵权者的诉讼或行政投诉，并且萨驰公司已经这样做了。同年 10 月 19 日，原审法院收到了萨驰公司起诉 VMI 公司和固铂公司侵犯其涉案专利权的专利侵权诉讼材料，萨驰公司请求判令 VMI 公司、固铂公司立即停止侵权行为，连带赔偿萨驰公司经济损失人民币 100 万元并承担诉讼费。萨驰公司于同年 10 月 26 日将案件的诉讼费汇至原审法院诉讼费账户。原审法院于同年 11 月 7 日立案受理了该专利侵权诉讼，案号为（2018）苏 05 民初 1459 号。同年 10 月 29 日，VMI 公司和固铂公司向原审法院提交了确认不侵权之诉的诉讼材料，该案于同年 11 月 7 日立案，案号为（2018）苏 05 民初 1453 号。

原审法院认为，《最高人民法院关于审理侵犯专利权纠纷案件应用法律若干问题的解释》（以下简称专利法司法解释）第十八条规定："权利人向他人发出侵犯专利权的警告，被警告人或者利害关系人经书面催告权利人行使诉权，自权利人收到该书面催告之日起一个月内或者自书面催告发出之日起二个月内，权利人不撤回警告也不提起诉讼，被警告人或者利害关系人向人民法院提起请求确认其行为不侵犯专利权的诉讼的，人民法院应当受理。"该规定明确了被警告人或者利害关系人提起确认不侵权之诉的受理条件：1. 权利人发出了侵权警告；2. 被警告人或利害关系人提出了书面催告；3. 权利人未在合理期限内撤回警告或提起诉讼。

关于萨驰公司向知识产权局的行政投诉是否构成专利法意义上的"侵权警告"，原审法院认为，专利法司法解释并未对"侵权警告"进行明确界定，因此要正确认定何为"侵权警告"需结合确认不侵权诉讼的制度本意来理解。

---

❶ 现国家知识产权局专利局复审和无效审理部。

在专利法语境中，侵权警告应是指权利人通过直接或间接的方式向相对方主张侵权，但又怠于通过法定程序解决纠纷，致使相对方对是否侵权问题长期处于不确定状态。根据《中华人民共和国专利法》第六十条的规定，司法保护和行政保护都属于解决知识产权纠纷的法定形式。只要权利人的行为足以在其与相对方之间形成争议的事实，且权利人怠于诉诸法定的纠纷解决程序，或虽启动了行政投诉程序，但因权利人的过错或原因导致行政投诉程序未能或无法就双方争议的事实作出确定性的裁决，致使当事人双方陷入法律关系不确定的状态，就应该被认定为实质上构成对相对方的侵权警告。

萨驰公司认为 VMI 公司和固铂公司涉嫌侵害其专利权，通过直接向知识产权局投诉的方式对其权利予以救济。知识产权局对于萨驰公司的投诉予以立案受理，并组织了专门的行政执法人员进行行政调查。萨驰公司和 VMI 公司、固铂公司之间的专利侵权纠纷已经进入了法定的纠纷解决程序，且未有证据显示萨驰公司有不配合或阻碍行政程序正常开展的情形，故 VMI 公司和固铂公司可以通过该行政程序确定其是否构成侵权。此种方式与专利法意义上的"侵权警告"有本质区别。即便行政调查程序因固铂公司向专利复审委申请宣告涉案专利无效而中止，但是中止的原因和结果均非萨驰公司所掌控和推动。就确认不侵权诉讼的初衷和定位而言，是为了制止知识产权的滥用，保障和发展当事人的诉权。在萨驰公司依法行使其法定维权行为，未有滥用知识产权的情况下，萨驰公司向知识产权局的行政投诉不构成专利法意义上的"侵权警告"。

关于提起诉讼的时点判断问题，原审法院认为，如何认定专利法司法解释中"提起诉讼"的时点问题，关键在于如何正确理解我国设定"提起诉讼"为知识产权确认不侵权之诉受理条件的立法理由。专利法司法解释将权利人未在合理期限内撤回警告或提起诉讼作为确认不侵权之诉的受理条件之一，原因在于确认不侵权之诉本身的制度定位在于将被警告人或利害关系人从法律权利义务的不安定状态中解救出来，制止权利人对知识产权的滥用，实现当事人之间的利益平衡。这也决定着确认不侵权之诉是当事人的一种辅助救济手段。如若权利人在合理期限内撤回了警告，或提起了诉讼，则被警告人或利害关系人已从不确定状态中解救，无需再通过这一制度来解决当事人之间的纷争。因此，当权利人提起诉讼，请求公权力机关行使公权力救济自己的权利时，请求的意思表示到达法院即发生法律效力，即应认定权利人积极主张了权利。因此，此处的"提起诉讼"是指权利人起诉的行为，而非法院受理的行为。"提起诉讼"的时点应为权利人主张权利提起诉讼的时间，而非法院受理的时间。萨驰公司于2018年10月19日向原审法院提交了针对涉案专利的起诉材料，10月26日预缴了案件受理费。上述两个时间点均在萨驰公司收到催告函之后的一个月内。由此可见，萨驰公司在收到催告函之后一个月内积极寻求人民法院对其权利进行救济的意思表示是明确的，且也是及时的。故在权利人积极行使权利，已在合理期限内启动诉讼程序的情形下，VMI公司和固铂公司不应当就相同的法律关系再提起确认不侵权诉讼。

因此，即便萨驰公司发出过侵权警告，但基于萨驰公司在合理期限内提起了诉讼，也不符合确认不侵权之诉的受理条件，应驳回VMI公司和固铂公司的起诉。同时，鉴于VMI公司和固铂公司提起过确认不侵权之诉，从维护双方权益、提高审判效率的角度出发，在侵权诉讼中，法院将视情况对萨驰公司的撤诉权进行一定的审查或限制。

综上，原审法院裁定：驳回VMI公司、固铂公司的起诉。

二审中，VMI公司向最高人民法院提交了如下六份新证据。

1. 萨驰公司行政投诉书、苏州市知识产权局答辩通知书、合议组组成人员告知书、举证通知书、苏州市知识产权行政执法支队勘验情况说明。

2. 萨驰公司行政投诉书、江苏省知识产权局送达回执、答辩通知书、举证通知书、行政投诉受理通知书、勘验笔录。

3. 江苏省知识产权局苏知法处字（2018）9号结案通知书、送达回执。

上述证据1—3目的是证明：被上诉人提起的行政投诉从未将VMI公司列为被请求人；被上诉人请求知识产权局责令使用者停止使用被诉侵权产品；被上诉人提起的行政投诉对上诉人造成了实际影响，并使得上诉人是否构成侵权处于不确定状态。

4. 萨驰公司诉前证据保全申请书、苏州市中级人民法院（2018）苏05证保56—57号民事裁定书、苏州市中级人民法院送达文书。

5. 萨驰公司的起诉书[案号（2018）苏05民初1095—1096号]、苏州市中级人民法院送达文书。

上述证据4—5目的是证明：在固铂公司两次均配合行政执法人员现场勘验的情况下，被上诉人仍启动诉讼程序；被上诉人并未将行政投诉程序作为定分止争的司法程序，而是通过反复多次提起行政投诉、侵权诉讼持续滋扰上诉人正常的生产经营；为了避免生产经营处于极度不确定的状态，上诉人发出催告函完全符合确认不侵权制度的设立本意。

6. VMI 公司增加诉讼请求申请书及寄送凭证，目的是证明本案确认不侵权之诉的诉讼请求范围大于相应的积极之诉，至少超出的部分诉讼请求不应被驳回；原审法院没有就上诉人增加诉讼请求的申请作出处理，程序违法。

固铂公司对 VMI 公司所提交证据的真实性、合法性、关联性及其证明目的均予以认可。

萨驰公司对 VMI 公司所提交证据的真实性、合法性予以认可，对其关联性和证明目的均不予认可。

最高人民法院的认证意见为：上述证据 1 中的勘验情况说明已作为原审证据，因此不属于二审新证据；证据 4、5 所涉专利并非本案涉案专利，与本案无关，因此不属于本案二审新证据。最高人民法院对 VMI 公司提交的其余证据的真实性、合法性、关联性予以确认，但对于是否能达到其证明目的，下文将结合全案事实予以综合认定。

固铂公司、萨驰公司未向最高人民法院提交新证据。

最高人民法院经审理查明，原审法院查明的事实基本属实。最高人民法院另查明：1. 萨驰公司涉案行政处理的请求事项为责令固铂公司停止侵害涉案专利权的行为，包括但不限于停止使用型号为 MAXX 的轮胎成型机；2. 江苏省知识产权局于 2018 年 7 月 12 日前往固铂公司对型号为 MAXX 的轮胎成型机进行现场勘验；3. 萨驰公司于 2018 年 12 月 18 日向江苏省知识产权局撤回涉案专利侵权纠纷处理请求；4. VMI 公司于 2019 年 1 月 16 日向原审法院寄送增加诉讼请求申请书，请求确认 VMI245 全自动一次法轮胎成型机不侵害涉案专利权。经最高人民法院核实，原审法院已收到前述增加诉讼请求申请书。

最高人民法院认为，本案二审阶段的主要争议焦点有三：其一，萨驰公司提起的专利侵权纠纷处理请求是否构成专利法意义上的侵权警告；其二，萨驰公司提起侵权诉讼的时间应当如何确定；其三，上诉人提起的确认不侵权之诉的请求是否超越涉案专利侵权纠纷处理请求的范围。

一、萨驰公司提起的专利侵权纠纷处理请求是否构成专利法意义上的侵权警告

最高人民法院认为，权利人主张相对方侵权，但又不通过法定程序予以解决，使相对方处于不确定状态，确认不侵权诉讼的制度目的在于赋予相对方诉权，使其有途径消除这种不确定状态。确认不侵害专利权之诉，其审理范围在于确定原告所实施的技术方案是否落入被告专利权的保护范围，其目

的也在于消除原告对其所实施的技术方案是否落入他人专利权保护范围不确定的状态，以利于其经营决策。在专利侵权纠纷中，对于纠纷由专利行政部门处理还是由人民法院审理，专利权人有一定的选择权，但无论该纠纷由专利行政部门处理还是由人民法院审理，关键均在于确定被控侵权产品或方法是否落入涉案专利权的保护范围。首先，本案中萨驰公司向专利行政部门提起处理专利侵权纠纷的请求，表明其认为涉案的型号为 MAXX 的轮胎成型机侵害其涉案专利权。虽然该行政处理程序的相对方为被控侵权设备的使用者固铂公司，但对于该型号设备生产者的 VMI 公司，其必然认识到其所生产、销售的设备可能受到侵权指控，一旦纠纷处理机关认定构成侵权，其设备市场必然受到影响，因此，本案中行政处理程序对 VMI 公司经营的影响是客观存在的。其次，萨驰公司提起的专利侵权纠纷处理请求，被请求人仅为设备使用者固铂公司，而设备的制造者 VMI 公司并非被请求人，VMI 公司没有参与到该行政处理程序中的机会，无法在该行政处理程序中主张相应权利。对于 VMI 公司而言，其所制造、销售的被控侵权设备是否会被专利行政部门认定构成侵权，已经处于一种不确定的状态，其产品销售市场可能因此受到影响，并且其权益在相应行政处理程序中无法得到保障。VMI 公司提起本案确认不侵害专利权之诉的目的，在于尽快通过司法程序确认其生产、销售的 MAXX 型号轮胎成型机未落入萨驰公司涉案专利权的保护范围，从而自可能面临侵权指控的不确定状态中解脱出来并稳定其相应市场。无论如何，尽快确定 MAXX 型号轮胎成型机是否落入萨驰公司涉案专利权的保护范围，既符合本案涉案各方的利益，也有利于节约行政和司法资源。本案中权利人请求专利行政部门处理专利侵权纠纷，其处理结果可能直接影响未作为被请求人的 VMI 公司的利益，可认为其已受到侵权警告。因此，本案中对于 VMI 公司而言，应将萨驰公司提起的专利侵权纠纷处理请求认定为属于专利法司法解释第十八条所称的侵权警告，VMI 公司关于萨驰公司专利侵权纠纷处理请求属于侵权警告的上诉理由具有合理性，原审法院适用法律不当，最高人民法院予以纠正。此外，专利权人是否滥用其权利并非认定其行为是否构成侵权警告的前提，确认不侵权之诉本身并不处理专利权人是否滥用其权利的问题，原审法院并未对萨驰公司是否滥用其知识产权进行单独认定，VMI 公司、固铂公司关于原审法院未认定萨驰公司滥用知识产权属事实认定错误的上诉理由不能成立。

二、萨驰公司提起侵权诉讼的时间应当如何确定

确认不侵害专利权之诉与同一范围的专利侵权之诉，实质上均处理被诉侵权行为人所实施的技术方案是否落入涉案专利权保护范围的问题，如专利侵权之诉在先，则相对方可提出不侵权抗辩，并无必要进行相应的确认不侵害专利权之诉。专利权人未在合理期限内撤回警告或提起诉讼是确认不侵害专利权之诉的受理条件之一，如权利人在合理期限内撤回警告或提起诉讼，则被警告人或利害关系人已从不确定状态中解脱，或者可在专利侵权诉讼中解决纠纷，而无需再通过确认不侵权诉讼来解决纠纷。本案中，原审法院于2018年10月19日即已收到萨驰公司提交的起诉材料，萨驰公司亦于同月26日预交了案件受理费，可将萨驰公司提起侵权诉讼的时间确定为2018年10月19日，此时点尚在VMI公司发出催告函两个月之内、萨驰公司收到催告函一个月之内。因此，虽然本案中萨驰公司请求专利行政部门处理侵权纠纷属于侵权警告，但萨驰公司作为专利权人已在合理期限内提起侵权诉讼，VMI公司、固铂公司提起的本案确认不侵害专利权之诉，并不符合专利法司法解释规定的相应受理条件。综上，VMI公司、固铂公司关于萨驰公司提起诉讼的时间应以法院受理时间为准、确认不侵权之诉应独立存在的上诉理由不能成立。

三、本案确认不侵害专利权之诉的请求是否超越涉案专利侵权纠纷处理请求的范围

根据确认不侵害专利权之诉的制度目的，其请求确认的范围不应超出权利人侵权警告的范围，否则其将是无本之木，即专利权人的侵权警告是相对方提起确认不侵害专利权之诉的基本前提。凡相对方超出专利权人侵权警告范围的诉讼请求，均不应纳入确认不侵害专利权之诉的审理范围。本案二审中，各方当事人均确认MAXX型号轮胎成型机与VMI公司增加诉讼请求申请书中的VMI245全自动一次法轮胎成型机属于不同的设备。本案中萨驰公司的专利侵权纠纷处理请求仅涉及MAXX型号轮胎成型机，其所使用的"包括但不限于"一语，并不意味着其请求处理事项可无限扩展至其他设备，且相关专利行政部门亦仅针对MAXX型号轮胎成型机展开相应处理程序，这意味着萨驰公司的侵权警告仅指向MAXX型号轮胎成型机。当事人不能提起超出侵权警告范围的确认不侵害专利权之诉，因此VMI公司所增加的诉讼请求，不

应在本案中予以处理。如 VMI 公司认为其 VMI245 全自动一次法轮胎成型机收到了其他侵权警告，可另行寻求救济。据此，VMI 公司、固铂公司关于其增加的诉讼请求不应被驳回、原审法院违反法定程序的上诉理由，本院不予支持。

综上所述，原审裁定认定事实基本清楚，适用法律不当之处最高人民法院已予纠正，不影响裁定结果，故对 VMI 公司、固铂公司的上诉请求，最高人民法院不予支持。依照《中华人民共和国民事诉讼法》第一百七十条第一款第（一）项、《最高人民法院关于适用〈中华人民共和国民事诉讼法〉的解释》第三百三十四条之规定，裁定如下：

驳回上诉，维持原裁定。

本裁定为终审裁定。

审　　判　　长　徐卓斌

审　　判　　员　邓　卓

审　　判　　员　高　雪

二〇一九年六月十二日

中山市小天鸽五金制品有限公司诉广东惠洁宝电器有限公司侵害发明专利权纠纷案

——专利临时保护期内获得产品，在发明专利授权后未支付费用而继续使用的行为，构成侵害发明专利权

【裁判要旨】

在发明专利申请公布日至授权公告日期间即专利临时保护期内使用发明专利的行为不构成侵害专利权，但发明专利授权后，未支付《中华人民共和国专利法》第十三条规定的适当费用情况下，继续使用发明专利的行为，构成侵害发明专利权。

【关键词】

发明专利 功能性特征 专利临时保护期 临时保护期使用费 继续使用专利 合法来源

【合议庭成员】

一审合议庭成员：彭 盎 李志军 何国梅

二审合议庭成员：罗 霞 童海超 徐 飞

【案件基本信息】

1. 诉讼当事人

原告（被上诉人）：中山市小天鸽五金制品有限公司。

被告（上诉人）：广东惠洁宝电器有限公司。

2. 案件索引

一审：广州知识产权法院（2017）粤73民初4270号

二审：最高人民法院（2019）最高法知民终37号

3. 相关法条

《中华人民共和国专利法》第十一条第一款、第十三条、第六十九条；《最高人民法院关于审理侵犯专利权纠纷案件应用法律若干问题的解释（二）》第十八条第三款。

【简要案情】

原告中山市小天鹅五金制品有限公司（以下简称小天鹅公司）请求法院判令：1. 广东惠洁宝电器有限公司（以下简称惠洁宝公司）立即停止生产、使用被诉产品的侵权行为，销毁库存侵权产品；2. 惠洁宝公司赔偿小天鹅公司的经济损失及合理费用 35 万元（人民币，下同）；3. 惠洁宝公司承担本案诉讼费用。事实和理由：小天鹅公司申请的涉案专利于 2016 年 9 月 21 日被授予专利权，该专利一直有效。惠洁宝公司生产、使用的被诉产品侵犯了小天鹅公司名称为"一种卷边装置"、专利号为 ZL201510108899.3 的发明专利权（以下简称涉案专利），导致小天鹅公司经营收入减少，给小天鹅公司造成重大经济损失。

被告广东惠洁宝电器有限公司辩称：被诉侵权设备来源合法，惠洁宝公司无需承担赔偿责任。被诉侵权设备实施的是现有技术，惠洁宝公司不构成侵权。被诉侵权设备与涉案专利不同，未落入涉案专利权保护范围，不构成侵权。惠洁宝公司有权继续使用被诉侵权设备。小天鹅公司诉请销毁被诉侵权设备、模具及产品于法无据。

一审法院经审理查明：小天鹅公司于 2015 年 3 月 12 日向国家知识产权局申请名称为"一种卷边装置"的发明专利，并于 2016 年 9 月 21 日获得授权，专利号为 ZL201510108899.3，发明人为陈某展、肖某彬，该专利持续缴纳年费。

涉案专利权利要求书记载内容如下："1. 一种卷边装置，其特征在于：包括有机架（1），在机架（1）上设有导轨（6），以及在导轨（6）上滑动的滑块（7），在所述滑块上设有环形轨道（2），在环形轨道（2）上周向往返运动并将筒体两端向内卷曲折边的刀具组件（3），以及带动刀具组件（3）沿环形轨道（2）周向运动的动力结构（4）。2. 根据权利要求 1 所述的一种卷边装置，其特征在于：所述环形轨道（2）包括两侧的半圆形轨道和连接两半圆形轨道的直轨道，所述动力结构（4）包括有设置在两半圆形轨道圆心处的两转动轮（41），随转动轮（41）转动的传动带（42），所述刀具组件（3）固定到传动带（42）上并随其运动。3. 根据权利要求 1 或 2 所述的一种卷边装置，其特征在于：所述刀具组件（3）包括有圆柱状刀头（31），以及环圆柱状刀头（31）一周并可挤压使筒体端向内卷曲折边的环形凹槽（32）。4. 根据权利要求 1 所述的一种卷边装置，其特征在于：所述机架（1）上还设有伸入筒体内部固定住筒体内部防止在卷边过程中变形的内支撑结构（5）。5. 根据权利要求 4 所述的一种卷边装置，其特征在于：所述内支撑结构（5）包括有抵住筒体内部壁面的衬体（51），以及能够收缩周向尺寸，便于在卷边后使内支撑结构（5）能够退出筒体的收缩结构（52）。"

小天鹅公司明确请求保护涉案专利权利要求 1—5。

一审庭审时，惠洁宝公司主张现有技术公开时间是 2013 年年底，但其亦明确表示被诉侵权设备实施的技术方案与证据公开的技术方案有重大差异，但证据中小天鹅公司从中山市南头镇铭发机械厂（以下简称铭发机械厂）取得的原型机与涉案专利技术方案一致，且在涉案专利申请日前被公开。关于显示屏字样，因为中山市前华五金制品有限公司（以下简称前华公司）不具备电控及显示相关部件的开发能力，即被诉侵权设备的电控部分由中山市南头镇邦德机械厂提供。在顺德维权中心现场检查勘验被诉侵权设备时，设备主铭牌显示为前华公司，故不能以设备某个零部件的厂家名称否认该设备是前华公司制造的。

经惠洁宝公司申请，证人肖某彬在一审庭审到庭作证，其证言内容如下：我是小天鹅公司股东，与该公司法定代表人陆某武是合作关系。我曾是铭发机械厂负责人，小天鹅公司申请专利的机器是 2014 年八九月份从铭发机械厂购买的，双方并未签保密协议。铭发机械厂也曾将研发的机器卖给广东威博电器等公司。上述设备的技术方案与小天鹅公司申请专利的技术方案是一致的。陈某展与我以技术入股小天鹅公司，在入股前，技术方案就已经完成了。

惠洁宝公司为有限责任公司，成立于 2005 年 7 月 1 日，注册资本为 1600 万港币，经营范围为生产经营家用电器。

广州知识产权法院于 2019 年 2 月 19 日作出（2017）粤 73 民初 4270 号民事判决：一、惠洁宝公司在判决生效之日起十日内赔偿小天鹅公司为本案维权而支出的合理费用 5000 元；二、驳回小天鹅公司的其他诉讼请求。

宣判后，惠洁宝公司向最高人民法院提起上诉，请求：撤销原审判决第一项，判令小天鹅公司负担本案诉讼费用。事实和理由：小天鹅公司取得的涉案专利权属于现有技术，依法应当无效。惠洁宝公司有权使用涉案"专利"装置，未侵犯涉案专利权。被诉侵权设备的技术特征特别是动力结构与涉案专利权利要求记载技术方案显著不同，未落入专利权保护范围，不侵犯涉案专利权。惠洁宝公司依法无需承担赔偿责任或停止使用被诉侵权设备。惠洁宝公司继续使用前华公司在涉案专利申请公布日至授权公告日期间制造并销售的被诉侵权设备，按照《最高人民法院关于审理侵犯专利权纠纷案件应用法律若干问题的解释（二）》第十八条第三款的规定，不侵犯涉案专利权。

小天鹅公司辩称：涉案专利不属于现有技术。原审判决就上诉人惠洁宝公司上诉请求的有关事实认定清楚，适用法律正确，程序合法，请求驳回上诉，维持原判。

【裁判结果】

最高人民法院二审另查明，专利号为 ZL201510108899.3 的发明专利权于2015 年 3 月 12 日向国家知识产权局申请，2015 年 6 月 10 日公开，2016 年 9月 21 日获得授权。

2016 年 6 月 20 日，惠洁宝公司与前华公司在惠洁宝公司签署《设备销售合同》，合同编号为 QH20160620，买方为惠洁宝公司、卖方为前华公司，合同标的包括"双胆异型超薄内扣机"一台，售价为 25 万元，另外附送"小超薄刀具"一套、"大超薄刀具"一套。

最高人民法院生效裁判认为，本案的争议焦点问题是：第一，被诉侵权技术方案是否落入涉案专利权的保护范围；第二，惠洁宝公司的现有技术抗辩是否成立；第三，惠洁宝公司是否侵害了小天鹅公司的专利权；第四，一审判决关于民事责任的承担是否合法。

被诉侵权技术方案是否落入涉案专利权的保护范围。权利要求 1 记载的技术方案是对说明书中各种具体实施方式的上位概括，惠洁宝公司关于本案应以说明书"发明内容"部分记载的内容限定权利要求 1 的技术方案的主张，属于以具体实施方式限定并缩小权利要求确定的保护范围，对权利要求 1 记载的技术方案是刀具组件设在环形轨道上，动力结构设置在环形轨道中间的主张，不予采纳。涉案专利权利要求既未限定动力结构的位置是在环形轨道中间配置动力结构，也未将其环形轨道的具体结构限定为单层或双层，惠洁宝公司的该项上诉理由缺乏事实依据，不予支持。涉案专利独立权利要求 1 记载的技术特征实际上限定了刀具组件、环形轨道与动力结构之间的相互配合关系，以及实现周向运动的特定功能，是以功能性语言描述本领域普通技术人员仅通过阅读权利要求即可直接、明确地确定实现上述功能或者效果的具体实施方式的技术特征，虽有对功能的描述，但仍是方位或者结构特征，并非功能性特征。综上，惠洁宝公司关于被诉侵权设备的动力结构与涉案专利权利要求记载技术方案显著不同的上诉理由不能成立。

惠洁宝公司的现有技术抗辩是否成立。首先，惠洁宝公司提交的合同等书面证据并未披露任何具体技术方案，其提交的图纸、图片等也没有完整披露设备的技术方案，故不能证明被诉落入专利权保护范围的全部技术特征，与一项现有技术方案中的相应技术特征相同或者无实质性差异。其次，惠洁宝公司主张肖某彬的证言可以证明现有技术抗辩成立，但肖某彬系涉案专利的发明人之一，原为小天鹅公司股东，作为惠洁宝公司申请的证人在本案一审中曾出庭作证，且与被诉侵权设备存在特定的关联，肖某彬与本案双方当事人均存在利害关系，在缺乏其他证据印证的情况下，仅凭肖某彬的证言不能证明惠洁宝公司使用的技术属于现有技术。最后，即使小天鹅公司的原型机实施的技术方案与涉案专利一致，因惠洁宝公司未举证证明原型机在涉案专利申请日前已经公开销售，故原型机的技术方案不构成现有技术。据此，惠洁宝公司的现有技术抗辩不能成立。

惠洁宝公司是否侵害了小天鹅公司的专利权。涉案发明专利授权后，惠洁宝公司为生产经营目的使用前华公司在临时保护期内制造、销售的被诉侵权设备，且在未支付《专利法》第十三条规定的适当费用情况下，未经专利权人许可继续使用涉案专利的行为，并不符合司法解释关于对专利权人侵害专利权的主张不予支持的条件，惠洁宝公司在涉案发明专利授权后未经许可继续使用涉案发明专利的行为，应当认定构成侵害发明专利权。

关于一审判决确定的民事责任是否合法的问题。本案中，惠洁宝公司作为被诉侵权设备的使用者，已经支付了购买该设备的合理对价，一审判决对于小天鹅公司请求停止使用行为并销毁被诉侵权设备的主张不予支持，并无不当。惠洁宝公司的合法来源抗辩成立，在此情况下，一审判决对小天鹅公司要求惠洁宝公司赔偿经济损失的诉讼请求不予支持，但酌定惠洁宝公司向小天鹅公司支付为本案维权而支出的合理费用5000元，符合相关法律和司法解释的规定，依法予以维持。

最高人民法院判决如下：驳回上诉，维持原判。二审案件受理费50元，由惠洁宝公司负担。

【案件评析】

一、关于专利权利要求是否遗漏技术特征的问题

涉案专利说明书第［0009］段和第［0010］段关于"本专利的有益效果"

的记载："卷边结构的环形轨道，在环形轨道上设有周向往返运动并将筒体两端向内卷曲折边的刀具组件，以及带动刀具组件沿环形轨道周向运动的动力结构，无需手动转动筒体，省时省力"，涉案专利权利要求1"在环形轨道（2）上周向往返运动并将筒体两端向内卷曲折边的刀具组件（3），以及带动刀具组件（3）沿环形轨道（2）周向运动的动力结构（4）"的记载是否遗漏"设有"二字，这是首先需要解决的问题。

第一，权利要求是划定专利权保护边界的标尺，尊重权利要求的公示作用，对于增强专利权保护范围的确定性，为社会公众提供明确的法律预期具有重要意义和价值。专利权的保护范围以授权公告的权利要求记载的实质内容为准，说明书和附图虽可解释权利要求，但不能限制权利要求的保护范围，更不能在授权公告后仅根据说明书记载的内容随意修改权利要求书以改变权利要求的保护范围。

第二，涉案专利说明书"发明内容"部分记载的有益效果虽有"设有"二字，但涉案专利说明书"具体实施方式"部分第［0020］段记载的内容是："在环形轨道2上周向往返运动并将筒体两端向内卷曲折边的刀具组件3，以及带动刀具组件3沿环形轨道2周向运动的动力结构4。"涉案专利的具体实施方式与权利要求1的记载相同，均没有"设有"二字。

第三，涉案专利所述的发明目的是克服现有技术中的不足而提供一种卷边省力，无需手动转动筒体，自动化程度高的卷边装置，权利要求1记载的技术方案是，通过机架、导轨、滑块、环形轨道、动力结构的设置，实现刀具组件与筒体之间的相互配合关系。在说明书"发明内容"部分记载，"在环形轨道上设有周向往返运动并将筒体两端向内卷曲折边的刀具组件"，而说明书"具体实施方式"部分记载"在环形轨道2上周向往返运动并将筒体两端向内卷曲折边的刀具组件3"的内容不包括"设有"二字的情况下，可以认定，上述两种技术方案均是涉案专利的具体实施方式，权利要求1不存在遗漏"设有"以及存在语法错误的问题。

综上，权利要求1记载的技术方案是对说明书中各种具体实施方式的上位概括，至于本案应以说明书"发明内容"部分记载的内容限定权利要求1的技术方案的主张，属于以具体实施方式限定并缩小权利要求确定的保护范围，不应采纳。

二、关于专利权利要求记载的技术特征是否属于功能性特征的问题

涉案专利独立权利要求 1 关于动力结构（4）技术特征记载为"……以及带动刀具组件（3）沿环形轨道（2）周向运动的动力结构（4）"，是否属于以功能性描述限定动力结构的技术特征，这是需要回答的问题。

首先，《最高人民法院关于审理侵犯专利权纠纷案件应用法律若干问题的解释》第四条规定："对于权利要求中以功能或者效果表述的技术特征，人民法院应当结合说明书和附图描述的该功能或者效果的具体实施方式及其等同的实施方式，确定该技术特征的内容。"《最高人民法院关于审理侵犯专利权纠纷案件应用法律若干问题的解释（二）》第八条规定："功能性特征，是指对于结构、组分、步骤、条件或其之间的关系等，通过其在发明创造中所起的功能或者效果进行限定的技术特征，但本领域普通技术人员仅通过阅读权利要求即可直接、明确地确定实现上述功能或者效果的具体实施方式的除外。与说明书及附图记载的实现前款所称功能或者效果不可缺少的技术特征相比，被诉侵权技术方案的相应技术特征是以基本相同的手段，实现相同的功能，达到相同的效果，且本领域普通技术人员在被诉侵权行为发生时无需经过创造性劳动就能够联想到的，人民法院应当认定该相应技术特征与功能性特征相同或者等同。"按照上述规定，功能性特征是指不直接限定发明技术方案的结构、组分、步骤、条件或其之间的关系等，而是通过其在发明创造中所起的功能或者效果对结构、组分、步骤、条件或其之间的关系等进行限定的技术特征。如果某个技术特征已经限定或者隐含了发明技术方案的特定结构、组分、步骤、条件或其之间的关系等，即使该技术特征还同时限定了其所实现的功能或者效果，原则上亦不属于上述司法解释所称的功能性特征，不应作为功能性特征进行侵权比对。

其次，涉案专利独立权利要求 1 关于动力结构（4）技术特征记载为"……以及带动刀具组件（3）沿环形轨道（2）周向运动的动力结构（4）"，上述技术特征实际上限定了刀具组件、环形轨道与动力结构之间的相互配合关系，以及实现周向运动的特定功能，是以功能性语言描述本领域普通技术人员仅通过阅读权利要求即可直接、明确地确定实现上述功能或者效果的具体实施方式的技术特征，虽有对功能的描述，但仍是方位或者结构特征，并非上述司法解释所称的功能性特征。

最后，由于实施例只是发明的例示，不应当以说明书及附图的例示性描

述限制专利权的保护范围。因此，以说明书及附图的内容解释权利要求1，属于以例示性描述限制专利权的保护范围，不应支持。将被诉侵权设备所载的技术方案与涉案专利权利要求1记载的全部技术特征进行比对，被诉侵权设备是一种卷边装置，有机架，机架上设有导轨以及在导轨上滑动的滑块，滑块上设有环形轨道，环形轨道上周向往返运动并将筒体两端向内卷曲折边的刀具组件，以及带动刀具组件沿环形轨道周向运动的动力结构。因此，被诉侵权设备所载的技术方案与涉案专利权利要求1记载的全部技术特征相同。

三、专利临时保护期内获得的产品后续使用时是否构成侵权

《专利法》第十三条规定："发明专利申请公布后，申请人可以要求实施其发明的单位或者个人支付适当的费用。"按照该规定，在发明专利申请公布后至专利权授予前的临时保护期内，使用被诉侵权设备的行为并非专利侵权行为，不构成侵害专利权。《专利法》第六十九条规定："有下列情形之一的，不视为侵犯专利权：（一）专利产品或者依照专利方法直接获得的产品，由专利权人或者经其许可的单位、个人售出后，使用、许诺销售、销售、进口该产品的；（二）在专利申请日前已经制造相同产品、使用相同方法或者已经作好制造、使用的必要准备，并且仅在原有范围内继续制造、使用的；（三）临时通过中国领陆、领水、领空的外国运输工具，依照其所属国同中国签订的协议或者共同参加的国际条约，或者依照互惠原则，为运输工具自身需要而在其装置和设备中使用有关专利的；（四）专为科学研究和实验而使用有关专利的；（五）为提供行政审批所需要的信息，制造、使用、进口专利药品或者专利医疗器械的，以及专门为其制造、进口专利药品或者专利医疗器械的。"由此可见，发明专利授权后，继续使用发明专利的行为，不属于《专利法》第六十九条规定的不视为侵犯专利权的五类情形之一。

《专利法》第十一条第一款规定："发明和实用新型专利权被授予后，除本法另有规定的以外，任何单位或者个人未经专利权人许可，都不得实施其专利，即不得为生产经营目的制造、使用、许诺销售、销售、进口其专利产品，或者使用其专利方法以及使用、许诺销售、销售、进口依照该专利方法直接获得的产品。"在发明专利授权后，未向专利权人支付临时保护期的合理费用，仍然继续使用被诉侵权设备，其行为属于未经涉案专利权人许可继续使用涉案专利的行为。

《最高人民法院关于审理侵犯专利权纠纷案件应用法律若干问题的解释

（二）》第十八条第三款规定："发明专利公告授权后，未经专利权人许可，为生产经营目的使用、许诺销售、销售在本条第一款所称期间内已由他人制造、销售、进口的产品，且该他人已支付或者书面承诺支付专利法第十三条规定的适当费用的，对于权利人关于上述使用、许诺销售、销售行为侵犯专利权的主张，人民法院不予支持。"在人民法院审理的侵害发明专利权纠纷案件中，如果不存在向专利权人支付临时保护期使用费的事实，就不存在上述司法解释规定的"已支付或者书面承诺支付专利法第十三条规定的适当费用"的情形，在此情况下，关于适用上述司法解释第三款，认定其在专利授权后的行为不构成专利侵权行为的主张，不能得到支持。

综上，在发明专利申请公布日至授权公告日期间即专利临时保护期内使用发明专利的行为不构成侵害专利权，但发明专利授权后，未支付《专利法》第十三条规定的适当费用情况下，继续使用发明专利的行为，构成侵害发明专利权。

（撰写人：最高人民法院　童海超）

华为技术有限公司诉三星（中国）投资有限公司等侵害发明专利权纠纷案

——标准必要专利侵权的证明方法

【裁判要旨】

标准必要专利是指实施标准必然要实施的专利。标准必要专利对外授权许可须遵循 FRAND 原则。标准必要专利侵权的证明方法与非标准必要专利存在较大差别。非标准必要专利是将被诉侵权产品的技术特征或者方法与专利的技术特征或方法进行对比，以此判断被诉侵权人是否构成专利侵权。而标准必要专利侵权的证明方法为，权利人将其专利技术与我国通信行业和企业所采标的相应 3GPP 技术标准进行对比，当二者构成一一对应关系，且被诉侵权人举不出相反证据证明其无线通信产品或方法未使用该技术标准时，则可以认定被诉侵权行为人侵犯了该标准必要专利权。

【关键词】

标准必要专利　3GPP 标准　采标　专利侵权　证明方法

【合议庭成员】

一审合议庭成员：胡志光　祝建军　陈文全

二审合议庭成员：王　静　王晓明　邓燕辉　郑　颖　肖海棠

【案件基本信息】

1. 诉讼当事人

原告：华为技术有限公司（以下简称华为）。

被告：三星（中国）投资有限公司。

被告：惠州三星电子有限公司。

被告：天津三星通信技术有限公司（以上三被告简称三星）。

被告：深圳市南方韵和科技有限公司（以下简称南方韵和）。

2. 案件索引

一审：广东省深圳市中级人民法院（2016）粤 03 民初 816 号

二审：广东省高级人民法院（2018）粤民终 307 号

3. 相关法条

《中华人民共和国民法总则》第七条；《中华人民共和国侵权责任法》第六条、第十五条；《中华人民共和国专利法》第十一条第一款；《中华人民共和国民事诉讼法》第六十四条第一款。

【简要案情】

原告华为诉称：涉案 ZL201110269715.3 号发明专利为 3GPP 4G/LTE 通信标准必要专利。被告三星未经许可，大量制造、销售、许诺销售、进口 4G/LTE 三星手机及平板电脑，侵犯了原告的专利权。原告华为在与三星进行标准必要专利交叉许可谈判时，遵循了 FRAND 原则，而三星未遵守 FRAND 原则，从而导致双方谈判陷入僵局，无法达成标准必要专利许可协议，为维护原告的合法权益，请求法院判令被告立即停止侵犯原告第 201110269715.3 号发明专利权的行为，包括但不限于制造、销售、许诺销售以及进口被诉侵权产品的行为。

被告三星辩称：三星没有实施原告华为指控的专利侵权行为，原告华为在标准必要专利许可谈判中没有尽到 FRAND 义务，而三星尽到了 FRAND 义务，因此，应驳回原告华为的诉讼请求。

深圳市中级人民法院经审理查明如下事实：

第一，原告请求保护的涉案发明专利权的基本情况。

2007 年 4 月 27 日，原告华为向国家知识产权局申请名称为"发送控制信令的方法和装置"的发明专利。2015 年 7 月 29 日，国家知识产权局对原告华为的该专利申请进行公告授权，专利号为 ZL201110269715.3。涉案专利总共有 12 项权利要求，原告在本案中主张以专利权利要求 1、2、9、10 作为其专利的保护范围。

第二，原告华为与三星关于标准必要专利交叉许可谈判的基本情况。

原告华为与三星从开始接触谈判到本案起诉之前，总共有 15 次见面谈判。原告华为共有六次报价，三星有一次报价。

原告华为与三星在本案起诉之后至法院组织双方召开调解会议之前，法院要求双方继续进行专利许可谈判。在案件审理过程中，法院以召开调解会议的方式组织双方进行两次调解，试图促成双方达成标准必要专利交叉许可协议，但未取得任何进展。

第三，原告华为和被告三星提交的双方标准必要专利实力的证据。

本案中，原告华为称，华为和三星在全球所拥有的标准必要专利实力相当，其在中国所拥有的标准必要专利的实力强于三星。华为为证明其主张，分别提交了 ABI research、CCI、FRI 研究机构出具的研究报告，丁崎、王晓茹、Rudi Bekkers 三位专家报告，向法院申请调取工信部《LTE 标准必要专利评估报告》，双方互诉的标准必要专利无效宣告情况来证明其主张。

被告三星否认原告华为上述关于双方标准必要专利实力的主张，并提交我国台湾地区"经济部智慧财产局"的 2014 年《专利趋势分析结案报告》、汤森路透分析数据、邓飞专家报告来反驳原告华为的主张。

法院根据双方提交的证据及质证情况，从双方在 3GPP 国际标准组织中被采纳的获批提案数，双方在 ETSI 所声明的 3G、4G 标准必要专利的数量和被评估为标准必要专利的数量、双方互诉专利被无效宣告情况，认定原告华为关于双方标准必要专利实力的主张成立。

第四，原告华为与被告三星举证 3G、4G 标准必要专利许可使用费累积费率的情况。

原告华为和被告三星提交的证据证明，制造商向 3G 标准必要专利的所有持有者支付的许可费率不超过 5%，4G 标准必要专利许可使用费累积费率则为 6%~8%。

第五，原告华为举证与涉案专利相对应的 3GPP 无线通信国际标准。

原告华为认为，涉案专利覆盖了 3GPP 国际标准文件中的 Release 8、9、10 版本中的 9 个文件，构成无线通信标准必要专利。为证明该主张，原告华为登录 3GPP "3gpp. org"官网，下载了与原告华为涉案专利相对应的上述 3GPP Release 8、9、10 版本中的 9 个文件。

第六，原告华为举证与涉案专利相对应的 3GPP 国际标准被我国通信行业及三大无线通信运营商采标的情况。

原告华为主张，涉案 3GPP 国际标准被我国通信行业的推荐性行业标准所采用，即为 4G 领域的手机所使用。原告华为提交了工信部《LTE FDD 数字蜂窝移动通信网终端设备技术要求》《LTE 数字蜂窝移动通信网终端设备技术要求》文件，显示：工信部在 LTE 数字蜂窝移动通信网终端设备技术要求中，已采纳上述 3GPP 技术标准。

原告华为举证，2016 年 11 月 15 日，原告登录中国移动终端测试管理系统，查找并下载《中国移动 TD－LTE 终端总体技术规范文件》（2.0.0 版）。
2016 年 4 月 8 日，原告华为公司还提供《中国移动 TD－LTE 终端总体技术规范》（3.0.0 版），这两份文件显示：中国移动公司在 LTE 数字蜂窝移动通信网终端设备技术要求中，已采纳上述 3GPP 技术标准。

原告华为举证，2016 年 3 月 29 日，登录中国电信终端测评管理系统网站，查询并下载以下两个文件：《中国电信 LTE 手机终端载波聚合技术要求》（Q/CT 2602.07—2015），该文件标明 2015 年 2 月实施；《中国电信 LTE 手机终端技术要求（单卡槽）》，该文件标明 2014 年 9 月实施。上述两个规范性文件已采纳上述 3GPP 技术标准。

原告华为举证，2016 年 11 月 21 日，原告提供《中国联通 4G 手机定制规范（V2.0）》，该文件标明 2015 年实施。该文件为中国联通 4G 数字蜂窝移动通信网络终端定制提供依据，并明确规定该规范适用于 3GPP Release 8、9、10 版本的终端设备。

第七，原告华为要求保护的专利权利要求的技术特征与相应 3GPP 技术标准的技术特征进行对比。

原告华为首先明确并固定与涉案专利权利要求相对应的 3GPP Release 8、9、10 版本的具体技术内容，接着将其涉案要求保护的专利权利要求 1、2、9、10 的技术特征进行分解，然后分别将原告要求保护的专利权利要求 1、2、9、10 的技术特征与相应的 3GPP Release 8、9、10 版本相对应的技术进行对比，证明二者之间形成一一对应关系，落入原告华为涉案专利权的保护范围。

【裁判结果】

广东省深圳市中级人民法院一审判决认为，本案涉及 FRAND 和技术事实查明问题。关于 FRAND 问题，涉及双方在进行标准必要专利交叉许可谈判时，原告华为和三星谁存在过错的问题。关于技术事实的查明问题，涉及原告华为在本案中要求保护的专利是否为 4G 标准必要专利，被告三星是否实施了侵害原告华为专利权的行为。

关于 FRAND 问题，从双方标准必要专利交叉许可谈判的程序和实体两个方面来看，三星违反了 FRAND 原则，存在明显过错，而原告华为遵循了 FRAND 原则，没有明显过错，双方谈判陷入僵局无法达成协议的原因在于三星。

关于技术事实查明问题，原告华为举证，根据我国工信部以及中国电信、中国联通、中国移动等电信运营商的规范性文件，以及根据我国无线通信企业生产、销售 3G、4G 终端产品的商业实践，为实现无线通信互联互通的要求，在原告华为涉案专利申请日之后、专利授权日之前，与原告华为专利技术相对应的 3GPP 国际标准，已事实上成为我国无线通信产业的行业标准和企业标准。被告三星在我国生产、销售 4G 终端产品，一定会使用该 4G 技术标准。通过对比，原告华为在本案中要求保护的涉案专利技术，与相应 3GPP 的 Release 8、9、10 相对应的技术标准之技术特征形成一一对应关系，落入了原告华为涉案专利权的保护范围，因此，原告华为要求保护的涉案专利技术为 4G 标准必要专利技术。被告三星在我国生产、销售 4G 终端产品时，一定会使用原告华为的涉案专利技术，因此，在涉案专利授权日之后，被告未经许可在我国实施原告的涉案专利技术，侵犯了原告的专利权。

综上，根据原告华为的诉请，判决被告三星和南方韵和立即停止实施侵害原告华为涉案专利权的行为。

一审宣判后，被告三星不服，向广东省高级人民法院提出上诉。2019 年 5 月 8 日，华为和三星达成《专利许可协议》，广东省高级人民法院以出具调解书的方式结案。

【案件评析】

本案属于典型的标准必要专利禁令救济纠纷。发生这类纠纷的原因在于，当标准必要专利权人与实施人因标准必要专利许可谈判陷入僵局，无法达成许可协议时，标准必要专利权人通常会选择向法院提起禁令救济之诉，试图通过责令标准必要专利实施人停止专利侵权行为，来达到敦促该实施人重新回到 FRAND 谈判轨道，进而达成标准必要专利 FRAND 许可协议。处理好该类纠纷需要研究解决许多新情况、新问题，其中一个重要问题是，如何认定权利人要求保护的涉案专利为无线通信标准必要专利？如何认定实施人生产、销售的无线通信产品侵害了权利人的标准必要专利？

一、标准必要专利与非标准必要专利在内涵及权利行使上的区别

标准必要专利主要体现在无线通信领域。众所周知，当今社会人们对信息交流的需求越来越大、越来越广，而人与人之间信息交流越来越依靠无线通信技术，由于国家的存在，无线通信交流需要克服许多阻碍，为了实现国与国之间无线通信互联互通，3GPP 等国际标准组织通过制定标准来解决这一难题。以 3GPP 国际标准组织为例，其通过规定的议事章程表决产生无线通信技术标准，而加入 3GPP 标准组织的成员（无线通信企业）在该无线通信技

术标准制定之前，通常已将与该技术标准所对应的无线通信技术拿去申请专利，此时，一项具体的标准必要专利随即产生。

所谓标准必要专利是指在实施标准时必然要被实施的专利，如实施标准时必然要实施某项专利的某项权利要求，则该项权利要求即被称为标准必要专利权利要求。相应地，标准必要专利制度随即产生。由于标准必要专利制度是为解决无线通信互联互通的需求而产生的，这使得标准必要专利具有强制性、不可替代性和必然实施性的特点，即带有明显的社会公共色彩的属性。为了防止标准必要专利权人利用其标准必要专利实施"专利劫持"行为和避免专利许可使用费的"堆叠"问题，各标准组织通常均要求标准必要专利权人应按照公平、合理、无歧视的 FRAND 原则对外进行授权许可。

同时，在司法实践中，为了防止标准必要专利实施人利用标准必要专利权人应遵循的 FRAND 原则，从事与标准必要专利劫持相反的"反向劫持"行为，有些司法判例又衍生出标准必要专利实施人在进行许可谈判时亦应遵守 FRAND 原则，换句话说，标准必要专利权人和标准必要专利实施人在进行标准必要专利许可谈判时，均负有遵循 FRAND 原则的义务，只有这样才有可能保障双方尽快达成标准必要专利 FRAND 许可协议。

相比标准必要专利而言，在通常情况下，非标准必要专利技术几乎存在于各个技术领域。由于非标准必要专利的权利人在对外进行授权许可时，不像标准必要专利那样须受到 FRAND 原则的制约，因此，非标准必要专利对外进行授权许可，双方能否签订授权许可协议，以及收取授权许可费的高低，受到市场竞争等因素的影响非常大。如果专利权人要约报价的许可使用费过高，则谈判相对人基于经营成本控制等因素的考量，极有可能选择放弃使用该专利技术，从而导致双方之间的专利许可谈判破裂，此时，谈判相对人会在市场上寻找购买其他技术或自己研发出需要使用的新技术来替代该专利技术。从该特点来看，非标准必要专利主要依靠市场来获取许可交易价值，换句话说，非标准必要专利对外授权许可，谈判一方通常不具有强迫或控制另一方的能力，谈判能够更多体现当事人的意思自治因素。

由上内容可见，标准必要专利与非标准必要专利存在重大区别，标准必要专利具有公用物的属性，标准必要专利权人不得拒绝对外许可，并负有按照 FRAND 原则对外授权许可的约定义务或法定义务；而非标准必要专利通常更多体现人们自由选择的属性，双方能否达成许可协议，自由谈判的空间较大，受市场因素的影响也较大。

就原告华为诉被告三星案来说，原告华为与三星均为国际无线通信领域的巨头，双方均拥有大量无线通信标准必要专利，在进行标准必要专利交叉许可谈判时，双方均负有按照 FRAND 原则进行诚信谈判的义务。但双方经过 5 年多谈判陷入僵局，无法达成标准必要专利交叉许可协议，华为以标准必要专利禁令救济之诉起诉三星，双方因此发生本案纠纷。

二、标准必要专利与非标准必要专利禁令救济的成立条件存在差异

专利权被侵害后给予司法救济，这是专利制度健康运行的基础。所谓专利禁令救济是指当专利权人认为其专利权受到他人侵害时，其可以向人民法院提出责令被诉侵权行为人停止侵害其专利权的诉讼请求，人民法院通过审判认定被诉侵权行为构成专利侵权的，可以依法判令侵权行为人停止实施专利侵权行为。

根据我国《专利法》第十一条的规定，只要被诉侵权行为人未经许可实施了受专利权控制的专有行为，且被诉侵权产品的技术特征落入了涉案专利权的保护范围，则该被诉侵权行为人的行为构成专利侵权，专利权人即可以请求司法机关责令该侵权人停止侵权。此为非标准必要专利给予禁令救济的条件，亦即非标准必要专利适用禁令救济的条件，不以专利侵权行为人主观上存在过错为条件。

标准必要专利适用禁令救济的条件与非标准必要专利存在较大区别，只有当被诉侵权行为人构成专利侵权，且在主观上存在明显过错，违反了 FRAND 原则时，司法机关才能责令标准必要专利实施人停止专利侵权行为。亦即标准必要专利适用禁令救济的条件，必须以专利侵权行为人主观上存在过错为条件。

从原告华为诉被告三星案来看，原告华为的诉讼请求要获得法院的支持，其除了要证明三星在进行标准必要专利交叉许可谈判时，在主观上具有明显过错，违反了 FRAND 原则，自己没有明显过错，遵循了 FRAND 原则，还要证明其涉案专利为 4G 标准必要专利，三星侵害了其 4G 标准必要专利。当满足这两项条件时，法院才会支持其禁令救济的诉讼请求。原告华为通过积极举证，已证明三星在进行标准必要专利交叉许可谈判时，在程序和实体方面均有明显过错，违反了 FRAND 原则。此时，原告华为还需要根据标准必要专利的特点，证明被告三星侵害了其标准必要专利。

三、标准必要专利与非标准必要专利侵权成立的证明方法存在差别

对于非标准必要专利而言，权利人证明被诉侵权行为人侵害专利权的通常方法为：先固定其涉案要求保护的专利权利要求，并对其要求保护的专利权利要求的技术特征进行分解，接着将原告要求保护的专利权利要求的技术特征与被诉侵权产品或方法的技术特征进行对比。如果涉案专利是产品专利，可以通过解剖被诉侵权产品实物获知其相应的技术特征，然后将被诉侵权产品的技术特征与原告要求保护的专利权利要求的技术特征进行对比，进而依据专利法规定的字面侵权或等同侵权规则，来判断被诉侵权产品的技术特征是否落入原告专利权的保护范围。如果专利侵权纠纷涉及新产品制造方法，则由制造同样产品的单位或者个人提供其产品制造方法不同于专利方法的证明。如果专利侵权纠纷涉及的不是新产品的制造方法，则由原告举证被告实施了其专利方法。

相比非标准必要专利而言，标准必要专利侵权成立的证明方法与之存在较大差别。因为无线通信标准必要专利通常描述的是信令、信息流、数据等在终端、基站、核心网之间进行传输所涉及的装置和方法的技术。比如，本案原告主张的发明专利描述的即为在终端和基站之间信令传输之装置和方法的技术。因此，对标准必要专利进行侵权对比，不像非标准必要专利进行侵权对比那样，存在着一个具体的实物作为技术对比的对象。判断涉案专利是否为标准必要专利有特殊的证明方法，具体表现为以下步骤的证明方法：

第一步，由原告选择涉案专利的保护范围，比如，在原告华为诉被告三星标准必要专利禁令救济纠纷案中，涉案专利总共有 12 项权利要求，原告华为选择专利权利要求 1、2、9、10 作为其专利的保护范围。

第二步，原告华为举证与其涉案要求保护的专利技术相对应的 3GPP 无线通信技术标准的具体内容。由于 3GPP 的技术标准非常庞杂，且用英文撰写，因此，原告要找出与其涉案要求保护的专利技术相对应的 3GPP 无线通信技术标准，是一件非常困难的事情。比如，在原告华为诉被告三星案中，原告华为举证其涉案要求保护的专利技术覆盖了 3GPP 国际标准 Release 8、9、10 三个版本中的 9 个文件。

第三步，原告华为举证上述与其涉案要求保护的专利技术相对应的 3GPP 无线通信技术标准被我国通信行业和无线通信运营商采标。比如，在原告华

为诉被告三星案中，原告华为举证上述 3GPP 国际技术标准被工信部采标并公布、实施；同时，上述 3GPP 国际技术标准被中国移动、中国电信和中国联通三大电信运营商采标并公布、实施。

第四步，原告华为论证和证明其涉案要求保护的专利技术与上述相对应的 3GPP 国际技术标准进行对比，二者在技术特征上形成一一对应关系，从而证明其涉案要求保护的专利为标准必要专利。

第五步，原告华为进一步论证，若被告三星在我国生产、销售智能手机和平板电脑等无线终端产品，就一定会使用原告华为的涉案专利技术。比如，在原告华为诉被告三星案中，原告华为论述原告要求保护的涉案专利技术为 4G 标准必要专利技术，被告三星和南方韵和在我国生产、销售 4G 终端产品时，一定会使用原告华为的涉案专利技术，因此，在涉案专利授权日之后，被告三星和南方韵和未经许可在我国实施原告华为的涉案专利技术，侵犯了原告华为的专利权。

由于原告华为举证证明三星在进行标准必要专利交叉许可谈判时，存在明显过错，违反了 FRAND 原则，而原告华为不存在明显过错，遵循了 FRAND 原则，且原告华为在本案中要求保护的涉案专利为 4G 标准必要专利，被告三星侵害了该 4G 标准必要专利，基于此，深圳市中级人民法院认定，导致双方谈判陷入僵局，无法达成标准必要专利 FRAND 许可协议的原因在于三星，判决支持了原告华为的禁令诉请，责令被告三星和南方韵和承担立即停止侵权的法律责任。该案判决明晰了双方在谈判中的具体表现和责任，确立了谈判规则，并为双方最终达成专利许可协议打下了坚实的基础。

（撰写人：深圳知识产权法庭　祝建军）

CHR.迈尔有限公司及两合公司诉浙江科宝传动技术有限公司侵害发明专利权纠纷案

——缺省部件结构技术特征的推定及侵权比对

【裁判要旨】

经证据保全获取的被控侵权产品，在审理中被发现缺少与涉案发明专利权利要求记载的技术特征对应的一个关键部件，法院结合本领域技术人员的陈述以及要求双方当事人的单方鉴定专家出庭接受质询，认定该部件属于在工作状态下被控侵权产品必须使用的部件，并对其形状结构作出了合理推定，最终得出了侵权比对结论，解决了因展会取证证物不完整情况导致的专利权人举证难问题，维护了专利权人的合法权益。

【关键词】

发明专利　缺省部件　结构推定　侵权比对

【合议庭成员】

一审合议庭成员：胡　宓　徐　飞　陈瑶瑶

二审合议庭成员：张本勇　徐卓斌　陶　冶

【案件基本信息】

1. 当事人信息

原告：CHR.迈尔有限公司（以下简称迈尔公司）及两合公司（Chr. Mayr GmbH + Co. KG）。

被告：浙江科宝传动技术有限公司（以下简称科宝公司）。

2. 案件索引

一审：上海知识产权法院（2016）沪73民初389号

二审：上海市高级人民法院（2018）沪民终67号

3. 相关法条

《中华人民共和国侵权责任法》第十五条；《中华人民共和国专利法》第

二条、第十一条、第五十九条、第六十五条；《最高人民法院关于审理侵犯专利权纠纷案件应用法律若干问题的解释》第七条；《最高人民法院关于审理侵犯专利权纠纷案件应用法律若干问题的解释（二）》第八条。

【简要案情】

原告迈尔公司及两合公司是一家德国公司，是安全制动器市场上领先的供应商之一。原告在中国拥有名称为"弹簧压力制动器的附装设置"的发明专利权，专利号为 ZL200680022611.X。2016 年 5 月 10 日至 5 月 13 日，原告发现被告科宝公司在上海举行的 2016 中国国际电梯展览会上展出了其生产的电梯制动器（以下简称被控侵权产品），经询问和比对，原告认为被控侵权产品落入原告发明专利的保护范围。原告为收集证据，向上海市东方公证处申请证据保全公证以及向上海知识产权法院申请诉前证据保全，获得了被告展出的两件被控侵权产品以及相关展览照片、宣传资料等，遂诉至法院，请求判令：1. 被告立即停止生产、销售、许诺销售侵犯 ZL200680022611.X 号发明专利权的产品，销毁侵权产品和半成品以及专门用于生产侵权产品的设备、模具；2. 被告赔偿原告经济损失及合理费用共计 100 万元，其中合理费用包括鉴定费、律师费共计 299305.46 元。

被告科宝公司辩称：1. 原告的发明专利存在授权问题，被告已经向专利复审委员会提出无效申请；2. 被控侵权产品与原告的发明专利在技术方案上不一样，不构成专利侵权；3. 被控侵权产品仅是被告展出的半成品样品，被告没有批量生产以及实际销售，且被告目前已经停止了相关研发工作；4. 原告的 100 万元经济赔偿及合理费用诉请缺乏事实与法律依据。综上，请求法院驳回原告的诉讼请求。

上海知识产权法院经审理查明：2016 年 5 月 12 日，原告向上海知识产权法院提起诉前证据保全申请，请求对被告在国家会展中心（上海）2016 中国国际电梯展览会（7.2 号馆 7298 号展位）中展出的弹簧压力制动器产品予以证据保全。上海知识产权法院作出（2016）沪 73 证保 4 号民事裁定书，裁定查封或扣押被申请人科宝公司在国家会展中心（上海）2016 中国国际电梯展览会（7.2 号馆 7298 号展位）中展出的弹簧压力制动器产品。随后，上海知识产权法院对上述被控侵权产品作为证据进行了扣押。在本案庭审过程中，双方均对上述法院扣押的证物作为本案的被控侵权实物证据无异议。根据当庭勘验，双方均确认该证据实物内不存在线圈这一部件，该证据实物内有呈哑铃形的线圈槽。此外，被告确认除线圈和线圈架这一技术特征外，被控侵权产品的其他技术特征与原告专利相同，但认为属于现有技术。

上海知识产权法院经审理认为，本案在侵权事实认定方面的主要争议点在于被控侵权产品是否具有原告专利技术特征6，即被控侵权产品在实际工作时使用的线圈形状是否属于"两个呈环形构造的励磁线圈"。原告认为，从通电线圈产生的磁效应原理考虑，一般情况下线圈均会绕成圆环状，且根据被控侵权产品实物的线圈架内的线槽结构、铁芯形状，相应的线圈形状应该也是圆环形，否则会削弱磁场强度。被告认为，被控侵权产品在实际使用时可以采用一个类似哑铃型的励磁线圈，与原告专利相比，虽然产生的技术效果相同，但两个技术方案的线圈数量和结构均不同，因此，不具有原告专利技术特征6。由于被控侵权产品线圈槽及铁芯的固定位置及形状，相应地在实际工作时对线圈形状的选择十分有限，即使被告选择使用哑铃形线圈，也不属于技术规避，其实现的技术功能、产生的技术效果与涉案专利相同，因此，被控侵权产品具有"每个制动器都有两个呈环形构造的励磁线圈，使空间利用得以优化"这一技术特征，进而使整体技术方案落入原告专利权利要求2的保护范围。

上海知识产权法院作出判决：一、被告科宝公司立即停止对原告迈尔公司及两合公司享有的名称为"弹簧压力制动器的附装设置"的发明专利权（专利号为ZL200680022611.X）的侵害；二、被告科宝公司应于本判决生效之日起十日内赔偿原告迈尔公司及两合公司经济损失15万元；三、被告科宝公司应于本判决生效之日起十日内赔偿原告迈尔公司及两合公司合理费用8万元；四、驳回原告迈尔公司及两合公司的其余诉讼请求。

一审判决后，浙江科宝传动技术有限公司向上海市高级人民法院提起上诉，上诉理由为：1. 一审判决基于假设被保全的模型必然放置线圈且上诉人只能在被保全展品（线圈槽）的设计基础上构想线圈方案，但模型缺乏线圈不具有制动器功能，线圈方案除了专利方案，还可以采用其他方案，一审判决的假设具有法理缺陷；2. 专利权利要求2的本意是线圈架和电枢盘是矩形、线圈架内含有两个（圆）环形的能够使磁力最大的线圈，上诉人提出的哑铃形线圈不在本专利的保护范围之内；涉案产品缺少一项技术特征，至少有一项技术特征不相同也不等同，因此，一审判决所认定的事实和适用法律错误，应当不构成侵权；3. 涉案专利尤其是其线圈方案没有创造性，且一个环形线圈方案就不落入专利保护范围；4. 上诉人的行为并未导致被上诉人实际损失，

— 155 —

也未因涉嫌侵权产品牟利。

被上诉人迈尔公司辩称：上诉人生产、展示并许诺销售的涉案产品落入被上诉人依法享有的涉案专利权的权利要求 2 的保护范围，上诉人的生产、展示及许诺销售的行为已经构成侵权；上诉人为逃避侵权责任，对显而易见的事实强行抵赖，而且在侵权事实已经发生、一审程序开始后故意事后制造证据，其行为存在较大的主观恶意，二审法院应当依法驳回上诉人的诉讼请求，维持原判。

【裁判结果】

上海市高级人民法院经审理认为：涉案产品的环形槽就是线圈槽，涉案被控侵权产品工作时必须放置线圈，符合物理学、电磁学、电工学的基本原理。被控侵权产品具有"每个制动器都有两个环形构造的励磁线圈，使空间利用得以优化"这一技术特征，落入被上诉人迈尔公司专利权利要求 2 的保护范围。一审法院认定科宝公司被控侵权产品落入迈尔公司专利权利保护范围的事实清楚，并根据涉案专利的价值、科宝公司的侵权规模、侵权持续时间、损害后果以及主观过错等，判决科宝公司赔偿 15 万元以及合理费用 8 万元，于法不悖，并无不当。据此，上海市高级人民法院判决驳回上诉，维持原判。

【案件评析】

根据《中华人民共和国专利法》及其司法解释的规定，专利权的保护范围应当以权利要求记载的全部技术特征所确定的范围为准，人民法院判定被诉侵权技术方案是否落入专利权的保护范围，应当审查权利人主张的权利要求所记载的全部技术特征。被诉侵权技术方案包含与权利要求记载的全部技术特征相同或者等同的技术特征的，人民法院应当认定其落入专利权的保护范围。本案中，作为关键证据的被控侵权产品由于来源于展会保全，缺少必要的技术部件，如果简单处理，专利权人必然无法胜诉，但法官基于生活常识以及双方当事人的技术人员、鉴定人员的陈述及交叉质询，不仅克服了侵权比对上的困难，还厘清了缺失部件的具体技术方案，挽救权利人于取证困难所陷入的困境。

一、被控侵权产品缺失部件的确定

在专利侵权诉讼中，原告向法院申请保全被告在展会上展出的被控侵权产品作为实物证据，是十分常见的，但如果该展出实物缺少相关零部件，就有可能导致被控侵权产品因缺少相应的技术特征，而被判未落入原告专利权的保护范围，但在某些情况下，尤其是涉及零部件较多的大型机械，这对专利权人来说是不公平的，因为上述展品未必是其实际工作状态下的真实展现。在审判实践中，经展会保全的被控侵权产品缺失部件通常存在两种情况：一种情况是被控侵权方确实对技术进行了改进，技术手段的不同导致实现技术效果不需要相关部件；另一种情况是被控侵权方出于经济上或者法律上的考虑在展览时刻意拆除相关部件，但在实际工作状态中相关部件必不可少。对此，法院必须根据自然规律、科学原理、产品实际工作需求、产品的其他部件、双方当事人的陈述及举证等，判断相关部件的缺失属于上述哪一种情况。判断依据可比照专利法中对于权利要求解释的顺序，从内部证据到外部证据，也即首先从产品整体结构、产品宣传册、工作状态图（视频），到专利权利要求及说明书中与该部件有关的技术特征描述，再到双方技术人员的陈述、技术咨询专家的意见等。本案中，被控侵权产品内有呈哑铃形的线圈槽，虽然没有环形线圈，但本领域技术人员对实物证据进行勘验后，认为在工作状态下必然需要在环形槽内放置线圈，而且双方委托的鉴定专家在庭审质证的过程中对此也达成共识。据此，可以认定被控侵权产品的环形槽就是线圈槽，被控侵权产品工作时必须放置线圈，这是符合物理学、电磁学、电工学基本原理的，也即被控侵权产品缺失的部件属于前述第二种情况，该部件作为一个必要技术特征必须纳入侵权比对范围。

二、被控侵权产品技术方案的选择与侵权比对

人民法院判定被诉侵权技术方案是否落入专利权的保护范围，应当审查权利人主张的权利要求所记载的全部技术特征。被诉侵权技术方案包含与权利要求记载的全部技术特征相同或者等同的技术特征的，人民法院应当认定其落入专利权的保护范围。在确定将缺失部件纳入侵权比对范围后，还需要进一步明确该部件的具体结构，既然这是一个从无到有、反向推定的过程，就可能存在多种设计方案，需要法院从中选取符合产品工作原理，可与产品的其他结构部件相吻合，能够实现产品说明书预设的技术功能和效果，并且在经济上具有合理性的技术方案，作为被诉侵权技术方案，而剔除明显不合理的技术方案。

在本案中，侵权比对的主要争议点在于被控侵权产品在实际工作时使用

的线圈形状是否属于"两个呈环形构造的励磁线圈"。被控侵权产品的制动器内围绕铁芯有一线圈槽，该线圈槽呈哑铃形，也即由两个分开环形槽以及之间一个短直的槽连通组合而成。涉案专利说明书上载明励磁线圈必须是"两个分开的线圈"，而被控侵权产品使用的是一个呈哑铃形的线圈。关于被控侵权产品是否落入专利保护范围，法院认为，首先，专利说明书中仅公开了两个具体实施例，不能以此作为对权利要求的限定；其次，制作线圈的方式与线圈中环形的个数是两个概念，不能视为一致，无论是用整体缠绕还是分开缠绕的方式，最终线圈呈现出的形状均包括两个环形。根据被控侵权产品实际工作中所必须依据的电磁学原理，本领域技术人员据此通常可以设计出两种线圈缠绕方案，一种是将两个分别独立绕好的环形线圈用导线顺向串联，另一种是将线圈绕成哑铃形，或又称眼镜形，而无论是两个环形线圈顺向串联还是哑铃形线圈，均包含了两个环形构造的励磁线圈。被控侵权产品在实际工作时，也即放入线圈槽之后，哑铃形线圈中的两个环形部分应当是闭合的，这一点在当事人提交的鉴定书的照片上也可以看出，否则会影响被控侵权产品的效果，而且即使这两个环形部分不是常规意义上的正圆形，也应当认定属于环形形状这一类别。除环形以外，理论上两个线圈还可以绕成多边形，但法院认为，无论从电磁学工作原理还是从行业实际应用角度看，多边形线圈均非常规、经济的选择。

综上，在被控侵权产品的实际工作状态中，线圈的形状究竟会不会采用哑铃形线圈这一设计方案，法院认为：首先，哑铃形线圈设计方案，必然会在连接两个环形线圈槽的连通处耗费大量的连接线，不符合经济原理；从涉案公证保全的产品看，环形线圈槽的宽度与两个环形槽的连通处的宽度基本相同，涉案实物产品的结构也不支持哑铃形线圈设计。因此，涉案被控侵权产品在工作状态下一般不会采用哑铃形线圈设计。其次，涉案专利是一个结构专利，从专利权利要求 2 本身结合实施例和附图可以理解，无论是两个环形线圈分别绕好再头尾顺向串联，还是将眼镜或哑铃形的线圈串联，都是两个环形构造的励磁线圈。从涉案被控侵权产品看，其制动器内围绕两个铁芯有中间连通的一线圈槽，该线圈槽呈哑铃形，根据被控侵权产品在实际工作中所必须依据的电磁学原理，无论是头尾顺向串联的两个环形线圈还是哑铃形线圈，其实现的技术功能、产生的技术效果与涉案专利都相同，因此，被控侵权产品更有可能采用了将两个分别独立绕好的环形线圈用导线顺向串联这一技术方案，而非哑铃形线圈这一设计方案。最终，法院判定被诉侵权产品的技术方案落入了涉案专利的权利要求范围，被控侵权人应当承担停止侵权、赔偿损失的民事责任。

（撰写人：上海知识产权法院　胡宓）

皇家飞利浦有限公司诉宁波市嘉乐电器有限公司等侵害发明专利权纠纷案

——发明专利功能性特征中隐含技术特征的认定

【裁判要旨】

功能性特征中的隐含技术特征，系指本领域普通技术人员结合发明目的，通过阅读说明书、附图及相关材料可以明确无疑地获知功能性特征中存在虽未被写入但却须具备且不可或缺之技术特征。如被控侵权产品之技术特征未覆盖专利功能性特征之隐含性技术特征，则不落入专利权的保护范围。

【关键词】

发明专利　功能性特征　隐含技术特征　侵权　认定

【合议庭成员】

一审合议庭成员：商建刚　程晓鸣　杨智勇

二审合议庭成员：王　静　陶　冶　孔立明

【案件基本信息】

1. 诉讼当事人

上诉人（原审原告）：皇家飞利浦有限公司（Koninklijke Philips N. V.）（以下简称飞利浦公司）。

被上诉人（原审被告）：余姚山本电器有限公司（以下简称山本公司）。

被上诉人（原审被告）：宁波市嘉乐电器有限公司（以下简称嘉乐公司）。

被上诉人（原审被告）：余姚德帆贸易有限公司（以下简称德帆公司）。

2. 案件索引

一审案号：（2017）沪73民初35号

二审案号：（2018）沪民终411号

3. 相关法条

《中华人民共和国专利法》第十一条第一款、第五十九条第一款；《最高人民法院关于审理侵犯专利权纠纷案件应用法律若干问题的解释》第四条、第七条；《最高人民法院关于审理侵犯专利权纠纷案件应用法律若干问题的解释（二）》第八条第一款。

【简要案情】

原告飞利浦公司认为：被告德帆公司未经许可许诺销售、销售了侵犯其涉案发明专利权利要求 1 和权利要求 5 的产品，被告嘉乐公司和被告山本公司共同制造、销售了被控侵权产品，故请求判令三被告停止侵权，立即销毁尚未售出的侵权产品以及专用设备、模具，连带赔偿经济损失人民币 100 万元及合理费用 20 万元。

被告嘉乐公司、山本公司和德帆公司共同答辩称：被控侵权产品食品制备室与专利相比，加热结构和原理均不相同。其内壁没有"空气排出开口"；风扇功能不同；气流可以从内侧壁格栅进入食品制备室。因此，被控侵权产品未落入涉案专利权保护范围，原告主张的侵权赔偿没有法律依据，其诉请不能成立。

上海知识产权法院经审理查明，飞利浦公司享有"制备食品的设备和用于该设备的空气导向件"发明专利权。该专利权利要求 1 为：一种用于制备食品的设备，包括食品制备室，该食品制备室具有外壁、带可透过空气的底部壁并带上方空气排出开口的内壁；风扇，该风扇用于使热空气顺次地移动穿过所述底部壁、所述食品制备室以及所述排出开口；空气导向装置，用于使空气从所述排出开口向与所述食品制备室分开的所述底部壁返回；热辐射装置，位于所述食品制备室的上部；和位于食品制备室下方的空气导向构件，其特征在于，所述空气导向构件在底部壁下方位于外壁上，所述空气导向构件用于将空气流基本上向上导引，使其进入存在于食品制备室中的食品中。权利要求 5 为：如权利要求 1—4 任一项所述的设备，其特征在于，所述空气导向构件包括向上收缩的截头锥形空气导向部件。

德帆公司在其天猫商城"山本官方旗舰店"销售被控侵权产品，产品包装箱箱体均载有"余姚山本电器有限公司（监制）""制造商：浙江宁波嘉乐电器有限公司"字样。

上海知识产权法院认为，被控侵权产品与涉案专利权利要求 1 相比存在以下不同：内周侧壁上有透气槽，缺少"空气导向装置"的技术特征；没有空气导向肋，缺少"空气导向构件"的技术特征；"截头锥形有三段式的截面"与涉案专利导向肋并非相同或者等同的技术方案，因此未落入涉案专利权利要求 1 的保护范围，也不会落入从属权利要求 5 的保护范围，故判决驳回原告诉请。

一审判决后，飞利浦公司不服，提起上诉认为：一审判决认定"空气导向装置"为功能性特征进而认定"内壁的周侧面不透气"为隐含特征没有事实和法律依据；一审判决关于风扇的内径应不小于食品制备室上方排出开口内径的认定存在事实认定和法律适用错误；原审判决关于"空气导向构件"技术特征的认定存在法律适用错误，被控侵权产品的截头锥形构件与涉案专利截头锥形空气导向构件实施方式相同，故请求撤销原判，改判支持其一审全部诉请。

三被上诉人嘉乐公司、山本公司和德帆公司共同答辩称：被控侵权产品内壁与外壁之间无法形成环流空气通道，无涉案专利的空气导向装置；被控侵权产品没有实现"将空气流基本垂直向上导引"功能的空气导向构件，因此没有落入涉案专利的保护范围，故请求驳回上诉。

【裁判结果】

二审中，上海市高级人民法院要求飞利浦公司提交本案专利所涉三次无效宣告请求审查决定书，各方当事人均确认上述无效决定客观真实且已发生法律效力。

上海市高级人民法院经审理认为，对于专利权利要求文字所限定的技术方案之理解，应遵循"符合发明目的"的解释原则。涉案专利的发明目的是针对现有技术存在的空气在食品制备室内回旋并不能向上导引的技术缺陷，使热空气能够在设备中循环并在食品制备室中被基本向上导引。涉案专利权利要求 1 中空气导向装置和空气导向构件符合功能性技术特征的定义。在确定其具体实施方式时，应以涉案专利说明书和附图所描述的相关功能或者效果的具体实施方式相同及等同的技术方案为限。首先，结合发明目的，根据权利要求上下文、说明书和附图、相关无效宣告请求审查决定书等材料，空气导向通道中的内壁应当是密闭结构，以促使空气通过内壁和外壁之间的空气导向通道向底部壁开口进行流动，因此内壁的周侧面不透气是涉案专利权利要求中空气导向装置的隐含技术特征，而被控侵权产品可以使热空气通过侧壁开槽加热食品，因此并不具备与涉案专利空气导向装置之内壁的周侧面不透气相同或等同之隐含技术特征。其次，虽然专利权利要求文字并未对风扇和食品制备室上方开口的直径大小作出限定，但结合发明目的，基于说明书和附图、无效宣告请求审查决定书等材料，涉案技术方案中风扇部件的直径不应小于食品制备室上方排出开口的直径，以防止食品制备室内部形成大量乱流或者旋流。而被控侵权产品的风扇直径明显小于食品制备室上部开口，风扇启动后会在食品制备室内部形成大量乱流或者旋流，无法实现涉案专利技术方案中热空气在风扇的作用下呈现基本从下至上穿过食品制备室的运动路径，因此其并不具备涉案专利中风扇大于食品制备室上方排出开口的隐含技术特征。最后，"空气导向构件"应为可与外壁相分离的单独构件，因上诉人明确对该技术特征主张相同侵权，而被控侵权产品底部的截头锥形凸起并不具备该技术特征。综上，被控侵权产品未落入涉案专利权利要求 1 的保护范围，不构成对涉案专利独立权利要求 1 和从属权利要求 5 的侵犯，故依法作出驳回上诉、维持原判的终审判决。

【案件评析】

功能性技术特征的正确界定一直是专利案件审理中的疑难问题。本案生效判决在对专利功能性特征进行认定的过程中，更是涉及对其多项隐含技术特征的明确，这在全国专利民事案件中尚属首例。

一、功能性技术特征及隐含技术特征之定义

（一）功能性技术特征

《专利审查指南 2010》规定："只有在某一技术特征无法用结构特征来限定，或者技术特征用结构特征限定不如用功能或效果特征来限定更为恰当，而且该功能或者效果能通过说明书中规定的实验或者操作或者所属技术领域的惯用手段直接和肯定地验证的情况下，使用功能或者效果特征来限定发明才可能是允许的。"[1] 根据上述规定，在专利授权程序中允许专利申请文本以功能性描述的撰写方式对部分技术特征予以限定，因此对于难以采用结构、组分或步骤进行描述的计算机、通信等领域的专利，功能性技术特征广泛地存在于其权利要求之中。

根据《最高人民法院关于审理侵犯专利权纠纷案件应用法律若干问题的解释（二）》第八条的规定，功能性特征是指对于结构、组分、步骤、条件或其之间的关系等，通过其在发明创造中所起的功能或效果进行限定的技术特

---

[1] 《专利审查指南 2010》第二部分第二章第 3.2.1 节。

征，但本领域普通技术人员仅通过阅读权利要求即可直接、明确地确定实现上述功能或者效果的具体实施方式的除外。

（二）隐含技术特征

我国现行的专利法律法规中并未对专利隐含技术特征作出明确规定，仅在《专利审查指南 2010》关于对比文件的审查规定中有如下表述："引用对比文件判断发明或者实用新型的新颖性和创造性等时，应当以对比文件公开的技术内容为准。该技术内容不仅包括明确记载在对比文件中的内容，而且包括对于所属技术领域的技术人员来说，隐含的且可直接地、毫无疑义地确定的技术内容。"❶ 此处"对于所属技术领域的技术人员来说，隐含的且可直接地、毫无疑义地确定的技术内容"，即意指专利技术特征中可存在的可推定的隐含技术特征。除上述行政规章之外，司法实务中也存在一些学术观点尝试对隐含技术特征进行定义❷。

笔者认为，我国司法实践中所指的专利权利要求中的隐含技术特征，应是指在专利权利要求文字中未予明确记载，但本领域普通技术人员结合发明目的，通过阅读说明书、附图及相关行政程序中的相关材料，可以明确无疑地确定实现权利要求所描述的技术方案所必须具备且不可或缺的技术特征。由此，功能性特征中的隐含技术特征则是指以功能或效果进行限定的技术特征中所存在的隐含技术特征。

二、功能性特征中隐含技术特征之认定必要性

当功能性特征可能包含隐含技术特征时，如何正确界定专利技术方案的保护范围，对侵权案件之定性会产生至关重要的影响。隐含技术特征虽未体现在文字记载的权利要求具体技术特征中，但从该技术领域普通技术人员视角来看，却是构成功能性特征所必不可少的技术特征，此时隐含技术特征对专利技术方案起到限定作用，故客观上存在被读入专利权利要求的必要。

有观点认为，在界定专利保护范围时读入功能性特征所包含的隐含技术特征，相当于在功能性特征之上再行增加技术特征，这会破坏专利公示制度

---

❶ 《专利审查指南 2010》第二部分第三章第 2.3 节。

❷ 如石必胜在《隐含特征在权利要求解释中的作用》一文中认为，隐含限定特征是指权利要求中没有文字表述予以限定，但本领域技术人员在阅读说明书和权利要求书之后可以直接地、毫无疑义地确定该权利要求隐含地具有的限定特征，见《中国知识产权》2013 年第 12 期。

并损害社会公众的合理预期和合法权益。对此笔者认为，现代专利制度中，专利公示制度被用来平衡专利权利人权益和社会公众利益。作为无形知识产权中的一种，专利权与其他物权所有权一样，适用物权法的重要原则——公示原则。专利权人对特定技术方案取得对世垄断权的同时，必须通过公示程序让社会公众明晰权利要求所限定的技术方案的权利边界，从而使他人得以在对相关技术的研发过程中进行合理避让或在支付对价的基础上进行二次技术改进，因此专利公示制度是使社会公众获得稳定合理预期的重要保障。而隐含技术特征的读入并非是在解读专利技术方案时另行增加新的技术特征，而是将本来即存在于专利技术方案之中但由于各种原因未以文字方式被载明的特征予以明确，对于该领域普通技术人员而言，并未改变原来的专利技术方案保护之外延。由于专利权利要求所限定的具体技术方案并未因隐含技术特征的明确而发生变化，因此不会影响公众对专利技术方案的合理预期，更不会损害其正当权益。

三、功能性特征中隐含技术特征之认定原则

在对功能性特征中的隐含技术特征进行认定时，应当在符合发明目的的基础上，从本领域普通技术人员的角度出发综合案件相关证据予以严格认定，以平衡保护权利人和社会公众的利益。

（一）严格认定原则

根据《专利法》第五十九条的规定，发明或者实用新型专利权的保护范围以其权利要求的内容为准，说明书及附图可以用于解释权利要求的内容。因此，将未记载在权利要求文字中的隐含技术特征读入专利技术方案，须从必须性和必要性出发进行严格认定。对专利技术方案实现发明目的不可或缺且若缺失会导致发明目的无法实现之特征，应当作为隐含技术特征被纳入权利要求保护范围。如果专利权利要求存在隐含技术特征却未被认定，则权利人将获得额外的法外利益并导致公众利益的损害。反之，如果过度解读权利要求将非隐含技术特征引入专利技术方案，则会导致专利权利要求的保护范围被不当限缩而损害权利人的正当权益。

（二）符合发明目的原则

虽然我国目前尚未将"符合发明目的"的专利权利要求解释原则上升到法律或者司法解释高度，但各级法院在司法实践中已逐步将该原则以文件或

判决的形式予以认定。如上海市高级人民法院《专利侵权纠纷审理指引（2011）》第九条规定，在专利侵权诉讼中，当用说明书及附图解释权利要求时，如果说明书描述的发明目的没有被其他证据推翻，则权利要求的解释应当符合说明书对发明目的的描述。无独有偶，北京市高级人民法院在其《专利侵权判定指南（2017）》第四条中也作了类似规定："在确定专利权保护范围时，不应将不能实现发明目的、效果的技术方案解释到权利要求的保护范围中，即不应当将本领域普通技术人员在结合本领域的技术背景的基础上，在阅读了说明书及附图的全部内容之后，仍然认为不能解决专利的技术问题、实现专利的技术效果的技术方案解释到专利权的保护范围内。"

笔者认为，对功能性特征中存在的隐含技术特征进行认定时，须以是否符合涉案专利发明目的之校验方法进行论证。如果对隐含技术特征的认定与专利发明目的相符，即可以确定其属于能够解决现有技术存在的技术缺陷所必须具备的技术特征，应当被纳入功能性特征的保护范围；反之，如果将未记载在权利要求中的技术特征读入功能性特征并不能实现发明目的，或者反而会阻碍发明目的的实现，此时目的解释逻辑上产生的悖论则应排除隐含技术特征存在之可能性。例如本案中，涉案专利的发明目的之一即是克服现有技术存在的空气在食品制备室内回旋并不能向上导引的技术缺陷，"风扇大于食品制备室上方排出开口"之隐含技术特征是发明目的得以实现所必备的技术特征，将其读入专利技术方案可以保证专利技术方案的完整性；而对于风扇明显小于食品制备室上方排出开口的技术方案，因其使食品制备室内部产生大量乱流或者旋流，明显不能实现涉案专利"热空气在食品制备室中被基本向上导引"之发明目的，属于具有现有技术缺陷之技术方案，因此不应被归入涉案专利权的保护范围。

（三）本领域普通技术人员认定原则

根据《最高人民法院关于审理侵犯专利权纠纷案件应用法律若干问题的解释》第二条的规定，专利权利要求文字的解读主体系本领域的普通技术人员。上海市高级人民法院亦在其发布的《专利侵权纠纷审理指引（2011）》第七条中对功能性特征的解读主体作了进一步明确：权利要求中的某一项特征是否是一项功能性特征的判断主体是所属技术领域的技术人员，法院应当从所属技术领域的技术人员的角度，去判断权利要求中记载该项特征是否描述了实现该特征所述功能的装置结构（或者工艺过程）。由于"本领域普通技术人员"这一概念在专利法和相关司法解释中并无明确定义，属于抽象概念范畴，但个案中又不可避免地需要从该法律拟制主体角度对专利技术方案进行判断，为此司法实务界一致存在诸多探讨。北京市高级人民法院《专利侵权判定指南（2017）》第十二条的规定是目前较具代表性的观点，即本领域普通技术人员能够获知该领域中所有的现有技术，知晓申请日之前该技术领域所有的普通技术知识，并且具有运用该申请日之前常规实验手段的能力。

（四）内部证据优先原则

根据《最高人民法院关于审理侵犯专利权纠纷案件应用法律若干问题的解释》第四条的规定，对于权利要求中以功能或者效果表述的技术特征，人民法院应当结合说明书和附图描述的该功能或者效果的具体实施方式及其等同的实施方式，确定该技术特征的内容。由于隐含技术特征系功能性特征中的组成部分，故应当结合说明书及附图、权利要求书的上下文、专利审查档案、专利审查决定及相关的授权、确权行政判决等材料，从实现发明目的之角度予以综合认定。当根据上述内部证据内容仍无法明确功能性特征中隐含的技术特征具体含义时，可以结合工具书、教科书、权威论著等外部证据的帮助进行综合理解认定。

四、功能性特征包含隐含技术特征时应采用的侵权比对原则

当专利技术方案中的功能性特征包含隐含技术特征时，仍然应当适用专利案件侵权比对的"帝王法则"——"全部覆盖"原则，即审查权利人主张的权利要求所记载的全部技术特征，并将被控侵权产品与专利技术方案的所有技术特征（包括隐含技术特征）进行一一比对。举例而言，如涉案专利权利要求包含技术特征 A、B 和功能性技术特征 C，且功能性技术特征 C 包含隐含技术特征 D。将该隐含技术特征读入权利要求所限定的技术方案，则实质上等同于在原有权利要求技术特征 A + B + C 上再行增加技术特征 D。该读入将使隐含技术特征 D 对原有技术特征 A + B + C 所限定的技术方案的外延被进一步限缩，即专利的保护范围被限定为技术特征 A + B + C + D。只有在被控侵权产品的技术特征完全覆盖了包括隐含技术特征在内的专利所有技术特征时，即覆盖技术特征 A + B + C + D，侵权指控才能成立。如果被控侵权产品覆盖所有专利权利要求文字所载明的技术特征，但缺少前述隐含技术特征或者与其不相同也不等同，即为技术特征 A + B + C 或 A + B + C + E，则侵权指控因缺少实现专利完整技术方案的必要技术特征而无法成立。正如本案中，被控侵权产品未覆盖涉案专利功能性特征"空气导向装置"中"内壁周侧面不透

气"及"风扇大于食品制备室上方排出开口"等隐含技术特征，因此并未构成对涉案专利权的侵害。

（撰写人：上海市高级人民法院　王静）

附图：

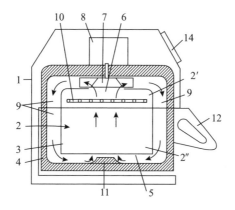

专利附图 1

被控侵权产品

天津长荣科技集团股份有限公司诉唐山先锋印刷机械有限公司申请诉前证据保全损害责任纠纷案

——诉前证据保全损害责任的归责原则及构成要件

【裁判要旨】

专利侵权纠纷中证据保全申请行为是否存在过错的认定，尤其是在侵害发明专利权纠纷案件中的申请保全人责任的认定，应适用侵权责任制度中的一般过错原则，专利被宣告无效并非判断证据保全申请过错的充分要件，而应综合申请人所提基础诉讼的正当性、保全标的物的关联性及保全方式的正当性和必要性等因素来判断保全申请过错的构成要件，如不具备相应要件，则申请人无须承担保全损害赔偿责任。

【关键词】

诉前证据保全损害责任　归责原则　构成要件　专利宣告无效

【合议庭成员】

一审合议庭成员：黄彩丽　曾淑仪　钟　颖

【案件基本信息】

1. 诉讼当事人

原告：唐山先锋印刷机械有限公司（以下简称先锋公司）。

被告：天津长荣科技集团股份有限公司（以下简称长荣公司）。

2. 案件索引

一审：广州知识产权法院（2018）粤 73 民初 749 号

3. 相关法条

《中华人民共和国专利法》第六十七条；《中华人民共和国侵权责任法》第六条；《中华人民共和国民事诉讼法》第八十一条、第一百零五条。

【简要案情】

原告先锋公司向广州知识产权法院提起诉讼，请求法院判令：1. 被告长荣公司赔偿原告先锋公司参展损失费 687755 元；2. 被告长荣公司赔偿原告先锋公司证据保全中被查封设备的款项 3320200 元，并将该设备的所有权移交给被告长荣公司；3. 被告长荣公司承担侵权纠纷律师费、无效宣告程序的律师费 160000 元；4. 被告长荣公司承担本案诉讼费。事实与理由：被告长荣公司在前案中起诉先锋公司侵害其发明专利权，并在该案起诉前申请证据保全，但由于国家知识产权局专利复审委员会（以下简称专利复审委员会）于 2017 年 8 月 30 日对被告长荣公司的涉案专利作出无效宣告，由此，被告长荣公司的专利权应视为自始不存在。被告长荣公司在申请证据保全时未能尽到合理的谨慎和注意义务，主观上存在过错，客观上也造成原告先锋公司因丧失对保全标的货物支配权而导致的收益损失。被告长荣公司提起的专利侵权诉讼及申请证据保全，具有明显的主观恶意，请求法院判如所请。

被告长荣公司辩称：长荣公司在前案（2015）粤知法专民初字第 861 号案件中不存在证据保全错误情形，原告先锋公司的诉讼请求应全部予以驳回。

一审判决认定事实：2015 年 4 月 8 日，长荣公司以先锋公司生产、展销的 CLASSIC 106ST－11 型模切机侵害其 ZL200410093700.6 发明专利权为由，向广东省东莞市中级人民法院申请诉前证据保全，同时提交 2500000 元作为担保。广东省东莞市中级人民法院受理案件后，作出（2015）东中法立保字第 1 号民事裁定书，并于 2015 年 4 月 10 日查封先锋公司放置于广东现代国际展览中心的 CLASSIC 106ST－11 型模切机产品一台。2015 年 4 月 22 日，长荣公司向广州知识产权法院提起诉讼，请求判令先锋公司立即停止生产、销售（包括在国内外展览会许诺销售）、使用侵犯长荣公司专利权的产品并赔偿经济损失 200000 元及维权费用 134696 元，广州知识产权法院于 2015 年 11 月 24 日作出（2015）粤知法专民初字第 861 号民事判决，认定先锋公司的被诉侵权产品落入长荣公司的 ZL200410093700.6 发明专利权保护范围，判令先锋公司立即停止制造、销售及许诺销售侵害长荣公司 ZL200410093700.6 发明专利权的产品，并赔偿经济损失 200000 元及制止侵权行为的合理费用 60000 元。

2016 年 3 月 31 日，先锋公司向专利复审委员会提出对 ZL200410093700.6 号发明专利的无效宣告请求。2016 年 11 月 10 日，专利复审委员会作出第 30419 号《无效宣告请求审查决定书》，维持长荣公司涉案专利有效。

2017 年 1 月 5 日，先锋公司及案外人陈某富分别向专利复审委员会提出对长荣公司涉案 ZL200410093700.6 发明专利的无效宣告请求。2017 年 8 月 30 日，专利复审委员会作出第 33111 号《无效宣告请求审查决定书》，认为前述专利的权利要求 1—11 均不符合《专利法》第二十二条第三款规定的创造性，并宣告长荣公司 ZL200410093700.6 发明专利权全部无效。

【裁判结果】

一审法院裁判理由：原告先锋公司主张被告长荣公司申请诉前证据保全未尽合理谨慎注意义务，主观上存在过错，客观上导致原告损失，故要求被告长荣公司承担赔偿责任。被告长荣公司则抗辩称其并无证据保全错误的情形。因此，本案属申请诉前证据保全损害责任纠纷。《民事诉讼法》第一百零五条规定，申请有错误的，申请人应当赔偿被申请人因保全所遭受的损失。保全申请人是否有过错，不仅取决于其在专利侵权案件中诉讼请求最终是否得到支持，还取决于其保全申请是否存在故意或重大过失。专利侵权案件中的保全申请是否存在故意或重大过失，应根据诉讼请求所依据的权利基础、事实和理由考察其提起的诉讼是否合理，并应结合申请保全的标的物及保全方式等考量其申请证据保全是否适当，是否具有必要性和正当性。结合案件中被保全证据是专利侵权纠纷中所涉设备的事实，判断诉前证据保全的必要性及正当性应考虑以下因素：1. 保全应以制止专利侵权行为为目的，保全的证据与案件主要待证事实具备必要的关联性；2. 被保全证据存在可能灭失或以后难以取得的紧急情形；3. 保全的标的物未超出必要的范围；4. 申请人已提供保全担保；5. 保全申请人在人民法院采取保全措施之日起十五日内提起诉讼。结合本案事实，从上述五个方面进行判断，应认定长荣公司提出（2015）东中法立保字第 1 号案件的证据保全申请具备正当性、必要性且无超出合理范围。由于专利被宣告无效并非证据保全损害责任中归责的充分要件，涉案专利属发明专利，具备一定的稳定性，现有证据不足以证实长荣公司对于涉案发明专利被宣告无效存在主观过错。

裁判结果：广州知识产权法院于 2019 年 3 月 18 日作出（2018）粤 73 民初 749 号民事判决，驳回原告先锋公司的全部诉讼请求。一审宣判后，各方当事人均没有提起上诉，该案一审判决已生效。

【案件评析】

本案为申请诉前证据保全损害责任纠纷，在案件中，以对方当事人在前案中提起侵权诉请的专利权依据被宣告无效为由，要求其承担诉前证据保全损害责任的问题，涉及证据保全过错责任的认定，故对该类问题的解决，应从厘清诉前证据保全损害责任的归责原则和构成要件入手。

一、如何确定证据保全申请不当的归责原则

证据保全申请错误所致责任，尤其是诉前证据保全申请错误所致责任，应如何归责的问题，目前法律并无明确规定，故该类纠纷的归责原则及责任认定，仍应依据相关法律的一般性规定。《中华人民共和国民事诉讼法》第一百零五条规定，申请有错误的，申请人应当赔偿被申请人因保全所遭受的损失。该规定旨在防止当事人滥用诉讼权利，防止通过保全措施不当损害他人合法权益，因此，依据该规定，在申请有过错导致损失的情况下，才需承担赔偿责任，亦即证据保全申请错误所导致的责任仍属过错责任，不属于《中华人民共和国侵权责任法》第七条规定的无过错责任，即不能仅以申请人在专利侵权案件中的诉讼请求是否获得法院支持或申请人提起诉讼的权利依据被在后法律文书认定为无效，而认定证据保全行为构成申请错误并要求申请人承担申请证据保全错误的赔偿责任。

侵权责任的认定，应当适用《中华人民共和国侵权责任法》第六条"行为人因过错侵害他人民事权益，应当承担侵权责任"规定。因此，证据保全申请错误，应适用过错归责原则。一般而言，主观过错，包括故意和过失两种状态。申请人故意或因存在重大过失违反注意义务，均属申请保全人的过错。因此，对于过错的认定，不仅取决于其诉讼请求最终是否得到支持，还取决于其保全申请是否存在故意或重大过失。尤其是在发明专利侵权纠纷案件中的申请保全人是否存在故意或重大过失，应考虑其诉讼请求所依据的权利基础、事实、理由等考量其提起的专利侵权诉讼是否合理，并应结合申请保全的标的物及保全方式等考察其证据保全申请是否适当，是否具有必要性和正当性。申请保全人提起的诉讼具备合理性且申请证据保全具备必要性和正当性的要件，则即使证据保全导致损失，亦不应认定证据保全申请人存在故意或重大过失。

二、如何判断诉前证据保全的正当性基础

对于诉前证据保全，目前在我国专利法和民事诉讼法中均规定有诉前证据保全的申请权。但是，对于如何判断诉前证据保全申请的正当性，则争议较大，尚无定论。《中华人民共和国专利法》第六十七条规定，为了制止专利

侵权行为，在证据可能灭失或者以后难以取得的情况下，专利权人或者利害关系人可以在起诉前向人民法院申请保全证据。人民法院采取保全措施，可以责令申请人提供担保；申请人不提供担保的，驳回申请。人民法院应当自接受申请之时起四十八小时内作出裁定；裁定采取保全措施的，应当立即执行。申请人自人民法院采取保全措施之日起十五日内不起诉的，人民法院应当解除该措施。《中华人民共和国民事诉讼法》第八十一条第二款规定，因情况紧急，在证据可能灭失或者以后难以取得的情况下，利害关系人可以在提起诉讼或者申请仲裁前向证据所在地、被申请人住所地或者对案件有管辖权的人民法院申请保全证据。从上述规定来看，判断诉前证据保全的必要性及正当性，应当结合案件中被保全证据的特性，考量以下因素：证据保全是否以制止专利侵权行为为目的，保全的证据与案件主要待证事实是否具备必要的关联性；被保全证据存在可能灭失或以后难以取得的紧急情形；保全的标的物未超出必要的范围；申请人已提供保全担保；保全申请人在人民法院采取保全措施之日起十五日内提起诉讼等。结合以上要素对案件的证据保全申请是否符合法定的形式要件、具备正当性和必要性且无超出合理范围等问题进行分析。

首先，本案中需判断长荣公司的涉案证据保全申请是否以制止专利侵权行为为目的、保全的证据与案件主要待证事实是否具备必要的关联性。长荣公司与先锋公司之间的（2015）粤知法专民初字第861号案件属于侵害发明专利权纠纷，该案中，先锋公司制造、销售被保全产品的行为是否侵犯长荣公司涉案发明专利权的问题，需通过将被保全产品的技术特征与涉案专利的相应权利要求进行分析比对确定，故应认定被保全产品属于与案件主要待证事实有必要关联性的证据，且其保全目的是为制止专利侵权行为。

其次，关于被保全设备是否存在可能灭失或以后难以取得的紧急情况。长荣公司申请（2015）东中法立保字第1号案证据保全时，先锋公司将其设备放置在"第三届中国广东国际印刷技术展览会"展出，而该设备体积较大，展会时间较短，若未能及时采取保全措施，则该设备存在转移、拆解的较大可能性，并容易导致该设备所使用的技术特征难以固定，故该案确属被保全证据存在可能灭失或以后难以取得的紧急情况。

再次，对标的物的保全申请是否超出合理范围，长荣公司申请对涉案设备整体进行证据保全是否具备合理性。（2015）粤知法专民初字第861号案中，长荣公司涉案专利为一种"自动模切烫印机"，其在该案庭审中明确以权利要求 4 作为专利权保护范围，而权利要求 4 包括纸张输送单元、压印单元和纸张接收单元三部分特征，鉴于上述三个单元共同构成"自动模切烫印机"整体，被保全设备是否同样具备上述特征，需与被保全设备的相应特征进行逐一比对判断，先锋公司也未举证证实上述技术特征所在设备可与被保全整体设备相拆离。因此，长荣公司申请对涉案设备整体进行证据保全具备合理性。

最后，保全申请人是否已按要求提供证据保全的担保，并在法院采取保全措施之日起十五日内提起诉讼。本案中，长荣公司向东莞市中级人民法院提出诉前证据保全申请，经东莞市中级人民法院审查后，长荣公司已按要求提供 250 万元的证据保全担保金，长荣公司的保全申请符合证据保全的形式要件。东莞市中级人民法院于 2015 年 4 月 10 日对涉案设备采取保全措施，长荣公司于 2015 年 4 月 22 日向本院提起被保全设备所涉的专利侵权诉讼，可见长荣公司已于法院采取保全措施之日起十五日内提起诉讼。

三、专利被宣告无效是否为认定证据保全申请错误的充要条件

证据保全制度的目的在于避免证据可能灭失或者以后难以取得，既不同于具有生效裁判提前强制执行功能的行为保全，也不同于具有保障生效判决履行功能的财产保全，证据保全的功能在于固定证据。因此，判断专利侵权纠纷中证据保全申请行为是否存在过错，不应仅以专利被宣告无效作为证据保全中存在主观恶意的判断依据，还应结合考虑专利类型、专利的稳定性及专利被宣告无效的原因等因素，涉案专利被宣告无效并非判断证据保全申请过错的充分要件。

首先，案件所涉专利是否具备稳定性。涉案专利类别属发明专利，且曾在无效宣告审查程序中被维持有效，一般而言，应认定其属于具备一定稳定性的专利。如前所述，涉案发明专利经过实质性审查且经历前两次无效审查程序仍被维持全部有效。即使在专利复审委员会的无效审查程序中，涉案发明专利被宣告无效，并非仅因 CN1302730A"一种烫印模切联动机及其联动方法"专利，而是结合多项发明专利文献认定涉案发明专利权利要求的技术特征缺乏创造性。可见，涉案发明专利并非缺乏稳定性的简单专利。

其次，专利权人对于专利被宣告无效的事由是否应知或明知。本案中，现有证据不足以证实长荣公司对于涉案发明专利被宣告无效存在主观过错。作为涉案发明专利权被宣告无效依据之一的 CN1302730A 发明专利申请文件，

载明的专利权人是天津有恒机械电子有限公司，并非长荣公司；CN1302730A的发明专利申请于 2000 年提出，长荣公司的涉案专利申请日为 2004 年，两专利申请时间间隔较远，现有证据难以认定长荣公司应对其专利权的创造性作出否定性的预见，对长荣公司科以过高的审慎义务也缺乏法律依据。

综上，涉案专利被宣告无效并非判断证据保全申请过错的充分要件，对于具备一定稳定性的发明专利，不宜仅因该专利被宣告无效而认定专利权人为维权所提出的证据保全申请存在过错。

（撰写人：广州知识产权法院　黄彩丽）

深圳来电科技有限公司诉深圳市云充吧科技有限公司侵害实用新型专利权纠纷案

——专利侵权案件审理期间权利要求中部分并列技术方案被宣告无效后的处理

【裁判要旨】

专利侵权诉讼期间，涉案专利权利要求中一个或者多个并列技术方案的对应部分被宣告无效，但其余并列技术方案的对应部分仍维持有效，专利权人依据权利要求仍维持有效的部分继续主张权利的，人民法院可以就宣告无效部分的权利要求驳回起诉，同时就维持有效部分的权利要求进行审理并作出裁判。

【关键词】

实用新型专利　侵权　并列技术方案　专利权部分宣告无效

【合议庭成员】

一审合议庭成员：丘庆均　江剑军　兰诗文

二审合议庭成员：岑宏宇　张宏伟　何　鹏

【案件基本信息】

1. 诉讼当事人

上诉人（原审被告）：深圳市云充吧科技有限公司。

被上诉人（原审原告）：深圳来电科技有限公司。

2. 案件索引

一审：广东省深圳市中级人民法院（2018）粤03民初361号

二审：最高人民法院（2019）最高法知民终350号

3. 相关法条

《最高人民法院关于审理侵犯专利权纠纷案件应用法律若干问题的解释》第七条；《中华人民共和国民事诉讼法》第一百七十条第一款第二项；《最高人民法院关于适用〈中华人民共和国民事诉讼法〉的解释》第三百二十八条。

【简要案情】

在上诉人深圳市云充吧科技有限公司（以下简称云充吧公司）与被上诉人深圳来电科技有限公司（以下简称来电公司）侵害实用新型专利权纠纷案中，涉及专利号为 ZL201520691258.0、名称为"一种移动电源"的实用新型专利（以下简称涉案专利）。来电公司认为，云充吧公司未经许可制造、销售、许诺销售、使用的被诉侵权产品落入涉案专利权利要求8的保护范围，故向广东省深圳市中级人民法院（以下简称一审法院）提起诉讼，请求停止侵害、销毁库存侵权产品及专用模具等，并赔偿经济损失及维权合理开支400万元。云充吧公司辩称，其不存在制造、销售、许诺销售、使用涉案专利的行为，被诉侵权产品均采购自第三方，其不存在生产行为，且只对客户开展被诉侵权产品的租赁业务，不存在销售、许诺销售和使用被诉侵权产品的行为。涉案专利不符合《专利法》第二十二条第三款规定的创造性，云充吧公司已提出无效宣告请求。一审法院经审理查明，来电公司请求保护涉案专利权利要求8，将被诉侵权技术方案与涉案专利请求保护的权利要求进行比对，来电公司认为被诉侵权产品全面覆盖了涉案专利权利要求8的全部技术特征，云充吧公司对来电公司的比对意见无异议。一审法院据此认定被诉侵权技术方案落入权利要求8的保护范围，判决云充吧公司停止侵害、销毁库存侵权产品并赔偿损失及维权合理开支80万元。云充吧公司不服，向最高人民法院提起上诉。云充吧公司上诉认为，涉案专利权利要求8的部分技术方案已被专利复审委员会宣告无效，涉案专利权利要求8中维持有效的部分，其中"包括多组充电输入金属触点"应解释为大于两组，被诉侵权产品仅有两组充电输入金属触点，未落入涉案权利要求8中"包括多组充电输入金属触点"技术特征的保护范围，云充吧公司不构成专利侵权。来电公司辩称，原审判决认定事实清楚，适用法律正确，应予维持。最高人民法院经审理查明，涉案专利权利要求8包含2个并列技术方案，本案一审程序期间，权利要求8中含有技术特征"还包括另一组充电输入金属触点"的并列技术方案对应部分的权利要求被宣告无效，含有技术特征"包括多组充电输入金属触点"的并列技术方案对应部分的权利要求维持有效。来电公司认可被诉侵权产品只有两组充电输入金属触点，但主张与涉案专利权利要求8中"还包括多组充电输入金属触点"技术特征构成等同。

【裁判结果】

来电公司在本案中请求保护的权利要求8包括2个并列技术方案，在涉

— 178 —

及两组充电金属触点的技术方案被宣告无效的情况下，来电公司表示就维持有效的多组充电金属触点的技术方案继续寻求专利权的保护。最高人民法院二审认为，首先，一审法院认定被诉侵权产品具有与权利要求 8 中记载的"还包括另一组充电输入金属触点"的技术方案相同的技术特征，支持了来电公司的侵权主张，但该技术方案在一审期间已经被宣告无效。据此可裁定驳回来电公司基于该被宣告无效的技术方案的起诉。其次，被诉侵权产品中"两组充电输入金属触点"技术特征与涉案专利权利要求 8 中维持有效部分的技术特征不构成相同或等同，未落入涉案专利权的保护范围。最高人民法院判决撤销一审判决，驳回来电公司依据权利要求 8 被宣告无效部分的起诉，驳回来电公司依据涉案专利权利要求 8 被维持有效部分的诉讼请求。

【案件评析】

当事人在专利侵权诉讼中请求保护的权利要求中并列技术方案部分被宣告无效，而专利权人依据该权利要求中维持有效的部分继续主张专利权的保护，对于该种情形应如何妥善处理，司法实践中不无争议。考虑到在上述情形中，专利权利要求的部分并列技术方案仍然有效，专利权人并非完全丧失权利基础，为促进当事人双方侵权纠纷的实质性解决，提高审判质效，对于此类案件不宜采取整体驳回起诉的方式，而应通过更加合乎案件实际、当事人诉请和法律规定的方式方法来进行处理。简言之，对于包含多个并列技术方案的权利要求被宣告部分无效的情形，可驳回当事人基于该被宣告无效的技术方案的起诉，对于未被宣告无效的技术方案仍继续审理，并在查清相关事实的基础上，针对当事人的诉讼请求作出裁判。

一、裁定驳回权利人基于被宣告无效的权利要求的起诉

权利要求中部分并列技术方案被宣告无效的，根据《最高人民法院关于审理侵犯专利权纠纷案件应用法律若干问题的解释（二）》第二条的规定，在侵害专利权诉讼中，既要依法保护专利权人的合法权利，也要避免因专利权的不稳定给当事人及社会公众造成负面影响，以保障正常的市场交易秩序。当权利人在专利侵权诉讼中主张的权利要求被宣告无效的，人民法院可以裁定驳回权利人基于该无效权利要求的起诉，无需等待专利行政诉讼的最终结果，有证据证明宣告上述权利要求无效的决定被生效的行政判决撤销的，权利人可以另行起诉。本案中，一审法院认定被诉侵权产品具有与权利要求 8 中记载的"还包括另一组充电输入金属触点"相同的技术特征，认定被诉侵

权技术方案落入权利要求 8 的保护范围，但在专利侵权诉讼期间，权利要求 8 中含有技术特征"还包括另一组充电输入金属触点"的并列技术方案对应部分的权利要求被宣告无效，来电公司虽不服无效宣告请求审查决定，并依法提起行政诉讼，但由于涉案专利权已处于不稳定状态，依照前述司法解释的规定，一般情况下，可裁定驳回来电公司基于该被宣告无效的权利要求的起诉。

二、对被诉侵权技术方案是否落入维持有效的专利技术方案的保护范围作出实体判决

权利要求书中的独立权利要求应当从整体上反映发明或者实用新型的技术方案，记载解决技术问题的必要技术特征。将多个相对独立的技术特征以并列选择的方式撰写在一个独立权利要求中，应当理解为包括了多个保护范围相互独立的并列技术方案。在进行专利侵权判断时，对于包含多个并列技术方案的一项权利要求，应当将请求保护的权利要求中的并列技术方案以各自的技术方案为单元，分别与被诉侵权技术方案进行单独比对。其中的某个技术方案被宣告无效，不影响其他没有被宣告无效的技术方案的效力。本案中，鉴于涉案专利权利要求 8 已被宣告部分无效，而来电公司表示就维持有效的并列技术方案继续寻求专利权的保护，则应以来电公司坚持选择的维持有效部分的权利要求作为保护范围，对于被诉侵权技术方案是否落入未被宣告无效的专利技术方案的保护范围，继续进行审理。最高人民法院经审理认定被诉侵权产品中"两组充电输入金属触点"的技术特征与来电公司涉案专利权利要求 8 中维持有效的技术方案的对应部分既不相同也不等同，未落入涉案专利权的保护范围，判决驳回来电公司的诉讼请求。

（撰写人：最高人民法院　张宏伟）

仪征市佳和土工材料有限公司与张某武等侵害实用新型专利权纠纷系列案

——统筹协调具有重复诉讼因素的多起关联案件予以集中管辖的适用

【裁判要旨】

权利人基于同一专利权，针对同一被诉侵权产品，向同一被诉侵权产品制造商提起多起专利侵权纠纷案件，以不同使用者实际使用的被诉侵权产品作为各案中主张赔偿的事实依据，且各案中的被诉侵权产品均系在同一时期内制造，各案被诉制造行为实为同一行为，为避免重复判决、实现诉讼经济和保证裁判结果协调，最高人民法院可以视情况指定集中管辖。

【关键词】

实用新型　侵权　重复诉讼　指定管辖　集中管辖

【合议庭成员】

一审合议庭成员：张　涛　杨　剑　王黎明

二审合议庭成员：任晓兰　于志涛　崔　宁

【案件基本信息】

1. 诉讼当事人

上诉人（原审被告）：仪征市佳和土工材料有限公司。

被上诉人（原审原告）：张某武，男，汉族。

原审被告：中交二航局第二工程有限公司。

原审被告：中铁四局集团第一工程有限公司。

2. 案件索引

一审：浙江省嘉兴市中级人民法院（2017）浙04民初76、81号

二审：最高人民法院（2019）最高法知民终447、470号

3. 相关法条

《中华人民共和国民事诉讼法》第三十七条第一款、第一百七十条第一款第（三）项。

【简要案情】

张某武诉称：张某武系名称为"整体式土工格室"的实用新型专利权人，张某武认为，中交二航局第二工程有限公司（以下简称中交二航局二公司）、中铁四局集团第一工程有限公司（以下简称中铁四局一公司）分别在杭州湾大桥北接线（二期）工程 TJ04、TJ06 标段工地上使用的被诉侵权土工格室落入涉案专利权的保护范围，而上述被诉侵权土工格室系仪征市佳和土工材料有限公司（以下简称仪征佳和公司）制造、销售。故张某武主张仪征佳和公司擅自制造、销售及中交二航局二公司、中铁四局一公司擅自使用被诉侵权土工格室的行为侵害了涉案专利权，因使用者不同而分别作为两案诉至浙江省嘉兴市中级人民法院，分别请求判令仪征佳和公司及中交二航局二公司、中铁四局一公司停止侵害并赔偿经济损失。

仪征佳和公司辩称：其具有涉案专利的独占实施权，未侵害涉案专利权。

中交二航局二公司辩称：其不知道侵权事实，且已为被诉侵权产品支付了合理价款，不应承担责任。

中铁四局一公司辩称：被诉侵权产品系经过张某武授权许可，中铁四局一公司作为使用者支付了合理对价，无需承担侵权责任。

浙江省嘉兴市中级人民法院一审查明：张某武系名称为"整体式土工格室"、申请号为 201020130562.5 的实用新型专利的专利权人，该专利申请日为 2010 年 3 月 12 日，授权公告日为 2010 年 10 月 6 日，目前专利权有效。

中交二航局二公司在杭州湾大桥北接线（二期）工程 TJ04 标段工地上使用了被诉侵权土工格室。中交二航局二公司系向案外人浙江吉航工程材料有限公司购买被诉侵权土工格室。根据仪征佳和公司的授权书，浙江吉航工程材料有限公司作为 201020130562.5 号实用新型专利产品的销售商可向杭州湾大桥北接线（二期）工程 TJ04 标段工地供应被诉侵权土工格室产品。

中铁四局一公司在杭州湾大桥北接线（二期）工程 TJ06 标段工地上使用了被诉侵权土工格室。上述土工格室生产厂家为仪征佳和公司。中铁四局一公司系向仪征佳和公司购买。

张某武与仪征佳和公司曾签订落款日期为 2011 年 1 月 1 日的《专利实施许可合同》一份，约定张某武授权仪征佳和公司涉案专利的独占实施权，在专利权有效期限内仪征佳和公司可在全国范围内制造、使用、销售相关专利产品。2016 年 3 月 8 日，安徽省合肥市中级人民法院（以下简称合肥中院）作出 239 号民事判决，认定 2011 年 1 月 1 日签订的《专利实施许可合同》不具有真实性，不能约束张某武与仪征佳和公司之间关于涉案专利实施许可的法律关系。

浙江省嘉兴市中级人民法院一审认为，被诉侵权产品落入了涉案专利权的保护范围，仪征佳和公司现有证据不能证明其具有涉案专利独占实施权，仪征佳和公司擅自制造、销售被诉侵权土工格室产品，中交二航局二公司、中铁四局一公司在其作为承包人负责的施工工地使用被诉侵权土工格室产品，均构成侵权，中交二航局二公司、中铁四局一公司及仪征佳和公司应承担停止侵权行为、赔偿张某武经济损失的法律责任。仪征佳和公司库存的被诉侵权土工格室产品应予销毁。因判令仪征佳和公司停止生产行为足以制止侵权，且张某武也没有举证证明涉案产品制造需要专用模具，故对张某武要求仪征佳和公司销毁模具的主张，不再支持。根据中交二航局二公司、中铁四局一公司的证据能够认定其合法来源抗辩成立，无需承担赔偿责任，其工地使用的被诉侵权土工格室产品已经支付合理对价，无需再行销毁。关于仪征佳和公司应承担的赔偿数额。张某武未能举证证明仪征佳和公司的侵权获利及张某武因侵权所受损失或涉案专利的许可费情况，在此情况下，综合考虑涉案专利为实用新型专利、张某武本案主张的侵权范围为浙江省、仪征佳和公司为生产商、张某武为制止侵权支出了律师费和公证费等因素，在（2017）浙 04 民初 76 号案中确定仪征佳和公司赔偿张某武经济损失 200000 元并赔偿张某武为制止侵权所支出的合理费用 20000 元；在（2017）浙 04 民初 81 案中确定仪征佳和公司赔偿张某武经济损失 100000 元并赔偿张某武为制止侵权所支出的合理费用 20000 元。

仪征佳和公司上诉请求：撤销原审判决并依法改判，一审、二审诉讼费由张某武承担。事实和理由：仪征佳和公司具有涉案专利的独占实施权，其行为未侵害涉案专利权。

张某武辩称：仪征佳和公司与张某武之间不存在实质专利实施许可关系。请求驳回上诉，维持原判。

最高人民法院二审查明：仪征佳和公司在二审庭审中对被诉侵权产品落入涉案专利权的保护范围没有异议。

2011 年 4 月 1 日，仪征佳和公司与张某武签订《合作协议书》，约定仪征佳和公司享有涉案专利产品的生产销售权；张某武不得授权任何第三方生产加工涉案专利产品，张某武保留自己生产的权利；仪征佳和公司向张某武支付涉案专利使用费（含税）0.5 元/平方米（不含张某武自己销售及双方共同销售的部分），每年终结算一次。

2012 年 3 月 11 日，仪征佳和公司与张某武及案外人徐某章等签订《合作协议》，约定三方出资设立淮安市东铁工程材料有限公司（以下简称东铁公司），且自三方合作之日起，三方及其关联公司均不得生产任何土工格室产品，张某武所持有的涉案专利需唯一授权东铁公司生产。

2013 年 9 月 10 日，张某武与仪征佳和公司签订落款日期为 2011 年 1 月 1 日的《专利实施许可合同》，约定张某武授权仪征佳和公司在专利权有效期内在全国范围内制造、使用、销售涉案专利产品，授权性质为独占实施许可。同日，仪征佳和公司向兰州德科工程材料有限公司（以下简称兰州德科公司）出具《承诺书》，载明：仪征佳和公司经张某武及兰州德科公司许可，于 2011 年 4 月 1 日起对涉案专利进行生产销售；仪征佳和公司将继续仅在江苏省范围内生产、销售涉案专利产品，保证不再许可任何第三方加工、销售涉案专利产品，并同意从 2014 年 2 月 1 日起退出合作，届时不再以任何方式生产、销售涉案专利产品或实施涉案专利技术；仪征佳和公司与张某武落款时间为 2011 年 1 月 1 日的《专利权实施许可合同》，仅用于仪征佳和公司配合张某武在合肥中院起诉安徽路桥公司之用，不具有真实性，仪征佳和公司仍按 2011 年 4 月 1 日协议及本承诺内容执行。

张某武与兰州德科公司签订落款时间为 2010 年 10 月 10 日的《专利实施许可合同》，约定兰州德科公司就涉案专利享有独占实施权，有效期为 2010 年 3 月 12 日至 2020 年 3 月 12 日，许可范围为全国。后该合同因另案被申请司法鉴定，司法鉴定科学技术研究所司法鉴定中心于 2017 年 3 月 22 日作出司鉴中心（2016）技鉴字第 1958 号鉴定意见书，认定该合同上兰州德科公司的印文不是在标称日期 2010 年 10 月 10 日形成，而是在 2012 年 9 月 28 日之后形成。还载明"根据现有条件，无法判断检材 1 至检材 4 上打印体字迹形成时间及先后"。其中，检材 4 为本案所涉《承诺书》。

2016 年 3 月 8 日，合肥中院作出 239 号民事判决，认定 2011 年 1 月 1 日签订的《专利实施许可合同》不具有真实性；仪征佳和公司不服 239 号民事判决，上诉至安徽省高级人民法院，安徽省高级人民法院于 2017 年 8 月 30 日作出 674 号民事判决，驳回上诉，维持原判；仪征佳和公司不服 674 号民事判决，向最高人民法院申请再审，最高人民法院于 2017 年 12 月 8 日作出

4812 号民事裁定，驳回仪征佳和公司的再审申请。

张某武诉仪征佳和公司因涉案相同被诉侵权产品侵害涉案相同实用新型专利权的案件有：浙江省嘉兴市中级人民法院（2017）浙 04 民初 76、81 号，内蒙古自治区包头市中级人民法院（2019）内 02 民初 315 号，浙江省宁波市中级人民法院（2018）浙 02 民初 1285 号、（2018）浙 02 民初 2005 号，广西壮族自治区南宁市中级人民法院（2019）桂 01 民初 143 号、柳州市中级人民法院（2016）桂 02 民初 91 号，宁夏回族自治区银川市中级人民法院（2019）宁 01 民初 1254 号、石嘴山市中级人民法院（2017）宁 02 民初 108 - 1 号，新疆维吾尔自治区乌鲁木齐市中级人民法院（2017）新 01 民初 516 号。上述案件中专利权人均为张某武，被诉侵权产品制造商均为仪征佳和公司，因使用者不同而在全国各地形成多起诉讼，并且上述多个案件的起诉立案时间较为接近。

（2017）浙 04 民初 76 号案的一审立案时间为 2017 年 3 月 31 日，张某武对该案被诉侵权产品进行公证保全的时间为 2017 年 2 月 22 日。（2017）浙 04 民初 81 号案的立案时间为 2017 年 4 月 1 日，张某武对该案被诉侵权产品进行公证保全的时间亦为 2017 年 2 月 22 日。浙江省嘉兴市中级人民法院对两案作出一审判决时间均为 2019 年 6 月 17 日。

【裁判结果】

最高人民法院二审认为：根据仪征佳和公司与张某武之间就涉案专利的实施许可签订有《专利实施许可合同》及《合作协议书》，此外，仪征佳和公司与张某武及案外人徐某章签订的《合作协议》中亦涉及仪征佳和公司是否有权实施涉案专利的内容。审理时应当对上述事实进行综合分析之后再对仪征佳和公司是否有权实施涉案专利进行评判。如果仪征佳和公司无权实施涉案专利，则仪征佳和公司制造、销售被诉侵权产品的行为侵害了涉案专利权，其应当承担相应的侵权责任。两案中，专利权人均为张某武，被诉侵权产品制造商均为仪征佳和公司，并且发现被诉侵权行为时间相同，被诉侵权行为基本发生在同一时期，起诉立案时间基本相同，浙江省嘉兴市中级人民法院于同日对两案分别作出一审判决，两案区别仅是被诉侵权产品的使用者不同。而对于权利人以制造商为共同被告，只是使用者不同而分别起诉的案件，不得重复判决同一行为人对同一时期的同一被诉侵权产品重复承担民事责任。权利人针对同一专利权、同一被诉侵权产品，在多个案件中均起诉被诉侵权产品的制造商，主张其制造、销售行为侵害专利权，并以由不同使用者所实际使用的被诉侵权产品作为主张赔偿的事实依据的，该种情况下如果被诉侵权产品系同一时期制造的，则不同案件中被诉的制造行为实为同一行为，法院应在查明相关事实的基础上对相关案件一并予以集中统筹处理，以避免出现重复判决停止侵害及重复计算赔偿数额等问题。而浙江省嘉兴市中级人民法院对两案于同日分别作出了停止侵害及赔偿损失的判决，对仪征佳和公司的责任承担存在重复处理问题。所以，由于浙江省嘉兴市中级人民法院对有关仪征佳和公司是否有权实施涉案专利及责任承担等基本事实认定不清，应撤销原判，发回重审。根据《最高人民法院关于同意杭州市、宁波市、合肥市、福州市、济南市、青岛市中级人民法院内设专门审判机构并跨区域管辖部分知识产权案件的批复》规定，浙江省嘉兴市中级人民法院现已无权管辖专利案件。考虑到张某武与仪征佳和公司在全国有多起因涉案相同被诉侵权产品侵害涉案相同专利权的诉讼情况，为实现诉讼经济，统一裁判标准、避免各地法院重复处理，综合考虑审判资源分布及本案两便需求，将该两案及现查明的其他相关案件一并指定上海知识产权法院管辖。

【案件评析】

本案系最高人民法院知识产权法庭首次以指定管辖的方式发挥"1+76"职能作用，在全国范围内协同处理案件的有益尝试。在本案审理过程中，主要考虑了以下几个问题：第一，两案是否属于重复诉讼；第二，两案是否属于重复处理，包括重复判决停止侵害和重复计算赔偿数额；第三，两案及其他相关案件应否指定管辖。下面就上述问题逐一分析。

一、两案是否属于重复诉讼

《最高人民法院关于适用〈中华人民共和国民事诉讼法〉的解释》第二百四十七条规定："当事人就已经提出诉讼的事项在诉讼过程中或者在裁判生效后再次起诉，同时符合下列条件的，构成重复起诉：（一）后诉与前诉的当事人相同；（二）后诉与前诉的诉讼标的相同；（三）后诉与前诉的诉讼请求相同，或者后诉的诉讼请求实质上否定前诉裁判结果。当事人重复起诉的，裁定不予受理；已经受理的，裁定驳回起诉，但法律、司法解释另有规定的除外。"该两案中，原告相同，均为专利权人张某武；被告中的被诉侵权产品制造商相同，均为仪征佳和公司，被诉侵权产品也相同，但是被告中的被诉侵权产品使用者不同，并且专利权人对两案不同的使用者也均主张其承担侵权责任，专利权人在两案中主张的赔偿数额也不相同。所以，由于两案的当事人不同，诉讼请求也不同，两案不构成重复诉讼。

二、两案是否属于重复处理

虽然两案不构成重复诉讼，但是由于两案发现被诉侵权行为时间相同，被诉侵权行为基本发生在同一时期，起诉立案时间基本相同，浙江省嘉兴市中级人民法院于同日对两案分别作出一审判决，在此种情况下，有可能对被诉侵权产品制造商的责任承担出现重复处理的问题。由于专利权人对制造商的诉求主要为停止侵害及赔偿损失，所以重复处理主要涉及重复判决停止侵害及重复计算赔偿数额两个问题。

（一）重复判决停止侵害

重复判决停止侵害在实务中有多种不同的观点，第一种观点是同一被诉侵权行为即使是在不同的案件中被发现，当针对同一被诉侵权行为的在先判决已经判令停止侵害时，后案中的同一被诉侵权行为只要发生在在先判决之前就不必再行判决停止侵害。第二种观点是只要针对同一被诉侵权行为在先判决已经判令停止侵害，后案中的被诉侵权行为不论是发生在在先判决之前还是之后均不必再行判决停止侵害。第三种观点是针对同一被诉侵权行为不用区分发生时间，只要在不同的案件中发现被诉侵权行为，就可以判决停止侵害，即对禁令可以"三令五申"。第四种观点是应当把重复侵害视为没有执行在先判决，应当把该问题放到执行程序中去解决，而不应当重新提起一个诉。此外，对何谓同一被诉侵权行为也有不同的观点，在专利侵权案件中，有的观点认为前后案均为被诉制造行为，即使被诉侵权产品的技术方案发生变化，诉的仍然是制造行为，所以还是同一被诉侵权行为；另一种观点则认为，由于被诉侵权产品的技术方案发生变化，虽然诉的均为制造行为，但不属于同一被诉侵权行为。

笔者认为，第一，停止侵害系《中华人民共和国侵权责任法》第十五条中规定的首要的承担侵权责任的方式。《〈中华人民共和国侵权责任法〉条文理解与适用》中对侵权责任承担方式中的停止侵害作了如下解读：如行为人的行为正在侵犯他人的权利，则应停止侵害，任何正在实施侵权行为的不法行为人都应立即停止其侵害行为。这种责任方式以侵权行为正在进行中或仍在延续为适用条件，对尚未发生或已经终止的侵权行为不得适用。❶ 可见，我

---

❶ 参见最高人民法院侵权责任法研究小组：《〈中华人民共和国侵权责任法〉条文理解与适用》，人民法院出版社，2010 年版，第 116 页。

国立法司法对停止侵害如何适用的态度是非常明确的。

第二，在专利侵权案件中，同一被诉侵权行为不但包括行为种类还包括行为内容和行为期间，即停止侵害不仅指向何种行为，如制造、销售等行为；还指向行为实施的内容，即被诉侵权技术方案，否则停止侵害的判项不够具体，无法执行，并且对于被诉侵权人来说也极为不公平，不利于合理借鉴和创新；还指向行为实施的期间，一定期间内的行为能够认定为同一行为，如虽然被诉制造行为因使用者不同存在于多个案件中，但由于制造商相同，实际上在一个时期的被诉制造行为系同一行为。而且，由于知识产权侵权判断的复杂性，不可能一开始就认定被诉侵权行为与之前案件中的行为系同一行为，还是要经过审查才能确定，所以不能简单地以被诉行为种类相同即认定系同一被诉侵权行为。

第三，关于上述能否重复判决停止侵害的四种观点分析如下。首先，第一种观点是适当的，第一种观点符合立法本义，并且在目前加大知识产权保护，着力解决维权周期长、赔偿低的大背景下，也便于司法实践操作。如果被诉侵权产品相同且系同一时期内制造的，则不同案件中被诉制造行为实为同一行为，在这些案件中对同一被诉侵权行为当然没有必要重复判决停止侵害，这里的停止侵害对应的是正在进行中的或仍在延续的，但是在这些案件判决之后，如果又发现了被诉侵权行为，就不是同一个时期的行为了，仍然需要再行判决停止侵害。并且，将判决之后发生的侵权行为作为一个新的事实重新判决停止侵害，有助于在后案中认定具有重复侵权的情节，在赔偿数额上进行惩罚性认定，对加大保护有着更为积极的作用。其次，第二种观点不符合立法本义，因为停止侵害不适用于尚未发生的行为。再次，第三种观点也是不适当的，因为虽然是多个案件，但被诉侵权行为是同一个的情况下，没有必要"三令五申"重复判决停止侵害，以维护判决的严肃性。最后，关于第四种观点，虽然《最高人民法院关于适用〈中华人民共和国民事诉讼法〉的解释》第五百二十一条规定，在执行终结六个月内，被执行人或者其他人对已执行的标的有妨害行为的，人民法院可以依申请排除妨害，并可以依照民事诉讼法第一百一十一条规定进行处罚。但《最高人民法院民事诉讼法司法解释理解与适用》明确了适用该条的两种情形：一是再次侵占被腾退不动产的情形；二是被执行人违反容忍义务，强制执行程序排除了其行为结果后，被执行人再次违反容忍义务的情形。❶ 可见，知识产权侵权行为并不符合适用该条的情形。

（二）重复计算赔偿数额

通常情况下，专利权人通过购买侵权产品的方式发现生产商和销售商，进而起诉生产商或一并起诉生产商和销售商。但在某些特殊的产品中，如建设工程中使用的原材料，本案中的土工格室，其不会像普通产品一样有店面进行销售，专利权人无法通过购买的方式取证，而是施工方与制造商签订合同，然后制造商向施工方提供，由施工方在工程中进行使用，专利权人往往会在施工方使用的过程中发现被诉侵权产品，然后对制造商与施工方（使用者）一并提起诉讼。在本案已查明的全国多地相关案件中，专利权人实际上均是以由不同使用者所实际使用的被诉侵权产品作为主张赔偿的事实依据的，即以不同使用者使用被诉侵权产品的数量确定其主张赔偿的数额。这种情况下，专利权人可以在多地相关案件中均获得赔偿。除非，专利权人在一个案件中明确表示，在该案中主张的损失就是全国或是某个范围，该案中的损失主张已经涵盖了其主张的范围内的所有损失，那其在另案中在该范围内再主张其他使用者实际使用的被诉侵权产品所造成的损失，就不再支持。

在专利侵权案件中，由于专利权人的实际损失或侵权人的获利难以查明，法院往往会适用法定赔偿确定赔偿数额，这种确定赔偿数额的方式在处理孤立的一个案件时，没有什么问题。但是在该类系列案件中，由于是同一个被诉侵权行为，在专利权人可以在多地相关案件中均获得赔偿的情况下，该类案件不是孤立的案件，笼统适用法定赔偿的话极易出现多个案件重复计算赔偿数额的情形，导致专利权人获得远远超出其实际损失的赔偿，违反知识产权赔偿的填平原则。所以，在权利人全国多地诉讼维权，尤其是权利人一并起诉制造商和使用者的情况下，鉴于法定赔偿难以准确区分当事人在不同使用者处的实际损失或侵权获利，笼统适用法定赔偿可能会出现重复计算的问题，法院不宜简单适用法定赔偿。在该类案件中，法院应当尽量引导当事人举证证明或者法院主动查明被诉侵权产品的数量、价格、利润等，从而确定专利权人因被侵权所受损失或制造商的侵权获利，并且，由于专利权人往往一并起诉制造商与使用者，上述事实也是能够查明的，特别是在使用者由于

---

❶ 参见沈德咏：《最高人民法院民事诉讼法司法解释理解与适用》，人民法院出版社，2015年3月版，第1379页。

提供合法来源并支付合理对价不承担侵权责任的情况下，使用者也愿意配合法院来查明上述事实。

三、两案及其他相关案件的指定管辖

针对该类案件在上述分析中极易出现的重复处理问题，一个行之有效的办法就是集中管辖，将一类系列案件一并由一个法院集中协调处理。虽然该类案件数量较少的情况下，各个法院通过沟通协调可能也能够避免重复处理的问题，但是如果案件数量较多的情况下，靠各个法院恐怕就难以处理好，极可能出现各地裁判标准不统一的问题，如对侵权的认定不一、使用者责任承担的认定不一，可能会出现矛盾的判决；还会出现当事人全国各地频繁应诉导致的诉累问题；即使各地裁判标准统一，也会出现本文中涉及的重复判决停止侵害及重复计算赔偿数额等问题，特别是计算赔偿数额时如果无法查明实际损失或侵权获利，不得已适用法定赔偿确定赔偿数额时，各个法院各自裁判的话就难免会出现重复计算赔偿数额的情况。即使集中管辖后，仍然不得已适用法定赔偿确定赔偿数额，但此时由于案件集中到一个法院，该法院将统筹多个案件的情况进行法定赔偿的适用，还是能够把重复计算赔偿数额的可能性降到最低。所以，为实现诉讼经济，确保尺度一致，避免重复赔偿，上级法院应当充分发挥统筹协调职能，调整管辖、调度资源，将全部案件集中到一个法院审理。此外，该类系列案件的发现也是有一个过程的，该类案件往往并不是一次涌现出来，很可能是在一个时间段内，专利权人根据其发现使用者施工的情况，陆续起诉。也有可能最初的法院并没有意识到该类案件的特殊性，而是作为一个孤立的案件来处理。此时就需要法院多做一些调查工作，询问一下当事人是否在其他地方还有诉讼，如果在一审时就发现有该类关联案件情况，应当及时上报上级法院，由上级法院决定是否需要指定管辖。如果一审没有发现，上级法院二审审理时发现，上级法院将视情况对已上诉的案件及下级法院一审审理中的案件作出相应处理，统一裁判标准、避免各地法院重复处理、减少当事人诉累。在本案所涉系列案中，综合考虑审判资源分布及两便需求，最高法院依职权将现查明的全国范围内的有关案件全部指定上海知识产权法院审理。

（撰写人：最高人民法院　于志涛）

福建福特科光电股份有限公司诉成都易瞳科技有限公司专利权权属纠纷案
——利用合同技术成果申请专利权的权属认定方法

【裁判要旨】

1. 利用合同技术成果申请专利，专利申请权或专利权的归属应按照《中华人民共和国专利法》第八条的规定，有约定从约定；无约定、约定不明或者专利授权技术方案与合同技术成果有区别的，应当首先判断合同技术成果与专利权利要求书记载的技术方案之异同以及专利的实质性特点；再判断前述两个技术方案的区别更接近专利的实质性特点还是公知技术。原则上，应按照专利实质性特点的完成人认定专利技术的完成人，并据此确认专利权的归属。

2. 合同相对人虽参与了专利技术的开发，但其能够预期并接受专利申请人利用合同技术成果申请专利的，不应当分享专利权。

【关键词】

专利权权属　技术合同　非职务发明　技术成果　实质性特点

【合议庭成员】

一审合议庭成员：钟晞鲲　兰　田　濮家蔚

【案件基本信息】

1. 诉讼当事人

原告：福建福特科光电股份有限公司。

被告：成都易瞳科技有限公司。

2. 案件索引

一审：成都市中级人民法院（2018）川 01 民初 2236 号

3. 相关法条

《中华人民共和国专利法》第六条、第八条；《中华人民共和国专利法实施细则》第十三条。

【简要案情】

原告福建福特科光电股份有限公司（以下简称福特科公司）诉称：2015年8月，被告成都易瞳科技有限公司（以下简称易瞳公司）委托其开发定制化360°全景镜头模组，双方签订了《360°全景镜头模组委托开发协议》（以下简称诉争协议）。诉争协议签订后，福特科公司全面履行了协议并交付了全景镜头模组产品及相关技术资料。2015年9月18日，易瞳公司擅自向国家知识产权局（以下简称国知局）提出包含专利号为 ZL201510600697.0、名称为"全景图像采集装置"的发明专利（以下简称诉争专利）在内的四项专利申请。福特科公司经比对确认，诉争专利系福特科公司履行诉争协议开发完成的技术成果，故诉至法院，请求判令诉争发明专利权归福特科公司所有。

被告易瞳公司辩称：诉争专利是一个系统性的技术方案，诉争协议所约360°全景镜头模组只是诉争专利的一个组成部分，二者并非同一个技术方案。易瞳公司在2015年已初步完成全景镜头产品的前期工作，福特科公司只是其光学供应链公司，对专利技术方案没有创造性贡献，请求驳回福特科公司的诉讼请求。

成都市中级人民法院经审理查明：2015年7月16日至2015年8月7日，福特科公司与易瞳公司为签订诉争协议进行了多次邮件往来。其中，福特科公司向易瞳公司披露了"（光线）通过前后镜头投射到棱镜后统一到一块感光芯片上"的光学思路，并基于成本和工艺考虑，传感器上两个成像面之间的间距要大于0.3mm；易瞳公司答复希望间距尽可能小，并提出了0.2mm的技术要求。

2015年8月17日，易瞳公司（甲方）与福特科公司（乙方）签订诉争协议，约定易瞳公司使用镜头模组、制造镜头模组或申请专利而披露有关保密的技术信息不受保密条款限制。诉争协议附件一展示了全景镜头模组的结构"两组光轴互相重叠的鱼眼镜头模组相对布置在同一光轴两端，二者光心连线的中心设置有棱镜，光轴与棱镜反射面的法线成45°角，成像光信号分别投射到棱镜两侧的反射面"（图1展示）、"一矩形图像传感器靶面有左右两组对称分布的成像圆区域，每一个成像圆区域内有圆心重叠的大小两个圆，小圆视角为190°、大圆视角为220°，靶面中央两个大成像圆外围之间的无效成像区域的宽度小于等于0.3mm"（图2展示）；备注中还载明"靶面中央两个大成像圆外围之间的无效成像区域的宽度小于等于0.3mm"。诉争协议已履行完毕。

2015 年 9 月 18 日，易瞳公司向国知局提出了名称为"全景图像采集装置"的发明专利申请，并于 2018 年 6 月 15 日获得授权，专利号为 ZL201510600697.0，权利要求 1 记载的技术方案为："全景图像采集装置，包括鱼眼镜头模组、图像传感器和信号传输线，其特征在于：所述鱼眼镜头模组有两组，其光轴互相重叠，相对布置在同一光轴两端，两组鱼眼镜头模组光心连线的中心设置有棱镜，棱镜下方有图像传感器，棱镜尖端正对传感器长度 1/2 处，所述光轴与棱镜反射面的法线成 45°角；所述两鱼眼镜头模组的成像光信号分别投射到棱镜两侧的反射面，经反射后同时在同一图像传感器靶面形成左右区成像，图像传感器靶面左右成像区域之间有一条宽度大于 0.1mm、小于 0.3mm 的用于隔离两路光信号之间干扰的过渡带，并且过渡带位置处于棱镜尖端所对的传感器的 1/2 处。"2017 年 9 月 5 日、2017 年 12 月 14 日、2018 年 1 月 30 日国知局三次就诉争专利发出审查意见通知书，将对比文件 1（名称为"新型双向可选择摄像头"发明专利申请、申请公布号为 CN104639818A）公开的技术方案确认为与诉争专利方案最接近的现有技术，并指出诉争专利申请的权利要求 1 与对比文件 1 相比，其区别技术特征为：（1）诉争专利申请为全景图像采集系统，还包括信号传输线，镜头为鱼眼镜；（2）图像传感器靶面左右成像区域之间有一条宽度大于 0.1mm、小于 0.3mm 的用于隔离两路光信号之间干扰的过渡带。第三次审查意见通知书还指出，对比文件 2、对比文件 3 给出了区别技术特征（1）、（2）的技术启示，故专利申请缺乏创造性。易瞳公司对三次审查意见均进行了答复，最终获得了专利授权。

【裁判结果】

成都市中级人民法院认为，诉争协议系技术转化合同，履约完成的技术成果是包含零部件具体形状、尺寸、位置关系、公差配比、工艺要求等技术特征的技术方案。诉争专利技术方案与诉争协议记载的待转化技术方案、履约完成的技术成果均不相同，但其中存在部分相同的技术特征。

根据《专利法》第六条第二款、第八条以及《专利法实施细则》第十三条的规定，除另有约定外，专利申请权或专利权属于完成发明创造的主体，即对发明创造的实质性特点作出创造性贡献的单位或者个人。所谓发明创造的实质性特点，是指对所属技术领域的技术人员来说，发明相对于现有技术具备非显而易见的技术特征，并产生有益的技术效果。国知局三次审查意见对于理解诉争专利的实质性特点具有较强的参考意义。由审查意见可知，诉争专利与现有技术的区别特征中，信号传输线是本领域技术人员的惯用技术手段；对比文件 2 已经披露了两个鱼眼镜头模组相对布置在同一光轴两端的技术特征，则以此替代对比文件 1 中的普通镜头，是本领域技术人员不需要付出创造性劳动就可以联想到的。因此，诉争专利"图像传感器靶面左右成像区域之间有一条宽度大于 0.1mm、小于 0.3mm 的用于隔离两路光信号之间干扰的过渡带，并且过渡带位置处于棱镜尖端所对的传感器的 1/2 处"的技术特征并非公知技术特征，应认定为诉争专利的实质性特点，并且该技术特征由易瞳公司提出。

关于专利权的归属。首先，诉争协议并未明确约定合同技术成果的归属；其次，诉争协议的目标是实现全景镜头模组的工业化生产，易瞳公司也已向福特科公司全额支付了合同款，双方合同目的均已实现。诉争协议的第 11.7 条明确约定易瞳公司有权申请专利，甚至可以使用保密的技术信息，则福特科公司在缔约之时就已明确知晓并接受易瞳公司有利用合同技术成果并添附技术特征申请专利的可能，故易瞳公司申请诉争专利难言恶意。故福特科公司的诉讼请求缺乏事实依据，不予支持。

成都市中级人民法院于 2019 年 12 月 20 日作出（2018）川 01 民初 2236 号民事判决：驳回原告福建福特科光电股份有限公司的全部诉讼请求。宣判后，双方均未上诉。

【案件评析】

一、利用合同技术成果申请专利的权属案件审理思路辨析

随着科学技术的进步和社会分工的细化，多主体合作完成某项技术或产品的开发、改进已经成为常见的技术合作方式。但无论技术合同是否明确约定技术成果的归属，审理因利用合同技术成果申请专利引发的纠纷时，如何认定专利权的归属仍存在诸多问题。其一，合同技术成果的准确内容本就属于比较难以查明的技术事实；其二，专利授权过程中，特别是需要经过实质审查的发明专利授权过程中，申请人对权利要求进行修改也是常见情形。因此，此类案件中往往会出现合同技术成果、专利申请方案、专利授权方案等多个技术方案，且这些技术方案可能存在技术信息包含与被包含、技术概念的上下位择定、技术特征交叉等情况，使得案件的审理思路见仁见智。

第一种审理思路立足于专利制度的先申请原则，即按照《专利法》第九条的规定，同样的发明创造只能授予一项专利权；两个以上的申请人分别就同样的发明创造申请专利的，专利权授予最先申请的人。既然专利的权利范

围以其权利要求书的记载为准，那么只要缺少、增加、变更一项以上的技术特征，二者就已经构成不同的技术方案。又因二者系不同的技术方案，则分别提起专利申请都有获权的可能。故只要专利权利要求书记载的技术方案与合同技术成果不是同一个技术方案，合同技术成果的所有人应只能就自己的技术成果主张权利，而不能就任何其他的技术方案主张权利。这种审理思路的价值取向在于鼓励当事人积极将技术成果向社会公开以换取专有权保护，以专利制度的"秩序"价值和"效率"价值优先。但其不足之处在于，如果专利申请人增减、变更的技术特征是本领域技术人员不需要创造性劳动就能联想到的，则合同技术成果的所有人就在实质上被剥夺了处置自己技术成果的权利。在本案审理的第一阶段，诉辩双方就此展开了激烈争论，易瞳公司认为诉争专利增加了信号传输线这一技术特征，因此是与合同技术成果不同的技术方案，当然不应归福特科公司所有；而福特科公司则强调信号传输线是本领域的惯用技术手段，不应因专利增加了信号传输线就否认福特科公司在专利技术中的创造性贡献。

第二种审理思路是按照《专利法》第八条的规定，除另有约定外，专利申请权或专利权属于其完成人，即从实质上审查专利技术的完成人。但这一审理思路的审理难度以及双方举证责任的增加是显而易见的。再结合《专利法实施细则》第十三条关于"专利法所称发明人或者设计人，是指对发明创造的实质性特点作出创造性贡献的人"的规定，专利实质性特点的查明必然需要在拆分、评价专利技术特征的基础上才能完成，进而据此认定专利的完成人及权利归属。"创造性"是专利的基本特征之一，专利制度的核心就是以公开技术进步换取专有权，因此按照"谁创造谁保护"的原则判断专利权归属更符合专利制度鼓励创新的基本原则，因此除另有约定外，只要对专利的"实质性特点"作出了创造性贡献，就应当认定为专利的完成人，并享有专利权。

最终，本案综合考虑了两种审理思路，确定了逐步推进的审理方案：第一，查明诉争协议履行前的技术背景、履约完成的技术成果、专利申请记载的技术方案、授权专利记载的技术方案的具体内容，特别是四者在技术上的逻辑关系，即不同技术方案是否因上下位技术概念的择定而出现包含与被包含的关系，是否因技术特征的添加、减少、变更而出现技术方案的交叉，是否因实施条件的限制而出现制约等。第二，比对四个技术方案的异同。比对的要点在于厘清专利技术方案与合同技术成果的异同，其中需要关注以下几个问题：（1）比对合同履行前的技术背景与履约完成的合同技术成果的异同，据此判断合同技术成果的完成人；（2）比对专利申请技术方案与合同技术成果的异同，据此判断申请人是否在专利申请中利用了合同技术成果；（3）比对专利申请方案与专利授权方案，据此判断专利授权过程中有无因申请人对权利要求的修改而出现了新的智力劳动成果。第三，认定专利的实质性特点。因认定方法，尚无明确的法律规定，笔者在后文中将作详细论述。第四，判断专利授权方案与合同技术成果的区别更接近公知技术还是专利的实质性特点，并据此认定专利方案的完成人。若二者的区别技术特征均更多来源于公知技术，则这些技术特征的增减、变更无需本领域技术人员的创造性劳动，专利获权的原因在于其中合同技术成果的创造性贡献，此时合同技术成果的完成人应当取得或者分享专利权。相反，若二者的区别技术特征包含了更多的专利实质性特点，则说明合同技术成果并非专利获权的主要原因。第五，判断专利申请行为是否具有恶意。若合同相对人虽参与了专利申请方案的完成，但其能够预期并接受专利申请人利用合同技术成果申请专利的，则合同相对人不应当分享专利权。

本案中采用的审理思路更有针对性地回应了双方的争议焦点：一是无须创造性劳动的技术特征的增减、变更不影响专利权的归属；二是利用合同技术成果申请专利的，若相对人对申请行为可以预见并接受，那么其不应当分享专利权。本案一审宣判后也取得了较好的审理效果，双方均服判息诉。

二、专利实质性特点的判断

"发明创造的实质性特点"是《专利法实施细则》第十三条提出的概念，但目前司法解释并未对其作出明确规定，只有《专利审查指南（2010）》第二部分第四章第2.2节规定："发明有突出的实质性特点，是指对所属技术领域的技术人员来说，发明相对于现有技术是非显而易见的。如果发明是所属技术领域的技术人员在现有技术的基础上仅仅通过合乎逻辑的分析、推理或者有限的试验可以得到的，则该发明是显而易见的，也就不具备突出的实质性特点。"《专利审查指南（2010）》第二部分第四章第3.2.1节还规定："判断发明是否具有突出的实质性特点，就是要判断对本领域的技术人员来说，要求保护的发明相对于现有技术是否显而易见。如果要求保护的发明相对于现有技术是显而易见的，则不具有突出的实质性特点；反之，如果对比的结果表明要求保护的发明相对于现有技术是非显而易见的，则具有突出的实质性特点。"由此可以看出，发明专利的实质性特点就是其与现有技术的区别，并且这种区别并非显而易见。至于如何判断要求保护的发明专利申请相对于现有技术是否显而易见，《专利审查指南（2010）》第二部分第四章第3.2.1.1节还作出了进一步的规定。本案中，诉争专利系发明专利且国知局还三次发出审查意见，三次审查意见和易瞳公司的陈述意见可以较为充分地展示专利技术与现有技术的区别，对于判断诉争专利的实质性特点具有较强的参考意义。最终本案查明"图像传感器靶面左右成像区域之间有一条宽度大于0.1mm、小于0.3mm的用于隔离两路光信号之间干扰的过渡带，并且过渡带位置处于棱镜尖端所对的传感器的1/2处"的技术特征并非公知技术特征，认定其为涉案专利的实质性特点。

但采用此方法判断实用新型专利的实质性特点存在一定的障碍。首先，实用新型专利往往未经实质审查，也不一定有专利权评价报告，由人民法院在个案审理中对其创造性进行审查评价可能超越法官的职权范围；其次，人民法院并无专利检索的数据库，法官也并非技术领域的专业人员，若当事人举证不充分，则更难以辨析实用新型专利获得授权的创造性贡献何在。事实上，本案的另外两起关联案件诉争的正是同源技术方案申请的实用新型专利权。

此外，专利技术应当视为一个整体，无论其中体现实质性特点的技术特征是否由同一主体完成，专利申请文件中的部分信息来源于合同技术成果时，合同技术成果的完成人是否得以据此主张共享专利权，也是本案的争点问题之一。福特科公司认为诉争专利不仅在结构上与合同技术成果几无差异，甚至诉争专利的附图就是福特科公司在履约期间向易瞳公司交付的技术图纸记载的图样，因此诉争专利与诉争协议技术成果同根同源。因此，本案还引入了专利申请行为是否具有恶意这一评价标准。

三、专利申请行为"恶意"的判断

利用合同技术成果申请专利的权属纠纷案件中，专利申请文件记载的技术方案可能是专利代理人或申请人对合同技术成果的翻译，这种"翻译"存在几种可能：第一，专利申请文件记载的技术方案完全照搬合同技术成果，即"代书"；第二，专利申请为获授权抽象提炼出合同技术成果的上位概念，即从实施例变成权利要求书；第三，将合同技术成果作为组件或者部件并增加技术特征，专利申请技术方案成为与合同技术成果相区别的新的技术方案；

第四，将同一合同技术成果拆分成若干专利申请方案。而本案就是前述第三种情形，即专利技术方案对合同技术成果作出取舍后，增加技术特征使得权利要求书记载的保护范围缩小。上述四种情形中，除了理想状态下的第一种情形可以直接认定合同技术成果的完成人就是专利技术的完成人外，另外三种情形都需要回答"利用"合同技术成果申请专利本身是否应当受到限制。

合同技术成果不一定会转化成专利，权利人也可能采用技术秘密的方式予以保护，但是多主体对共同完成之技术成果的处置各执己见时，极易出现部分主体利用合同技术成果申请专利的现象。那么其他参与合同技术成果研发的主体是否应当分享专利权？这种分享在制度上是否利于创新？

笔者认为，越是重大、复杂的技术成果往往越需要多主体的共同参与、分工协作；但是专利权越分散，专利权转让、许可、实施的社会成本反而越高。况且，所有的技术进步都是"巨人的肩膀上迈出的一小步"，但专利制度并非因此就要求所有在后专利都必须与在先专利权人共享。虽然专利制度的归属原则是"谁创造、谁保护"，但同时也规定了"先申请原则"，鼓励及时披露技术进步和"禁止重复授权"用以划分不同专利之间的权利范围。此外，专利权的申请、维持，乃至实施、推广，都需要权利人付出一定的成本，专利制度的设计应当是鼓励社会公众积极、及时地披露技术进步，而不是增加技术分享、实施的成本。因此，除非专利申请行为确有恶意，否则应当尽可能维护专利权的稳定性。

至于"恶意"的认定标准，侧重个案审查，综合当事人主客观情况进行判断。一方面判断增减、变更的技术特征是否需要专利申请人付出创造性劳动，另一方面通过合同目的、合同内容、合同解释、履约行为综合评判缔约双方对于合同技术成果的利用方式有无限制，利用合同技术成果申请专利的行为是否被明确禁止或限制。本案中诉争协议关于合同技术成果的归属约定不明，但未禁止易瞳公司利用技术成果申请专利，相反还明确约定了易瞳公司甚至可以使用履约过程中的保密技术信息申请专利，因此在缔约时福特科公司明确知晓并且接受易瞳公司申请专利的行为。诉争协议的目的就是实现全景镜头模组的工业化生产；作为履约对价，易瞳公司也已向福特科公司全额支付了合同款，双方的合同目的均已实现。因此，易瞳公司的专利申请行为不具有恶意，诉争专利的稳定性不应当被破坏。

综合全案而言，从诉争专利实质性特点的完成人，到双方签约、履约的真实意思表示，福特科公司要求确认诉争专利归其所有的主张，缺乏事实和法律依据，不应支持。本案也为各类技术合作过程中，双方因合同技术成果利用方式而引发争议的类似案件的审理，提供了有益的参考。

（撰写人：成都市中级人民法院　兰田）

东方酵母工业株式会社诉国家知识产权局、李某辉发明专利权无效行政纠纷案

——机理特征对制药用途发明的限定作用

【裁判要旨】

化学产品的用途发明是基于发现产品新的性能，并利用此性能而作出的发明。无论是新产品还是已知产品，其性能是产品本身所固有的，用途发明的本质不在于产品本身，而在于产品性能的应用。如果发明只是对已知的药物用途发现了其作用机理，则该发现应当被归属于科学发现，不能使所述制药用途发明具备新颖性。

【关键词】

物质制药用途发明　无效　新颖性　机理限定

【合议庭成员】

一审合议庭成员：邓　卓　梁　京　高　睿

二审合议庭成员：徐燕如　刘晓梅　凌宗亮

【案件基本信息】

1. 诉讼当事人

上诉人（一审原告）：东方酵母工业株式会社。

被上诉人（一审被告）：国家知识产权局。

一审第三人：李某辉。

2. 案件索引

一审：北京知识产权法院（2016）京 73 行初 3292 号

二审：最高人民法院（2019）最高法知行终 14 号

3. 相关法条

《中华人民共和国专利法》第二十二条第二款。

【简要案情】

东方酵母公司不服国家知识产权局专利复审委员会（以下简称专利复审委员会）作出的第 28123 号《无效宣告请求审查决定书》（以下简称被诉决定），向一审法院提起诉讼称：专利号为 200880101327.0、名称为"新的骨量增加药"的发明专利（以下简称本专利）权利要求 1 的第（1）组技术方案相对于证据 1 具有新颖性。且权利要求 2—4 中援引权利要求 1 的部分相对于证据 1 具备创造性；专利复审委员会对权利要求 1 的技术方案（4）的审查是否存在程序错误。请求撤销被诉决定，并判令专利复审委员会重新作出决定。

专利复审委员会辩称：被诉决定认定事实清楚，适用法律法规正确，审理程序合法，审查结论正确。东方酵母公司的诉讼理由不能成立，请求法院驳回东方酵母公司的诉讼请求。

第三人李某辉述称：同意专利复审委员会的意见。被诉决定认定事实清楚，适用法律正确，应当予以维持。请求法院驳回东方酵母公司的全部诉讼请求。

一审法院审理查明，本专利的申请日为 2008 年 6 月 5 日，授权公告日为 2013 年 1 月 2 日，专利权人为东方酵母公司，最早优先权日为 2007 年 6 月 5 日。本专利授权公告的权利要求书为：

"1. 作用于成骨细胞或能分化成成骨细胞的细胞并促进成骨细胞或能分化成成骨细胞的细胞的分化、增殖、成熟或钙化的化合物在制备用于治疗或预防骨量减少相关骨代谢疾病的药物中的用途，所述化合物选自：RANK、RANK 片段肽、OPG、OPG 的片段肽、抗 RANKL 抗体或其功能性片段、由 SEQ ID NO：7 或 SEQ ID NO：16 所示氨基酸序列组成的肽，或包含 SEQ ID NO：7 或 SEQ ID NO：16 所示氨基酸序列的肽和 GST 或 IgG1 的 Fc 区的融合蛋白。

2. 权利要求 1 的用途，其中所述骨量减少相关骨代谢疾病选自骨质疏松症、青少年骨质疏松症、骨发育障碍、高钙血症、甲状旁腺机能亢进症、骨软化症、骨质缺乏、溶骨性骨病、骨坏死、佩吉特病、类风湿性关节炎、因骨关节炎引起的骨量减少、炎症性关节炎、骨髓炎、糖皮质激素治疗、转移性骨病、牙周骨丢失、因癌症引起的骨丢失和因衰老引起的骨丢失。

3. 权利要求 1 或 2 的用途，其还包含应用 BMP 家族成员。

4. 权利要求 1—3 中任一项的用途，其中所述能分化成成骨细胞的细胞选自成骨细胞前体细胞、间充质干细胞、基质细胞和成肌细胞。"

针对本专利，李某辉于 2015 年 7 月 23 日向专利复审委员会提出了无效宣告请求，其理由为本专利权利要求 1—4 不符合《专利法》第二十二条第二款和第三款的规定，其提交了如下证据。

证据 1：公开号为 US2005/0089522A1 的美国专利申请公开文本，公开日为 2005 年 4 月 28 日，英文复印件 18 页及相关内容中文译文 4 页。证据 1 公开了给予可溶形式的 RANK 和其他 RANK 拮抗剂，比如拮抗的单克隆抗体，可用于抑制 RANK 诱导的破骨细胞生成的目的。在各种发生过量骨丢失的疾病状态中抑制破骨细胞生成是可取的，所述疾病的例子包括骨质疏松症、佩吉特氏病和各种癌症（参见证据 1 第 0035 段）。证据 1 还公开了可溶形式的 RANK 包含 RANK 的细胞外结构域或者可结合 RANKL 的片段。RANK 的融合蛋白可用于制备可溶形式的 RANK。所述融合蛋白的例子包括 RANK/Fc 融合蛋白。其他抑制 RANK 与 RANKL 相互作用的拮抗剂（例如，RANKL 的抗体，小分子）也会应用在本发明方法里（参见证据 1 第 0007 段）。

证据 2：公开号为 US2003/0100488A1 的美国专利申请公开文本，公开日为 2003 年 5 月 29 日，英文复印件 29 页及相关内容中文译文 2 页。证据 2 公开了一种新的多肽因子——护骨素 OPG，它在体内和体外负向调节破骨细胞的形成。OPG 显著增加了转基因小鼠的骨密度。OPG 显著降低了大鼠的骨减少程度（第 0004 段）。证据 2 还公开了本发明提供了特异性结合 OPG 结合蛋白的抗体或其片段。OPG 结合蛋白激动剂和拮抗剂调节破骨细胞形成和骨吸收，可用于治疗以骨吸收发生变化为特征的骨疾病，例如骨质疏松症、高血钙症、由关节炎引起的骨减少、不动性疾病、牙周病、佩吉特氏病、骨骼石化和假肢松动等（第 0009、0011 段）。OPG 结合蛋白的拮抗剂可特别用于骨质减少的治疗（第 0062 段）。

证据 3：公开号为 US6682739B1 的美国专利申请授权公告文本，公开日为 2004 年 1 月 27 日，英文复印件 29 页及相关内容中文译文 6 页。证据 3 公开了治疗患有以骨丢失为特征的疾病的个体的方法。给予所述个体一定量的 TRANCE/RANK 抑制剂，所述一定量的 TRANCE/RANK 抑制剂可以有效抑制破骨细胞生成和/或破骨细胞功能，从而减少骨损失的量，即治疗有效量（说明书第 3 栏第 55—59 行）。证据 3 还公开了下文描述的肽有抑制破骨细胞生成和/或破骨细胞功能的作用。通过抑制破骨细胞生成和/或破骨细胞的作用，能减少或甚至阻止骨侵蚀，并能减少骨丢失。患有以骨减少为特征的疾病的患者可通过给予有效剂量的抑制破骨细胞生成和/或破骨细胞功能的化合物而得到治疗。此外，被鉴定为以骨减少为特征的疾病易感患者能通过给予有效剂量的抑制破骨细胞生成和/或破骨细胞功能的化合物而得到预防性的治疗（说明书第 5 栏第 28—39 行）。在示例性的肽和肽类似物中，证据 3 还公开了与权利要求 1 中 SEQ ID NO：7 和 16 所示氨基酸序列的肽完全相同的 WP9QY 和 WP9Q 肽的序列 SEQ ID NO：15 和 13（说明书第 24 栏第 43 行—第 25 栏第 24 行表 2 以及序列表中的序列 13 和 15），其中 WP9QY 不仅能干扰 TNF 及其受体相互作用，还能干扰 RANK 配体/RANK 相互作用，由此降低这个细胞因子的破骨细胞生成潜能（实施例 1）。

证据 4：Drugs of the Future，Vol. 30，No. 3，公开日 2005 年，封面页、目录页、第 237—239 页，复印件共 5 页及相关内容中文译文 2 页。

2016 年 1 月 11 日，专利复审委员会作出被诉决定，宣告本专利权全部无效。主要理由为，权利要求 1 请求保护作用于成骨细胞或能分化成成骨细胞的细胞并促进成骨细胞或能分化成成骨细胞的细胞的分化、增殖、成熟或钙化的化合物在制备用于治疗或预防骨量减少相关骨代谢疾病的药物中的用途。根据说明书中描述，结合双方当事人在口头审理时的认定，权利要求 1 所述的化合物分为 4 组：（1）RANK、RANK 片段肽、抗 RANKL 抗体或其功能性片段；（2）OPG、OPG 的片段肽；（3）由 SEQ ID NO：7 或 SEQ ID NO：16 所示氨基酸序列组成的肽；（4）包含 SEQ ID NO：7 或 SEQ ID NO：16 所示氨基酸序列的肽和 GST 或 IgG1 的 Fc 区的融合蛋白。

对于化学产品的医药用途权利要求，形式为"化合物 X 作为制备治疗 Y 病药物的应用"，其技术特征包括"化合物 X""制备特征"以及"疾病特征"，判断此类权利要求是否具备新颖性，需要将上述三个技术特征与现有技术的相应技术特征进行对比。对于该类权利要求中的其他技术特征，如果没有体现出对化合物 X、疾病特征以及产品制备特征的影响，则对医药用途权利要求不具备限定作用，不能使该发明相对于现有技术具备新颖性。

将权利要求 1 中第（1）组技术方案与证据 1 中的技术方案对比，第（2）组技术方案与证据 2 中的技术方案对比，第（3）组技术方案与证据 3 中的技术方案对比，可见，权利要求 1 中的第（1）组技术方案的"RANK、RANK 片段肽、抗 RANKL 抗体或其功能性片段"在证据 1 中被公开，第（2）组技术方案的"OPG、OPG 的片段肽"在证据 2 中被公开，第（3）组的"由 SEQ ID NO：7 或 SEQ ID NO：16 所示氨基酸序列组成的肽"在证据 3 中被公开，并且证据 1、证据 2、证据 3 分别公开了所述化合物都可用于治疗或预防骨减少（即骨量减少）相关骨代谢疾病。对于权利要求 1 中所限定的机理，根据本领域的公知常识，骨量是通过骨吸收和骨形成（成骨作用）之间的平衡来维持。破骨细胞负责骨吸收（其破坏骨），成骨细胞负责骨形成。骨量的增加可通过两种方法。一种是通过抑制破骨细胞的形成或活性来抑制骨吸收，另一种是通过增强成骨细胞的增殖或分化来增强骨形成。通过抑制骨吸收来增加骨量或者通过增强骨形成来增加骨量，客观上最终起到的效果都是用于治疗或预防骨量减少相关骨代谢疾病这一相同的疾病，无法将二者从治疗效果上加以区分。即使如东方酵母工业株式会社所言，认为权利要求 1 和证据 1—3 的作用机理不同，权利要求 1 作用于成骨细胞或能分化成成骨细胞的细胞并促进成骨细胞或能分化成成骨细胞的细胞的分化、增殖、成熟或钙化，而证据 1—3 都是作用于破骨细胞，抑制骨吸收的作用机制。但是如上所述，权利要求 1 中记载的化合物本身是现有技术，且都是用于治疗或预防骨量减少相关骨代谢疾病，本专利实质上是发现了一种已知化合物已知医药用途具有新的作用机制，而非发现了新的医药用途，在化合物和所治疗的具体适应症相同的前提下，所述机理限定不会导致化合物的改变，因此权利要求 1 包含上述化合物在制备用于治疗或预防骨量减少相关骨代谢疾病的药物中的用途的技术方案［第（1）—（3）组技术方案］已完全被证据 1、证据 2、证据 3 公开，使得权利要求 1 不具备《专利法》第二十二条第二款规定的新颖性。

权利要求 1 中第（4）组技术方案为包含 SEQ ID NO：7 或 SEQ ID NO：16 所示氨基酸序列的肽和 GST 或 IgG1 的 Fc 区的融合蛋白的制药用途，证据 1 在公开上述内容的同时，还公开了 OPG 和 RANK 具有相似的对 RANKL 的结合亲和力，证实 RANK 以与 OPG 类似方式作为破骨细胞活性的抑制剂的效用（参见第 0038 段）。此外，证据 1 还公开了 RANK 融合蛋白可用于制备可溶形式的 RANK，RANK 融合蛋白进一步包含与免疫球蛋白 Fc 区连接的 RANK 的氨基酸序列。一个例示的 Fc 区是具有 SEQ ID NO：3 所示的氨基酸序列的人 IgG1。Fc 区的片段和 Fc 突变蛋白都可用（参见第 0014 段）。由此可见，RANK 融合蛋白包含了 IgG1 的 Fc 区。

权利要求 1 中第（4）组技术方案与证据 1 相比，区别在于权利要求 1 要求保护"包含 SEQ ID NO：7 或 SEQ ID NO：16 所示氨基酸序列的肽和 GST 或 IgG1 的 Fc 区的融合蛋白"及其用于治疗或预防骨减少相关骨代谢疾病，而证据 1 公开了 RANK 和 IgG1 的 Fc 区融合蛋白，而没有公开 SEQ ID NO：7

或 SEQ ID NO：16 所示氨基酸序列的肽和 GST 或 IgG1 的 Fc 区融合蛋白。

如上述权利要求 1 新颖性评述，证据 1 公开了所述融合蛋白的例子包括 RANK/Fc 融合蛋白（参见证据 1 第 0007 段），而证据 3 还公开了与权利要求 1 中 SEQ ID NO：7 和 16 所示氨基酸序列的肽完全相同的 WP9QY 和 WP9Q 肽的序列 SEQ ID NO：15 和 13（说明书第 24 栏第 43 行—第 25 栏第 24 行表 2 以及序列表中的序列 13 和 15），而抗体融合技术是本领域的常规技术，GST（谷胱甘肽 S 转移酶）融合表达系统广泛应用于各种融合蛋白的表达，GST 融合蛋白是本领域很常见的融合蛋白，本领域技术人员有动机在证据 1 和 3 的基础上得到包含 SEQ ID NO：7 或 SEQ ID NO：16 所示氨基酸序列的肽和 GST 或 IgG1 的 Fc 区的融合蛋白，并且可以预料其同样可用于治疗或预防骨减少相关骨代谢疾病，且在医药用途上它们并未显示出其取得了意想不到的效果。因此，权利要求 1 中第（4）组技术方案相对于证据 1 和 3 的结合不具备突出的实质性特点和显著的进步，不具备《专利法》第二十二条第三款所规定的创造性。

在权利要求 1 不具备新颖性或创造性的基础上，专利复审委员会对本专利从属权利要求 2、3、4 结合对比证据审查后，认定其均不具备《专利法》第二十二条第三款规定的创造性。

【裁判结果】

一审法院认为，本案争议焦点在于：专利复审委员会对本专利权利要求 1 的第（4）组技术方案的审查是否存在程序错误；本专利的新颖性或创造性问题。

一、关于程序问题

本案中，本专利权利要求 1 在限定所保护的技术方案时，采用多个"或者"串联了几个技术特征，单从文字来看确实包含了多个技术方案的组合。为了能够更清楚、方便地进行阐述，李某辉在提出无效宣告请求时，将该权利要求所限定的技术方案划分为（1）、（2）、（3）、（4）四组技术方案并明确了相应的具体内容。对（1）、（2）、（3）组技术方案的划分，本案当事人并未提出异议。李某辉将本专利权利要求 1 的第（4）组技术方案理解为"GST 或 IgG1 的 Fc 区融合蛋白的用途"，专利复审委员会认为李某辉对权利要求 1 中第（4）组技术方案的划分是错误的，权利要求 1 中的第（4）组技术方案应为"包含 SEQ ID NO：7 或 SEQ ID NO：16 所示氨基酸序列的肽和 GST 或

IgG1 的 Fc 区融合蛋白的用途"。在此基础上，专利复审委员会依据纠正后的理解进行审查并作出了被诉决定。就此，东方酵母公司认为，专利复审委员会违反了《专利审查指南 2010》第四部分第三章第 4.1 节之规定："在无效宣告程序中，专利复审委员会通常仅针对当事人提出的无效宣告请求的范围、理由和提交的证据进行审查，不承担全面审查专利有效性的义务。专利复审委员会作出宣告专利权部分无效的审查决定后，当事人未在收到该审查决定之日起三个月内向人民法院起诉或者人民法院生效判决维持该审查决定的，针对该专利权的其他无效宣告请求的审查以维持有效的专利权为基础。请求人在提出无效宣告请求时没有具体说明的无效宣告理由以及没有用于具体说明相关无效宣告理由的证据，且在提出无效宣告请求之日起一个月内也未补充具体说明的，专利复审委员会不予考虑。"专利复审委员会将证据 1 与证据 2、3 的结合变更为证据 1 与证据 3 的结合，属于不同的证据组合方式，会导致无效理由不一样。

对此，一审法院认为，李某辉在提出无效宣告请求时，明确主张权利要求 1 整体相对于证据 1 结合证据 2、3 不具备创造性，权利要求 1 相对于证据 1 和 4、证据 2 和 4 以及证据 3 和 4 的结合不具备创造性。为了能够更清楚、方便地进行阐述，李某辉将该权利要求所限定的技术方案划分为（1）、（2）、（3）、（4）四组技术方案并明确了相应的具体内容。在无效宣告申请审理中，专利复审委员会认为，李某辉将本专利权利要求 1 的第（4）组技术方案理解为"GST 或 IgG1 的 Fc 区融合蛋白的用途"是错误的，权利要求 1 中的第（4）组技术方案应为"包含 SEQ ID NO：7 或 SEQ ID NO：16 所示氨基酸序列的肽和 GST 或 IgG1 的 Fc 区融合蛋白的用途"。对于专利复审委员会对权利要求 1 中的第（4）组技术方案的划分，东方酵母公司和李某辉亦持同样观点。在上述正确划分的基础上，在无效宣告口头审理过程中，东方酵母公司和李某辉均就此进行了答辩和陈述。

由上可见，将第（4）组技术方案"GST 或 IgG1 的 Fc 区融合蛋白的用途"更正为"包含 SEQ ID NO：7 或 SEQ ID NO：16 所示氨基酸序列的肽和 GST 或 IgG1 的 Fc 区融合蛋白的用途"，是对技术方案划分明显错误的更正，并没有得出新的技术方案。而且，李某辉在无效宣告请求书中提到"权利要求 1 整体相对于证据 1 结合证据 2 和 3 不具备创造性"，并在相应证据中列举了"融合蛋白"等具体出处，专利复审委员会将权利要求 1 中的第（4）组技术方案与证据 1 与证据 3 的结合相对比，没有产生新的无效宣告理由和证据。

而本案在评述本专利是否具备创造性时，减少一个对比文件证据 2 对作为专利权人的东方酵母公司并无任何不利影响，且李某辉对此又并未提出异议，也未产生新的无效宣告理由。因此，专利复审委员会在将本专利权利要求 1 中的第（4）组技术方案 "GST 或 IgG1 的 Fc 区融合蛋白的用途" 更正为 "包含 SEQ ID NO：7 或 SEQ ID NO：16 所示氨基酸序列的肽和 GST 或 IgG1 的 Fc 区融合蛋白的用途" 的基础上评述其创造性，并无不当。东方酵母公司就此的相关主张，一审法院均不予支持。

二、关于新颖性或创造性问题

《专利法》第二十二条第二款规定的新颖性，是指在申请日以前没有同样的发明或者实用新型在国内外出版物上公开发表过、在国内公开使用过或者以其他方式为公众所知，也没有同样的发明或者实用新型由他人向国务院专利行政部门提出过申请并且记载在申请日以后公布的专利申请文件中。

如果以机理限定的制药用途发明涉及的产品与现有技术相同，而且机理限定不能将所治疗的疾病与现有技术产品所针对的疾病区别开来，则所述制药用途发明不具备新颖性。

《专利法》第二十二条第三款规定的创造性，是指同申请日以前已有的技术相比，该发明有突出的实质性特点和显著的进步，该实用新型有实质性特点和进步。

评价一项发明是否具备创造性时，应将其与最接近的现有技术比较以确定区别技术特征和实际解决的技术问题，然后考察现有技术整体上是否给出了将上述区别技术特征应用到该最接近的现有技术以解决其存在的技术问题的启示。如果现有技术中存在这种启示，并且所获得的发明的技术效果是可以预料的，则该发明不具备创造性。

本专利权利要求 1 请求保护作用于成骨细胞或能分化成成骨细胞的细胞并促进成骨细胞或能分化成成骨细胞的细胞的分化、增殖、成熟或钙化的化合物在制备用于治疗或预防骨量减少相关骨代谢疾病的药物中的用途。根据说明书中的描述，结合双方当事人在口头审理时的认定，权利要求 1 所述的化合物分为 4 组：（1）RANK、RANK 片段肽、抗 RANKL 抗体或其功能性片段；（2）OPG、OPG 的片段肽；（3）由 SEQ ID NO：7 或 SEQ ID NO：16 所示氨基酸序列组成的肽；（4）包含 SEQ ID NO：7 或 SEQ ID NO：16 所示氨基酸序列的肽和 GST 或 IgG1 的 Fc 区的融合蛋白。

关于权利要求 1 的第（1）组技术方案相对于证据 1 是否具备新颖性或创造性的问题，本案中，东方酵母公司认为，本专利权利要求 1 的技术方案（1）相对于证据 1 具有新颖性。上述技术方案有 "作用于成骨细胞或能分化成成骨细胞的细胞分化、增殖、成熟或钙化的化合物" 的限定，因此该方案保护的仅为作用于成骨细胞的抗 RANKL 抗体，并非所有抗 RANKL 抗体。证据 1 公开的是抗 RANKL 抗体这一上位概念，但没有公开具有本专利权利要求 1 限定的上述性质的抗 RANKL 抗体这一下位概念。

对此，一审法院认为，对于化学产品的医药用途权利要求，形式为 "化合物 X 作为制备治疗 Y 病药物的应用"，其技术特征包括 "化合物 X" "制备特征" 以及 "疾病特征"，判断此类权利要求是否具备新颖性，需要将上述三个技术特征与现有技术的相应技术特征进行对比。对于该类权利要求中的其他技术特征，如果没有体现出对化合物 X、疾病特征以及产品制备特征的影响，则对医药用途权利要求不具备限定作用，不能使该发明相对于现有技术具备新颖性。

根据本案已经查明的事实可知，证据 1 中说明书第 0035 段公开了可溶形式的 RANK 和其他 RANK 拮抗剂，比如拮抗的单克隆抗体，可用于抑制 RANK 诱导的破骨细胞生成的目的。在各种发生过量骨丢失的疾病状态中抑制破骨细胞生成是可取的，所述疾病包括骨质疏松症、佩吉特氏病等。说明证据 1 公开了 RANKL 的抗体作用于破骨细胞生成，也即说明抗 RANKL 抗体这个化合物已经在证据 1 中公开，作用于破骨细胞的用途也已经公开。而且，成骨与破骨作用是处于平衡状态的，很难严格区分，证据 1 还公开了所述化合物都可用于治疗或预防骨减少（即骨量减少）相关骨代谢疾病。对于权利要求 1 中所限定的机理，根据本领域的公知常识，骨量是通过骨吸收和骨形成（成骨作用）之间的平衡来维持的。破骨细胞负责骨吸收（其破坏骨），成骨细胞负责骨形成。骨量的增加可通过两种方法：一种是通过抑制破骨细胞的形成或活性来抑制骨吸收，另一种是通过增强成骨细胞的增殖或分化来增强骨形成。通过抑制骨吸收来增加骨量或者通过增强骨形成来增加骨量，客观上最终起到的效果都是用于治疗或预防骨量减少相关骨代谢疾病这一相同的疾病，无法将二者从治疗效果上加以区分。即使如东方酵母公司所言，认为权利要求 1 和证据 1 的作用机理不同，权利要求 1 作用于成骨细胞或能分化成成骨细胞的细胞并促进成骨细胞或能分化成成骨细胞的细胞的分化、增殖、成熟或钙化，而证据 1 是作用于破骨细胞抑制骨吸收的作用机制。但是如上所述，权利要求 1 中记载的化合物本身是现有技术，且都是用于治疗或预防骨量减少相关骨代谢疾病，本专利实质上是发现了一种已知化合物已知医药用途具有新的作用机制，而非发现了新的医药用途，在化合物和所治疗的具体适应症相同的前提下，所述机理限定不会导致化合物的改变，可见，将权利要求 1 中第（1）组技术方案与证据 1 中的技术方案对比，权利要求 1 中的第（1）组技术方案的"RANK、RANK 片段肽、抗 RANKL 抗体或其功能性片段"在证据 1 中被公开。因此，权利要求 1 包含上述化合物在制备用于治疗或预防骨量减少相关骨代谢疾病的药物中的用途的第（1）组技术方案已完全被证据 1 公开，使得权利要求 1 中的第（1）组技术方案不具备《专利法》第二十二条第二款规定的新颖性。

同上理，因为权利要求 1 中的第（2）组技术方案的"OPG、OPG 的片段肽"在证据 2 中被公开，权利要求 1 中的第（3）组技术方案的"由 SEQ ID NO：7 或 SEQ ID NO：16 所示氨基酸序列组成的肽"在证据 3 中被公开，故权利要求 1 中的第（2）、（3）组技术方案分别相对于证据 2、3 亦不具备《专利法》第二十二条第二款规定的新颖性。

此外，权利要求 1 中的第（4）组技术方案与证据 1 相比，区别在于权利要求 1 要求保护"包含 SEQ ID NO：7 或 SEQ ID NO：16 所示氨基酸序列的肽和 GST 或 IgG1 的 Fc 区的融合蛋白"及其用于治疗或预防骨减少相关骨代谢疾病，而证据 1 公开了 RANK 和 IgG1 的 Fc 区融合蛋白，而没有公开 SEQ ID NO：7 或 SEQ ID NO：16 所示氨基酸序列的肽和 GST 或 IgG1 的 Fc 区融合蛋白。根据查明事实可知，证据 1 公开了所述融合蛋白的例子包括 RANK/Fc 融合蛋白（参见证据 1 第 0007 段），而证据 3 还公开了与权利要求 1 中 SEQ ID NO：7 和 16 所示氨基酸序列的肽完全相同的 WP9QY 和 WP9Q 肽的序列 SEQ ID NO：15 和 13（说明书第 24 栏第 43 行—第 25 栏第 24 行表 2 以及序列表中的序列 13 和 15），而抗体融合技术是本领域的常规技术，GST（谷胱甘肽 S 转移酶）融合表达系统广泛应用于各种融合蛋白的表达，GST 融合蛋白是本领域很常见的融合蛋白，本领域技术人员有动机在证据 1 和 3 的基础上得到包含 SEQ ID NO：7 或 SEQ ID NO：16 所示氨基酸序列的肽和 GST 或 IgG1 的 Fc 区的融合蛋白，并且可以预料其同样可用于治疗或预防骨减少相关骨代谢疾病，且在医药用途上它们并未显示出其取得了意想不到的效果。因此，权利要求 1 中第（4）组技术方案相对于证据 1 和 3 的结合不具备突出的实质性特点和显著的进步，不具备《专利法》第二十二条第三款所规定的创造性。

一审法院判决：驳回东方酵母公司的诉讼请求。

东方酵母公司不服一审判决，上诉请求：撤销一审判决，改判撤销专利复审委员会作出的被诉决定，判令国家知识产权局重新作出审查决定。事实和理由：被诉决定对于权利要求1的技术方案（1）和技术方案（4）在事实认定和法律适用方面存在错误。

第一，被诉决定没有考虑本专利权利要求1限定的特征"作用于成骨细胞或能分化成成骨细胞的细胞并促进成骨细胞或能分化成成骨细胞的细胞的分化、增殖、成熟或钙化的"，违反了权利要求解释中的"全部技术特征"规则，对本专利权利要求1中抗RANKL抗体或其功能性片段的用途的技术方案的新颖性得出了错误结论。根据本专利说明书实施例，权利要求1中涉及抗RANKL抗体或其功能性片段的技术方案的保护范围仅仅覆盖了具有上述限定性质的抗RANKL抗体或其功能性片段的用途，而不覆盖不具有该性质的抗RANKL抗体或其功能性片段的用途。对比文件1没有公开具有本专利权利要求1限定的上述性质的抗RANKL抗体。显然，对比文件1公开的是抗RANKL抗体这一上位概念，但没有公开具有本专利权利要求1限定的上述性质的抗RANKL抗体这一下位概念，也没有公开落入本专利权利要求1所述抗RANKL抗体范围的任何具体抗体。因此，本专利权利要求1的技术方案（1）中的抗RANKL抗体或其功能性片段的用途相对于对比文件1具有新颖性，符合《专利法》第二十二条第二款的规定。基于同样的理由，本专利权利要求2—4中涉及抗RANKL抗体或其功能性片段的用途的技术方案具有创造性，符合《专利法》第二十二条第三款的规定。

第二，被诉决定对于技术方案（4）的审查超越了法定职权，违反了《专利审查指南2010》第四部分第三章第4.1节的规定。专利复审委员会至少存在下述程序错误：1. 专利复审委员会对于技术方案（4）保护范围的解释与无效请求人不同，对于解释的技术方案（4）的范围，无效请求人没有提出过任何无效理由，在此基础上，专利复审委员会自行对技术方案（4）进行评述并宣告其无效显然超出了无效宣告请求的范围。2. 无效宣告请求中关于技术方案（4）的理由中，能够考虑的只有：相对于对比文件1没有新颖性和创造性。而专利复审委员会在无效决定中对技术方案（4）的理由为相对于对比文件1与对比文件3的结合没有创造性。无效决定对于技术方案（4）的理由和证据显然超出了无效宣告请求的理由和证据。基于同样的理由，对于权利要求2—4中涉及技术方案（4）的技术方案，无效决定也同样存在上述程序错误。

国家知识产权局辩称：一审判决认定事实清楚、适用法律法规正确、审理程序合法，请求依法驳回东方酵母公司的上诉请求，维持一审判决、被诉决定。理由为：1. 权利要求1中记载的化合物本身是现有技术，且都是用于治疗或预防骨量减少相关骨代谢疾病，涉案专利实质上是发现了一种已知化合物已知医药用途具有新的作用机制，而非发现了新的医药用途，在化合物和所治疗的具体适应证相同的前提下，所述机理限定不会导致化合物的改变，可见，将权利要求1中的技术方案（1）与证据1对比，其中"RANK、RANK片段肽、抗RANKL抗体或其功能性片段"在证据1中被公开。因此，权利要求1包含上述化合物在制备用于治疗或预防骨量减少相关骨代谢疾病的药物中的用途的技术方案（1）已完全被证据1公开，使其不具备《专利法》第二十二条第二款规定的新颖性。2. 无效请求人李某辉在提出无效宣告请求时，明确主张权利要求1整体相对于证据1结合证据2、3不具备创造性，权利要求1相对于证据1和4、证据2和4以及证据3和4的结合不具备创造性。为了能够更清楚、方便地进行阐述，其将该权利要求所限定的技术方案划分为（1）—（4）四组技术方案并明确了相应的具体内容。在无效宣告申请审理中，专利复审委员会认为，李某辉将本专利权利要求1的技术方案（4）理解为"GST或IgG1的Fc区融合蛋白的用途"是错误的，权利要求1中的技术方案（4）应为"包含No：7或No：16所示氨基酸序列的肽和GST或IgG1的Fc区融合蛋白的用途"。对于专利复审委员会对权利要求1中的技术方案（4）的划分，东方酵母公司和李某辉亦持同样的观点。在上述正确划分的基础上，在无效宣告口头审理过程中，东方酵母公司和李某辉均就此进行了答辩和陈述。由此可见，将技术方案（4）"GST或IgG1的Fc区融合蛋白的用途"更正为"包含No：7或No：16所示氨基酸序列的肽和GST或IgG1的Fc区融合蛋白的用途"，是基于本领域技术人员对技术方案的客观理解和认定，对技术方案划分明显错误的更正，并没有得出新的技术方案。而且，李某辉在无效宣告请求书中提到"权利要求1整体相对于证据1结合证据2和3不具备创造性"，并在相应证据中列举"融合蛋白"等具体出处，专利复审委员会将权利要求1中的技术方案（4）与证据1与证据3的结合相对比，没有产生新的无效宣告理由和证据。而本案在评述本专利是否具备创造性时，减少一个对比文件证据2对专利权人并无任何不利影响，且李某辉对此又并未提出异议，也未产生新的无效宣告理由。因此，专利复审委员会在对本专利权利要求1中的技术方案（4）予以更正的基础上评述其创造性，并无不当。

最高人民法院二审认为，本案的争议焦点问题有两个：一是专利复审委员会作出的被诉决定是否存在程序错误；二是本专利权利要求 1 是否具备新颖性。

首先，专利复审委员会作出的被诉决定是否存在程序错误。

本案中，东方酵母公司主张被诉决定存在程序错误，主要理由有两点：一是专利复审委员会对权利要求 1 第（4）组技术方案的解释与无效请求人不同，存在超请求范围审查情形；二是专利复审委员会认为权利要求 1 第（4）组技术方案相对于证据 1 和 3 的结合不具备创造性，存在超请求理由和证据审查情形。国家知识产权局则抗辩称专利复审委员会对权利要求 1 第（4）组技术方案的划分，是对请求人技术方案划分明显错误的更正，并没有得出新的技术方案；而且，李某辉在无效宣告请求书中提到"权利要求 1 整体相对于证据 1 结合证据 2 和 3 不具备创造性"，并在相应证据中列举"融合蛋白"等具体出处，专利复审委员会将权利要求 1 第（4）组技术方案与证据 1 与证据 3 的结合相对比，没有产生新的无效宣告理由和证据。对此，最高人民法院认为，首先，专利复审委员会对权利要求 1 第（4）组技术方案的解释并未超出李某辉请求范围。李某辉在无效宣告请求书中已明确提出了"权利要求 1 整体相对于证据 1 结合证据 2 和 3 不具备创造性"，并说明了相应理由和对比证据，专利复审委员会对李某辉关于权利要求 1 第（4）组技术方案划分的明显错误予以更正，不属于超请求范围审查。其次，专利复审委员会援引证据 1 和证据 3 评述权利要求 1 第（4）组技术方案的创造性，是建立在李某辉无效宣告请求书中已列明权利要求 1 不具备创造性的理由和证据基础上的，并未产生新的无效宣告理由和证据。最后，针对专利复审委员会更正的权利要求 1 第（4）组技术方案，东方酵母公司和李某辉在无效宣告口头审理过程中，均进行了答辩和陈述。综上，李某辉无效宣告请求书并不足以证明专利复审委员会存在程序错误，东方酵母公司关于专利复审委员会违反《专利审查指南2010》第四部分第三章第 4.1 节规定的主张缺乏事实和法律依据，不能成立。

其次，本专利权利要求 1 是否具备新颖性。

本案中，东方酵母公司上诉主张本专利权利要求 1 第（1）组技术方案中涉及抗 RANKL 抗体或其功能性片段的用途的技术方案具有新颖性，相应地，权利要求 2—4 中涉及抗 RANKL 抗体或其功能性片段的用途的技术方案具有创造性。国家知识产权局则抗辩称"抗 RANKL 抗体或其功能性片段"在证据

1 中被公开。权利要求 1 中记载的化合物本身是现有技术，且都是用于治疗或预防骨量减少相关骨代谢疾病，涉案专利实质上是发现了一种已知化合物已知医药用途具有新的作用机制，而非发现了新的医药用途，在化合物和所治疗的具体适应症相同的前提下，所述机理限定不会导致化合物的改变。

最高人民法院认为，《专利审查指南 2010》在关于化学领域发明专利申请审查的若干规定中明确，化学产品的用途发明是基于发现产品新的性能，并利用此性能而作出的发明。无论是新产品还是已知产品，其性能是产品本身所固有的，用途发明的本质不在于产品本身，而在于产品性能的应用。因此，用途发明是一种方法发明，其权利要求属于方法类型。当发明的实质及其对现有技术的改进在于物质的医药用途，申请人在申请专利权保护时，应当按照《专利审查指南 2010》的相关规定，将权利要求撰写为制药方法类型权利要求，并以与制药相关的技术特征，对权利要求的保护范围进行限定。即实践中，化学产品的医药用途发明通常以"化合物 X 作为制备用于治疗 Y 病药物的应用"或类似的制药用途权利要求的形式予以保护。由此，以作用机理限定的物质制药用途发明，在对比文件没有公开作用机理但公开了药物用途具体针对的适应症，或者虽然公开了作用机理但该作用机理与涉案发明的作用机理不同的情况下，如果发明只是对已知的药物用途发现了其作用机理，则该发现应当被归属于科学发现，不能使所述制药用途发明具备新颖性。如果作用机理的限定使得药物用途与对比文件相比产生了实质性差异，则所述制药用途发明具备新颖性。

本案中，东方酵母公司主张本权利要求 1 第（1）组技术方案具有新颖性的理由为：其中所涉"抗 RANKL 抗体或其功能性片段"为"作用于成骨细胞或能分化成成骨细胞的细胞并促进成骨细胞或能分化成成骨细胞的细胞的分化、增殖、成熟或钙化的化合物"所限定，即权利要求 1 中涉及抗 RANKL 抗体或其功能性片段的技术方案的保护范围仅仅覆盖了具有该性质的抗 RANKL 抗体或其功能性片段的用途，而不覆盖不具有该性质的抗 RANKL 抗体或其功能性片段的用途。因此，本专利权利要求 1 所涉"抗 RANKL 抗体或其功能性片段"系证据 1 所涉"抑制 RANK 与 RANKL 相互作用的拮抗剂（例如，RANKL 的抗体，小分子）"的下位概念，具有新颖性。经审查，最高人民法院认为，东方酵母公司上述主张不能成立。理由为：

首先，证据 1 公开了"抑制 RANK 与 RANKL 相互作用的拮抗剂（例如，RANKL 的抗体，小分子）"在制备用于治疗或预防骨量减少相关骨代谢疾病的药物中的用途，即本专利权利要求 1 所涉"抗 RANKL 抗体或其功能性片段"化合物及其医药用途均已被公开。在此情形下，东方酵母公司主张的上述物质性能限定不会也不可能赋予"抗 RANKL 抗体或其功能性片段"这一已知化合物特定属性，也不会改变其物质结构，从而使其在医药用途上与证据 1 相比具有实质性差异。本领域技术人员不能据此将本专利的制药用途与现有技术的制药用途区别开。

其次，证据 1 公开的"抑制 RANK 与 RANKL 相互作用的拮抗剂（例如，RANKL 的抗体，小分子）"虽指向其具有抑制 RANK 诱导的破骨细胞生成（抑制骨吸收）的作用，看似与东方酵母公司上述物质性能限定（促进骨生成）有所不同，但不论抑制骨吸收还是促进骨生成，其化合物应用均为治疗或预防骨量减少相关骨代谢疾病，骨吸收和骨生成通常又处于平衡状态，相同医疗用途以及骨吸收和骨生成之间的共轭关系使得东方酵母公司主张的物质性能限定对已知化合物的划分并无实际意义。

最后，东方酵母公司上述物质性能限定（促进骨生成）无法排除同时具有抑制 RANK 诱导的破骨细胞生成（抑制骨吸收）作用的抗 RANKL 抗体化合物涵盖其中，从而使得其划分边界亦不清晰，该物质性能限定本身无法与证据 1 公开的"抑制 RANK 与 RANKL 相互作用的拮抗剂（例如，RANKL 的抗体，小分子）"区分开，东方酵母公司关于本专利权利要求 1 所涉"抗 RANKL 抗体或其功能性片段"系证据 1 所涉"抑制 RANK 与 RANKL 相互作用的拮抗剂（例如，RANKL 的抗体，小分子）"的下位概念不能成立。

综上，东方酵母公司关于本专利权利要求 1 所涉"作用于成骨细胞或能分化成成骨细胞的细胞并促进成骨细胞或能分化成成骨细胞的细胞的分化、增殖、成熟或钙化的"限定对本专利权利要求不具实质性限定作用，本专利权利要求 1 第（1）组技术方案中涉抗 RANKL 抗体或其功能性片段的用途的技术方案已被证据 1 公开，不具备《专利法》第二十二条第二款规定的新颖性。

相应地，在权利要求 1 所涉抗 RANKL 抗体或其功能性片段化合物在制备用于治疗或预防骨量减少相关骨代谢疾病的药物中的用途的技术方案不具备新颖性的基础上，东方酵母公司关于本专利权利要求 2—4 中涉及抗 RANKL 抗体或其功能性片段的用途的技术方案具有创造性的主张亦明显缺乏事实和法律依据，不能成立。

综上所述，东方酵母公司的上诉请求不能成立，应予驳回；一审判决认定事实清楚，适用法律正确，应予维持。最高人民法院二审判决：驳回上诉，维持原判。

【案件评析】

本案的特别之处在于，在对涉及化学产品的医药用途发明的新颖性审查过程中，应如何判断和认定机理特征对于制药方法的限定作用。

一、关于制药用途发明的撰写方式和新颖性审查标准

我国《专利法》规定，对疾病的诊断和治疗方法不授予专利权。在我国，物质的医药用途如果应用于疾病的诊断和治疗，则属于《专利法》明确排除的可授予专利权的主题，但是如果它们用于制造药品，则可依法被授予专利权。对此，《专利审查指南 2010》作了如下规定：物质的医药用途如果以"用于治病""用于诊断病""作为药物的应用"等这样的权利要求申请专利，则属于《专利法》第二十五条第一款第（三）项"疾病的诊断和治疗方法"，因此不能被授予专利权；但是由于药品及其制备方法均可依法授予专利权，因此物质的医药用途发明以药品权利要求或者"在制药中的应用""在制备治疗某病的药物中的应用"等属于制药方法类型的用途权利要求申请专利，则不属于《专利法》第二十五条第一款第（三）项规定的情形。上述的属于制药方法类型的用途权利要求可撰写成"化合物 X 作为制备治疗 Y 病药物的应用"或与此类似的形式。该权利要求撰写方式被业内通称为药品制备方法类型的"瑞士型权利要求"。自 1993 年我国开始授予医药用途专利权开始，至今一直沿用该撰写方式。

在专利领域，将过去从未被用于治疗疾病的某种已知物质或者组合物用于治疗某种疾病称为第一医药用途发明，将过去已经用于治疗某种疾病的某种已知物质或者组合物用于治疗另一种疾病称为第二医药用途发明。瑞士型权利要求最早是为了对第二医药用途发明进行有效保护而提出的。根据《专利审查指南 2010》的规定，当物质 X 是一种已知物质，发明点在于用它来治疗一种疾病时，则无论是第一医药用途发明还是第二医药用途发明，在我国都只能撰写药品制备方法类型的权利要求。故而，如何认定写入瑞士型权利要求中的各类技术特征对于制药方法是否具有限定作用是评判制药用途发明新颖性的关键。

《专利审查指南 2010》对于化学产品医药用途发明的新颖性，提出了具体的审查指引：①新用途与原已知用途是否实质上不同。仅仅表述形式不同

而实质上属于相同用途的发明不具备新颖性。②新用途是否被原已知用途的作用机理、药理作用所直接揭示。与原作用机理或者药理作用直接等同的用途不具有新颖性。③新用途是否属于原已知用途的上位概念。已知下位用途可以破坏上位用途的新颖性。④给药对象、给药方式、途径、用量及时间间隔等与使用有关的特征是否对制药过程具有限定作用。仅仅体现在用药过程中的区别特征不能使该用途具有新颖性。

人民法院亦在审判实践中不断明确制药用途发明新颖性的审查规则。如2012 年，最高人民法院在再审申请人卡比斯特制药公司（以下简称卡比斯特公司）与被申请人专利复审委员会发明专利权无效行政纠纷案 [（2012）知行字第 75 号] 中明确了对制药方法发明不具有限定作用的特征：如果权利要求中不产生特定毒副作用的特征没有改变药物已知的治疗对象和适应症，也未发现药物的新性能，不足以与已知用途相区别，则其对权利要求请求保护的医药用途发明不具有限定作用；用药过程的特征对药物制备过程的影响需要具体判断和分析；仅体现于用药行为中的特征不是制药用途的技术特征，对权利要求请求保护的制药方法本身不具有限定作用。

本案也是遵循相同的审查思路对制药用途发明的新颖性问题进行评判。

二、机理特征对于制药用途发明的限定作用

本案中，针对机理限定问题，专利复审委员会在被诉决定中指出：对于化学产品的医药用途权利要求，形式为"化合物 X 作为制备治疗 Y 病药物的应用"，其技术特征包括"化合物 X""制备特征"以及"疾病特征"，判断此类权利要求是否具备新颖性，需要将上述三个技术特征与现有技术的相应技术特征进行对比。对于该类权利要求中的其他技术特征，如果没有体现出对化合物 X、疾病特征以及产品制备特征的影响，则对医药用途权利要求不具备限定作用，不能使该发明相对于现有技术具备新颖性。人民法院对专利复审委员会该审查逻辑予以确认，进而明确指出：化学产品的用途发明是基于发现产品新的性能，并利用此性能而作出的发明。无论是新产品还是已知产品，其性能是产品本身所固有的，用途发明的本质不在于产品本身，而在于产品性能的应用。由此，以作用机理限定的物质制药用途发明，在对比文件没有公开作用机理但公开了药物用途具体针对的适用症，或者虽然公开了作用机理但该作用机理与涉案发明的作用机理不同的情况下，如果发明只是对已知的药物用途发现了其作用机理，则该发现应当被归属于科学发现，不

能使所述制药用途发明具备新颖性。如果作用机理的限定使得药物用途与对比文件相比产生了实质性差异，则所述制药用途发明具备新颖性。

具体到本案，人民法院结合已知化合物的公开情形、相同的医疗用途以及本专利机理限定撰写的自身缺陷，层层剥离掉本专利机理限定的技术特征外衣，认定其对本专利权利要求不具有实质性限定作用。

此外，本案还涉及对专利复审委员会依职权审查程序的确认，专利复审委员会发现无效请求人对权利要求技术方案的划分存在明显错误，可依职权予以纠正。专利无效审查应当针对正确的技术方案，而不是理解错误的技术方案。专利复审委员会在本领域普通技术人员正确理解权利要求技术内容的基础上，纠正无效请求人对技术方案划分的明显错误，并在正确划分的基础上对无效请求人主张无效的权利要求进行审查，属于依职权纠错，不违反《专利审查指南2010》关于"专利复审委员会不承担全面审查专利有效性义务"的相关规定。

（撰写人：最高人民法院　刘晓梅）

北京百度网讯科技有限公司诉国家知识产权局、第三人北京搜狗科技发展有限公司发明专利权无效行政纠纷案

——以实物主张现有技术使用公开的认定

【裁判要旨】

当事人以实物主张现有技术使用公开的，应当明确其所主张的是该实物承载的哪个技术方案，并证明或充分说明公众通过该实物能够直观地获得该技术方案。只要该技术方案采用一定的技术手段，达到了一定的技术效果，其就应当被视为"确定"的技术方案。

【关键词】

现有技术　使用公开　技术内容　确定的技术方案

【合议庭成员】

一审合议庭成员：卓　锐　曹军庆　贺志鹏

二审合议庭成员：王　闯　李　剑　刘晓军

【案件基本信息】

1. 诉讼当事人

原告：北京百度网讯科技有限公司。

被告：国家知识产权局。

第三人：北京搜狗科技发展有限公司。

2. 案件索引

一审：北京知识产权法院（2018）京 73 行初 5086 号

二审：最高人民法院（2019）最高法知行终 1 号

3. 相关法条

《中华人民共和国专利法》第二十二条第一款、第三款、第五款。

【简要案情】

本专利为专利号为 200810116190.8、名称为"一种输入过程中删除信息的方法及装置"的发明专利，申请日为 2008 年 7 月 4 日，授权公告日为 2011 年 9 月 28 日，专利权人为北京搜狗科技发展有限公司（以下简称搜狗公司）。

针对本专利，北京百度网讯科技有限公司（以下简称百度公司）向原国家知识产权局专利复审委员会（以下简称专利复审委员会）提出无效宣告请求，先后提交了附件 1、证据 1—12。其中，证据 1′、3、4、5、6（以下简称争议证据）系飞利浦 9@9r 手机、夏新 A8 手机、三星 SGH－S508 手机、摩托罗拉 W161 手机、松下 X77 手机的输入法方案。

专利复审委员会举行口头审理，百度公司对争议证据中的飞利浦 9@9r 手机、夏新 A8 手机进行了实际操作演示，以证明上述手机中的输入法实现了与本专利相似的某种功能。

专利复审委员会作出第 35082 号审查决定（以下简称被诉决定），认为：争议证据只能证明上述手机中的输入法可以实现某种功能，但不能进一步证明，上述手机的后台程序和手机硬件如何配合以及具体采用何种技术方案来实现该功能，因此，争议证据没有清楚地公开完整的技术方案，不予采用；百度公司提出的所有无效理由均不能成立。故决定维持本专利权有效。

百度公司不服被诉决定，向一审法院诉称：第一，争议证据应予以采用；第二，本专利不具备创造性。请求法院撤销被诉决定，并判令国家知识产权局重新作出决定。

被告国家知识产权局、第三人搜狗公司均认为：被诉决定相关认定正确，请求法院驳回百度公司的诉讼请求。

一审法院认为：争议证据已经公开了确定的技术方案，被诉决定相关认定有误；本专利具备创造性。一审法院判决：撤销被诉决定；国家知识产权局重新作出审查决定。

百度公司上诉称：本专利不具备创造性。搜狗公司上诉称：争议证据不应予以采用。国家知识产权局辩称：争议证据不应予以采用；本专利具备创造性。

【裁判结果】

最高人民法院认为：争议证据已经公开了确定的技术方案，一审法院相关认定并无不当；本专利具备创造性。

最高人民法院判决：驳回上诉，维持原判。

【案件评析】

一、关于"现有技术"

《专利法》第二十二条第五款规定："本法所称现有技术，是指申请日以前在国内外为公众所知的技术。"在这里，现有技术的概念采用了属加种差定义法。"技术"是其"邻近的属概念"；"申请日以前在国内外为公众所知"则是其"种差"，即现有技术与"其他技术"的区别。

这里的"申请日以前"，是指被现有技术评价新颖性和创造性的发明或者实用新型（下称涉案专利）的申请日（有优先权的，指优先权日）以前。

这里的"在国内外为公众所知"，从"所知"的方式来看，包括出版物公开、使用公开、以其他方式公开；从"所知"的具体表现来看，是指处于能够为公众获得的状态，包括"已为公众所知"和"尚未但能为公众所知"。本案二审判决认为，现有技术的公开通常强调的是公开状态或结果，而不是公开方式。无论何种方式公开，都应以公众为判断主体标准。所谓"为公众所知"是指处于公众想得知就能得知的状态，并不意味着公众实际上已经确定知晓该技术方案。

这里的"技术"的含义，《专利审查指南2010》第二部分第三章第2.1节有"技术内容""包含有能够使公众从中得知实质性技术知识的内容"等具体表述。本文认为，某种意义上可以说，本案中争议证据能否作为本专利的现有技术的争议焦点，根源就在于各方当事人对"技术"这一词汇的不同理解，即内容公开到何种程度才叫"技术"。

本案一审判决认为，就专利权无效宣告程序中的现有技术而言，何谓公开了"确定"的技术方案，相关法律法规并无明确规定。但从现有技术的定义中"技术"这一含义相对宽泛的措辞就不难看出，一项技术能否成为现有技术，更重要的在于其能否满足"在申请日之前"和"为公众所知"两个条件，而对其中相关技术内容的公开程度并无严格要求。

本案一审判决并就上述观点作出学理上的解释。在专利权无效宣告程序中，请求人选择哪些现有技术对涉案专利权发起挑战，实质上是在行使其依法享有的请求权，只要其选择的现有技术满足"在申请日之前"和"为公众所知"两个条件，行政机关和司法机关均应予以充分尊重，并在此基础上进行审查判断。事实上，如果请求人选择的现有技术公开的技术内容不足以否定专利权的新颖性和创造性，此系请求人理应承担的相应法律后果，于各方当事人权益均无损害。从这个角度上看，对于现有技术对相关技术内容的公开程度也不应设定过高要求。因此，只要现有技术公开的技术方案采用一定的技术手段，达到了一定的技术效果，其就应当被视为"确定"的技术方案。

关于专利审查中的现有技术，按思维步骤来看，现有技术的确认（符合现有技术的定义）是第一步，现有技术的使用（用以评价涉案专利的新颖性和创造性）是第二步。在第二步中，一项现有技术即使只公开了少量技术内容，也可能对涉案专利的新颖性产生影响，也可能成为涉案专利最接近的现有技术，也可能给出将区别技术特征应用到涉案专利最接近的现有技术以解决其存在的技术问题的启示。在其他应有条件均有的情况下，一项现有技术所公开的技术内容，无论是多是少，都会在也应在第二步中予以考量。因此，在专利审查实践中，没有必要，也不应当将第二步的事情倒放在第一步中来做。

二、关于"使用公开"

虽然专利审查实践中绝大多数现有技术为公众所知的方式是出版物公开（容易给人一种"现有技术都是书面的对比文件"的错觉），但含使用公开在内的其他公开方式亦不应被忽视。

根据《专利审查指南2010》第二部分第三章第2.1.2.2节，使用公开，是指由于使用而导致技术方案的公开（这里的"公开"似乎应采用狭义概念，因为广义的"公开"已经包含了后述情形），或者导致技术方案处于公众可以得知的状态。使用公开的方式包括能够使公众得知其技术内容的制造、使用、销售、进口、交换、馈赠、演示、展出等方式。使用公开以公众能够得知该产品或方法之日为公开日。

另外值得注意的是，现有技术始终是一个相对概念。其相对性不仅体现在相对于涉案专利是否属于"现有"，还体现在相对于涉案专利是否构成"技术"。可以说，没有涉案专利，就没有现有技术判断之必要；没有涉案专利，就无从判断是否是现有技术。而在使用公开的情形中，由于所使用的实物客观上往往承载了多个技术方案，现有技术的这种相对性体现得尤为明显。如本案二审判决所言，判断某一技术是否构成以使用方式公开的现有技术，不能脱离涉案专利的技术方案。对于不同的技术方案，同一证据是否构成现有技术的结论可能不同。

在涉及使用公开的专利无效宣告程序中，请求人的举证责任具有一定的特殊性。概括来说，用以证明使用公开的证据，需满足以下三个层次的要求：

第一，作为证据的层次：符合证据"三性"。

如本案一审判决所言，本身要满足真实性、合法性、关联性的要求。

第二，作为现有技术证据的层次：符合现有技术的定义。

如本案一审判决所言，应当包含相关技术内容，且上述技术内容处于公众想得知就能够得知的状态，同时处于该状态的时间早于涉案专利申请日。

第三，作为使用公开的现有技术证据的层次：以实物主张使用公开的，需"指明"所使用的实物中承载的技术方案。

当事人据以证明使用公开的，可能是一种产品或者装置，也可能是放置在展台上、橱窗内公众可以阅读的信息资料及直观资料，例如招贴画、图纸、照片、样本、样品等。在专利审查实践中，以实物主张使用公开是一种典型方式。对于使用公开中所使用的实物而言，一方面，同一个实物从不同维度看，往往承载着不同的技术方案，"不够明确"；另一方面，从实物中得知其承载的技术方案，并不像阅读技术文献那样容易，"不够明显"。加之现有技术的认定本就具有相对性，因此，无效请求人在使用实物作为现有技术证据时，一方面要"指之以一，使之明确"，如本案二审判决所言，有义务说明其使用的是该实物承载的哪个技术方案作为现有技术；另一方面要"指之以易，使之明显"，如本案二审判决所言，负有证明或充分说明公众通过该实物能够直观地获得该技术方案的义务。

三、具体认定

本案中，关于争议证据能否作为本专利的现有技术，审理焦点在于其是否公开了确定的技术方案。

本专利权利要求 1 保护一种输入过程中删除信息的方法，其要求保护的技术方案的表现形式是，一种在输入过程中对信息进行删除操作时，防止误删相关信息的方法。其中"接收删除键的指令""暂停/继续接收所述删除键的指令"以及"删除键的按键状态达到预置条件"等记载属于该方法中涉及后台与硬件相配合工作的设定，无法直观地在应用层面显示。

根据被诉决定中有关百度公司在口头审理过程中对争议证据中的飞利浦 9@9r 手机、夏新 A8 手机进行实际操作演示的记载可知，上述演示也呈现了上述手机在输入过程中删除相关信息的过程。从具体演示过程的描述来看：飞利浦 9@9r 手机进入文本编辑页面后，长按清除键，拼音清空，抬起清除键再长按，汉字区清空；夏新 A8 手机进入文本编辑页面后，长按清除键，拼音先清除一个，然后拼音全部清空，抬起清除键再长按，汉字先清除一个，然后汉字全部清空。由此可见，上述手机的输入法均设置了相关功能，防止长按清除键致使拼音与汉字部分一次性全部被清除。

当然，如被诉决定中所指出的，上述手机防止误删的功能如何通过手机后台程序和手机硬件配合运行实现，无法通过演示予以证明。但上述演示过程已经明确地展示了一种在输入过程中利用技术手段达到"防止误删"这一技术效果的技术方案。即便认为上述技术方案仅公开到软件应用层面，并未公开其后台程序与硬件配合的内容，也仅能认为其公开程度不如本专利充分，甚至可将上述未公开内容认定为本专利权利要求相对于争议证据的区别技术特征，而不能因为上述技术方案中某些技术特征的实现方式不确定，就认为整个技术方案也是不确定的。因此，争议证据已经公开了确定的技术方案，至少在这一方面，其已经满足作为现有技术评价本专利新颖性和创造性的条件。被诉决定相关认定有误，法院应予以纠正。

（撰写人：北京知识产权法院　张忠涛）

4

法律和司法解释

全国人民代表大会常务委员会关于专利等知识产权案件诉讼程序若干问题的决定

（2018 年 10 月 26 日第十三届全国人民代表大会常务委员会第六次会议通过）

为了统一知识产权案件裁判标准，进一步加强知识产权司法保护，优化科技创新法治环境，加快实施创新驱动发展战略，特作如下决定：

一、当事人对发明专利、实用新型专利、植物新品种、集成电路布图设计、技术秘密、计算机软件、垄断等专业技术性较强的知识产权民事案件第一审判决、裁定不服，提起上诉的，由最高人民法院审理。

二、当事人对专利、植物新品种、集成电路布图设计、技术秘密、计算机软件、垄断等专业技术性较强的知识产权行政案件第一审判决、裁定不服，提起上诉的，由最高人民法院审理。

三、对已经发生法律效力的上述案件第一审判决、裁定、调解书，依法申请再审、抗诉等，适用审判监督程序的，由最高人民法院审理。最高人民法院也可以依法指令下级人民法院再审。

四、本决定施行满三年，最高人民法院应当向全国人民代表大会常务委员会报告本决定的实施情况。

五、本决定自 2019 年 1 月 1 日起施行。

关于专利等案件诉讼程序若干
问题的决定（草案）的说明

——2018 年 10 月 22 日在第十三届全国人民
代表大会常务委员会第六次会议上

最高人民法院院长　周　强

委员长、各位副委员长、秘书长、各位委员：

根据会议安排，我就《关于专利等案件诉讼程序若干问题的决定（草案）》作如下说明：

一、建立国家层面知识产权案件上诉审理机制的意义

建立国家层面知识产权案件上诉审理机制，是十九届中央全面深化改革领导小组第一次会议的重大部署。近日，中央批准最高人民法院设立知识产权法庭，统一审理全国范围内专业技术性较强的专利等上诉案件，促进有关知识产权案件审理专门化、管辖集中化、程序集约化和人员专业化，为建设知识产权强国和世界科技强国提供有力司法服务和保障。

一是激励和保护科技创新的需要。创新是引领发展的第一动力，知识产权保护是激励创新的基本手段。中国特色社会主义已进入新时代，我国正在加快建设创新型国家，迫切需要建立国家层面知识产权案件上诉审理机制，充分发挥知识产权审判激励和保护创新、促进科技进步和社会发展的职能作用。由最高人民法院知识产权法庭统一审理发明和实用新型专利等上诉案件，有利于优化科技创新法治环境，加快实施创新驱动发展战略，为实现"两个一百年"奋斗目标和建设知识产权强国、世界科技强国作出积极贡献。

二是营造良好营商环境的需要。习近平总书记深刻指出，产权保护特别是知识产权保护是塑造良好营商环境的重要方面，突出强调加强知识产权保护是完善产权保护制度最重要的内容，也是提高中国经济竞争力最大的激励。由最高人民法院知识产权法庭统一审理发明和实用新型专利等上诉案件，有利于加强对中外企业知识产权的依法平等保护，促进形成法治化、国际化、便利化的营商环境，更好服务国内、国际两个大局，推动形成全面开放新格局。

三是统一和规范裁判尺度的需要。专利等案件具有特殊的专业性、高度的复杂性，新型疑难复杂案件众多。在现行审理体制下，知识产权有效性问题由行政无效程序解决，知识产权侵权纠纷由民事诉讼程序解决。而且，专利侵权二审案件分由各高级人民法院审理，存在裁判尺度不够统一的问题。将该类民事和行政案件的二审审理权限集中到最高人民法院知识产权法庭，实现知识产权效力判断与侵权判断两大诉讼程序和裁判标准的对接，有利于从机制上解决制约科技创新的裁判尺度不统一等问题，提高知识产权审判质量效率，加大知识产权司法保护力度，切实提升司法公信力。

二、草案的主要内容

（一）关于案件类型

从我国审判实践看，知识产权案件主要表现为专利、商标、著作权以及植物新品种、集成电路布图设计、技术秘密、垄断等。其中，专利又包括发明、实用新型和外观设计三种类型。最高人民法院知识产权法庭以审理发明和实用新型专利等技术类上诉案件为主，是因为这类案件的专业技术性更强，审理要求更高，与科技创新的关系更为密切，对于创新型国家建设的意义也更为重要。《关于专利等案件诉讼程序若干问题的决定（草案）》第一条、第二条关于案件类型的规定，综合考虑了我国法院的职能、编制、人员以及知识产权案件的分类、特点、数量等因素。最高人民法院将制定司法解释，进一步细化和明确知识产权法庭的管辖等问题。

（二）关于审级

依照现行法，专利等专业技术性较强的民事和行政第一审案件由中级人民法院管辖。不服中级人民法院第一审裁判的上诉案件，由其所在地的高级人民法院审理。因此，最高人民法院知识产权法庭设立后，集中审理专利等上诉案件，不服中级人民法院第一审裁判的上诉案件，不再由其所在地的高级人民法院审理，需要全国人民代表大会常务委员会通过决定明确上诉程序等问题。

（三）关于法律衔接

2014 年 8 月 31 日通过的《全国人民代表大会常务委员会关于在北京、上海、广州设立知识产权法院的决定》第四条规定，知识产权法院第一审判决、裁定的上诉案件，由知识产权法院所在地的高级人民法院审理。由于知识产权法院第一审判决、裁定既涉及本决定所称的发明和实用新型专利等案件，又涉及著作权、商标等案件，因此，《全国人民代表大会常务委员会关于专利等案件诉讼程序若干问题的决定》作为新法施行后，不服知识产权法院关于发明和实用新型专利等第一审判决、裁定而提起的上诉案件，由最高人民法院知识产权法庭审理；不服知识产权法院对其他案件的第一审判决、裁定而提起的上诉案件，仍由知识产权法院所在地的高级人民法院审理。

三、需要说明的情况

迄今为止，世界上 10 余个国家设立了知识产权专门法院，均采取"国家层面、高等法院、主审专利"的设立模式，设立目的主要在于，加强专利保护，解决因不同审理法院法律适用差异而导致的裁判冲突。

作为先行探索，最高人民法院设立知识产权法庭。三年后，最高人民法院在进一步总结试点工作的基础上，向全国人民代表大会常务委员会作出报告。

《关于专利等案件诉讼程序若干问题的决定（草案）》和以上说明是否妥当，请审议。

最高人民法院关于知识产权
法庭若干问题的规定

（2018 年 12 月 3 日最高人民法院审判委员会
第 1756 次会议通过，自 2019 年 1 月 1 日起施行）

法释〔2018〕22 号

为进一步统一知识产权案件裁判标准，依法平等保护各类市场主体合法权益，加大知识产权司法保护力度，优化科技创新法治环境，加快实施创新驱动发展战略，根据《中华人民共和国人民法院组织法》《中华人民共和国民事诉讼法》《中华人民共和国行政诉讼法》《全国人民代表大会常务委员会关于专利等知识产权案件诉讼程序若干问题的决定》等法律规定，结合审判工作实际，就最高人民法院知识产权法庭相关问题规定如下。

第一条 最高人民法院设立知识产权法庭，主要审理专利等专业技术性较强的知识产权上诉案件。

知识产权法庭是最高人民法院派出的常设审判机构，设在北京市。

知识产权法庭作出的判决、裁定、调解书和决定，是最高人民法院的判决、裁定、调解书和决定。

第二条 知识产权法庭审理下列案件：

（一）不服高级人民法院、知识产权法院、中级人民法院作出的发明专利、实用新型专利、植物新品种、集成电路布图设计、技术秘密、计算机软件、垄断第一审民事案件判决、裁定而提起上诉的案件；

（二）不服北京知识产权法院对发明专利、实用新型专利、外观设计专利、植物新品种、集成电路布图设计授权确权作出的第一审行政案件判决、裁定而提起上诉的案件；

（三）不服高级人民法院、知识产权法院、中级人民法院对发明专利、实用新型专利、外观设计专利、植物新品种、集成电路布图设计、技术秘密、计算机软件、垄断行政处罚等作出的第一审行政案件判决、裁定而提起上诉的案件；

（四）全国范围内重大、复杂的本条第一、二、三项所称第一审民事和行政案件；

（五）对本条第一、二、三项所称第一审案件已经发生法律效力的判决、裁定、调解书依法申请再审、抗诉、再审等适用审判监督程序的案件；

（六）本条第一、二、三项所称第一审案件管辖权争议，罚款、拘留决定申请复议，报请延长审限等案件；

（七）最高人民法院认为应当由知识产权法庭审理的其他案件。

第三条 本规定第二条第一、二、三项所称第一审案件的审理法院应当按照规定及时向知识产权法庭移送纸质和电子卷宗。

第四条 经当事人同意，知识产权法庭可以通过电子诉讼平台、中国审判流程信息公开网以及传真、电子邮件等电子方式送达诉讼文件、证据材料及裁判文书等。

第五条 知识产权法庭可以通过电子诉讼平台或者采取在线视频等方式组织证据交换、召集庭前会议等。

第六条 知识产权法庭可以根据案件情况到实地或者原审人民法院所在地巡回审理案件。

第七条 知识产权法庭采取保全等措施，依照执行程序相关规定办理。

第八条 知识产权法庭审理的案件的立案信息、合议庭组成人员、审判流程、裁判文书等向当事人和社会依法公开，同时可以通过电子诉讼平台、中国审判流程信息公开网查询。

第九条 知识产权法庭法官会议由庭长、副庭长和若干资深法官组成，讨论重大、疑难、复杂案件等。

第十条 知识产权法庭应当加强对有关案件审判工作的调研，及时总结裁判标准和审理规则，指导下级人民法院审判工作。

第十一条 对知识产权法院、中级人民法院已经发生法律效力的本规定第二条第一、二、三项所称第一审案件判决、裁定、调解书，省级人民检察院向高级人民法院提出抗诉的，高级人民法院应当告知其由最高人民检察院依法向最高人民法院提出，并由知识产权法庭审理。

第十二条 本规定第二条第一、二、三项所称第一审案件的判决、裁定或者决定，于2019年1月1日前作出，当事人依法提起上诉或者申请复议的，由原审人民法院的上一级人民法院审理。

第十三条 本规定第二条第一、二、三项所称第一审案件已经发生法律效力的判决、裁定、调解书，于 2019 年 1 月 1 日前作出，对其依法申请再审、抗诉、再审的，适用《中华人民共和国民事诉讼法》《中华人民共和国行政诉讼法》有关规定。

第十四条 本规定施行前经批准可以受理专利、技术秘密、计算机软件、垄断第一审民事和行政案件的基层人民法院，不再受理上述案件。

对于基层人民法院 2019 年 1 月 1 日尚未审结的前款规定的案件，当事人不服其判决、裁定依法提起上诉的，由其上一级人民法院审理。

第十五条 本规定自 2019 年 1 月 1 日起施行。最高人民法院此前发布的司法解释与本规定不一致的，以本规定为准。

《最高人民法院关于知识产权法庭
若干问题的规定》的理解与适用

《最高人民法院关于知识产权法庭若干问题的规定》（以下简称《规定》）于 2018 年 12 月 3 日经最高人民法院审判委员会第 1756 次会议审议通过，自 2019 年 1 月 1 日起施行。《规定》共 15 条，涉及最高人民法院知识产权法庭（以下简称知识产权法庭）的受案范围、工作机制、程序衔接等。本文拟就《规定》的起草背景、指导思想和适用中应当注意的问题作一阐述，以便准确理解条文原意，确保司法解释正确适用。

一、起草背景和过程

2017 年 11 月，十九届中央全面深化改革领导小组第一次会议审议通过《关于加强知识产权审判领域改革创新若干问题的意见》，要求"研究建立国家层面知识产权案件上诉审理机制"。2018 年 2 月，中央部署由最高人民法院牵头落实国家层面知识产权案件上诉审理机制改革任务。最高人民法院在中央政法委的领导下，总结知识产权司法实践经验，就建立国家层面知识产权案件上诉审理机制进行了充分论证和反复研究，最终选择了设立知识产权法庭统一审理全国范围内专利等上诉案件的改革思路，并获中央批准。

为确保改革依法有序推进，最高人民法院起草了有关法律议案。2018 年 10 月 26 日，第十三届全国人民代表大会常务委员会第六次会议审议通过《关于专利等知识产权案件诉讼程序若干问题的决定》（以下简称《全国人大决定》）。为落实中央关于制定发布司法解释，进一步明确和细化知识产权法庭的受案范围、工作机制、程序衔接的要求，最高人民法院起草了条文草案，在征求全国人大常委会法工委、最高人民检察院、地方人民法院、知识产权法院意见的基础上，历经 10 次修改形成送审稿，并经最高人民法院审判委员会讨论通过。

二、指导思想

习近平总书记在博鳌亚洲论坛 2018 年年会开幕式上深刻指出，"加强知识产权保护，是完善产权保护制度最重要的内容，也是提高中国经济竞争力最大的激励"。知识产权保护是激励创新的基本手段，是创新原动力的基本保障，是国际竞争力的核心要素。人民法院知识产权审判工作，事关创新驱动发展战略实施，事关经济社会文化发展繁荣，事关国内、国际两个大局，对于建设知识产权强国和世界科技强国具有重要意义。最高人民法院知识产权法庭的成立，是以习近平同志为核心的党中央从建设知识产权强国和世界科技强国的战略高度作出的重大决策，是全面深化司法改革的重大举措，是中国知识产权和诉讼法律制度的历史性突破，是中国知识产权司法保护发展史上的重要里程碑。

《规定》的起草紧扣激励和保护科技创新、营造良好营商环境、统一和规范裁判尺度的法庭设立宗旨，立足专利等专业技术性较强案件审判实践，始终贯彻如下指导思想：一是清晰划定受案范围、精细设置程序衔接机制，为社会公众提供明确诉讼指引；二是全面加强信息化建设，大力推动审判工作与科技创新成果深度融合，提高司法质量、效率、公信力；三是特别突出诉讼便民目标，坚持以人民为中心，通过科技手段和巡回审判切实便利民众诉讼。

三、应当注意的问题

（一）关于受案范围

根据《规定》第二条，知识产权法庭主要审理全国范围内专利等专业技术性较强的民事、行政知识产权第二审案件，同时也受理有关第一审案件和审判监督程序案件。关于受案范围，应注意以下问题：

一是不服外观设计专利第一审民事案件判决、裁定而提起上诉的案件，不由知识产权法庭审理。相关一审裁判由知识产权法院、中级人民法院作出的，仍应上诉至其所在地高级人民法院。主要考虑是：外观设计并非技术方案，外观设计专利较之发明专利、实用新型专利而言技术性不强，相关侵权判定的思路和标准也存在显著差异；且仍由高级人民法院主要审理外观设计专利民事二审案件有利于维持审判队伍的稳定性和审判工作的延续性。

二是不服外观设计专利第一审行政案件判决、裁定而提起上诉的案件，由知识产权法庭审理。主要考虑是：外观设计专利行政二审案件包括授权确权行政案件和行政处罚等行政案件。其中，授权确权行政案件是民事侵权案件审理的前提和基础，由知识产权法庭审理，符合该类案件在整个知识产权审判中的中枢属性和全局意义；由知识产权法庭审理行政处罚等行政案件，有利于进一步发挥知识产权司法保护的主导作用，促进依法行政。

三是知识产权法庭不受理刑事案件。主要考虑是：知识产权第一审刑事案件均由基层人民法院受理，有关第二审案件由中级人民法院审理，有关申请再审及再审案件由高级人民法院审理。据统计，各高级人民法院每年审理的专利等申请再审及再审刑事案件总量不足 10 件，故暂无必要将该类案件上收至知识产权法庭审理。

四是高级人民法院仍有权依照有关级别管辖的法律规定审理标的额较大或在本辖区有重大影响的发明、实用新型专利等第一审民事案件，以及辖区内重大、复杂的第一审专利等行政案件。

五是基层人民法院不再受理专利、技术秘密、计算机软件、垄断第一审民事、行政案件。依据相关司法解释规定，经批准，基层人民法院可以受理专利、技术秘密、计算机软件、垄断第一审民事、行政案件，但不能受理植物新品种、集成电路布图设计第一审民事、行政案件。故《规定》第十四条规定已获准可以受理专利、技术秘密、计算机软件、垄断第一审民事和行政案件的基层人民法院不再受理相关案件。相关案件改由知识产权法院或具有专利案件管辖权的中级人民法院审理。

（二）关于上诉制度

《规定》第二条第一、二、三项是对《全国人大决定》第一条、第二条的细化。由最高人民法院审理不服知识产权法院、中级人民法院第一审案件判决、裁定而提起上诉的案件，是一种全新的上诉制度安排。这种"直接上诉"制度，在维持"四级两审终审制"基本制度构架不变、不新设法院、不改变审级的前提下，通过提高二审法院层级，实现了国家层面知识产权案件上诉审理机制。

（三）关于审判监督

1. 对高级人民法院、知识产权法院、中级人民法院有关生效裁判的审判监督

根据民事诉讼法、行政诉讼法之规定，启动审判监督程序的途径包括当

事人申请再审、上级人民检察院抗诉、同级人民检察院检察建议、本院院长发现错误、上级法院发现错误五种情形。根据《全国人大决定》第三条之规定，高级人民法院对知识产权法院、中级人民法院有关生效裁判予以审判监督的职能上收至最高人民法院。故可细化上述五种情形如下：

一是当事人申请再审的情形。因高级人民法院不再承担对知识产权法院、中级人民法院有关生效裁判的审判监督职能，故当事人不服高级人民法院、知识产权法院、中级人民法院有关生效裁判的，均应当向知识产权法庭诉讼服务中心递交申请再审的材料。

二是上级人民检察院抗诉的情形。因高级人民法院不再承担对知识产权法院、中级人民法院有关生效裁判的审判监督职能，与之相应，省级人民检察院也不再承担有关抗诉职能，故人民检察院发现高级人民法院、知识产权法院、中级人民法院相关生效裁判确有错误，应当提出抗诉的，均应由最高人民检察院向最高人民法院提出，由知识产权法庭审理。

三是同级人民检察院检察建议的情形。知识产权法庭的设立不影响同级人民检察院检察建议相关程序。高级人民法院、知识产权法院、中级人民法院可以接受同级人民检察院提出的检察建议。

四是本院院长发现错误的情形。知识产权法庭的设立不影响本院院长发现程序。高级人民法院、知识产权法院、中级人民法院院长发现其所在法院有关裁判确有错误，需要再审的，应当提交该院审判委员会讨论决定。

五是上级法院发现错误的情形。因高级人民法院不再承担对知识产权法院、中级人民法院有关生效裁判的审判监督职能，故若高级人民法院发现知识产权法院、中级人民法院有关生效裁判确有错误，应当向知识产权法庭报告，由知识产权法庭决定是否再审。

上述情形均由《规定》第二条第五项概括规定。考虑到与人民检察院的工作衔接，《规定》第十一条特别明确了关于"提级抗诉"的规定。

2. 对知识产权法庭裁判的审判监督

由于最高人民法院是最高审判机关，只能通过由不同内设审判部门审理不同审级案件的方式来保证审级独立，故对知识产权法庭作出的判决、裁定、调解书，依法申请再审、抗诉、再审等适用审判监督程序的案件，仍由最高人民法院审理。当事人对知识产权法庭裁判申请再审的，应当向最高人民法院立案庭，而非知识产权法庭诉讼服务中心，递交再审申请书等材料。

（四）关于诉讼便民

《规定》第三条、第四条、第五条、第六条、第八条是关于知识产权法庭诉讼便民的规定。知识产权法庭将通过加强信息化建设、推进电子送达、远程视频证据交换及庭前会议、就地巡回审判、加大公开力度等措施，提升案件审理便捷性和透明度。

（五）关于程序衔接

为确保案件管辖的确定性，便于立案操作，《规定》第十二条、第十三条以一审裁判文书落款时间在《全国人大决定》施行日前或以后为标准，明确了不同情形下的程序衔接机制。相关情形可进一步细化如下：

一是当事人不服落款时间在 2019 年 1 月 1 日前的有关第一审案件判决、裁定或者决定，依法提起上诉或者申请复议的，由原审人民法院的上一级人民法院审理。

二是当事人不服落款时间在 2019 年 1 月 1 日以后的有关第一审案件判决、裁定或者决定，依法提起上诉或者申请复议的，由知识产权法庭审理。

三是对落款时间在 2019 年 1 月 1 日前，且已经发生法律效力的有关第一审案件判决、裁定、调解书，依法申请再审、抗诉、再审的，适用民事诉讼法、行政诉讼法有关规定。

四是对落款时间在 2019 年 1 月 1 日以后，且已经发生法律效力的有关第一审案件判决、裁定、调解书，依法向最高人民法院申请再审、抗诉或者最高人民法院再审的，由知识产权法庭审理。

知识产权法庭于 2019 年 1 月 1 日挂牌，《规定》亦于同日施行。随着知识产权法庭运行，相关规定将进一步丰富和完善。

（撰写人：宋晓明　王　闯　李　剑　廖继博）

5

司法学术

专利侵权惩罚性赔偿制度的司法适用政策

无论理论界对惩罚性赔偿存在多大争议，知识产权侵权惩罚性赔偿制度在我国已经成为法律现实。自商标法首次建立惩罚性赔偿制度以来，种子法、反不正当竞争法亦陆续引入了惩罚性赔偿制度。[1] 修订后的专利法和著作权法亦包含了惩罚性赔偿的条款。[2] 万众瞩目的《民法典》则在"侵权责任"编中专门明确了知识产权侵权惩罚性赔偿的总括性规定，标志着惩罚性赔偿制度在知识产权领域的普遍建立，为这一轮立法画上了暂时性休止符。[3]

惩罚性赔偿制度建立之后，其最佳效能的实现则主要取决于司法。惩罚性赔偿是最强有力的民事责任手段之一，如运用得法，恰当发挥其威慑性和惩罚性，则可收事半功倍之效，成为维护创新和公平竞争的重型武器；如运用不得法，威慑过度，过度打击创新和竞争行为的活跃度，则可能事倍功半，甚至得不偿失。因此，需要通过恰当的司法适用原则和政策，在保障发挥惩罚性赔偿积极作用的同时，避免不当适用可能引发的负面效果，实现最佳的制度效能。为此，坚持积极审慎、条件明晰、比例协调、精细计算的司法政策，对于惩罚性赔偿制度的正确适用具有重要意义。

一、积极审慎

在专利侵权领域适用惩罚性赔偿，首先要坚持积极审慎的司法政策。一方面要正确认识惩罚性赔偿对于专利权保护的重要意义，依法积极适用惩罚性赔偿；另一方面要坚持实事求是、审慎确定其适用条件和范围，避免因过度适用引发对创新和竞争行为的寒蝉效应。

---

[1] 参见《商标法》第六十三条第一款、《种子法》第七十三条第三款、《反不正当竞争法》第十七条第三款。

[2] 《专利法》（2020）第七十一条第一款、《著作权法》（2020）第五十四条第一款。

[3] 参见《民法典》第一千一百八十五条。

（一）积极适用知识产权侵权惩罚性赔偿制度

积极适用知识产权侵权惩罚性赔偿制度，是由惩罚性赔偿的功能与知识产权保护需求的契合度所决定的。威慑与惩罚是惩罚性赔偿的两大基本功能。以超过实际损害的赔偿阻吓侵权行为，惩罚那些因主观恶性较强而应受责难的侵权行为人，是惩罚性赔偿得以正当化的重要理由。❶ 当权利极易被侵害、侵权行为易逃脱追责、维权成本高、损害赔偿数额难以确定时，通常所谓的补偿性赔偿往往不足以弥补权利人因被侵权所受的实际损害，因而导致威慑不足，惩罚性赔偿就具有了必要性。❷ 专利权恰恰具备上述特点。作为专利权客体的技术信息具有非排他性，一旦被创造出来并公之于众，其所有者很难控制它的传播和利用，极易被侵害。❸ 由此所决定，即使侵权行为发生，专利权人也难以觉察侵权行为的存在，认定侵权行为比较困难，侵权人逃脱侵权追责的概率相对较高。专利权边界模糊，专利权人维护其专利权时需要付出相对更多的调查取证成本和法律服务成本（管理成本和界权成本高）。同时，专利权侵权损害不像物权侵权损害那样具有确定性，且侵权行为与损害之间的因果关系非常复杂，法院在确定损害赔偿时存在较大困难（管理成本高），最终确定的损害赔偿数额常常低于专利权人的实际损失。因此，对于专利侵权行为而言，一般的补偿性赔偿往往难以弥补权利人所受的损害，既不足以有效制止侵权行为，又不能对创新形成足够激励，而惩罚性赔偿可以在一定程度上缓解上述问题。就此而言，惩罚性赔偿本身亦具有补偿之意义，在惩罚和补偿之间难有清晰的界限。❹ 此外，惩罚性赔偿对于侵权行为的阻吓效果与该种侵权行为相对于惩罚性赔偿责任的供给弹性有关。❺ 当侵权行为应受责难性越强、其行为发生频度相对于惩罚呈现较高弹性时，惩罚性赔偿就有了更大的用武之地。在专利权领域，故意侵权、反复侵权、多次侵权等恶性侵

---

❶ 关于威慑和惩罚作为惩罚性赔偿的两大经济理由，参见路易斯·菲斯海尔：对惩罚性赔偿金的经济分析，载［奥］赫尔穆特·考茨欧、瓦内萨·威尔科克斯主编：《惩罚性赔偿金：普通法与大陆法的视角》，窦海阳译，中国法制出版社 2012 年 12 月第 1 版，第 277—297 页。

❷ 关于惩罚性赔偿的主要理由概括，参见［美］大卫·弗里德曼：《经济学与法律的对话》，徐源丰译，广西师范大学出版社 2019 年 6 月第 1 版，第 256—262 页。

❸ 有学者将损害的分散性和普遍侵权作为惩罚性赔偿存在的重要事实基础。参见江帆、朱战威：惩罚性赔偿：规范演进、社会机理与未来趋势，《学术论坛》2019 年 第 3 期，第 63 页以下。

❹ 参见蒋舸：著作权法与专利法中"惩罚性赔偿"之非惩罚性，《法学研究》2015 年第 6 期，第 82—99 页。

❺ 参见［美］大卫·弗里德曼：《经济学与法律的对话》，徐源丰译，广西师范大学出版社 2019 年 6 月第 1 版，第 259—260 页。

权行为屡见不鲜，其发生频度在很大程度上取决于处罚力度。因此，积极适用惩罚性赔偿确有必要。

（二）谨慎避免惩罚性赔偿的负面效果

作为一种重型法律武器，惩罚性赔偿具有与生俱来的风险，必须审慎适用。这种风险主要来自适用惩罚性赔偿可能带来过度威慑的负面效果，其中最可能产生的负面效果是引致妨碍科技信息传播和创新的寒蝉效应。与故意侵犯商标权、著作权（特别是假冒、盗版）相比，故意侵犯专利权的判断标准更加模糊。在他人专利基础上进行后续研发是累积性技术创新的必由之路，也是技术研发的常规手段。研发者通常是在知晓他人专利技术方案的情况下进行研发升级或者替代的；此外，即便被诉侵权人极力避免侵权，仍然可能被认定为专利等同侵权。如果因此让其过高的惩罚性赔偿，对于激励创新就会产生消极影响。美国的实践生动地说明了这一点。为避免被认定故意侵权并承担惩罚性赔偿责任，部分公司的生产和研发人员会产生尽量不去阅读或者获知与其产品或者方法类似的任何专利文献的强烈动机，造成所谓的"有意无视"效应（intentional ignorance effect）。[1] 这种有意无视效应会对科技信息传播造成负面影响并对合法模仿及基于模仿的创新形成妨碍。惩罚性赔偿的过度适用还可能诱发原告发起更多的威胁性诉讼或者骚扰性诉讼。惩罚性赔偿提高了原告的诉讼利益预期，使得通过诉讼谋取远超实际损失的利益越来越具有可行性，威胁性诉讼或者骚扰性诉讼将大幅上升，市场竞争者和创新者将可能不堪其扰。[2] 在我国，《消费者权益保护法》规定的双倍赔偿催生出"知假买假"的职业打假人。[3] 在著作权领域，法定赔偿引发的"碰瓷式"维权现象亦屡见不鲜。[4] 在知识产权侵权惩罚性赔偿可高达五倍赔偿的情况下，这一风险更具现实性，值得我们警惕。还需注意的是，专利权、商标权

---

[1] 美国学者马克·莱姆利在多篇文章中详细论述了"有意无视"效应。See Mark A. Lemley, Ignoring Patents, *19 MICH. ST. L. REV.* 19 (2008)；See also Mark A. Lemley & Ragesh K. Tangri, Ending Patent Law's Willfulness Game, *18 BERKELEY TECH. L. J.* 1085, 1100 (2003).

[2] 惩罚性赔偿可能引发"劣币驱逐良币"的选择效应，专利权人可能不是选择真正的严重侵权人提起诉讼，而是选择更容易获得赔偿收入、更重视市场声誉的主体提起诉讼，以求获得更高赔偿。参见赵鹏：惩罚性赔偿的行政法反思，《法学研究》2019 年第 1 期，第 45 页以下。

[3] 关于职业打假现象的研究，参见赵亚翔："职业打假"的公共价值：社会认同与信念之争，《浙江社会科学》2013 年第 3 期，第 101—106 页。

[4] 关于著作权领域"碰瓷性"维权现象的研究，参见李欣洋、张宇庆：版权蟑螂现象之法律规制——以法定赔偿制度为视角，《河南财经政法大学学报》2018 年第 2 期，第 133—141 页。

等知识产权本身是一种具有内在不确定性的权利，其存在被无效或者被撤销的可能性。据有关机构统计，在发生效力争议的专利中，被宣告无效或者部分无效的比例在 60% 左右，其中发明专利被宣告无效或者部分无效的比例约为 54.34%，外观设计专利被宣告无效或者部分无效的比例约为 58.20%，实用新型专利被宣告无效或者部分无效的比例约为 65.91%。❶ 一旦专利本身应属无效，侵权惩罚性赔偿的正当性就大大减弱了。

二、条件明晰

法律的惩罚性越重，越需要明晰其适用条件，提升人们对法律后果的可预见性。由于立法时间、规制对象、关注重心的不同，相关法律对知识产权侵权惩罚性赔偿的适用要件规定有所差异。表 1 为民法典、知识产权专门法或者修改草案关于知识产权侵权惩罚性赔偿的具体规定对比。

表 1 关于知识产权侵权惩罚性赔偿的具体规定对比

法律条文	适用条件	赔偿倍数	惩罚性赔偿基数是否包含合理开支
《民法典》第一千一百八十五条	故意侵害他人知识产权，情节严重的	被侵权人有权请求相应的惩罚性赔偿	未提及
《商标法》第六十三条第一款	对恶意侵犯商标专用权，情节严重的	可以在按照上述方法确定数额的一倍以上五倍以下确定赔偿数额	不包含
《种子法》第七十三条第三款	侵犯植物新品种权，情节严重的	可以在按照上述方法确定数额的一倍以上三倍以下确定赔偿数额	包含
《反不正当竞争法》第十七条第三款	经营者恶意实施侵犯商业秘密行为，情节严重的	可以在按照上述方法确定数额的一倍以上五倍以下确定赔偿数额	不包含
《专利法》（2020 年修正）第七十一条第一款	对故意侵犯专利权，情节严重的	可以在按照上述方法确定数额的一倍以上五倍以下确定赔偿数额	不包含
《著作权法》（2020 年修正）第五十四条第一款	对故意侵犯著作权或者与著作权有关的权利，情节严重的	可以在按照上述方法确定数额的一倍以上五倍以下给予赔偿	不包含

❶ 参见郑海洋：2008—2018 年度中国专利无效案件统计分析报告，网址 https://www.sohu.com/a/293164554_656884，访问时间为 2020 年 6 月 6 日。

由上述规定可知，不同法律对惩罚性赔偿规定的法律要件主要有两个：一是主观要件，其中《民法典》、《著作权法》（2020 年修正）和《专利法》（2020 年修正）均规定了"故意"要件，更早完成修订的商标法和反不正当竞争法则规定了"恶意"要件，种子法则没有规定主观要件；二是客观要件，不同的法律均规定了"情节严重"这一要件。

（一）故意

1. 惩罚性赔偿语境下"故意"的内涵与外延

对故意行为施加惩罚性赔偿，其重要原因之一是，故意侵权行为的应受责难性更强，在道德上更令人无法容忍。另一重要原因则是，相比过失侵权，故意侵权行为的供给弹性更高，更能够为惩罚性赔偿责任所阻吓。❶ 惩罚性赔偿语境下的"故意"应作何解？传统民法对"故意"的解释有意思主义与观念主义之别。意思主义认为，故意是指行为人不仅应认识到其行为的侵权结果，还应对该结果的发生持有追求或放任的心理状态，即故意应包括认识因素和意志因素。认识到侵权结果并追求其发生的，为直接故意；认识到侵权结果并放任其发生的，为间接故意。观念主义则认为，只要行为人对其行为的侵权结果有预知，即构成故意。❷ 即便行为人不希望该侵权结果发生并自信能够避免，但最终未能防止侵权结果发生的，仍属"故意"范畴。可见，观念主义下的"故意"不仅包括直接故意和间接故意，还包含过于自信的过失这一过错状态。但是，与直接故意和间接故意相比，过于自信的过失这一过错状态在道德上的应受谴责性相对较弱，且该类行为相对于惩罚措施的供给弹性更小，惩罚性赔偿对其阻吓效果不明显，不宜适用惩罚性赔偿。因此，在惩罚性赔偿语境下，"故意"不宜采观念主义而宜采意思主义之解释。❸

接下来的问题是，在惩罚性赔偿语境下的"故意"是否仅指直接故意，从而排除间接故意？在间接故意下，行为人认识到其行为可能导致侵权结果，但是仍然有意实施该行为，对于侵权结果的发生漠不关心。间接故意与直接故意既具有相同的认识因素——均认识到其行为具有造成侵权结果的可能性，

❶ 参见［美］大卫·弗里德曼：《经济学与法律的对话》，徐源丰译，广西师范大学出版社 2019 年 6 月第 1 版，第 259 页以下。
❷ 对该问题一般性介绍，参见史尚宽：《债法总论》，中国政法大学出版社 2000 年版，第 112 页。
❸ 有观点认为应采观念主义，但仅指直接故意。参见王利明：论我国民法典中侵害知识产权惩罚性赔偿的规则，《政治与法律》2019 年第 8 期，第 99—100 页。这一观点似自相矛盾，既然采观念主义，则实际上不考虑行为人希望还是放任损害结果发生这一意志因素，因而难以排除间接故意。

又具有部分相同的意志因素——侵权结果的发生均不违反其意志。就此而言，直接故意与间接故意都是暗含了蓄意（deliberate）的一种有意识的心理状态，均属于蓄意而为、明知故犯。这种蓄意因素体现出行为人对他人缺乏一种起码的尊重，因而在伦理上被当作相同的事物予以对待。❶ 两者的区别仅在于，间接故意对侵权结果漠不关心，放任其发生；直接故意则积极追求侵权结果之发生。直接故意与间接故意的区别仅涉及对侵权后果的心理状态（积极追求还是消极放任），在实践中区分直接故意与间接故意是困难的。由于直接故意与间接故意均是蓄意行为且难以区分，两者在道德上具有几乎相同的可责难性，相对于惩罚均具有较高的供给弹性，故在适用惩罚性赔偿方面宜同等对待。因此，惩罚性赔偿语境下的"故意"不仅包括直接故意，还包括间接故意。

2. 惩罚性赔偿语境下"故意"的认定及其证明

由于知识产权特别是专利权存在高密度性、边界模糊性和效力不确定性，认定构成"故意"侵权存在复杂性。

构成故意侵犯专利权，就认识因素而言，要求行为人在其实施侵权行为时不仅知道他人具体专利权的存在，还知道其行为具有侵犯该专利权的高度可能性。坚持"具体认知"标准对于正确适用惩罚性赔偿非常重要。随着现代科技的发展，产品的复杂程度和专利密度越来越高，一件产品承载成千上万件专利的情形并不鲜见。例如，国际知名专利数据公司 IPlytics 和柏林工业大学联合研究的最新 5G 行业专利报告显示，截至 2020 年 1 月，全球 5G 专利声明达到 95526 项。❷ 一部 5G 手机可能至少覆盖数万件专利。面对如此海量的专利，手机生产商使用他人的专利技术可能是必然的，但有时却难以事先知道其具体侵害了哪项专利权。如果不将故意侵权的认识因素限制在"具体知道"，则可能导致惩罚性赔偿的滥用。

认识因素可以通过客观化的证据予以证明，专利权人需要提供证据证明被诉侵权人在实施被诉侵权行为之时实际知道，或者事实如此明显以致可以

❶ 参见［澳］彼得·凯恩：《侵权法解剖》，汪志刚译，北京大学出版社 2010 年 11 月第 1 版，第 37—38 页。

❷ See Technical University of Berlin and IPlytics GmbH, *5G patent study 2020*, available at https://www.iplytics.com/report/5g-patent-study-2020/, visited on 2020-7-20.

推定其应当知道具体专利权存在及侵权的高度可能性。❶ 由于专利权存在边界模糊性，专利权被授权并公开这一事实通常不足以证明侵权人知道或者应当知道其侵犯的具体专利及其行为侵犯该专利权。司法实践中，需要根据个案具体情况综合判断侵权事实是否明显，进而可以推定侵权人知道其行为可能构成侵犯他人专利权。根据司法经验，可以考虑的事实包括：被告及其关联公司或者股东是否曾经被行政裁决或者司法裁判认定侵犯诉争的具体专利权；❷ 专利权人是否曾经通知或者警告被告侵犯诉争的具体专利权或者寻求过临时禁令救济；❸ 被告是否曾经寻求购买或者许可诉争专利但未成功；❹ 专利权人与被告是否属于该技术领域仅有的两个竞争对手；❺ 等等。

就意志因素而言，故意侵权要求行为人希望侵权后果发生或者对侵权后果毫不在意。对于意志因素，同样可以通过客观化的证据予以证明。一般而言，故意的意志因素可以考虑如下事实：是否有意或者至少鲁莽地仿制、抄袭专利权人的产品；❻在实施被诉侵权行为前或者被诉之前对其是否侵犯他人专利权做过认真分析；❼ 认识到其行为可能侵犯他人专利权后是否曾采取规避设计、停止生产销售等补救措施。❽

认识因素和意志因素所涉及的事实往往是相互关联的，除被告及其关联

---

❶ 美国联邦巡回上诉法院在 Seagate 案的裁判中即坚持此主观标准。See In re Seagate Tech. , LLC, 497 F. 3d 1371（Fed. Cir. 2007）（en banc），cert. denied, 552 U. S. 1230（2008）.

❷ 参见最高人民法院（2019）最高法知民终 529 号民事判决。该案中，被告在前案中已经被认定侵犯他人专利权后，再次侵犯该项专利权，法院认定恶意侵权成立，并支持了专利权人 100 万元的法定赔偿请求。

❸ Dominion Res. Inc. v. Alstom Grid, Inc. , CV 15 - 224, 2016 WL 5674713（E. D. Pa. , October 3, 2016）; Polara Eng'g, Inc. v. Campbell Co. , No. SA CV 13 - 00007 - DFM, 2017 WL. 754609, at * 27（C. D. Cal. Feb. 27, 2017）.

❹ Arctic Cat v. Bombardier Recreational Prods. , 876 F. 3d 1350（Fed Cir. 2017）.

❺ WBIP, LLC v. Kohler Co. , 829 F. 3d 1317（Fed. Cir. 2016）.

❻ 例如，Nox Med. EHF v. Natus Neurology, Inc. , 2018 U. S. Dist. LEXIS 145169（D. Del. Aug. 27, 2018）. 最高人民法院（2018）最高法民再 199 号民事判决，该案中，被告在被诉侵权产品上使用专利权人的商标，并宣传其销售的产品就是专利权人的产品，并认定为故意侵权。

❼ 例如，Arctic Cat v. Bombardier Recreational Prods. , 876 F. 3d 1350（Fed Cir. 2017），该案中，被诉侵权人知晓专利权人的特定专利，对该专利未作认真分析，且在实施侵权行为数年之后才向具有资质和能力的法律顾问寻求法律意见，被认定构成故意侵权；Braun Inc. v. Dynamics Corporation of America, 975 F. 2d 815, 24 USPQ2d 1121（Fed. Cir. 1992），该案中，被诉侵权人在知晓他人专利之前委托设计公司独立设计了被诉侵权产品，律师全程参与设计过程并提供法律咨询意见，发现他人专利并评估侵权风险后拒绝了先前的设计方案，并对此后的设计方案作出了不侵犯他人专利权的法律意见，美国联邦巡回上诉法院认定不构成故意侵权。

❽ Barry v. Medtronic, 250 F. Supp. 3d 107（E. D. Tex. 2017）.

公司或者股东重复侵权、多次侵权等显属故意侵权的特殊情况外，"故意"侵权的认定在绝大多数情况下均是多个事实因素综合判断的结果，需要综合考虑全案相关事实才能作出评价。

3. "故意"的认定与法律咨询意见

实践中，由于专利权边界模糊性和效力不确定，被诉侵权行为人对于其行为是否可能侵犯他人专利权往往会寻求律师等专业人士的意见。在美国的司法实践中，被告知晓其行为可能侵犯他人特定专利权后，是否积极寻求法律咨询意见曾经是判断故意的决定性因素。例如，在 Underwater Devices 案中，美国联邦巡回上诉法院确立了如下规则："如果潜在侵权人实际知晓他人专利权，他负有实施合理注意的积极义务以确定其是否构成侵权。这一积极义务包括但不限于在实施任何可能的侵权行为之前，向法律顾问寻求并获得称职的法律意见。"❶ 这一规则实际上是以专利权人的通知为依据，向被诉侵权人强加了合理注意的积极性义务，从而开启了以收到通知外加疏于充分调查为基础的惩罚性赔偿大门。❷ 随着实践的发展，这一规则给经营者造成过于沉重的负担，实质上对故意侵权设定了更加类似过失侵权的过低门槛，因而被后来的 Knorr – Bremse 案及 Seagate 案判决所推翻。❸ 此后，被诉侵权人必须提交法律咨询意见的强制义务被取消，仍由专利权人承担证明故意侵权的责任。同时，Seagate 案为故意侵权和惩罚性赔偿新增了客观轻率要件并创设了两步检验标准。根据这一新标准，构成故意侵权必须同时满足客观要件和主观要件。新增的客观轻率要件是，"专利权人必须证明，侵权人无视其行为构成侵犯一项有效的专利权这一客观高度可能性而实施行为"。❹ 考察客观轻率要件时，可能的因素包括：（1）法律咨询意见，这一因素对于否定故意侵权具有重要作用；（2）实质性的侵权抗辩事由，如果被诉侵权人对于专利有效性及

---

❶ Underwater Devices v. Morrison – Knudsen, 717 F. 2d 1380, at 1389 – 90. 根据该案判决，如果潜在侵权人实际知晓他人专利权，其负有实施合理注意的积极义务以确定其是否构成侵权，该积极义务包括但不限于在实施任何可能的侵权行为之前，向法律顾问寻求并获得称职的法律意见。未予满足此项积极义务将导致对潜在侵权人的不利推定。

❷ 参见朱理：美国专利法下的惩罚性赔偿：Halo 案之后路在何方？《中国专利与商标》2017 年第 1 期，第 16 页。

❸ Underwater Devices 案确立的积极义务规则后来被 Knorr – Bremse Systeme Fuer Nutzfahrzeuge GmbH v. Dana Corp. , 383 F. 3d 1337（Fed. Cir. 2004）案和 In re Seagate Tech. , LLC, 497 F. 3d 1360（Fed. Cir. 2007）（en banc）, cert. denied, 552 U. S. 1230（2008）案判决所推翻。

❹ In re Seagate Tech. , LLC, 497 F. 3d 1360, 1371（Fed. Cir. 2007）（en banc）, cert. denied, 552 U. S. 1230（2008）.

侵权与否提出了实质性质疑，即使其在实施被诉侵权行为当时并不知晓后来主张的抗辩事由或者该抗辩事由最终并不成立，亦可能被认定为不构成故意侵权；❶（3）专利技术与被诉侵权技术之间的近似程度、专利所属领域的技术密集度及创新空间等。❷

Seagate 案对客观轻率要件的引入大大提高了故意侵权的认定标准，使违法者很容易逃脱惩罚，引发了较大争议。因此，美国最高法院在 Halo Electronics v. Pulse Electronics 和 Stryker v. Zimmer 两案（以下简称 Halo 案）的联合判决中，毫不犹豫地废弃了 Seagate 案的客观轻率要件。❸ Halo 案判决特别批评了由 Seagate 案发展出来的客观合理抗辩，认为这一抗辩的存在使侵权人即便在其行为并不以该抗辩为基础甚至根本对该抗辩一无所知，仍可能免受惩罚性赔偿。❹ 同时，该判决重申，可罚性应当根据行为人在实施被诉侵权行为时的认知状态来衡量，而不是根据被告在行为当时不知道也没有理由知道的事实来决定。❺ Halo 案判决否定了 Seagate 案对故意侵权所增设的客观轻率要件，使故意侵权回归主观判断标准，但并未推翻 Seagate 案关于法律咨询意见的裁判规则。因此，Halo 案判决之后，被诉侵权人依然不负有提交法律咨询意见的积极义务，而法律咨询意见仅仅是认定是否构成故意侵权需要考虑的诸因素之一。❻ 原则上，被诉侵权人没有寻求法律咨询意见并非认定故意侵权的充分条件，根据得出不侵权结论的法律咨询意见实施被诉侵权行为亦非必然能够排除故意侵权。❼ 法律咨询意见在认定故意侵权时的作用和影响需要在个案中具体分析，通常可以着重考虑如下因素：（1）适格性，法律咨询意见是否由精通专利法知识的专业人士作出。（2）专业性，作出咨询意见时是

---

❶ See In re Seagate Tech. , LLC, 497 F. 3d 1360, 1371. See also Spine Solutions, Inc. v. Medtronic Sofamor Danek USA, Inc. , 620 F. 3d 1305, 1319（CA Fed. 2010）; Bard Peripheral Vascular, Inc. v. W. L. Gore & Assoc. , Inc. , 776 F. 3d 837, 844（CA Fed. 2015）.

❷ See Randy R. Micheletti, Willful Infringement After In re Seagate: Just What Is Objectively Reckless Infringement? 84 Chi. – Kent L. Rev. 975, 994 – 996（2010）.

❸ Halo Electronics, Inc. v. Pulse Electronics, Inc. , Et al. and Stryker Corporation, Et al. v. Zimmer, Inc. , Et al. 579 U. S. （2016）.

❹ 同上。

❺ 同上。

❻ 例如 在 Polara Eng'g, Inc. v. Campbell Co. , No. SA CV 13 – 00007 – DFM, 2017 WL 754609, at *27（C. D. Cal. Feb. 27, 2017）案中，法院考虑了如下因素认定故意侵权成立并判决给予惩罚性赔偿：被告有意抄袭原告的产品、原告告知被告其产品技术与专利技术密切相关、律师作出的咨询意见中发现了有关该专利但并未得出不侵权的结论。

❼ See Electro Med. Sys. , S. A. v. Cooper Life Scis. , Inc. , 34 F. 3d 1048, 1056（Fed. Cir. 1994）.

否尽到了勤勉义务并体现了专业水准，将其咨询意见结论建立在扎实的事实基础和法律基础上。例如，是否正确审查了专利权利要求书、说明书及审查档案，是否注意到被诉侵权行为的全部相关事实，是否考虑了等同侵权的可能性等。❶（3）及时性，即法律咨询意见的作出时间。被诉侵权人在得知侵权可能性之后立即寻求法律咨询意见，还是在诉讼之后才寻求法律咨询意见等。❷

（二）情节严重

我国当前立法对知识产权侵权赔偿均设立了"情节严重"这一客观要件。这一要件体现了立法者对惩罚性赔偿制度适用的谨慎态度：仅仅故意侵权尚不足以判处惩罚性赔偿，还需要该故意侵权行为"情节严重"。所谓情节严重，一般是指事件的发展演变过程在时间、程度、范围、后果等方面的影响恶劣。

对于知识产权侵权行为而言，判断是否属于情节严重需要从该侵权行为发生、发展、诉讼及终结的整个过程加以审视，考察其在时间、规模、市场、诉讼、效果等方面所造成的消极影响。美国联邦巡回上诉法院曾经在 Read 案中总结了专利惩罚性赔偿需要考虑的如下 9 个情节因素：（1）侵权人是否故意抄袭他人的思想或者设计；（2）当知晓他人的专利受保护时，侵权人是否调查过该专利的保护范围并善意相信该专利应属无效或者未被侵犯；（3）侵权人作为诉讼一方的行为表现；（4）侵权人的规模及财务状况；（5）案件事实的接近程度及由此决定的侵权可能性；（6）侵权行为的持续期间；（7）侵权人采取的补救措施；（8）侵权人的损害动机；（9）侵权人是否试图掩盖其不法行为。❸ 这些因素大致可以分为如下方面：（1）侵权行为的主观情节，例如故意抄袭仿冒、反复侵权、多次侵权、明显侵权等；（2）侵权行为的客观影响，如侵权规模大、持续时间长、对创新动力的损害严重等；（3）诉讼行为的诚信程度，是否有掩盖侵权行为、逃脱责任的举动，例如故意抗拒证

---

❶ 参见黄武双等：《美国专利损害赔偿：原理与判例》，法律出版社 2017 年 10 月第 1 版，第 68—69 页。该书第 68—69 页翻译和介绍了美国法院考虑法律意见合格性时的诸多参考因素。

❷ 例如，在 Dominion Res. Inc. v. Alstom Grid, Inc., CV 15 – 224, 2016 WL 5674713（E. D. Pa., October 3, 2016）案中，判决认为作出咨询意见的律师在解读专利权利要求时并未体现出专业性，仅仅基于该法律咨询意见不能证明被告具有不侵权的善意。

❸ Read Corp. v. Portec, Inc., 970 F. 2d 816, 826（Fed. Cir. 1992）. 该判决所列举的 9 个因素随后在 Spectralytics, Inc. v. Cordis Corp., 649 F. 3d 1336, 1348（Fed. Cir. 2011）中再次得到肯定。

据保全、拒不执行文书提供命令、毁灭证据等；（4）需要考虑的其他因素。

作为一个裁量性的法律要件，"情节严重"赋予法官判处惩罚性赔偿时的裁量权。法官应该根据当事人的诉讼请求，综合全案证据予以考量。

（三）民法典视域下知识产权侵权惩罚性赔偿的要件重塑

前已述及，民法典对知识产权侵权惩罚性赔偿的规定与知识产权专门法的相应规定并不完全一致。其差异集中体现在主观要件上：民法典规定了"故意"要件，商标法和反不正当竞争法则采用了"恶意"要件；种子法仅规定了客观要件，没有规定主观要件。民法典虽未单独设立知识产权专编，但是其确认了知识产权作为基本民事权利的法律地位，并在侵权责任编中新增了关于知识产权侵权惩罚性赔偿责任的规定。❶ 因此，民法典颁布后，基于知识产权纳入民法典并新增知识产权侵权惩罚性赔偿的规定，考虑到民法典的体系化适用要求，我们必须在民法典的视域下，重新解读各知识产权专门法的具体规定。因而，我们必须思考并回答如下问题：如何理解民法典与知识产权专门法的适用关系？如何解决民法典与知识产权专门法关于知识产权侵权惩罚性赔偿规则的不一致乃至冲突？

1. 民法典与知识产权专门法的适用关系

民法典与知识产权专门法之间的关系，至少应该从三个维度来理解：民事基本法与民事一般法的关系；新法与旧法之间的关系；一般法与特别法的关系。

首先，民事基本法与民事一般法的关系。民法典是中华人民共和国成立以来第一部以"法典"命名的法律。习近平总书记指出："民法典在中国特色社会主义法律体系中具有重要地位，是一部固根本、稳预期、利长远的基础性法律。"❷民法典作为民事基本法的地位决定了其对于其他私法规范的制定具有指导性作用，其效力高于一般单行民事法律。凡是民法典中已有规定的内容，一般单行民事法律对相同内容作出规定时，原则上不应与民法典相冲突，不能减损民法典所规定的基本民事权利；民法典没有规定的内容，一般民事法律可予以配套、补充、完善和发展。❸ 正因如此，民法典颁布后，实施民法

---

❶　参见《民法典》第一百二十三条和第一千一百八十五条。

❷　参见习近平：充分认识颁布实施民法典重大意义，依法更好保障人民合法权益，《求是》2020年第12期。

❸　有学者亦持同样见解，参见王利明：深刻把握民法典的基础性法律地位，《人民日报》2020年7月8日15版。

典的重要工作之一是，对同民法典规定和原则不一致的国家有关规定抓紧进行清理，及时予以修改或者废止。❶ 本次民法典编纂，既有的知识产权专门法并未整体纳入民法典，专利法、著作权法、商标法、种子法、反不正当竞争法等知识产权专门法继续存在并有效。知识产权专门法是一般单行民事法律，其可以对民法典没有规定的内容予以补充和完善，但其规范内容涉及与民法典规定相重叠的内容时，应该与民法典相协调，不能与之相冲突；如果民法典与一般单行民事法律发生冲突，或者一般单行民事法律规定不清晰、不明确，则应当适用民法典。

其次，新法与旧法的关系。民法典在立法技术上遵循"编""纂"结合的路径，不是制定全新的法律，而是对我国已有基本成熟的现行民事立法进行科学整理和全面、系统的编订纂修，将现行同类民事法律进行系统整合、修改、完善，将不一致的规定统一起来，将重复的规定进行合并精简，对其中已经不适应现实情况的规定进行修改完善，解决法的科学化、系统化、统一化问题；同时结合实践经验和新时代需求，补充空白的规定，对社会经济生活中的新情况、新问题作出有针对性的新规定。❷ 为民法典这一"编""纂"结合的立法技术路径所决定，在处理民法典颁布前的既有民事法律与民法典的关系时，如既有民事法律规定与民法典不一致，原则上应适用作为新法的民法典的规定。民法典颁布后，新的单行民事法律确有必要作出不同于民法典的规定时，则需要立法机关给出特别、明确的理由。民法典在侵权责任编中新增了关于知识产权侵权惩罚性赔偿责任的规定，该新增规定系对商标法、种子法、反不正当竞争法等知识产权专门法既有惩罚性赔偿规定的系统整合、修改和完善。商标法、种子法、反不正当竞争法等知识产权专门法关于惩罚性赔偿的法律要件规定与民法典不一致时，应统一适用民法典的规定。

最后，一般法与特别法的关系。民法典编纂采用了"提取公因式"的具体立法技术，规定了民事法律关系中具有基础性、普遍性和稳定性的内容规范，对那些涉及特殊群体或领域的、还在发展变化中或经验不成熟、拿不准

---

❶ 参见习近平：充分认识颁布实施民法典重大意义，依法更好保障人民合法权益，《求是》2020年第 12 期。

❷ 参见张鸣起：民法典分编的编纂，《中国法学》2020 年第 3 期，第 13—14 页。

的，以及各分编体系上难以涵盖或替代的内容暂不作规定。❶ 本次民法典制定中，考虑到我国知识产权法一直采取特别立法方式且处于快速发展变化之中，因而并未单独设立知识产权编，知识产权专门法仍保留了单行特别立法模式。但是民法典对知识产权作了概括性规定，以统领各个单行的知识产权法律，表明知识产权的私法归属，以列举和兜底的规定，为未来知识产权法的发展变化留下了空间。❷ 这就形成了民法典与知识产权专门法之间的一般法与特别法的关系。在知识产权司法审判中，对于民法典没有明确规定的问题，需要从知识产权专门法中寻找法律依据。

综合民法典与知识产权专门法的上述关系可知，民法典关于知识产权侵权惩罚性赔偿的规定在性质上并非转致条款，而是上位法规范和一般性规范。❸ 民法典关于知识产权侵权惩罚性赔偿的规定既为相关知识产权专门法的规定提供了上位法依据，又明确和统一了知识产权专门法关于惩罚性赔偿的要件；知识产权专门法对于侵权惩罚性赔偿的规定应当以民法典的规定为基础，可以进行细化，但不能与其冲突。这也是民法典颁布后法典体系化效应的必然结果。民法典制定前，知识产权专门法已经规定侵权惩罚性赔偿且其法律要件与民法典不一致的，应适用民法典的规定；民法典制定后，如新制定的知识产权专门法关于侵权惩罚性规定的法律要件与民法典不一致，则立法机关对此必须有特别考虑，可以适用新知识产权专门法的规定。

2. "故意" 还是 "恶意"

商标法和反不正当竞争法关于惩罚性赔偿的规定并未使用 "故意" 一词，而是使用了 "恶意" 这一用语。由于商标法和反不正当竞争法关于惩罚性赔偿的规定早于民法典，而民法典在编纂时有意使用 "故意" 而没有使用 "恶意" 的表述，表明民法典实际上已经明确将 "恶意" 修订为 "故意"。根据前述关于民法典系民事基本法的定位以及民法典与商标法、反不正当竞争法之间存在的新旧法关系，民法典关于惩罚性赔偿的规定应优先适用，商标法和反不正当竞争法中关于惩罚性赔偿所规定的 "恶意" 要件应理解为 "故意"。

---

❶ 参见张鸣起：民法典分编的编纂，《中国法学》2020 年第 3 期，第 13 页；另参见沈春耀：关于《民法典各分编（草案）》的说明，第十三届全国人民代表大会常务委员会第五次会议材料（2018 年 8 月 27 日），第 6 页。

❷ 参见周强：以习近平新时代中国特色社会主义思想为指导，牢牢把握民法核心要义，确保民法典正确贯彻实施，"人民法院大讲堂" 首场宣讲辅导讲稿，第 22 页。

❸ 参见王利明：论我国民法典中侵害知识产权惩罚性赔偿的规则，《政治与法律》2019 年第 8 期，第 98 页。

　　即便不考虑民法典与商标法、反不正当竞争法之间的法律适用关系，将"恶意"理解为"故意"也是适当的。首先，在民法理论中，"恶意"是相对于"善意"而言的。"善意"一般是指当事人对于他人权益被侵害的事实或者其他法律基础事实不知情，且这种不知道并非因其过错所致。❶ 例如，限制民事行为能力人为民事行为效力规定中善意第三人的撤销权、❷ 重要动产物权登记对抗效力中未经登记不得对抗善意第三人的规定、❸ 动产转让中善意第三人的善意取得等。❹ 相对而言，"恶意"则是指明知其行为损害他人合法权益而故意为之的心理状态。例如民法总则规定的恶意串通、❺ 物权法规定的恶意占有等。❻ 由此可见，"恶意"与"故意"在民法理论中并未有严格区隔。其次，在现行知识产权专门法规定中，"恶意"主要是一种道德评价，在法律构成意义上与"故意"亦无明显区别。商标法最早规定了侵权惩罚性赔偿并明确了"恶意"作为主观要件。据有关商标法修改参与者和起草者解释，商标法关于侵权惩罚性赔偿的规定参考了英美法系相关理论，"恶意"通常是指行为不但侵害了权利人的合法权益，而且行为本身是"邪恶"的，在道德上应当予以谴责。❼ 从美国惩罚性赔偿理论和制度来看，其所要求的具有道德可责难性的主观意图经常用"willful and wanton"（故意和恣意的）、"wicked"（邪恶的）、"malicious"（恶意的）、"egregious"（恶劣的）、"flagrant"（公然的）、"reckless"（轻率的）等词语来描绘。其中，"willful and wanton""wicked""malicious""egregious""flagrant"等词语主要是不同角度的道德评价，其外延大致相当于大陆法系的直接故意加间接故意。"recklessness"（轻率的）则是指行为人并不追求损害后果的发生，但能够预见到损害后果发生的可能性并有意冒险，或者行为人对其行为后果毫不在意的主观状态，❽ 其在外延上涵盖了间接故意及过于自信的过失。因此，即便结合美国法的经验，将"恶意"

---

❶　参见李适时：《中华人民共和国民法总则释义》，法律出版社 2017 年 4 月第 1 版，第 454 页。

❷　参见《民法典》第一百四十五条，原《民法总则》第一百四十五条。

❸　参见《民法典》第二百二十五条，原《物权法》第二十四条。

❹　参见《民法典》第三百一十一条、原《物权法》第一百零六条。

❺　参见《民法典》第一百五十四条，原《民法总则》第一百五十四条。

❻　参见《民法典》第四百五十九条、原《物权法》第二百四十二条。

❼　参见袁曙宏：《商标法与商标法实施条例修改条文释义》，中国法制出版社 2014 年 5 月第 1 版，第 76 页。

❽　Bryan A. Garner（ed.），*Black's Law dictionary*，P1053（8th ed. abr. 2005）.

理解为类似大陆法系侵权理论中的直接故意和间接故意也是适当的。❶ 再如，反不正当竞争法新增规定了"恶意对其他经营者合法提供的网络产品或者服务实施不兼容的"不正当竞争行为，在对恶意的判断上，往往是从该经营者的行为是否符合诚信原则和商业道德等要求进行综合考量。❷ 又如，在商标法中，商标的恶意申请或者恶意注册通常是指明知其申请或者注册的商标与他人商标相同或者近似、不以使用为目的、无正当理由申请或者注册商标的行为。❸ 最后，从功能角度来看，将"恶意"解释为"故意"，更有利于惩罚性赔偿两法律要件规制范围的清晰化区分及功能实现。将"恶意"解释为"故意"，可以直接与民事侵权理论和实践关于主观故意的理解相契合，同时将侵权行为恶性因素的判断交给"情节严重"这一客观要件，进而实现两法律要件之间的条件区分和功能分隔，避免要件模糊和评价叠合。

因此，无论是商标法还是反不正当竞争法关于惩罚性赔偿规定的"恶意"一词，均宜解释为"故意"，包括直接故意和间接故意。

3. 侵犯植物新品种权的惩罚性赔偿是否应具备"故意"要件

种子法关于植物新品种权侵权惩罚性赔偿的规定亦早于民法典，其仅规定了"情节严重"的客观要件，并未限定任何主观要件，因而与民法典关于知识产权侵权惩罚性赔偿的上位规定和一般规定出现不一致。基于前文关于民法典与知识产权专门法的适用关系及体系化适用的分析，此时应适用民法典的规定，认定侵犯植物新品种权的惩罚性赔偿亦应具备"故意"要件。从种子法立法过程看，惩罚性赔偿规定的立法目的亦在于制止严重扰乱市场秩序的侵权和假冒授权品种的行为。❹ 明确惩罚性赔偿的故意要件，有利于实现上述立法目的。同时，从惩罚性赔偿制度的设立初衷来看，不将惩罚性赔偿限定于故意侵权且情节严重，对过失侵权亦施加惩罚性赔偿，极易导致惩罚

---

❶ 参见安东尼·J. 赛博克：美国的惩罚性赔偿金，载［奥］赫尔穆特·考茨欧、瓦内萨·威尔科克斯主编：《惩罚性赔偿金：普通法与大陆法的视角》，窦海阳译，中国法制出版社2012年12月第1版，第226—230页。该书附录还汇总了美国各州惩罚性赔偿金的法律规定摘要，从主观方面来看，实质上亦等同于直接故意加间接故意。

❷ 参见王瑞贺、杨红灿：《中华人民共和国反不正当竞争法释义》，中国民主法制出版社2017年12月第1版，第62页。

❸ 参见《商标法》第四十五条、《最高人民法院关于审理商标授权确权行政案件若干问题的规定》第二十五条。

❹ 参见《全国人民代表大会法律委员会关于〈中华人民共和国种子法（修订草案）〉审议结果的报告》第八项，载刘振伟、余欣荣、张建龙：《中华人民共和国种子法导读》，中国法制出版社2016年4月第1版，第364—365页。

性赔偿的滥用。

三、比例协调

比例协调意指惩罚性赔偿数额应与侵权行为的主观恶意和客观情节及其影响相适应，罪罚相适，罚当其罪。比例协调是惩罚性赔偿制度实现适度威慑的必然要求，罚过其罪会导致威慑过度，罚不抵罪则会导致威慑不足。知识产权侵权惩罚性赔偿的适用要实现比例协调，至少需要从两个角度予以考虑：一是在民事责任领域中，将惩罚性赔偿的倍数与侵权行为的主观恶意和客观情节相协调；二是在不同部门法之间，尤其是民事责任、行政责任和刑事责任之间进行统筹考虑，防止惩罚堆叠。

（一）惩罚性赔偿在民事责任领域中的比例协调

将惩罚性赔偿的倍数与侵权行为的主观恶意和客观情节相协调，是实现惩罚比例协调、避免惩罚性赔偿滥用的重要手段。我国《民法典》第一千一百八十五条并未直接规定知识产权侵权惩罚性赔偿的倍数，而是采用"被侵权人有权请求相应的惩罚性赔偿"的方式，将惩罚性赔偿倍数的确定留给了知识产权专门法。在现行知识产权法领域，除种子法规定了"一倍以上三倍以下"的惩罚倍数外，《商标法》、《反不正当竞争法》、《专利法》（2020 年修正）和《著作权法》（2020 年修正）均规定了"一倍以上五倍以下"的惩罚性赔偿倍数。在具体案件审理中，需要根据侵权行为的主观过错程度和客观具体情节，确定适当的惩罚性赔偿倍数。司法实践中，可以对于前文所列举的评估故意和情节严重所考虑的各项因素赋予不同权重，规范法官裁量权的行使。❶ 需要说明的是，惩罚性赔偿的倍数并不限于整数，而是可以根据侵权行为的具体情节，在"1—3 倍"或者"1—5 倍"之间选择恰当的惩罚性赔偿倍数，例如 1.2 倍、2.5 倍等。❷

实现惩罚性赔偿在民事责任领域中的比例协调，还需要留意那些具有商业维权色彩的知识产权批量维权行为，❸ 避免因重复维权导致惩罚过度。例

---

❶ 参见前文第二部分。

❷ 例如，在 Polara Eng'g, Inc. v. Campbell Co., No. SA CV 13-00007-DFM, 2017 WL 754609, at *27（C. D. Cal. Feb. 27, 2017）案中，法院判处了 2.5 倍的惩罚性赔偿；在 Barry v. Medtronic, 250 F. Supp. 3d 107（E. D. Tex. 2017）案中，法院判处了 1.2 倍的惩罚性赔偿。

❸ 关于知识产权商业维权诉讼，可参见董伟威、童海超：知识产权商业维权诉讼的界定与规制，《人民司法》2014 年第 1 期，第 12—18 页。

如，在专利侵权诉讼中，针对同一制造者的同一时期的专利侵权行为，以该制造者和不同销售者或者使用者作为共同被告反复起诉，在获得惩罚性赔偿之后，再次主张惩罚性赔偿的，可以不予支持。

（二）惩罚性赔偿在私法和公法两种责任领域中的比例协调

在一定意义上，在公法与私法二分框架下，民事侵权领域的惩罚性赔偿责任实质上具有以私法手段实现公法惩戒和预防的功能。这必然隐含着一种可能：同一违法行为在私法领域和公法领域连续遭受两次惩罚。特别是，如果私法领域侵权行为惩罚性赔偿责任与公法领域的行政处罚及刑事制裁的法律要件实质同构，则必然导致惩罚重叠。这种重叠模式既可能导致侵权人因完全相同的问题受到两个程序的处理，大大增加了其责任负担，又给国家和社会带来了更大的重复执法成本。❶

惩罚性民事赔偿与行政处罚责任及刑事制裁之间构成要件同构，意味着惩罚性民事赔偿和相关领域的行政处罚及刑事制裁处理的是同一范围、同一危害程度的问题，功能完全重叠。❷ 这种要件同构和功能重叠现象在知识产权领域表现尤为明显。以侵犯商业秘密行为为例，现行《反不正当竞争法》第九条（原《反不正当竞争法》第十条）规定了侵犯商业秘密行为，列举了五种类型的侵权行为方式。该法第十七条第三款则规定了经营者恶意实施侵犯商业秘密行为、情节严重时，可以判处惩罚性赔偿民事责任。同时，该法第二十一条明确规定："经营者以及其他自然人、法人和非法人组织违反本法第九条规定侵犯商业秘密的，由监督检查部门责令停止违法行为，没收违法所得，处十万元以上一百万元以下的罚款；情节严重的，处五十万元以上五百万元以下的罚款。"此外，我国《刑法》第二百一十九条关于侵犯商业秘密罪的规定则完全照搬了原《反不正当竞争法》第十条关于侵犯商业秘密的规定，仅仅增加了"给商业秘密的权利人造成重大损失的"客观要件，责任方式包括罚金。上述规定显示出商业秘密领域民事责任、行政责任与刑事责任之间的法律要件同构的特征。首先，对于侵犯商业秘密行为而言，民事侵权责任与行政处罚责任在法律构成要件上完全同构。其次，侵犯商业秘密的行政处罚责任所针对的行为对象反而宽于惩罚性赔偿民事责任所针对的行为对象，

---

❶ 参见赵鹏：惩罚性赔偿的行政法反思，《法学研究》2019 年第 1 期，第 49 页以下。该文探讨了惩罚性赔偿与行政处罚之间的功能重叠和协调问题。

❷ 同上，第 50 页。

导致惩罚性赔偿责任与行政处罚责任的重叠。最后，侵犯商业秘密罪刑事责任与侵犯商业秘密民事责任在行为方式要件上完全同构，仅在"给商业秘密的权利人造成重大损失的"这一客观要件上存在差异。但是，这一关于损害程度的刑事责任要件与侵害商业秘密惩罚性民事赔偿责任的"情节严重"要件存在重合。这就导致侵犯商业秘密领域存在惩罚性赔偿责任、行政处罚责任与刑事罚金之间的要件同构和责任重叠。为防止法律要件同构和公私法责任重叠导致针对同一行为的惩罚堆叠，在判处知识产权侵权惩罚性赔偿时，如遇同一行为此前已经受到罚款的行政处罚或者刑事罚金制裁的，根据案件具体情况，可以不支持权利人关于惩罚性民事赔偿的诉讼请求。

四、精细计算

惩罚性赔偿制度的引入，对知识产权侵权损害赔偿计算的精细化提出了新要求。惩罚性赔偿原则上应以权利人的实际损失或者侵权人侵权所得或者合理许可使用费为基础，❶ 根据具体情节确定适当的惩罚性赔偿倍数，这就要求作为计算基础的损失、获利或者和合理许可费应该尽量准确确定。如果计算基础不准确，在乘以惩罚性赔偿倍数之后，惩罚性赔偿的计算偏差会等倍扩大。对于权利人实际损失、侵权人侵权所得或者合理许可使用费的计算，并非本文的主题。❷ 本文在此仅探讨三个略有争议的问题：计算惩罚性赔偿时，合理的许可使用费倍数如何考虑；制止侵权的合理开支能否作为惩罚性赔偿的计算基础；以法定赔偿方式确定的损害赔偿数额能否作为惩罚性赔偿的计算基础。

（一）作为惩罚性赔偿计算基础的许可使用费倍数

各知识产权专门法均规定，权利人的损失或者侵权人获得的利益难以确定的，可以参照知识产权许可使用费的倍数合理确定。在有些法域中，以倍数例如两倍确定许可使用费本身已经具有惩罚性赔偿的含义。❸ 但是，在我国

---

❶ 《商标法》第六十三条第一款、《种子法》第七十三条第三款、《反不正当竞争法》第十七条第三款、《专利法》（2020 年修正）第七十一条第一款、《著作权法》（2020 年修正）第五十四条第一款均对此作了明确规定。

❷ 本文作者另有其他论文涉及该主题，参见朱理：专利侵权损害赔偿计算分摊原则的经济分析，《现代法学》2017 年第 5 期，第 54—62 页。

❸ 参见欧盟法院 C‑367/15 判例，欧盟法院指出，如果基于双倍合理许可使用费得出的损害赔偿金额远超出权利人实际损失的，则为《欧盟第 2004/48/EC 号指令》关于不得引入惩罚性赔偿的规定所禁止。

惩罚性赔偿制度下，计算基础原则上应该以权利人的实际损失或者侵权人的实际侵权所得为基础。当权利人的损失或者侵权人获得的利益难以确定时，以许可使用费的倍数方式进行计算的对象实际上仍然是实际损失或者侵权所得。因此，我国知识产权侵权损害赔偿制度中，参照知识产权许可使用费的倍数合理确定实际损失或者侵权所得时，原则上只应考虑该许可使用费所针对的许可行为与本案侵权行为在权利性质、许可时间、范围等方面的可参考程度，不应当考虑惩罚性因素。

（二） 制止侵权的合理开支能否作为惩罚性赔偿的计算基础

《种子法》第七十三条第三款在规定赔偿数额应当包括权利人为制止侵权行为所支付的合理开支之后，紧接着又规定了侵权惩罚性赔偿。从文义解释的角度看，这似乎意味着，在侵犯植物新品种权领域计算惩罚性赔偿时，应该把计入维权合理开支后的实际损失、侵权所得或者许可使用费倍数作为计算基础。但是，比较《商标法》、《反不正当竞争法》、《专利法》（2020 年修正）和《著作权法》（2020 年修正）可知，这些法律均在惩罚性赔偿之后再规定将制止侵权的合理开支纳入赔偿范围，这就意味着合理开支不应纳入惩罚性赔偿的计算基础之中。考虑到立法史并未表明立法者在制定种子法的过程中对于植物新品种权的维权问题作过特殊考量，可以认为种子法的相应规定是一种立法失误。为保持知识产权领域侵权惩罚性赔偿计算基础的一致性，在适用种子法关于植物新品种侵权惩罚性赔偿规定时，不宜将制止侵权的合理开支纳入惩罚性赔偿的计算基础。此外，制止侵权的合理开支在实际维权过程中才能发生，将之作为惩罚性赔偿的计算基础并乘以惩罚性倍数，等同于将并未实际发生的损失判归权利人，本身也是不合理的。

（三） 法定赔偿能否作为惩罚性赔偿的计算基础

在专利法修改过程中，国家知识产权局 2015 年 4 月 1 日公布的《中华人民共和国专利法修改草案（征求意见稿）》曾明确将法定赔偿作为惩罚性赔偿的计算基础。这一立法模式被称为法定赔偿与惩罚性赔偿的兼容模式。❶ 后来，这一模式被废弃，在全国人大最新公开的专利法修正案（草案二次审议稿）中，仍然维持法定赔偿与惩罚性赔偿择一的立法模式。虽然立法史明确表明，将法定赔偿作为惩罚性赔偿计算基础的兼容模式已经被废弃，且目前

---

❶ 参见李正华、朱君全：法定赔偿与惩罚性赔偿条款关系辨析：《商标法》与《专利法》修改草案惩罚性赔偿条款之对比分析，《电子知识产权》2016 年第 1 期，第 56 页以下。

各知识产权专门法或者修改草案均将惩罚性赔偿制度与法定赔偿切割开来，不以通过法定赔偿方式确定的赔偿数额作为惩罚性赔偿的计算基础，但是在理论和实践中仍存有争议。❶

1. 惩罚性赔偿与法定赔偿的功能重叠因素

惩罚性赔偿是在特定条件下，考虑侵权行为的主观恶性和客观情节及其负面影响，根据特定基数（权利人因侵权受到的实际损失或者侵权人因侵权的实际获利或者合理的许可使用费），乘以合理的倍数，确定赔偿数额。惩罚性赔偿必须建立在确定的基数前提下，缺乏基数，则无所谓惩罚性（倍数）。惩罚性赔偿通过惩罚性倍数发挥其威慑、阻吓和预防效应。

根据现行知识产权专门法的规定，法定赔偿则是在缺乏证据，无法确定权利人因侵权造成的损失或者侵权人因侵权获得的利益，又无许可使用费可以参照的情况下，情非得已的最后选择。法定赔偿的显著功能在于，克服损害赔偿数额证明和计算的困难，使权利人和法院以更低的成本和更短的时间投入确定损害赔偿数额。在确定法定赔偿数额时，被侵害权利的类型、侵权行为的性质和情节等，均为确定法定赔偿数额的考虑因素。所谓被侵害的权利类型，包括专利权（发明、实用新型、外观设计）、商标权（注册商标、未注册商标、驰名商标）、著作权（不同的作品类型）、不正当竞争（商业秘密、商业标识）。所谓侵权行为的性质，包括故意侵权还是过失侵权、相同侵权还是等同侵权、假冒侵权还是一般侵权。所谓侵权行为的情节，包括侵权规模、次数、危害性，以及诉讼中的行为表现（是否妨害证明、抗拒命令）等。可见，在缺乏证据因而适用法定赔偿方式确定赔偿数额时，侵权行为的主观恶性和客观情节及其负面影响等因素均应纳入考虑。此时，法官在法律规定的最高限额内，根据个案行使裁量权，确定赔偿数额，这种裁量幅度巨大的法定赔偿在特定情况下实际上已经承担起了惩罚性赔偿的功能。例如，在源德盛塑胶电子（深圳）公司诉中山品创塑胶制品有限公司等专利侵权案中，法院在考虑被告制造商重复侵权、主观恶意较大等因素，以法定赔偿方式确定赔偿数额为 100 万元。❷

---

❶ 参见汤敏、胡恒：商标侵权行为惩罚性赔偿与法定赔偿之关系，《南京理工大学学报（社会科学版）》第 33 卷第 4 期（2020 年 8 月），第 27—32 页。该文认为，法定赔偿的基本属性决定其在商标侵权行为惩罚性赔偿中存在可以适用的基础与空间。法定赔偿作为惩罚性赔偿的基数可以实现惩罚性赔偿的惩罚、阻吓、威慑的制度价值。

❷ 参见（2020）最高法知民终 357 号判决书。

由于采用法定赔偿方式在确定赔偿数额时已经考虑了恶意或者故意侵权、情节严重等因素，故据此确定的赔偿数额已经具有惩罚性因素。此时，再以该法定赔偿数额为基数，给予数倍的惩罚性赔偿则会导致惩罚的倍数效应叠加，造成惩罚过当。因此，原则上不应以法定赔偿为基数确定惩罚性赔偿。

2. 以裁量性方式确定实际损失或者违法所得

为了防止法定赔偿的滥用，同时克服损害赔偿计算必须百分百精确的机械思维，司法实践曾提出以裁量性方式计算损害赔偿的方法。该方法被称为"裁量性赔偿"，以区别于"法定赔偿"。裁量性赔偿的适用场景是，虽有一定的证明损害赔偿数额的证据，能够大致确定赔偿数额，但是损害赔偿的具体数额仍难以确定。此时，法官在计算赔偿所需的部分数据确有证据支持的基础上，可以根据案情，运用裁量权确定计算赔偿所需的其他数据，酌定公平合理的赔偿数额。这实际上是在损害赔偿计算出现困难时，以简化计算的方式确定实际损失或者侵权获利。❶ 这种裁量性赔偿不是法定赔偿，而是基于实际损失或者侵权获利的赔偿。这种以裁量性方式确定的实际损失或者侵权获利，可以作为惩罚性赔偿的计算基数。

五、结语

法律的生命在于实施。随着民法典对知识产权侵权惩罚性赔偿制度的普遍建立和相关知识产权专门法陆续完成修改，知识产权侵权惩罚性赔偿制度的适用将成为司法面临的重要任务。打破知识产权侵权惩罚性赔偿的专门法、部门法思维，将各个知识产权专门法纳入整个民法体系中予以审视，既充分发挥民法典的体系化效应，又适当考虑各专门法的特殊性，是正确理解和适用惩罚性赔偿的重要条件。在此基础上，只有积极审慎适用惩罚性赔偿，通过判例和实践逐步明晰适用条件，以精细计算为基础，恰当确定惩罚性赔偿倍数，才能实现惩罚性赔偿制度的效果最优化。

（撰写人：最高人民法院 朱理）

---

❶ 许多国家的法律中均有类似方法的规定。例如日本民事诉讼法第 248 条规定：在认定已发生损害的场合，因损害的性质对其金额的举证极其困难时，法院可以基于口头辩论的全部内容以及证据调查的结果，认定相当损害额。

从等同原则的适用到禁止反悔、
可预见原则的限制

摘　要：在面对技术进步造成认识落差、专利文本存在文字局限性、专利撰写产生细微瑕疵等情形时，有必要考虑适用等同原则拓宽专利权保护的范围，同时通过确定等同原则适用的限制来尽量克服其适用的主观性。除了作为等同原则适用的限制以外，禁止反悔原则应当作为专利权利要求解释、相同侵权等环节中具有独立适用价值的一项重要原则。虽然可预见原则作为等同原则适用的限制并未在我国专利法及相关司法解释中规定，但根本原因并非其不符合专利法的价值理念，而是需要通过充分的案例研究提升可操作性，其中的关键在于确定"合理预见"的适用条件和适用范围。

关键词：等同原则　禁止反悔原则　可预见原则

等同原则是专利侵权判定的一项重要原则。根据 2001 年施行的《最高人民法院关于审理专利纠纷案件适用法律问题的若干规定》第十七条的规定，"发明和实用新型专利权的保护范围应当以权利要求记载的全部技术特征所确定的范围为准，也包括与该技术特征相等同的特征所确定的范围。等同特征，是指与所记载的技术特征以基本相同的手段，实现基本相同的功能，达到基本相同的效果，并且本领域普通技术人员在被诉侵权行为发生时无需经过创造性劳动就能够联想到的特征"，等同原则的适用将发明和实用新型专利权的保护范围扩大到了专利权利要求的字面含义之外。据此，适用等同原则认定构成等同特征的客观要件是"与权利要求所记载的技术特征构成基本相同的手段、功能、效果"，主观要件是"无需经过创造性劳动就能够联想到"，判断主体要件是"本领域普通技术人员"，判断时间要件是"被诉侵权行为发生时"。

一、专利侵权判定中适用等同原则的必要性

（一）等同原则拓宽了权利要求解释的尺度

等同原则适用的实质在于厘定专利权的保护范围，必然涉及专利权利要求的解释，"正确解释权利要求中各项措辞、术语乃至标点符号的含义，准确界定专利权的保护范围，是进行专利侵权判断的逻辑基础"❶。关于发明和实用新型专利权利要求的解释，理论上曾有中心限定主义和周边限定主义两种比较极端的学说，前者认为权利要求书只是发明创造的一个示例，因此以权利要求记载的方案为中心，结合说明书和附图理解发明创造的整体构思，在解释权利要求时可以不限于权利要求的字面内容，其价值追求偏向于保护专利权人的利益；后者认为应对权利要求书的文字作严格的解释，字面含义就是专利权的保护范围，其价值追求偏向于让社会公众清楚了解专利权边界。❷而根据《最高人民法院关于审理侵犯专利权纠纷案件应用法律若干问题的解释》（以下简称《解释一》）第二条和第七条的规定，我国专利司法实践中解释专利权保护范围采用的是调和上述两者的折中解释原则，与之配套在适用全面覆盖原则判定专利侵权时，既涵盖完全按照权利要求的"字面"内容仿制专利产品或照搬专利方法的侵权行为，也应当包含等同侵权的情形。如此，既可以"清晰确定法律责任边界，提高技术类知识产权保护范围的清晰性，明确公众可以自由合法利用的范围"❸，同时在字面相同侵权以外，面对特殊情形时仍然有必要通过等同原则使专利权保护范围保持一定的弹性，有效地保护专利权。

（二）司法实践中需要适用等同原则的情形

司法实践中，有必要考虑适用等同原则认定专利侵权，至少包含以下几种情形：

---

❶ 参见吴光侠、周翔、杜微科：《柏万清诉成都难寻物品营销中心等侵害实用新型专利权纠纷案》的理解与参照——专利权保护范围明显不清的不能认定被诉侵权技术方案侵权，《人民司法案例》2017年第11期，第23—24页。

❷ 参见孔祥俊、王永昌、李剑：《最高人民法院关于审理侵犯专利权纠纷案件应用法律若干问题的解释》适用的若干问题，《电子知识产权》2010年第2期，第77页。

❸ 参见罗东川：建立国家层面知识产权案件上诉审理机制 开辟新时代知识产权司法保护工作新境界——最高人民法院知识产权法庭的职责使命与实践创新，《知识产权》2019年第7期，第10页。

1. 技术进步造成认识落差

在专利申请的时间节点，专利申请人因技术局限不能预见、无法联想到权利要求的技术特征字面含义以外存在等同特征；但是由于被诉侵权行为发生时技术已然发展进步，此时被诉侵权人以该领域普通技术人员无需创造性劳动就能够联想到的技术手段，对相应技术特征加以简单替换即可实现基本相同的功能和效果。对此，有观点认为："事实上不可能要求专利权人在撰写权利要求时能够预见到侵权者以后可能采取的所有侵权方式，故对权利要求的文字所表达的保护范围作出适度扩展，而将对专利技术方案作出非实质性变动的情形认定为侵权。"❶ 因此，通过适用等同原则认定构成侵权，判断时间的要件确定为"被诉侵权行为发生时"而非"专利申请时"，从而弥补了因技术发展所造成的认识落差对于专利权人保护的不足。

2. 专利文本存在文字局限性

伴随着我国经济、社会、文化、科学技术的发展，专利文本的表达水平存在一个由低到高的过程，在专利申请时难免出现文字记载局限性的情形。2016 年施行的《关于审理侵犯专利权纠纷案件应用法律若干问题的解释（二）》（以下简称《解释二》）的理解与适用也指出，"这也是充分考虑我国现阶段专利质量总体上还处在较低水平的现状以及创新驱动发展战略实施的需求"❷，因此面对专利权利要求因文字局限性出现的稍显不够周延的情形，"在充分尊重专利权利要求的公示和划界作用的同时，我们应考虑到由于文字记载的局限性……需要通过等同原则等规则的适用，使专利权人能得到周延的保护"❸。

3. 专利撰写产生细微瑕疵

"我国专利制度建立之初，考虑到专利人才短缺、专利撰写水平不高，司法实践中曾采用多余指定、变劣技术等方法扩大等同原则的适用范围，加大对专利权人的保护力度。经过 30 多年的发展，我国专利人才快速增长，专利撰写水平也有较大提升，法院保护的重心已经转移到受到专利公示约束的社

---

❶ 参见李剑：专利侵权诉讼视角下的专利文件撰写，《专利代理》2015 年第 1 期，第 13 页。

❷ 参见宋晓明、王闯、李剑：《关于审理侵犯专利权纠纷案件应用法律若干问题的解释（二）》的理解与适用，《人民司法 应用》2016 年第 10 期，第 30 页。

❸ 参见李剑：专利侵权诉讼视角下的专利文件撰写，《专利代理》2015 年第 1 期，第 15 页。

会公众。"❶ 因此，对于权利要求撰写时因疏忽大意出现细微歧义、词不达意的情形，即使从有利于激励创新、尽可能保护确有创造性的发明创造角度出发，有必要考虑是否存在等同原则适用的空间，但考虑到我国专利法自 1984 年施行至今已 30 余载，也应与时俱进地存在一个由宽松适用到严格适用的过程。

根据以上分析，等同原则是字面侵权原则的必要补充，但其适用确实给予法官较大的裁量权，存在一定的主观性，为了使侵权判定的结果更为公平合理，除了确定等同原则适用的构成要件和适用情形以外，更为关键的问题是通过确定等同原则适用的限制尽量克服其适用的主观性，以实现"妥善运用知识产权法律制度中的保护限制和例外，依法维护善意使用者的市场交易安全"❷。

二、禁止反悔原则对于等同原则的限制及其独立价值

关于等同原则适用的限制，我国司法解释中明确规定的包括禁止反悔原则、捐献原则❸、特意排除规则❹等，在司法实践中又以禁止反悔原则的适用最为广泛。

（一）禁止反悔原则对于等同原则的限制

在我国专利法相关司法解释中，禁止反悔原则规定在《解释一》第六条和《解释二》第十三条，即专利申请人、专利权人在专利授权或者无效宣告程序中，通过对权利要求、说明书的修改或者意见陈述而放弃的技术方案，权利人在侵犯专利权纠纷案件中不得重新将其纳入专利权的保护范围；但该限缩性的修改或者意见陈述在相应的行政程序中被明确否定的，则不会产生禁止反悔原则的适用。

在美的公司与格力公司侵害实用新型专利权案❺中，有一个争议焦点是被诉侵权技术方案是否包含"PCB 电路板紧贴面板内侧面"技术特征。

---

❶ 参见岳利浩：捐献原则是对专利侵权判断适用等同原则的必要限制，《人民司法 案例》2014 年第 14 期，第 87 页。

❷ 参见罗东川：建立国家层面知识产权案件上诉审理机制 开辟新时代知识产权司法保护工作新境界——最高人民法院知识产权法庭的职责使命与实践创新，《知识产权》2019 年第 7 期，第 10 页。

❸ 参见《关于审理侵犯专利权纠纷案件应用法律若干问题的解释》第五条。

❹ 参见《关于审理侵犯专利权纠纷案件应用法律若干问题的解释（二）》第十二条。

❺ 参见广州知识产权法院（2017）粤 73 民初 2176 号民事判决。

在被诉侵权技术方案中，虽然 PCB 电路板与面板内侧面之间多了一块没有任何电子元器件的导光板，令 PCB 电路板与面板内侧面并未直接接触；但在显示盒内安装在面板后的 PCB 电路板、导光板和面板这三者紧紧相贴，在空调运行时 PCB 电路板上发光显示元件的光透过具有图案缝隙的导光板，在面板上能显示出相应的功能图案，属于以间接紧贴这种基本相同的手段，实现涉案专利要解决的"当空调器开启时，面板上超薄处对应的 PCB 电路板显示出相应的功能图案；当空调器关闭时，整机外观看不到显示操控面板"的技术问题，达到基本相同的功能和效果，并且是该领域普通技术人员在被诉侵权行为发生时无需经过创造性劳动就能够联想到的特征。因此，假如不存在可适用禁止反悔原则等限制等同原则的情形，则应认定二者构成等同特征。

但是，在该案诉讼之前的无效宣告程序中，专利权人明确认为在涉案专利申请日前公开的 CN101403513A 发明专利申请中"发光器件发出的光通过不属于发光器件的显示窗后显示在前面板的表面，显现的内容是根据显示窗的形状所确定"的技术方案不属于"紧贴面板"。由于 CN101403513A 发明专利申请要解决的技术问题包括"在发光器件不亮灯时，在空调前面板的前面不进行任何有关显示部的显现，在发光器件亮灯时，才在前面板的前面显现显示内容"，此部分与涉案专利要解决的技术问题是基本相同的，因此涉案专利相对于 CN101403513A 发明专利的创新应当是在解决基本相同的技术问题时体现出来的不同的解决思路和技术方案。考虑到 CN101403513A 发明专利申请上述关于通过显示窗实现间接紧贴的技术特征与被诉侵权技术方案中通过导光板实现间接紧贴的技术特征基本相同，这也意味着专利权人在无效程序中认为 CN101403513A 发明专利申请的情形不属于"紧贴面板"的陈述，实质是将使用导光板、显示窗之类实现间接紧贴的技术特征予以排除和放弃。同时，这个结论也与专利权人在无效程序中提出"在涉案专利申请日前公开的 CN1697898A 发明专利申请的第一、第二光导体 67、68 的作用仅仅是导光，并不具有光源，而涉案专利的 PCB 电路板在接收信号指令后能显示出不同的信息，两者的功能差距较大"的观点前后呼应，足以证明这是专利权人关于专利权权利范围一贯的、明确的解释。鉴于此，该案应当适用禁止反悔原则，限制等同原则的适用，被诉侵权技术方案"PCB 电路板通过导光板间接紧贴面板内侧面"的特征与涉案专利"PCB 电路板紧贴面板内侧面"的技术特征不构成等同。

（二）禁止反悔原则在专利法上的独立价值

除了作为等同原则适用的限制外，禁止反悔原则在专利侵权民事诉讼中是否可以在权利要求的解释、相同侵权等其他认定中作为一项重要原则而具有独立适用的价值，是一个具有争议的问题。关于《解释一》的理解与适用❶指出，禁止反悔原则是指当一方当事人作出某种行为且被他人所信赖，该当事人以后就不能再否认该行为，《解释一》第六条规定的禁止反悔原则是对等同原则适用的一种限制。从该表述看，禁止反悔原则似乎应理解为只是等同原则适用的一种限制。然而，在中誉公司与九鹰公司侵犯实用新型专利权案❷中，最高人民法院在论及禁止反悔原则的法理基础时认为，"诚实信用原则作为民法基本原则之一，要求民事主体信守承诺，不得损害善意第三人对其的合理信赖或正当期待，以衡平权利自由行使所可能带来的失衡"；并且，《解释一》第六条的规定没有将禁止反悔原则的适用场合明确限定于等同侵权认定中。因此，结合禁止反悔原则源于民法诚信原则的法理基础和理论高度以及司法解释的规定，禁止反悔原则应当作为专利法中权利要求解释、相同侵权或等同侵权比对等认定环节中具有独立适用价值的一项重要原则。对此，有学者和法官也持赞同观点："禁止反悔原则具有独立性，禁止反悔原则适用范围并不仅仅限于对等同侵权作出抗辩，不过在等同侵权中可能更为常见。"❸"我国立法和司法解释对于禁止反悔原则的适用范围并没有作出过明确的限定……从司法解释的字面含义看，正常理解应当是对禁止反悔原则的适用条件未作区分，可同时适用于相同侵权和等同侵权。"❹

在大自达公司与广州方邦公司侵害发明专利权纠纷案❺中，申请人提交的涉案专利原始申请文件的权利要求中包含有"第一金属层以沿着所述绝缘层的单面表面成为波纹结构的方式形成"的技术特征。其后，申请人在专利申请过程中将上述技术特征修改为"第一金属层的两面沿着所述绝缘层的单面表面形成"。国家知识产权局发出《第一次审查意见通知书》："修改后的技

---

❶ 参见孔祥俊、王永昌、李剑：《最高人民法院关于审理侵犯专利权纠纷案件应用法律若干问题的解释》的理解与适用，《电子知识产权》2010 年第 2 期，第 79 页。

❷ 参见最高人民法院（2011）民提字第 306 号民事判决。

❸ 参见崔国斌：《专利法原理与案例》，北京大学出版社 2010 年版，第 719 页。

❹ 参见宋健：关于专利侵权诉讼中适用禁止反悔原则的几个问题，《法律适用》2018 年第 8 期，第 52 页。

❺ 参见最高人民法院（2018）最高法民申 5287 号民事裁定。

术特征'第一金属层的两面沿着所述绝缘层的单面表面形成'在原申请文件中没有记载；原申请文件仅记载了波纹结构的第一金属层和大致平坦结构的第一金属层两种实施例，没有给出第一金属层以其他方式（比如锯齿形或连续的凹凸形）的形成结构，而且本领域技术人员也不能从原申请文件记载的内容直接、毫无疑义地得到除了波纹和平坦方式以外的其他形成结构；同时由于第一金属层在绝缘体的单面形成，与绝缘体仅单面相贴，本领域技术人员也不能从原申请文件记载的内容直接、毫无疑义地得出如何将第一金属层的哪两个面沿着绝缘层的单面延展形成，因此这一修改超出了原说明书和权利要求书记载的范围……申请人应当重新提交符合专利法规定的修改文件，并对本通知书中提出的所有问题逐一详细地作出说明。"此后，申请人作出意见陈述书："贵审查员指出技术特征'第一金属层的两面沿着所述绝缘层的单面表面形成'没有记载在原申请文件中，不符合专利法第33条的规定。对此，申请人将上述特征修改成'第一金属层以沿着所述绝缘层的所述单面表面成为波纹结构的方式形成'。通过上述修改，权利要求的记载技术方案与原说明书记载的内容一致，能够符合专利法第33条的规定。"国家知识产权局对该技术特征未再提出超出原说明书和权利要求书记载范围的审查意见并作出授权。

在该案侵权诉讼中，双方当事人争议的焦点在于被诉侵权技术方案是否包含"第一金属层以沿着所述绝缘层的所述单面表面成为波纹结构的方式形成"的技术特征，关键在于其中第一金属层的波纹结构应如何解释。由于涉案专利权利要求书及说明书均未对"波纹结构"作出特别定义，且双方当事人均认可"波纹结构"在涉案专利所涉印刷布线板用屏蔽膜领域中并非通用术语、无统一含义，故应根据《解释一》第三条的规定对权利要求进行解释，即除了应当运用说明书、附图及其他相关权利要求以外，还应当结合专利审查档案进行解释。法院除了结合权利要求其他的相关特征、说明书强调"波纹结构"是区别背景技术和实现涉案发明目的的发明点等内容对"波纹结构"进行解释以外，还特别强调了一点，根据专利审查档案所显示的申请人提交原始申请文件、修改权利要求、审查员发出审查意见书、申请人作出意见陈述并再次修改权利要求的过程，应当视为申请人同意了审查员指出"修改后的'第一金属层的两面沿着所述绝缘层的所述单面表面形成的技术特征'除了包含第一金属层以波纹结构的方式形成（原有范围的特征）外还包含第一金属层以其他方式（比如锯齿形或连续的凹凸形）的形成结构等，超出了原申请文件记载范围"的理由和结论，对审查意见未作任何反驳，这意味着国家知识产权局与申请人对该技术特征的权利边界已达成一致意见并对社会公众产生公示公信作用。被诉侵权技术方案的第一金属层的结构属于随机变化的、无规律高低起伏的连续凹凸形结构，属于审查员和申请人一致认为应排除在波纹结构以外的"连续的凹凸形"，与涉案专利权利要求中金属层的波纹结构既不属于相同特征，也不属于等同特征。据此，法院最终认定侵权不成立。

在上述案件的处理中，法院虽然没有直接援引禁止反悔的规定作为依据，但实际上都运用了诚实信用原则，如二审法院认为"权利人作为该领域的资深企业，如不接受相关审查意见，应当作出相应说明回应，或者在进一步修改时清晰、合理地对相关技术特征进行限定或解释。权利人接受相关审查意见，获得了专利授权，却在本案诉讼中主张审查员的相关意见错误……相关行为显然不符合诚实信用原则"。笔者认为，法院之所以没有在解释权利要求时直接援引禁止反悔原则，可能是受司法实践中禁止反悔原则仅被作为等同原则适用限制的影响，而本案除了等同侵权认定以外还涉及超范围修改纠正后权利要求解释和相同侵权认定，法院选择直接依据等同原则的法理基础诚实信用原则进行处理，也能达到殊途同归的效果。但如前所述，笔者持禁止反悔原则具有独立性的观点，因此认为本案直接援引禁止反悔原则处理也是恰当的。

但是，如本案直接援引禁止反悔原则进行处理，需考虑如下问题：假如审查员认为"第一金属层以波纹结构的方式形成（原有范围的特征）外还包含第一金属层以其他方式（比如锯齿形或连续的凹凸形）的形成结构等，超出了原申请文件记载范围"的意见实际上是错误的，第一金属层的波纹结构不应排除连续的凹凸形结构，权利人可否在侵权阶段通过证明审查员的上述意见存在错误，得出权利人申请时未作反驳并根据审查意见修改权利要求的行为不构成将连续的凹凸形结构排除在专利权保护范围以外的结论？对此，最早提出禁止反悔原则的美国在其司法实践中具有压倒性的观点是："审查员针对专利申请所提出的意见正确与否，在决定是否适用申请历史禁止反悔时并不重要。其原因在于，申请人收到反对意见后存在选择权，他完全可以针对反对意见提起上诉，从而使反对意见的正确性问题在专利授权复审阶段就水落石出，而不必等到民事司法程序中再来争议这一问题。"❶ 笔者赞同上述观点。从专利文本对社会公众形成的公示作用角度看，侵权判定过程中的专利权保护范围必须符合专利权产生时所公示的边界，必须符合国家授予和保护这种专有权利的初衷，只有这样才能阻却专利权人在申请环节与维权环节"两头得利"导致的对技术的不当垄断，保障社会公众在专利权保护范围之外的技术运用以及后续技术创新的合理空间。因此，该案中申请人如果对审查员提出的意见存在异议，应当在意见陈述中逐一详细地作出说明并加以反驳，对此审查员也已在审查意见中明确告知；一旦申请人接受审查员关于权利要求的限缩意见，就应受其约束；至于审查员的反对意见正确与否，在侵权诉讼中法院应当不予审查。

三、可预见原则对等同原则的限制

可预见原则作为等同原则适用的限制，最早是由美国联邦巡回上诉法院的 Rader 法官在 1997 年 Sage 案❷中提出的，其基本含义为等同原则不保护专利申请人在申请专利时可以合理地预见到并且应当写入权利要求书的技术方案。但由于该问题极具争议性，经过多个案例的适用和争论，美国联邦巡回上诉法院在 2014 年的 Ring 案❸中明确否定了可预见原则的适用。

（一）可预见原则在我国司法解释及相关指引中的规定

2003 年，可预见原则进入我国专利法司法解释的视野。最高人民法院《关于审理专利侵权纠纷案件若干问题的规定（会议讨论稿 2003.10.27 -29）》第十一条第三款曾规定了可预见原则："权利要求记载的技术特征的变换特征对所属领域的技术人员而言在专利申请日是显而易见的，而申请人未将该变换特征写入权利要求，权利人在侵权诉讼中主张对该变换特征适用等同原则认定为等同特征的，人民法院不予支持。"❹ 但是，在 2009 年最高人民法院的《解释一》施行时，可预见原则并未被规定在内。对此，有观点明确认为，"是否应当将申请人知道或应当知道但未记载在说明书中的等同方式排

---

❶ 参见徐卓斌：基于修改的禁止反悔适用中的若干主要问题——以美国联邦法院专利判例为考察对象，《科技与法律》2017 年第 2 期，第 32—33 页。

❷ Sage Prods. v. Devon Indus. , 126 F. 3d 1420, 1997 U. S. A. .

❸ Ring & Pinion Serv. Inc. v. ARB Corp. Ltd. , 743 F. 3d 2014 U. S. A. .

❹ 参见《关于审理专利侵权纠纷案件若干问题的规定（会议讨论稿 2003.10.27—29）》第十一条第三款。

除在保护范围之外，实际上是可预见原则所要解决的问题。该原则在我国专利制度中并未获得认可，且其同样仅适用于专利授权后的侵权判定过程"❶。

此后，上海市高级人民法院民三庭在《等同侵权的司法认定》中肯定了可预见原则："权利要求中记载的未被修改技术特征的变换特征对所属领域的技术人员而言在专利申请日无需创造性劳动就能想到，或者权利要求中记载的被修改技术特征的变换特征对所属领域的技术人员而言在技术特征修改日无需创造性劳动就能想到，而在申请时或者修改时未将该种变换特征写入权利要求中，权利人在侵权诉讼中对该种变换特征主张等同侵权的，人民法院不予支持。"但是该法院也认识到了我国专利审查过程中权利要求的修改规则可能过于机械，增加可预见原则在司法实践中存在推行的难度，于是又规定："有可能存在申请人在申请时或者修改时本可以预见到某一等同技术特征，但由于修改机会与修改方式所限，而不能将当时已经预见到的等同技术特征写入权利要求，而后来的侵权诉讼中又不允许主张等同侵权，这种情况下对专利权人并不公平。"❷

此外，北京市高级人民法院《专利侵权判定指南（2017）》第六十条也包含了可预见原则："对于发明权利要求中的非发明点技术特征、修改形成的技术特征或者实用新型权利要求中的技术特征，如果专利权人在专利申请或修改时明知或足以预见到存在替代性技术特征而未将其纳入专利权的保护范围，在侵权判定中，权利人以构成等同特征为由主张将该替代性技术方案纳入专利权的保护范围的，不予支持。"❸ 对于上述内容，相关解读指出："由于专利申请人已经有充分的时间对相关技术特征进行修改，因此对于其有预见存在替代性技术特征可能的情形，则无论因何种原因而导致该等同特征未纳入专利保护范围，在侵权诉讼中均不再将上述未纳入范围之事项加入保护范围……通过提高保护门槛来抑制由于授权门槛较低导致的实用新型申请量，以此鼓励权利人申请质量较高的发明专利……发明点特征是专利技术方案的创新所在，是体现专利权人对社会所做贡献的内容，对其应当给予比

---

❶ 参见朱理：专利文件修改超范围的判断标准及其救济方案——以最高人民法院的判例为研究基础，《专利代理》2016 年第 2 期，第 25 页。

❷ 参见上海市高级人民法院民三庭：等同侵权的司法认定，百度文库，访问网址为 https://wen-ku. baidu. com/view/9cb9616c2e3f5727a5e962aa. html，访问时间为 2020 年 7 月 12 日。

❸ 参见北京市高级人民法院：专利侵权判定指南（2017），北京法院网，访问网址为 http://bjgy. chinacourt. gov. cn/article/detail/2017/04/id/2820737. shtml，访问时间为 2020 年 7 月 12 日。

非发明点特征（一般都属于现有技术）更宽的等同范围，这种做法符合权利
要求解释的公平原则。"❶ 从以上指南及解读来看，北京市高级人民法院更多
是从效率的角度出发确定了"发明权利要求中的非发明点技术特征、修改形
成的技术特征或者实用新型权利要求中的技术特征"几种情形适用可预见原
则，这不失为一种具有可操作性的探索。

（二）可预见原则在我国司法实践中的应用

在美的公司与格力公司侵害实用新型专利权案❷中，法院组织双方当事人
对被诉侵权产品 PCB 电路板与面板相对应位置的厚度进行测量，划定的测量
范围共有内外三圈：最内圈是 PCB 电路板显示元件与导光板对应的面积覆盖
面板的区域，中间圈是整块 PCB 电路板面积对应覆盖面板的区域，最外圈是
显示盒面积覆盖面板的区域；测量结果显示最内圈的厚度均为 0.6～1.5mm，
中间圈和最外圈均有部分厚度超出 1.5mm。据此，专利权人认为涉案专利
"面板与 PCB 电路板相对应位置的厚度为 0.6～1.5mm"与被诉侵权技术方案
"面板与 PCB 电路板的显示元件相对应位置的厚度为 0.6～1.5mm"（即测量
中的最内圈区域厚度）的特征仅在面板减薄区域的范围大小上有差异，二者
应构成等同特征。

对此，法院认为：第一，PCB 电路板中某部分元件（如本案中的显示元
件）所占的面积必然小于或等于整块 PCB 电路板的面积，如同一张纸上所记
载的某部分内容所占的面积必然小于或等于整张纸的面积，这在涉案专利申
请时应当属于所有领域（当然包括本领域）的普通技术人员普遍知晓并且显
而易见的公知常识。第二，专利申请人在申请涉案专利选择确定面板上应当
减薄至 0.6～1.5mm 厚度的区域时，选择的是整块 PCB 电路板相对应的位置
区域；相对于选择 PCB 电路板的显示元件对应的位置区域而言，专利申请人
在申请专利时的选择实质上缩小了保护范围，未将"面板与 PCB 电路板中显
示元件以外的部分相对应位置的厚度"超出 0.6～1.5mm 数值区间的情形包
含在内。第三，由于这种选择是专利申请人在申请专利时明知"PCB 电路板
的显示元件所占的面积必然小于或等于整块 PCB 电路板的面积"而作出的意
思表示，且不属于因专利申请时本领域的技术水平发展不足、认识障碍等制

---

❶ 参见杨柏勇、焦彦：北京市高级人民法院《专利侵权判定指南（2017）》修改解读，《中国专
利与商标》2017 年第 3 期，第 20 页。
❷ 参见广州知识产权法院（2017）粤 73 民初 2176 号民事判决。

约导致专利申请人对于等同特征缺乏预见的情形。因此，根据前述的可预见原则，法院认定专利权人上述关于等同特征的主张不能成立。

在此案的处理中，一审法院还引用最高人民法院（2015）民申字第740号民事裁定书的认定，最高人民法院在肯定等同原则的适用为专利权人提供了切实有效的法律保护且鼓励了技术创新的同时，进一步强调了"专利制度本身又要确保专利权的保护范围具有足够的法律确定性和可预见性，不因滥用等同原则致使专利权保护范围缺乏确定性而损害社会公众的利益""必须对等同原则的适用施加必要限制，兼顾专利权人和社会公众的利益，既要保护专利权人在现有技术基础上作出的技术贡献，又促进科学技术的进步"❶。

综上所述，虽然可预见原则并未在我国专利法及其司法解释中加以规定，但核心问题并非其不符合专利法的价值理念，而是需要通过充分的案例研究提升其司法实践的可操作性，其中的关键在于确定"合理预见"的适用条件和适用范围。解决问题的思路可以是多向的。例如北京市高级人民法院《专利侵权判定指南（2017）》中根据效率原则区分不同的情形；又如将"申请人在专利申请时合理预见"限定为"申请人在专利申请时能够实际预见或者显而易见"的要件，避免增加专利权人难以完成的撰写负担，以期更符合我国专利申请和侵权诉讼的现实情况；再如从可预见原则归纳出一些特殊情形，《解释一》第五条规定的捐献原则便可视为在可预见原则的基础上成功衍生出来的一项特殊原则，即既然申请人已在说明书或者附图中描述了相应的技术方案，则意味着申请人在申请时已经合理预见到并且应当将其写入权利要求书，申请人没有在权利要求书中记载该技术方案的，不应再通过等同原则的适用扩张保护。

当然，也应认识到，专利侵权领域中任何一种侵权判定原则或者限制豁免原则从提出到完善都需要司法实践中丰富的案例支撑，在案例类型化的过程中一步步论证和推动，目标是在维护社会公众对专利公示的合理信赖利益与保护专利权激励创新之间取得平衡。

（撰写人：广州知识产权法院　朱文彬）

---

❶ 参见最高人民法院（2015）民申字第740号民事裁定。

标准必要专利全球许可费裁判问题研究

——以无线星球诉华为案为视角

摘　要：专利案件因其地域性特征，属于授权国专属管辖的范围。然而，在通信领域，为了提高诉讼效率、减少司法成本，在当事人双方对全球许可费达成合意的基础上，全球司法实践中不乏判决全球许可费的案例。但是，在当事人一方不同意判决全球许可费的情况下，法院能否径行判决，国际上并没有达成共识。本文以华为与无线星球一案为例，梳理分析关于全球许可费判决问题的争议及英国法院的裁判思路，对专利的地域性特征及授权国管辖原则进行深层次分析和检视，结合知识产权国际保护规则，立足标准必要专利许可实践，提出全球许可费判决的中国路径。

关键词：标准必要专利　全球许可费　地域性　管辖权

一、问题的提出

无线星球（Unwired Planet）是美国一家专注知识产权许可的企业。2012年年底，爱立信与华为签订于2009年的专利许可协议到期。2013年1月，爱立信将其拥有的2185项专利和专利申请通过一家名为 Cluster 的实体企业转让给无线星球，转让的专利组合包括爱立信此前许可给华为使用的标准必要专利。此后，无线星球开始与华为展开谈判，双方未能达成合意。2014年3月，无线星球在英国和德国起诉华为、三星和谷歌侵犯其专利组合中的6项（英国）专利，并声称其中5项为标准必要专利，要求法院判决全球许可费。2015年夏季和2016年夏季，谷歌和三星先后与无线星球达成和解，仅剩华为继续参与诉讼。❶

正如审理该案的 Birss 法官在裁判文书中所述，FRAND 许可的范围是什

---

❶　参见英国高等法院专利法庭［2017］HP－2014－000005 号。

么，是英国还是全球，这是本案除了费率问题外最为重要的问题。无线星球的主张一开始为"全球专利组合（包括标准必要专利和非标准必要专利）"，2015 年 6 月改为"全球标准必要专利组合；英国标准必要专利组合；由被许可人选择的任何单一标准必要专利"，2016 年 8 月又缩小至"全球标准必要专利组合；英国标准必要专利组合"。无线星球认为其有权要求法院判决全球许可费。华为则由一开始坚持的"英国单一标准必要专利"转为接受"英国标准必要专利组合"。华为一直坚持不接受全球标准必要专利组合许可。无线星球认为，全球标准必要专利组合许可符合 FRAND 原则，会接受基于法院设定的任何费率和条款进行许可。华为则认为，仅英国标准必要专利组合许可是 FRAND 的，因为全球许可会存在搭售、管辖冲突以及干涉其他司法辖区主权等风险。法官倾向于在合同法框架下解决许可范围的争议问题，认为FRAND 承诺既约束专利权人，也约束实施者，华为主张的潜在风险是不存在的，且基于效率优势及本案的相关证据，只有全球范围的许可是符合 FRAND原则的。2017 年 4 月，英国高等法院作出判决，认为华为构成专利侵权，无线星球的行为没有违反竞争法，判决了全球许可费，如果华为不接受该许可费且未与无线星球达成许可协议，将面临禁令。2018 年 10 月英国上诉法院维持了英国高等法院的判决。

英国法院就无线星球诉华为案的判决引起了全球广泛关注和热议。在一方当事人不同意的情况下，法院是否有权判决全球许可费，全球许可费判决是否会引起管辖权冲突，损害他人司法主权，扰乱国际诉讼秩序，造成全球许可费裁判"竞赛"等问题，值得深入探讨。特别是，随着物联网时代的到来，标准必要专利的国际竞争日趋白热化，5G 竞争硝烟四起。每一件标准必要专利纠纷诉讼背后，都隐藏市场主体的商业策略和利益根源。当事人提起标准必要专利诉讼的目的往往不在于纯粹追求法律评价或诉讼结果，而更多是将其作为促成许可的手段。在英国法院就无线星球诉华为案作出全球许可费判决之后，非专利实施主体 Conversant 公司、美国 IDC 公司陆续在英国高等法院起诉华为等中国公司专利侵权，要求法院裁决全球许可费并颁发禁令。可见，该案判决已对全球标准必要专利纠纷的诉讼秩序和相关行业的竞争格局造成重大影响。如何妥善处理标准必要专利纠纷的全球许可费问题，是当前司法实践中一个亟待解决的紧迫问题，具有重大的现实意义。

二、标准必要专利全球许可费的相关判决回顾

纵观全球标准必要专利诉讼，对一方当事人提出判决全球许可费的诉讼请求的案件主要有以下几种裁判：

（一）在双方当事人均同意的情况下，判决全球许可费

例如 TCL 诉爱立信案❶。2014 年 3 月 5 日，原告 TCL 在美国加州中区联邦地区法院起诉被告爱立信未提供 FRAND 条款条件，请求法院确定 TCL 公司应享有的 FRAND 费率。诉讼过程中，在双方当事人均同意的情况下，美国加州中区联邦地区法院判决了全球许可费。

（二）在一方当事人不同意判决全球许可费的情况下，判决一国范围的许可费

例如 Optis 诉华为案❷。原告 Optis 向美国得州东区联邦地区法院请求判决全球许可费，而不是仅局限于美国的许可费。2018 年 5 月，被告华为以美国法院无管辖权为由申请法院将非美国的专利排除在外。2018 年 7 月，法院批准了华为的请求，将非美国的专利从原告的诉讼请求中排除。法院认为，其他国家适用其自己的法律来认定是否符合 FRAND 原则和费率问题，而这些法律，就像国外的侵权法一样，可能和美国法律差别很大。

（三）认为权利人的行为符合 FRAND 原则，对实施者颁发禁令

（1）MPEGLA 诉华为、中兴案。❸ 在认定了被告华为、中兴侵害原告 MPEGLA 涉案标准必要专利后，德国法院未就涉诉的多件 H.264 专利直接判决全球许可费。法院认定 MPEGLA 的许可行为符合华为诉中兴案❹确立的许可原则，而被告的行为不符合该案确定的原则，因此直接对被告颁发禁令。华为和中兴在禁令颁发后接受了 MPEGLA 提出的全球许可费。

（2）Pioneer 诉 Acer 案。❺ 德国法院认为，全球许可符合 FRAND 原则。

---

❶ 参见美国加州中区联邦地区法院 SACV 14 - 0341 JVS（ANx）号案，后因初审法院没有保障 Ericsson 的陪审团审理的权利，该案被联邦巡回法院发回重审。

❷ 参见美国得克萨斯州东区联邦地区法院 2：17 - CV - 00123 - JRG。

❸ 参见德国杜塞尔多夫法院对华为、中兴颁发禁令，德国杜塞尔多夫上诉法院驳回华为和中兴要求停止执行禁令的诉讼请求，案号：华为案 4a O 17/17（EP 1 773 067/Appeal case no. I - 15 U 73/18）、中兴案 4b O 5/17（EP 1 750 451/Appeal case no. I - 2 U 76/18）。

❹ Huawei Technologies Co. Ltd v. ZTE Corp., ZTE Deutschland GmbH, CASE C - 170/13.

❺ 参见德国慕尼黑法院 Case No. 7 O 96/14。

被告的许可条件仅限于德国，且没有提供足额担保，因此不符合 FRAND 原则，原告在提起诉讼之后才遵照华为诉中兴案❶的原则进行谈判不违反 FRAND 原则。最终，法院未直接判决全球许可费，直接对被告颁发禁令。

（3）St Lawrence 诉 Vodafone 案。❷ 德国法院认为，全球许可符合 FRAND 原则。实施者提出的反报价或限制在德国，或没有具体价格，或报价不及时，或报价太低，均不符合 FRAND 原则。最终，法院未直接判决全球许可费，而是直接对被告颁发禁令。

（四）在仅一方当事人同意的情况下判决全球许可费

英国高等法院在无线星球诉华为案中判决全球许可费之后，Conversant 公司、美国 IDC 公司陆续在英国高等法院起诉华为和中兴等公司，要求法院判决全球许可费。在 Conversant 诉华为案中，华为以英国法院对判决全球许可费无管辖权进行抗辩，其主要理由是，本案主要争议的专利为外国专利，对是否侵权以及是否专利有效的问题，应由授权国法院管辖，英国法院对此无管辖权，且英国法院的管辖不符合不方便法院原则。英国法院认为，其为最合适的管辖法院，法院允许被告继续在中国挑战涉案专利的有效性，如果这些专利被无效或被证明不侵权，那就无需就中国专利支付许可费。如果中国法院就中国专利判决了许可费，英国法院将会把中国法院判决的许可费纳入全球的许可费中。如果被告不接受法院判决的全球许可费，将面临禁令。

三、标准必要专利全球许可费判决问题的成因及分析

（一）专利固有的地域性和标准必要专利的全球性之间的冲突

众所周知，知识产权是一种法定权利，具有地域性特征。郑成思教授曾指出，迄今为止，除了知识产权一体化极快的地区，专利权、商标权、版权这些传统的知识产权，只能依一定国家的法律产生，又只在其依法产生的地域内有效。❸ 也就是说，如果一项技术在一国申请了专利，但在他国没有申请专利，那么这项专利权的法律效力并不及于他国。相较于著作权领域《伯尔

---

❶ 德国慕尼黑法院 Case No. 7 O 96/14。

❷ 同上。

❸ 参见郑成思：《知识产权法教程》，法律出版社 1993 年版，第 6 页。

尼公约》规定了自动保护原则❶，商标领域通过驰名商标保护对传统的地域性原则作了调整，❷专利权一直保持着更为严格的地域性特征。一方面，这是因为相较于著作权和商标权制度，各国的专利制度区别更大。比如，在专利申请受理上，中国采用"先申请"原则，美国采用"先发明"原则。另一方面，随着科技的高速发展，专利权的流动性极大增强，如果不对专利权的地域性作出限制，就可能使专利权产生重叠和冲突。❸更重要的是，专利权代表了一个国家或地区的科技实力，具有一定的"公权性"，对专利权的保护必须与当地的经济发展水平和科技实力相适应，兼顾私权和公权的平衡。随着专利权保护国际化发展，专利权的地域性有所突破，在科技发展水平较为均衡的地区，可能就专利权保护形成共识，在一定区域内实行相同或相似的专利制度，如欧洲国家之间签订的《欧洲专利公约》。但是，如果各国之间的科技发展水平不均衡，专利技术数量差距较大，那么，基于政治、经济利益的考量，各国就可能树起坚固的专利权地域性屏障。所以，专利制度是一国基于其自身的政治、经济、文化等因素作出的理性选择，属于一国公共政策的选择和安排。❹

然而，由于通信领域具有互联互通的特点，与普通的专利侵权案件不同，在标准必要专利领域，权利人或权利人与实施者往往均拥有数量庞大的标准必要专利，为了提高效率、减少谈判成本，专利权人在对外许可时一般以专利组合为整体进行许可，而不是逐件单独进行许可。在专利诉讼中，专利权人也往往请求法院就某个专利组合确定其管辖区域的损害赔偿数额或者许可费。整个专利组合可能涉及案外专利和他国专利，有的专利权人因此请求法院判令专利组合的全球许可费，以一揽子解决问题。正如英国Birss法官在无线星球诉华为案所指出的，从本案证据来看，双方所提交的相关专利许可合同都是全球专利组合许可，绝大多数都是全球许可协议。实践中，特定国家

---

❶ 参见《伯尔尼公约》第五条第一款规定："根据本公约得到保护的作者，在除作品起源国外的本联盟各成员国，就其作品享受该国法律现今给予或今后将给予其国民的权利，以及本公约特别授予的权利。"

❷ 参见《保护工业产权巴黎公约》第六条之二规定："本联盟各国承诺，如果申请注册的商标构成对另一商标的复制、仿制或者翻译，容易产生混淆，而注册国或使用国主管机关认为该另一商标在该国已经驰名，是有权享受本公约利益人的商标，并且用于相同或类似的商品，该国将依职权（如果本国法律允许），或者应有关当事人的请求，拒绝或取消注册，并禁止使用。"

❸ 参见冯文生：知识产权国际私法基本问题研究，《知识产权文丛（第四卷）》，中国政法大学出版社2000年版，第241页。

❹ 参见吴汉东：利弊之间：知识产权制度的政策科学分析，《法商研究》2006年第5期，第8页。

范围的许可较为少见。全球许可的商业惯例能否作为法院突破专利的地域性进行裁判的充分理由，各国法院看法不一。

笔者认为，从行业惯例分析，通信领域的标准必要专利数量庞大、覆盖地域范围广，许可人逐个进行诉讼成本高昂，不切实际。全球许可是常见的行业实践，具有效率优势，可以节省许可人和被许可人的交易成本。切割式的许可费裁判既不符合行业惯例，也违背了方便当事人的诉讼原则。但是，也应注意到，由于标准必要专利许可费的确定非常复杂，涉及不同国家的不同专利、不同地区的不同市场，而不同市场的产品销售价格差别很大，如同一款手机在印度的售价可能是在美国售价的1/5。而且，标准必要专利纠纷的当事人自身情况不一，有的是手机生产实体，有的是专利运营主体，不同当事人之间拥有的专利情况迥异。因此，在缺乏统一裁判规则的情况下，如果任由一国法院径行作出全球许可费判决，将导致标准必要专利当事人择地起诉，甚至产生全球许可费的诉讼"竞赛"问题。在无线星球诉华为案后，非专利实施主体 Conversant 公司、美国 IDC 公司纷纷在英国高等法院起诉华为、中兴等中国公司专利侵权，要求法院裁决全球许可费并颁发禁令，便是实证。因此，在某个国家是否有权判决全球许可费问题上，应确立客观、公平、合理的标准。

（二）全球许可费判决突破授权国管辖原则引起的管辖权冲突

英国学者科尼胥教授在解释知识产权的地域性特征时，将"知识产权只能在授予国的法院主张"列入其中。❶也就是说，发明创造的专利权人只能在该权利授权国获得相应的法律保护。专利的地域性特征以及在地域性基础上产生的授权国管辖原则曾被广泛接受并得到理论与实践的支持。这一原则也为知识产权国际公约所确认。《保护工业产权巴黎公约》第四条之二规定："本联盟国家的国民在本联盟各国申请的专利，与在其他国家（不论是否本联盟的成员）就同一发明所取得的专利是相互独立的。"❷

随着跨国知识产权案件的大幅增加和知识产权国际保护需求的上升，国际上出现了突破知识产权案件授权国管辖原则的讨论和实践。2005 年，《选择法院协议公约》在海牙国际私法会议上以协商一致的方式获得通过，并于

---

❶ 参见杨长海：《知识产权冲突法论》，厦门大学出版社 2010 年版，第 46 页。原文见 Cornish，*Inntellectual Property*（3rd *edition*），London：Sweet & Maxwell，1996，para. 1 – 29。

❷ 参见《保护工业产权巴黎公约》第四条之二。

2015 年 10 月 1 日起生效。❶ 该公约第二条规定了不适用于排他性选择法院协议的案件范围，包括"著作权和邻接权以外的知识产权的有效性""侵犯除版权和邻接权以外的知识产权，但有关侵权诉讼是因违反当事人间与此种权利有关的合同提起或者可以提起的除外"。❷ 欧盟于 2012 年年底颁布了《民商事诉讼管辖权、判决承认与执行条例（重订）》（以下简称《布鲁塞尔条例I》）。该条例已于 2015 年 1 月 10 日起生效。该条例第六节第二十四条（4）规定："以专利、商标、外观设计或者其他需要备案或注册的知识产权的注册或有效性为标的的诉讼，不论该问题是以起诉还是抗辩的方式被提出，由权利备案或注册地国或者依据欧盟或国际条约视为权利备案或注册地国法院专属管辖。"从上述公约可以看出，国际上对知识产权案件的管辖权问题采用了知识产权效力问题与非效力问题"二分法"，即涉及专利有效性判断的案件由授权国法院管辖，其他专利案件不排除可以协议管辖，即可不由授权国法院管辖。虽然目前我国尚未出台关于涉外知识产权案件的管辖规范，但是，从 2010 年出台的《中华人民共和国涉外民事关系法律适用法》第四十八条、第四十九条和第五十条关于知识产权涉外案件的法律适用问题的条款来看，我国在法律适用上亦采用了知识产权效力问题和非效力问题的"二分法"，与国际上关于知识产权管辖问题的主流观点保持一致。同时，在我国的知识产权案件中，出现过部分案件主体不涉外但侵犯的客体是域外知识产权，我国法院受理并管辖的案例。❸ 根据《最高人民法院关于适用〈中华人民共和国民事诉讼法〉的解释》第五百三十二条❹的规定，如果这类案件涉及我国国家、公民、法人或者其他组织的利益，亦不排除可以由我国法院管辖。特别是，在诉讼双方皆为我国法人的情况下，当事人住所地或营业地都在国内，由我

---

❶ 我国于 2017 年 9 月签署该公约，目前尚未批准。

❷ 《选择法院协议公约》第二条第二款第（十四）项、第（十五）项。

❸ 如山东省医药保健品进出口公司诉中国包装进出口山东公司商标侵权案，北影录音音像公司诉北京电影学院侵害著作权案，东莞金凤米粉有限公司诉程强、东莞明祺米粉厂侵犯商标权案等，我国法院管辖了侵犯域外知识权的案件。

❹ 《最高人民法院关于适用〈中华人民共和国民事诉讼法〉的解释》第五百三十二条规定："涉外民事案件同时符合下列情形的，人民法院可以裁定驳回原告的起诉，告知其向更方便的外国法院提起诉讼：（一）被告提出案件应由更方便外国法院管辖的请求，或者提出管辖异议；（二）当事人之间不存在选择中华人民共和国法院管辖的协议；（三）案件不属于中华人民共和国法院专属管辖；（四）案件不涉及中华人民共和国国家、公民、法人或者其他组织的利益；（五）案件争议的主要事实不是发生在中华人民共和国境内，且案件不适用中华人民共和国法律，人民法院审理案件在认定事实和适用法律方面存在重大困难；（六）外国法院对案件享有管辖权，且审理该案件更加方便。"

国法院管辖可以减少当事人的诉累，亦有利于判决的承认和执行。

在无线星球诉华为案中，华为认为，英国法院对受理有关外国专利有效性的诉讼没有管辖权。即使不存在有效性问题，英国法院一贯对受理有关外国专利侵权的诉讼持不方便管辖的原则，无线星球针对华为在其他司法管辖区侵犯其标准必要专利的诉请在原则上应由其他相关司法管辖区法院受理。更重要的是，当前在德国仍有涉及涉案专利侵权和有效性诉讼案件，英国法院如裁判全球许可费将与《布鲁塞尔条例Ⅰ》第二十二条（4）规定的知识产权案件专属管辖原则相悖。英国法院则认为，如果全球性许可为 FRAND 许可，那么要求华为获得该类许可并为此付费，并不等同于裁定有关第二十二条（4）下其他成员国法院拥有专属管辖权的有效性问题。以华为正在进行的德国诉讼为例，德国法院仍然可自由裁定相关专利的有效性。如果德国法院裁定所有相关专利均无效（或为非必要专利），则只会作用于所提供的全球性许可条件上，并不存在英国法院和德国法院的判决相冲突的风险。

笔者认为，首先，从逻辑上分析，专利的地域性特征在于专利权没有域外效力，但这并不代表专利案件不能在外国法院审理和裁判。事实上，任何民事权利都具有地域性。"诚如 Austin 教授所指出的，几乎所有财产权都可以描述为行使地域性国家主权的结果。知识产权的地域性，虽然是指根据一国法律产生的知识产权不具有传统私法所具有的域外效力，但并不指此知识产权的效力不能被他国承认和尊重。如承认外国版权法律即是对外国法制尊重的表示。"❶ 其次，从法源上分析，地域性原则源于"公共秩序"，"公共秩序保留"是国际私法的重要原则。只要相关案件的审理不违背当地的公共秩序，法院从方便当事人诉讼、保障当事人合理诉求的角度出发，给予当事人适当的救济途径，就具有正当性。这一点与我国民事诉讼法关于涉外案件管辖的立法理念及司法实践也是相一致的。

但是，在他国存在针对涉案专利有效性问题的未决诉讼的情况下，径行判决全球许可费有违专利案件的授权国专属管辖原则，干涉了他国的司法主权。特别是，实践中，标准制定组织并不独立审查其成员所申报的标准必要专利是否真的属于标准必要专利，专利持有人一般都倾向于向标准制定组织

❶ 参见杨长海：《知识产权冲突法论》，厦门大学出版社 2010 年版，第 45 页。Austin 教授原话见 G. W. Austin, The Infringement of Foreign Intellectual Property Right, *L. Q. R*, Vol. 113, 1997, p. 329; G. W. Austin, Valuing "Domestic Self - Determination" In International Intellectual Property Jurisprudence, *CHI. - KENT L. REV.*, Vol. 77, 2002, pp. 1155 - 1169。

过度申报专利。❶ 在无线星球诉华为案中，仅有两个专利被认定为有效专利且华为公司构成侵权。2013 年一项研究发现，在美国作出裁决的 14 例涉及 10 个不同标准必要专利所有人的侵权案件中，专利所有人所主张的 71 个"标准必要专利"中，只有 8 个专利被认定为有效专利且被侵权，仅占原申报标准必要专利的 11%，8 个专利被认定无效，21 个专利被认定未被侵权，34 个专利被撤回或驳回。❷ 因此，在专利的效力问题尚未解决的情况下，法院径行判决全球许可费，不接受全球许可费即面临禁令，这种做法会变向鼓励标准必要专利权利人利用在单一地域内的单一专利议价优势，迫使实施者达成一份涵盖数十个管辖区的数十个（或更多）专利的许可，进而产生不公平、不合理的问题。

四、标准必要专利全球许可费的裁判规则探析

2018 年，广东省高级人民法院出台了《关于审理标准必要专利纠纷案件的工作指引（试行）》，其中第十六条规定："标准必要专利权人或实施者一方请求裁判的有关标准必要专利的许可地域范围超出裁决地法域范围，另一方在诉讼程序中未明确提出异议或其提出的异议经审查不合理的，可就该许可地域范围内的许可使用费作出裁判。"笔者认为，法院可以在当事人双方同意的情况下作出全球许可费裁判，在一方当事人不同意的情况下，应非常慎重，严格审查作出全球许可判决是否具备极为充分的理由，包括以下几个方面：

（1）不损害他国司法主权和公共利益，不违反司法礼让原则。如前所述，地域性原则实质源于"公共秩序"。涉及国家公共政策和重要政治、经济利益的案件，应由本国法院专属管辖。裁判法院在审查是否判决全球许可费时，不应违背当地的公共秩序，不应损害他国的公共利益，更不能干预他国司法主权。比如，在他国存在未决的专利有效性诉讼的情况下，应充分尊重他国对专利效力问题的专属管辖权，原则上不应判决全球许可费。

---

❶ 参见欧洲委员会，专利和标准：关于知识产权标准化的现代框架（2014），第 147 页，http://ec. europa. eu/DocsRoom/documents/4843/attachments/1/translations/en/renditions/pdf，一些研究认为申报'必要'的专利群中只有 20%、27% 和 28% 的专利实际上为必要专利。

❷ 参见杰伊·朱拉塔、艾米丽·卢肯、马修·G. 罗斯："进退两难"：强迫被许可人接受全球性公平、合理和非歧视许可的有害影响——从无线星球诉华为案谈起，《中国知识产权》2017 年第 129 期。

（2）不违背公平合理原则。公平合理原则不仅体现在法院判决的许可费符合 FRAND 原则上，也体现在案件审理的全过程中。一方当事人任意选择对其有利的法院起诉，要求判决全球许可费并颁发禁令，法院仅以其确定的全球许可费符合 FRAND 原则为由即径行判决被迫应诉的当事人支付全球许可费，并辅之禁令，违背了公平合理原则，有损一方当事人的合法权益。原则上，法院判决全球许可费应以双方当事人的同意为前提，符合双方利益。

（3）符合行业惯例。广东省高级人民法院《关于审理标准必要专利纠纷案件的工作指引（试行）》第六条指出："审理标准必要专利纠纷案件，应考虑行业特点，结合商业惯例进行审查判断。"因全球许可具有效率优势，当事人在谈判时，往往是就全球许可费进行谈判。法院在判断是否作出全球许可费判决时，应审查专利权人是否具有全球范围内的标准必要专利组合，实施者是否具有全球范围的实施需求以及判决全球许可费是否符合相关行业惯例。

（4）裁判地法院与诉争法律关系具有最密切联系。最密切联系原则是处理涉外民商事案件法律适用问题的一个重要原则，指处理涉外民商事案件时，应全面权衡法律关系的有关连接因素，通过质和量的分析，找出与该法律关系或有关当事人有最直接、最本质和最真实的联系的法律加以适用。❶ 究竟哪一个国家或地区的法院更适合作出全球许可费判决？笔者认为，适用先受理法院原则将造成严重的管辖权冲突问题，扰乱国际诉讼秩序。在审查是否作出全球许可费判决时，可参照最密切联系原则，如该国专利数量在全球占比最多、该国系涉案专利的主要实施地或专利产品的主要生产基地、该国的销售市场份额在全球居首等，选择与诉争法律关系具有最密切联系的裁判地法院，以有效约束和合理行使管辖权，减少对抗诉讼，避免司法冲突，维护国际诉讼秩序。

（撰写人：广东省高级人民法院　王静

深圳市中级人民法院　张苏柳）

---

❶ 参见黄进：《当代国际私法问题》，武汉大学出版社 1997 年版，第 25 页。

6

调研报告

知识产权诉讼中防范商业秘密泄露问题研究

江苏省高级人民法院课题组❶

在实施创新驱动发展战略进程中，保护各类市场主体的创新活力，营造激励创新的公平竞争环境，是知识产权司法保护的应有之义。《中共中央 国务院 关于深化体制机制改革加快实施创新驱动发展战略的若干意见》强调要"营造激励创新的公平竞争环境"，江苏也提出了"两聚一高"的新要求，强调把创新作为引领发展的第一动力，摆在发展全局的核心位置。知识产权制度是创新驱动发展的基本制度，知识产权司法是保护创新、促进创新和维护公平竞争市场秩序的重要保障。商业秘密作为一种特殊的知识产权，对于市场主体的重要性不言而喻。商业秘密保护的成败，有时甚至关系到一个企业的生死存亡，影响大众的创新激励。新形势下，如何有效地保护商业秘密，是知识产权审判工作亟需解决的问题。

一、问题的提出

一直以来，商业秘密案件具有举证难、质证难、查明事实难、保密难等特点。由于担心自己的商业秘密在诉讼中被泄露，故权利人和被控侵权人都常常要求对己方主张的商业秘密予以保密，对涉密证据不予提交对方质证，质证难更是成了商业秘密案件审理的"瓶颈"。同时，对于当事人、诉讼代理人、鉴定人等在诉讼中获知的己方、相对方的商业秘密如何加以保护，避免因诉讼程序不当而导致秘密泄露等问题，既缺乏完备系统的法律制度规范，也未积累成熟、稳定的实践经验。

---

❶ 课题主持人：副院长刘嫒珍；课题组成员：民三庭副庭长汤茂仁、魏明，法官曹美娟、刘燕。

二、调研的总体情况

本次调研中，以 2007—2017 年江苏全省法院审理的 241 件商业秘密案件为研究样本进行案件复查，对境内外商业秘密立法和司法的状况进行收集和了解，吸纳了理论界学术研究中的优秀成果，并采用案例研究、规范研究、文献研究等实证分析研究方法。调研过程中，通过收集第一手资料、整理归纳分析典型案例、咨询专家学者、走访企业、主题座谈交流等方式，有目标、分步骤地开展一系列调研活动，充分、广泛听取了专家学者、省内外法官、律师代表、企业代表、当事人代表等各方人员的意见和建议；通过调研分析和论证，全面客观、深入细致地了解和把握当前商业秘密司法保护状况，对如何更好地保障当事人充分行使诉讼权利与有效保护当事人商业秘密有了更为深刻的认识，在此基础上形成了本次调研报告。

三、防范商业秘密"诉讼泄露"存在的问题及不足

商业秘密"诉讼泄露"指当事人就商业秘密保护寻求诉讼救济，在诉讼程序启动后的立案、审理、执行等环节，因非双方当事人的意愿而导致一方或双方当事人主张的商业秘密发生泄露的情形。这也是目前商业秘密诉讼中最突出、最关键的难点所在。由于法律规定过于原则，为防范"诉讼泄露"，实践中各地法院均采取了一定措施，虽做法不同，对平衡诉讼双方利益、保护商业秘密权利人的合法利益也起到了一定效果，但毋庸讳言，在合法性、规范性和实际效果等方面，仍存在不少应尽快解决的问题，主要体现在以下几个方面：

1. 对商业秘密保护尤其是被诉方商业秘密保护的立法不够完善

对于诉讼程序中防范当事人商业秘密的不当泄露，在制度设计上并没有给予足够的重视，缺少具有针对性的操作依据。目前，与商业秘密司法保护相关的现行法律法规、司法解释以及其他规定，主要体现在三大诉讼法、《关于审理因垄断行为引发的民事纠纷案件应用法律若干问题的规定》及《国家工商行政管理局关于禁止侵犯商业秘密行为的若干规定》等，但上述各类规范不具体系、不够明确，具体规定大多数散见于不同章节中的条文，且基本是从权利人的角度注重对原告的商业秘密保护，普遍忽视针对被诉方可能存在的商业秘密保护诉求的程序性保障。从商业秘密的特性以及商业秘密案件的诉讼现状来看，偏重保护提起诉讼一方商业秘密的单向制度安排已经日益

凸显其局限性，不足以适应当前商业秘密保护的现实需求，不能够充分保障双方当事人的合法权益。

2. 不公开审理的规定不全面，参加庭审的诉讼主体也不明确

民事诉讼法规定，人民法院审理民事案件，除涉及国家秘密、个人隐私或者法律另有规定的以外，应当公开进行。对于离婚案件、涉及商业秘密的案件，当事人申请不公开审理的，可以不公开审理。由此可见，当事人申请不公开审理是商业秘密案件不公开审理的前提条件，即需要当事人先向法院提出申请，再由法院决定是否不公开审理，也就是说并未赋予法官决定不公开审理商业秘密案件的职权，也没有规定法院应适时（如再开庭通知中）向当事人释明可以申请不公开审理。这实际上增加了司法实践中不适用的概率。根据调研发现，目前还有一些商业秘密案件适用公开审理程序，主要原因是有些当事人（特别是被控侵权方）这方面意识欠缺，疏于申请不公开审理，这就给商业秘密的外泄增加了较大风险。此外，对于申请人的范围也不够明确，如案件涉及第三人商业秘密的，第三人是否有权申请不公开审理。

与此同时，参与不公开开庭审理的当事人、诉讼代理人等诉讼主体范围不够明晰。现有法律对于参加庭审的人员范围未作进一步规定，除当事人以及委托代理人外，其他人员包括当事人的技术人员是否可以参加旁听等尚缺少法律依据。

3. 质证环节空转虚置，流于形式

民事诉讼法规定，对涉及国家秘密、商业秘密和个人隐私的证据应当保密，需要在法庭上出示的，不得在公开开庭时出示。诉讼当事人对于涉及国家秘密、商业秘密和个人隐私的证据负有保密义务。但商业秘密案件的争议焦点有别于普通的民商事以及其他类型的知识产权案件，且案情纷繁多变，呈现出复杂的样态，个案之间的差异化比较明显，在质证的具体内容、质证的方式、质证的人员范围等方面需要更为清晰的规定。为此，各地法院也一直在探索解决这一问题的良策，认识与做法也不尽相同。相关司法解释规定，证据涉及国家秘密、商业秘密、个人隐私或者其他依法应当保密的内容的，人民法院可以依职权或者当事人的申请采取不公开开庭、限制或者禁止复制、仅对代理律师展示、责令签署保密承诺书等保护措施。❶ 据此，对于涉及商业

---

❶ 参见最高人民法院 2012 年 5 月公布的《关于审理因垄断行为引发的民事纠纷案件应用法律若干问题的规定》第十一条。

秘密等其他依法应当保密的内容的证据，在诉讼中有以下特别的防止泄露的保护措施：一是在不公开开庭中出示；二是限制接触人员，仅对代理律师展示，以便将知晓商业秘密的主体控制在最小的范围内；三是禁止接触扩散的方式，即限制或者禁止复制；四是责令签署保密承诺书。这是至今比较具体的一个规定。另外，为了保护商业秘密不被泄露，人民法院可以依职权或者当事人的申请限制他人阅览、复制涉密证据材料或者限制阅览、复制的主体和内容，也可以将展示证据的对象仅限于代理律师。❶

从上述内容看，涉及商业秘密证据的披露对象限制为代理律师，甚至连当事人也被排除在外。多数律师缺乏与涉案秘密相关的技术专业背景，仅熟悉法律规定和司法政策。只向律师披露涉及商业秘密的在案证据，固然有利于保护权利人的商业秘密，收窄商业秘密的接触范围，但是专业技术知识匮乏的律师无法结合讼争事项展开有效质证，导致质证环节空转虚置，流于形式，民事诉讼程序设计的制度价值无法体现。在某种程度上说，这种做法的效果相当于不予质证（未进行质证）。司法实践中有部分法院并未严格实际执行上述规定，而是先征询双方当事人的意见，根据诉讼对等原则，通过双方协商的方式确定参与质证的人员范围。

4. 诉讼环节存在诸多泄露隐患

就证据保全方面而言，一是证据保全的范围难以准确界定。在技术类商业秘密案件中，起诉时原告需要明确其主张保护的技术秘密内容，准确划分非公知信息与公知信息，这在短时间内确实存在一定的难度。一般而言，申请证据保全时权利人的秘密点实际上并未最终确定，有的时候申请人会根据被申请人被保全的证据材料再次调整其秘密点，甚至还需要经过法官的多次释明和诉讼引导，才能清晰确定权利人主张保护的秘密点。在此情况下，另外一个需要考虑的方向则是对被申请人一方的证据保全范围应如何判断，如何合理确定被申请人的商业秘密边界，如何把握技术秘密泄露的风险控制程度，有的法院先依据申请人主张的范围保全，而保全以后再考虑如何保密显然值得商榷。类似做法在刑事案件中具有一定的普遍性，公安机关在侦查阶段根据原告举报线索，依职权直接调取被告的所有技术资料、实物等，而被保全的技术资料、实物往往会超过原告主张保护的商业秘密的范围。即使原告的主张最终没有得到裁判支持，但在参与司法活动中原告往往掌握了被告

---

❶ 参见最高人民法院 2002 年 11 月公布的《关于诉讼代理人查阅民事案件材料的规定》第八条。

的所有技术资料，使被告的商业秘密完全暴露于外。对相互之间存在竞争关系的市场主体而言，这种利益保护失衡带来的损害后果显而易见。

二是证据保全的方式不当。民事诉讼法仅仅明确规定了证据保全的一般程序，对于商业秘密案件证据保全中如何保护被告一方的商业秘密以及如何有效防范秘密泄露均未作出特殊规定。司法实践中，对于涉及技术特征对比的技术类商业秘密案件，为固定争议的技术事实，一般会通知双方当事人、代理人以及技术专家到场，采取现场勘验和技术比对相结合的保全方式进行证据保全。但在采取保全措施之前，被告的证据材料尚未经过充分甄别，可能涉及被告的商业秘密且与案件争议无关。如果原告或其代理人、原告委托的技术专家想参与保全程序，如何防范被告商业秘密泄露就是一个需要思考和解决的问题。

另外，立案、文书上网、卷宗装订、借阅等环节中的案件诉讼材料保密问题也值得探讨。例如诉讼记录如何保存、调取，商业秘密案件证据的扫描、文书制作、上网、卷宗装订、案卷材料的查阅等均缺少相应的保密规定，有的也未采取一定的保密措施。如果诉讼资料为公众唾手可得，与商业秘密被公开造成的后果并无二致。

5. 违反保密义务的法律责任不明确，执行力欠缺

虽然部分法院在保密协议、保密承诺函中明确了违反保密义务应当承担相应的法律责任，但在具体运用层面，司法通过怎样的程序裁断义务人是否承担责任、义务人应承担法律责任的类别、如何追究义务人的法律责任、被追究人如何寻求救济途径等问题，均缺乏明确的法律规范制度依据。与美国的保护令、我国台湾地区的秘密保持命令制度相比较，保密协议、保密承诺函的法律约束力、威慑力有所欠缺，更多的体现其警示性，尚不足以起到防范作用。

四、审理商业秘密案件中应当遵循的原则

从商业秘密属性分析，不论技术信息还是经营信息，都是合法持有人享有竞争优势、保持创新动力的因素或者条件。这种竞争优势、创新动力的保持，必然依赖于市场主体相关信息的秘密状态。案件审理过程中，权利人为证明被控侵权人侵害其商业秘密，不得不披露涉及的秘密点，而被控侵权方为进行不侵权抗辩，亦面临开示其相关秘密事项的风险。正是由于己方秘密可能遭遇泄露的考虑，诉辩双方在案件审理过程中举证不积极、不充分、不

及时，导致案件审理难度加大、审理周期延宕等一系列问题。为提高商业秘密案件的审判质量，切实保护双方当事人的商业秘密，特别是有效防止"诉讼泄露"，在该类案件审理中应当遵循以下原则：

1. 对等保护原则

商业秘密案件审理中，双方当事人常常都会向法院提出自己的秘密点需要保护，在最终形成法律事实的判定以前，双方主张的秘密点可能存在重合、交叉，也可能完全不同。但就商业秘密保护而言，面对查明事实之前的不确定状态，司法机关应当综合兼顾双方当事人的保密诉求。也就是说，应当给予双方当事人对等的诉讼权利和机会，保障当事人在诉讼中享有平等的程序权利，以维护其实体权益。程序的公正既保障了当事人的诉讼权利，又使法院的裁判具有正当性和公信力。❶ 具体而言，商业秘密案件审理中的对等保护原则体现在：同等对待诉讼双方的保密诉求，给予双方对等的举证、质证、陈述意见的机会；双方当事人均有权申请不公开审理；庭审程序中双方参与庭审人员数量、类别等基本对等；质证阶段，在保证查明案件事实的基础上，要求双方披露证据的范围、披露程度和参与质证人员范围具有对等性。

对等保护原则还体现在法院依单方申请采取保全、禁令等临时措施时，要及时给予相对方陈述和申辩的机会。美国《保护商业秘密法案》在规定查封令的同时，明确规定查封措施采取后必须给相关当事人或者利害关系人当庭陈述的机会，获得查封令的一方应当证明支持查封所必要的事实和所适用的法律。如该方没有完成该证明责任，查封令应当撤销或者适当更改。❷

2. 强保密意识原则

审慎对待当事人的涉密证据，有效保护其商业秘密，应当贯穿于诉讼进程的每个环节以及审判流程的每个阶段，即从立案到审判、执行、档案管理各诉讼阶段，合议庭人员、法官助理、书记员、鉴定人员等各类主体都应当具备强烈的保密意识，确保商业秘密案件各个节点的保密工作周全到位。相关法律、司法解释以及其他规范性文件虽然规定不全面，但也体现了该原则

---

❶ 参见戴鹏：《民事诉讼法与仲裁制度》，法律出版社 2014 年版，百度文库，https://wenku.baidu.com/view/f957a91da300a6c30c229f44.html，访问时间为 2017 年 6 月 30 日。

❷ 美国《保护商业秘密法案》制定于 2016 年，被认为首次设立了基于当事人单方申请的查封制度。即便是这一被称为史上最严格的保护商业秘密权利人的制度，其适用条件和操作程序也具有一定对等性，充满了对被申请人利益保障和平衡的考虑。

要求。江苏省高级人民法院 2004 年 2 月制定的《关于审理商业秘密案件有关问题的意见》中也规定，商业秘密的具体内容不应在裁判文书中载明，对于庭审中涉及商业秘密的信息存入副卷。

一些境外国家及地区的立法或制度规则也在不同程度上体现了审理商业秘密案件应当具有强烈保密意识的要求。英国在《关于违反保密义务的法律草案》第三章专门规定承担保密义务主体的保密责任，并于第四章中明确违反保密义务的行为属于侵权行为。❶ 我国台湾地区专门制定了 "法院办理秘密保持命令作业要点总说明"，以规范秘密保持命令所涉资料之保密措施，降低对当事人商业秘密可能造成的损害。根据该说明，对于商业秘密案件，原则上自提起诉讼时起，所有文件均以密封方式处理，仅承办法官、书记员等可以接触相关诉讼资料，法院其他人员不得拆开或阅览。

3. 损害最小化原则

在商业秘密案件中，对于当事人所主张的秘密点，既需要在一定范围内予以保护，也需要在诉讼中于合理的范围以合适的方式进行证据开示。法院启动某一诉讼程序，作出某项诉讼行为，采取某项诉讼措施时，应当持审慎的态度，将给双方当事人商业秘密可能造成的损害降至最小程度。例如案件审理中，根据查明事实的需要尽可能少地要求双方披露商业秘密范围，尽可能少地确定诉讼参与人的范围；在证据保全过程中，要求申请人确定其秘密点边界，将查封的财产限制在解决争议纠纷所需要的最小范围内；查封过程中，除非被申请人同意，一般不允许申请人接触被查封物；尽可能降低对被申请人或者第三方生产经营活动可能造成阻碍的其他风险。由于商业秘密案件的特殊性，法院在商业秘密诉讼中对于禁令的准许以及实施，应当严格把握，一般只有在不采取该措施将造成不可避免的损害且没有其他替代性措施的情况下，相关禁令申请才会被准许。

损害最小化原则同样体现在境外的立法中。美国《保护商业秘密法案》不仅对查封令的签发设置了较为严苛的条件，还规定法院签发查封令的同时，必须下令保护查封物。采取查封措施之后，法院可以指定一位特殊专家来确定和隔离所有被滥用的商业秘密信息，以及协助将不相关的财产和数据返还给被查封财产的主体。❷

---

❶ 英国《关于违反保密义务的法律草案》在第四章第十节作出规定：违反本法上述各条赋予的保密义务是一种侵权行为，权利人可以对其他侵权行为同样的方式提起违反保密义务的诉讼。

❷ 参见美国《保护商业秘密法案》第二节之 b（2）款。

4. 强制力原则

强制性是法律的基本属性。这是因为，法律的价值是通过其在社会生活中的实施来实现的，而规则自身不会自动实施，它需要强制力作为后盾。❶ 在商业秘密诉讼中采取的相关措施，应当具备可以执行的强制力和威慑力，具有相应的法律责任或法律强制措施作为保障，以确保制度产生实际效果。例如保密令制度的有效实施，离不开对义务人违反保密令行为科以必要的司法制裁。一般而言，受保密令约束的相关人员一旦违反保密令，均应承担相应责任。福建省厦门市中级人民法院《知识产权审判保密令制度（试行）》第七条规定，违反保密令的，视为妨碍民事诉讼的行为，对行为人可依照民事诉讼法有关妨碍民事诉讼的强制措施的规定，对其拘留、罚款，情节严重的可以追究刑事责任。美国在立法中规定，法院对违反保密令之人有广泛的裁量权，可依具体个案予以适当制裁，违反者除需支付违反保密令本身造成的费用外，还会被追究藐视法庭的责任，甚至构成藐视法庭罪。而如果律师违反保密令，将会面临律师监管机构的质询、被处在一定地区一定时间限制执业，甚至免去执业资格。❷ 我国台湾地区"智慧财产案件审理法"规定：违反本法秘密保持命令者，处三年以下有期徒刑、拘役、处罚或并罚"新台币"十万元以下罚金。❸

5. 合法性原则

民事诉讼是依照法定程序进行的诉讼活动，无论是法院还是当事人或其他诉讼参与人，都需要按照民事诉讼法设定的程序实施诉讼行为，违反诉讼程序常常会引起一定的法律后果。❹ 合法性原则包括两方面的要求：一方面，当事人诉请保护的权益以及程序保障应该具有合法性，非法权利以及非法的、过分的程序救济请求不受法律保护；另一方面，在案件审理过程中，任何诉讼程序的启动以及相关措施的采取都应当不违反现行法律、司法解释的规定；对防范商业秘密泄露所作的一些探索与改革，也应当在现有法律、法规、司法解释框架下进行。同样应当注意的是，该原则并不排斥在现有法律框架内，借鉴域外有益做法，进行积极有益的尝试和创新，以提高商业秘密案件的审

---

❶ 参见信春鹰：我国的行政强制法律制度，中国人大网，http://www.npc.gov.cn/npc/xinwen/2005-08/28/content_345220.htm，访问时间为 2017 年 6 月 18 日。

❷ 参见《美国联邦民事诉讼规则》第四十二条。

❸ 参见我国台湾地区"智慧财产案件审理法"第三十五条。

❹ 参见中国法制出版社：《民事诉讼法与仲裁制度》，中国法制出版社 2009 年版。

理水平，更好地保护诉讼双方的合法权益。

以上各项原则是商业秘密诉讼中应当遵循的共性原则，且各项原则共同形成一个宏观层面上的保护思路和构架，相互之间不存在清晰的边界。商业秘密诉讼的全部流程中均要综合贯彻上述各项原则，如在质证环节，既要贯彻强保密意识原则，也应坚持对等原则，确保诉辩双方利益和机会均等，在质证范围和参加质证人员的确定中还要考虑损害最小化原则，而法庭所采取的禁令措施必须具有强制性，体现强制力原则。未来的制度设计中，应当综合以上原则并细化到每一个举措中，在充分保障查明案件事实的基础上，平等保护当事人的诉讼利益，防范"诉讼泄露"。

五、有效防范商业秘密"诉讼泄露"的建议

依法保护诉讼双方的合法权益，避免当事人通过诉讼知悉诉讼相对方商业秘密后不当披露、使用或允许他人使用而造成相关损害的发生，实现双方诉讼利益的平衡，是审理好商业秘密案件的必然要求。保护当事人的商业秘密，防范"诉讼泄露"，结合当前审判实际，并适度借鉴境内外有益做法，在制度设计和实务操作方面，我们提出如下建议：

1. 完善不公开审理制度

在商业秘密侵权纠纷案件审理中，法院应通过显著的方式进行商业秘密保护的双向风险提示，对双方当事人进行充分释明，保证其对可能存在的泄密风险具有足够认知并据此选择是否申请不公开审理。当事人明确作出选择的，应尊重其意见，而当事人未表态或未及时表态的，若确属必要法院可依职权决定不公开审理。通过加大法院的释明力度，结合法院依职权审查的方式，避免因当事人诉讼能力有限、对可能存在的"诉讼泄露"风险预见不足等原因导致不公开审理制度在实践中的缺位。

不公开开庭审理或质证时，应当尽可能减少旁听人员等诉讼参加人员。实际操作中应当先行允许双方当事人就此进行协商，由当事人根据相关商业秘密信息的秘密程度，按照对等原则，合意确定参加人员的范围。在当事人难以达成一致意见或协商不成时，由法院根据案件查明事实的需要，确定合适的范围，必要时法院可以邀请专家证人参加庭审。对于允许参加诉讼的人员，通过由其作出保密承诺、法庭签发保密令等其他配套措施，加强其对诉讼中所获知商业秘密信息的保密责任和义务。

2. 质证方式多元化

质证是诉讼中查明案件事实的关键环节，也是民事诉讼法规定的当事人的重要诉讼权利。但是商业秘密案件审理中在保障当事人充分行使诉讼权利的同时，也必须采取有效措施防范质证过程中的秘密泄露。

第一，第三方专家质证。在商业秘密案件中，通常诉讼双方均不希望向对方披露己方的秘密信息。为查明案件事实，可采取第三方专家质证的方式，即双方当事人将其主张的商业秘密信息提交给法庭，但同时尊重当事人的保密诉求，诉争涉及秘密信息的证据不交予对方质证，由法庭通过第三方即咨询专家或技术鉴定的方式来确定当事人主张的秘密信息是否为公众所知悉、被控侵权人的技术工艺与原告主张的商业秘密是否相同等技术事实，据以辅助法庭判断双方当事人提交的秘密信息内容是否科学、客观、可行。这一质证方式，既符合大陆法系对商业秘密绝对保护的原则，也实现了审判实践中查明事实的诉讼目的，不少业内学者和法律从业人员认可这一做法。

具体操作步骤可分为：一是先行协商。审理中，应当允许由双方当事人自行协商，遵循对等保护原则，共同签字确定不交由对方质证的涉密信息范围。二是法院审查。在双方协商不成的情况下，由法院审查决定是否允许一方或双方当事人提出的不交予对方直接质证的请求。三是专家质证。对于双方协商确认或者法院经审查确认后可以不交予对方直接质证的商业秘密信息，由当事人共同选定或随机抽取，特殊情况下，经双方当事人同意，由法院指定的与案件无利害关系的第三方专家或专业鉴定机构出具专家意见或鉴定意见。四是公布第三方意见。法院向诉讼参加人公布或送达专家认定意见或鉴定结论，以供当事人质证，但不公布证据的具体内容。

第二，次第式审理。应当允许双方采取阶梯式的次第公开涉密信息的举证、质证方法，以尽可能减少对商业秘密权利人的损害。原告首先应当明确其商业秘密的范围，并证明其技术工艺或经营信息等构成商业秘密，如果原告未明确其主张的商业秘密范围，或者经过审查原告主张的商业秘密不成立的，被告无需提交被控信息。就被告而言，应视原告证明义务的完成情况，根据证据规则，逐渐转移和分配被告的举证责任。如此交替进行。对于不是查明案件事实所必需的秘密信息，各方当事人均不需要披露，从而将涉密信息在举证过程中限制在最小范围内，使其得到充分保护。

关于参与质证人员的范围。在保障双方权利和机会对等的基础上，可以借鉴美国司法实践中的秘密分级制度，将秘密信息划分等级，不同等级的商业秘密信息参与质证的人员范围不同。对于一般性的秘密信息，当事人、委托代理人、技术人员等均可以参与质证；对较为敏感或价值较大的秘密信息，则限制仅由当事人或其律师参与质证；而对于更高价值的秘密信息，则进一步限制其聘请的外部律师参与质证，而当事人企业的法律顾问不得接触和知悉。必要时，法院可以引入相关领域的专家作为特殊审查人或者引入专业第三方机构，对相关信息是否构成商业秘密、商业秘密的分级予以认定，而该专家或者第三方机构亦应承担相应的保密义务。上述参与质证的当事人或律师，未经对方许可，不得复制、摘抄对方的涉密信息。

第三，专家筛选证据范围供双方质证。除以上两种质证方式外，还可以采取由双方选定的或者双方当事人同意由法院选聘的专家审查筛选质证证据范围的方式，即双方当事人将包含涉密信息的证据交由与双方无关联的第三方专家审查，第三方专家根据案件争议焦点以及查明案件事实所需，审查筛选确定最小范围的涉密证据交对方质证。需要强调的是，参与质证活动的专家，可从法院的技术专家库中，遵循公开、公平、公正的原则，通过共同指定、随机抽取等方式产生。

3. 建立保密令制度

为防范"诉讼泄露"，各地法院大多通过单方出具保密承诺函或双方签订保密协议的形式，要求诉讼参与人承担保密义务。2010 年 11 月，江苏省高级人民法院在全国率先制定了《侵犯商业秘密纠纷案件审理指南》，并在指南中明确规定了保密承诺制度。[1]2011 年 1 月，福建省厦门市中级人民法院在全国首创保密令制度，规定了保密令的适用条件以及违反保密令的强制措施。如前所述，相较于保密协议及保密承诺函，保密令制度更具有强制力。

保密令起源于英美法系国家，是指在证据开示过程中，通过限制证据开示的范围、方法和程度，并以一定强制措施作为保障，约束在诉讼中知悉商业秘密的当事人、诉讼代理人等，不得将秘密信息再向未受保密令约束的第三人泄露，以防止第三人间接知悉该商业秘密或不当利用该商业秘密的制度[2]。对于商业秘密诉讼中查明案情所必需的证据，当事人不同意交由专业第

---

❶ 江苏高院制定的《侵犯商业秘密纠纷案件审理指南》主要针对商业秘密案件审理实务需要，就审理中的一系列诉讼程序和实体判断问题，在整理法律法规、实务裁判观点的基础上经过充分论证后归纳形成，供审判工作参考。

❷ 参见高雅：论保密令制度的建立——对新民诉司法解释商业秘密保护的思考，西南政法大学 2015 年硕士毕业论文。

三方审查，一方当事人又认为其必须查看的，可以引进保密令制度，通过法院签发保密令，限制商业秘密的披露对象、披露范围以及使用目的，有效防止"诉讼泄露"。

第一，保密令的内容。保密令的内容应包括受保密令约束的对象、应当保护的商业秘密的具体内容、法院发布保密令的事实和理由、保密令约束对象被禁止的具体行为、违反保密令的具体后果以及救济措施等。

第二，保密令的申请。保密令需经申请作出，法院不宜主动适用。申请主体为案件当事人或者第三人。在诉讼中需要披露其涉密信息的相关主体均可以向法院提出申请。

第三，保密令的审查。法院接受申请后，应当在一定期限内对当事人、第三人的申请是否适当作出审查。必要时可以启动庭前程序，召集相关各方听证，由当事人就是否可以签发保密令、保密令针对的秘密范围、受保密令约束的人员范围等相关内容充分协商和辩论。通过听证程序，一方面可以保障相对人的辩论权，平衡诉讼双方的利益；另一方面便于法院在充分听取意见后作出恰当判断。保密令的申请一旦被准许，在之后的诉讼程序中，受保密令约束的人员均应当遵守保密令的要求与限制。

第四，保密令的作出及当事人的救济。保密令应以裁定形式作出，以增强其执行力，对于不执行该裁定的可以适用民事诉讼法中的罚款、拘留等民事强制措施；情节严重，符合法律规定条件的，可责令其承担拒不执行法院判决、裁定的相关刑事责任。申请人对不予支持保密令申请的裁定或者受保密令约束的当事人对法院作出的保密令裁定不服的，均可以向作出裁定的法院申请复议。

4. 实施密封令制度

密封令是在诉讼中保护当事人的商业秘密不被泄露的另一重要路径，是通过对涉案证据、诉讼中形成的笔录等包含商业秘密的材料进行封存，并采取区别于普通案卷管理的方式单独存放，以防止因诉讼材料的不当保管以及查阅导致秘密信息泄露的制度。随着信息化的发展，庭审记录同步系统以及案卷扫描系统的运用，商业秘密案件的诉讼材料保管面临着全新的情势和要求，防止"诉讼泄露"必然要加强诉讼资料保管。强保密性原则要求接触到商业秘密信息的人尽可能少，对商业秘密案件从立案到最终的执行阶段，均应设置有别于普通案件的保密流程。

第一，立案阶段。一方面，应当允许原告在符合《民事诉讼法》第一百一十九条规定的基本起诉条件的前提下，仅提交起诉状或者仅提交初步性证据。对于包含商业秘密内容的诉状或证据应当附加保密标签、加盖保密戳等保密提示，相关材料不予扫描或者仅扫描与商业秘密无关的其他内容。另一方面，改进商业秘密案件审判工作机制，充分发挥审判业务部门的知识产权专业判断能力，于立案环节启动涉密保护程序，将商业秘密的审查适当前置。由审判业务庭负责审核证据、送达文书，在诉讼流程的"第一步"着力控制泄密风险，并做好当事人的释明工作，由权利人明确对相关证据的送达方式、质证方式，并选择将来是否公开审理等。

第二，庭前准备与审理阶段。在庭前的证据交换阶段，当事人可以向法院申请密封令，确定不予扫描上网的材料范围，要求对案件中的涉密材料如庭审记录、录像资料等必须以密封形式固定保存。商业秘密案件审理过程中，仅允许合议庭成员及案件书记员接触相关材料，并设置单独的保密空间存放商业秘密案件的卷宗材料。当事人、诉讼代理人申请查阅卷宗材料的，承办法官应对阅卷管理人员以及书记员提出明确要求，所有包含商业秘密内容的证据均禁止复制，在对应前述商业秘密分级的基础上，确定最高等级的涉密证据仅限代理人查阅，较低等级的涉密证据限代理人摘抄，而允许代理人摘抄的证据仅限于本案争议所涉的秘密信息，且对摘抄内容应严格登记。在文书制作过程中，文书正本不记载涉密内容，仅以编号或者名称取代，涉密信息通过文书附件记载。只向当事人、第三人送达文书正本，而记载涉密信息的附件不予送达或披露。

第三，执行、归档阶段。案件审结后，对涉密证据以及文书附件单独装订涉密副卷。归档后，他人申请查阅档案材料的，不得查阅涉密副卷。执行阶段，需要执行的内容涉及文书附件以及涉密副卷内容的，仅限于执行人员本人为案件执行目的，查阅相关涉密信息。执行人员承担与案件审判人员、书记员等相同的保密义务。

第四，尽快设计商业秘密案件审理软件。应当在内部办案系统设计相应保密软件，如对商业秘密案件在流转程序中添加保密提示标签，或者通过权限配置的方式，仅限案件合议庭成员、书记员查看包含商业秘密信息的流转材料，通过技术手段防止涉密信息在内部办案系统中的泄露。

5. 严格证据保全

为防止相关证据灭失或日后难以取得，各国的民事诉讼程序中均规定了证据保全制度。证据保全等措施固然便利权利人举证，但也容易发生当事人利用证据保全程序探知相对人商业秘密的情形。因此，在具体实施过程中，对保全申请应当严格审查，采取适当方式；尽可能少地固定涉密内容的范围，并减少接触人员范围；要既不影响当事人正常的生产经营，又保障申请人的证据保全诉讼权利，以达到诉讼双方利益的平衡。同时，在保全条件的把握上，应当注意：原告提供的证据应当证明被告正在实施或即将实施的行为存在侵权的极大可能性，证据可能灭失或以后难以取得。原告申请保全时，应当提供担保，明确秘密点，列明保全范围，如果原告对其秘密点不能确定的，不宜对被告采取查封措施。在实施保全过程中避免申请方当事人接触被保全信息，必要时可以通过委托或者聘请与双方无利害关系的第三方专家参与保全，及时剔除超范围查封的内容。

6. 完善立法

前述相关建议，有助于防止"诉讼泄露"，平衡诉讼双方利益，保护商业秘密权利人的合法利益。但建立系统的商业秘密保护诉讼制度，还需要完善相关立法。境外部分国家和地区制定了较为完善的商业秘密保护体系。例如美国自1979年即制定了《统一商业秘密法》，并制定了《反经济间谍法》，对侵害商业秘密的行为予以民事、刑事的保护，后经多次修正，逐步形成了完善的商业秘密保护体系。又如日本通过《不正当竞争防止法》对侵害商业秘密的相关程序和实体内容予以规范。我国台湾地区则通过"营业秘密法""智慧财产案件审理法"，对商业秘密纠纷涉及的实体及程序问题予以系统规定。

在技术创新、方法创新蓬勃发展的今天，商业秘密保护对于市场主体可谓至关重要。我国由于欠缺专门性的商业秘密保护法，商业秘密保护的效果大打折扣。当前，我国正不断加强知识产权审判的专业化、专门化，在北京、上海、广州设立专门的知识产权法院，南京、苏州、武汉、成都设立了专门的知识产权法庭。商业秘密作为知识产权审判的重要组成部分，其相关规定"碎片化"分布的现状，与当前知识产权专业化审判和专门机构的设立并不匹配。今后，可考虑提升法律层级，将现有法律、司法解释的零散规定，与各地成熟的做法相整合，并参考境外有价值的规定与做法，制定专门的商业秘密保护法，或者由最高人民法院专门出台相关司法解释，设立相关制度，完善与商业秘密诉讼相适应的证据规则，强化当事人对诉讼中知悉的商业秘密信息的保密义务和责任，在破解举证难的同时，防范商业秘密"诉讼泄露"，维护各方当事人的合法权益。

关于知识产权诉讼中不诚信行为的调研报告

一、知识产权诉讼中不诚信行为概况

经核查，2016 年 1 月—2019 年 12 月，我庭❶受理的知识产权纠纷中涉及不诚信行为的案件共 105 件，其中 2016 年受理 1 件，2017 年受理 82 件，2018 年受理 17 件，2019 年受理 5 件。经研判，涉诉不诚信行为主要存在以下特征：

一是从案由（图 1）角度来看，案件集中于技术类诉讼。我庭受理的涉及不诚信行为案件中，技术类案件共 89 件，占案件总数的 85%，其中侵犯专利权纠纷 85 件（侵犯发明专利权纠纷 38 件，侵犯实用新型专利权纠纷 43 件，专利权权属纠纷 4 件），侵犯商业秘密纠纷 3 件，垄断纠纷 1 件。

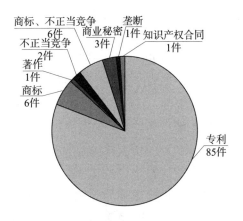

图 1　涉及不诚信行为知识产权纠纷案由

二是从高发样态来看，针对风口行业，以"专利蟑螂"式大规模发动专利侵权诉讼来牟利的案件数量较多。在特定时期，有些行业受到资本、市场与用户的蜂拥追捧，成为该时期的风口行业，但风口行业频频遭遇专利这把

---

❶ 2017 年 1 月前为苏州市中级人民法院民三庭，2017 年 1 月后为苏州知识产权法庭。

"达摩克利斯之剑"。2017 年，作为"新四大发明"之一的共享单车就受到了专利侵权的"搅局"。无锡某科技公司在没有侵权证据的情况下，以被告侵犯其"使用条码的电子锁系统"两件专利❶为由起诉 64 家共享单车从业企业，覆盖了行业内几乎所有的共享单车平台，以广撒网的形式获得部分被逼"妥协"企业的和解款。且该公司的起诉金额都很低，64 件案件中立案标的最高为 3 万元，有 29 件案件，34 件案件立案时没有要求赔偿损失的诉请，另有 1 件案件立案标的仅为 500 元。该公司以此达到少交诉讼费的目的，最大限度减少因其一次性提起数十起侵权诉讼的前期成本。

三是从恶意诉讼提起的时间节点来看，企业申报上市的窗口期经常成为恶意诉讼的首选时机。据统计，在 2016 年 1 月—2019 年 12 月这四年内，共有 9 件针对正在进行上市申报的企业提起的专利侵权诉讼。例如我庭受理的章某系列案中，原告瞄准欲上市企业，利用企业在上市关键期往往会选择"花钱买平安"，通过快速发起诉讼达到钳制企业上市、获得高额和解款的目的，在诉讼过程中多采用拖延诉讼的策略，以起诉后撤诉、不出庭应诉或要求调取证据等各种理由拖延诉讼进程，且起诉时都无充分的侵权证据，在诉讼中要求法院进行证据保全或现场勘验，以此获得其与欲上市企业进行谈判索赔的筹码。

四是从不诚信行为出现的环节角度来看，案件集中于知识产权维权环节（图 2）。不诚信行为可发生于知识产权的取得、使用、维权以及诉讼四大环节，其在每个环节中又具体呈现出不同的形态。第一，在知识产权取得环节出现不诚信行为。我庭受理此类案件 14 件，占案件总数的 13.3%。其中，恶意取得专利等权利进行维权案件 10 件，恶意将职务发明以自己名义申请专利而引发专利权属纠纷案件 4 件。第二，在知识产权使用环节出现不诚信行为。我庭受理此类案件 5 件，其中涉密员工跳槽后恶意披露、使用权利人商业秘密案件 3 件，合作伙伴恶意使用在合作过程中获取的技术方案仿造设备获利案件 1 件，特许人恶意将存在侵权风险的知识产权授权给他人使用导致被特许人卷入侵权诉讼案件 1 件。第三，在知识产权维权环节出现不诚信行为。此类案件 82 件，占不诚信案件总数的 78%。其中，针对他人恶意提起专利侵权诉讼但侵权明显不成立的案件 71 件，利用他人申报上市的关键期间而提起专利诉讼但侵权明显不成立的案件 9 件，电子商务中恶意投诉的案件 2 件。第四，在知识产权的诉讼进程环节出现不诚信行为。此类案件 4 件，包括恶

---

❶ 该两件专利权在诉讼中因不具有新颖性和创造性被专利复审委宣告全部无效。

意提出管辖权异议 1 件，恶意逾期举证 1 件，恶意提供虚假证据 1 件，恶意拒绝证据保全 1 件。

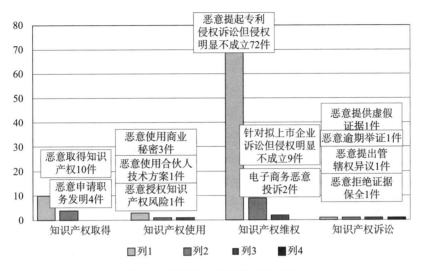

图 2　各阶段发生不诚信行为明细

五是从不诚信主体的角度来看，不诚信行为人绝大多数系原告。经统计，原告当事人存在不诚信行为的案件有 82 件，占到案件总数的 78%。此类案件中，原告抓住了被诉企业无意与其过多纠缠、欲尽快摆脱诉累、"花钱买平安"的妥协心态，以较低的诉请金额获得较高比例的和解款项。其中最为典型的是不诚信行为人针对行业内众多企业恶意大规模提起专利侵权诉讼，尽管多数被诉企业的被控侵权行为尚不成立，但其在权衡诉讼所费时间、金钱成本后，往往会通过庭外支付原告适当和解款的方式快速结束纠纷。相对的是，被告当事人存在不诚信行为案件为 23 件，表现形式是无权利基础的一方恶意取得他人知识产权或知识产权共享利益的一方将该权利据为己有，此类案件被告不诚信行为的主观故意较为明显。

六是从判决结果来看，法院均对不诚信行为人予以了否定性评价。在我庭受理的 105 件涉不诚信行为案件中，判决 28 件，准予撤诉 48 件，移送其他具有案件管辖权法院管辖 25 件，驳回管辖权异议 1 件，不予受理 1 件，调解 1 件，作出司法惩戒决定 1 件，如图 4 所示。以判决方式结案的案件，裁判结果均为不诚信行为人败诉。最为典型的章某案中，法院认为原告仅凭推测作出侵权指控，而不进一步积极举证，也不愿承担缴纳勘验担保金等任何合理诉讼风险的维权方式，法院不予支持，最终 5 起案件均判其败诉。在被告存在不诚信行为的 14 起案件中，对原告主张的经济赔偿均予以支持或部分支持，支持率达 100%。在赔偿金额方面，赔偿金额 50 万元以下的案件 7 件，50 万—300 万元的案件 3 件，全额支持权利人主张的 300 万元赔偿额的案件 4 件。

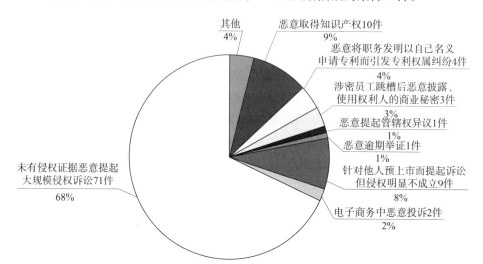

图 3　知识产权纠纷中涉及不诚信行为类型❶

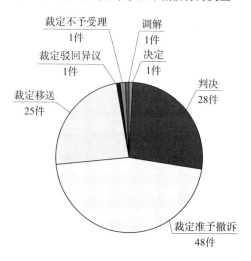

图 4　不诚信诉讼结案方式统计

---

　❶　在我庭审理的很多案件中都涉及被告方恶意提管辖权异议的情况，但基于之前案件在文书中鲜有对此问题进行专门论述，该类案件的统计全凭法官事后回忆，因此本次调研中未将这部分案件统计在内。2019 年 11 月 13 日，苏州中院出台《苏州市中级人民法院关于防范和惩戒滥用管辖权异议行为的若干意见（试行）》，我庭之后按照该规定执行。

二、知产案件处置不诚信行为的难点

一是知识产权法律制度存在短板。我国专利授权制度的特殊性在于，实用新型和外观设计专利授权采用初步审查的方式，对授权专利的创造性等实质性问题不予严格审查。该项制度设计本意是通过简化审批程序鼓励低成本、研制周期短的"小发明"进行创造，但其弊端在于实践中易被恶意利用，导致部分专利存在不当授权的可能。加之现行审理体制下，专利有效性问题仅能通过行政无效程序解决，在民事诉讼程序中则不予以审查，致使利用不当授权专利发动大规模"维权"的"专利蟑螂"屡见不鲜。此外，目前法律规定中司法惩戒手段相对单一，如何进一步保障当事人被恶意提起知识产权诉讼后的救济手段仍需研究和探讨。

二是知识产权使用过程中不当利益驱使。作为权利人，受利益最大化影响，私权异度扩张导致出现权利滥用。章某诉丰巢公司案中，出现原告用"最低的维权成本"博"最高的侵权收益"情形：原告在诉讼请求仅主张 1 万元经济赔偿的情况下，利用被告申报上市的窗口期，提出 200 万元的和解金额，其行为难谓正当。且该案中原告在诉讼过程中采用多种拖延诉讼的策略，如起诉后申请追加被告、要求法院进行证据保全或现场勘验，目的在于拖累被告，使其陷入诉讼纠纷，延缓上市计划。作为非权利人，为获取不正当利益，在明知他人在先权利存在的情况下，恶意取得知识产权。例如在江苏某环保科技公司案中，技术合作方在合作期间内通过接触权利人提供的合作设备，知悉设备的技术方案后，违反诚实信用原则，在权利人申请涉案实用新型专利至获得授权期间擅自使用该技术方案制造新的机器设备用于生产经营。法庭遵循诚实信用原则，对技术合作方的行为予以否定性评价。

三是法律规则的缺失导致"恶意"认定难。"恶意"是对当事人主观状态的一种判断，这种判断依赖于判断人的主观意志，如何将主观的内容以客观的要素或客观的标准予以量化或确定是这一问题固有的难点。而现行法律中并未对"恶意"的构成要件、认定标准等作出详尽规定，导致判断人在进行"恶意"的判断时缺乏明确的标准指引。加之，当前很多恶意诉讼都具有合法的外观，不诚信行为隐蔽性也很强，故法官在甄别和判定当事人是否恶意时难度很大，如处理不当，可能存在侵害当事人诉讼权利之嫌。

四是恶意拒绝诉前证据保全的规制难。我庭 2019 年共新收诉前证据保全案件 76 件，实施 40 件。近年来，我庭在实施证据保全过程中遇到了不少恶意拒绝证据保全的行为，如被保全人设置重重关卡和门禁，或者设置层批手续，或者故意绕路，拖延保全人员进入证据所在地的时间，导致法院进入时证据已被转移走。基于这些不诚信诉讼行为有较深的隐蔽性，一般民事调查难以识别，往往需要采取侦查手段，而法院在民事案件的证据保全阶段仅有一般的调查权而无侦查权，取证难度大，导致法院无法完全掌握当事人"恶意"拒绝证据保全的证据，结果是欲对此种行为进行规制却心有余而力不足。

五是恶意提起管辖权异议的认定难。苏州中院在 2019 年 11 月出台了《苏州市中级人民法院关于防范和惩戒滥用管辖权异议行为的若干意见（试行)》，该意见中对滥用管辖权异议情形作了规定。该规定能解决部分传统民商事案件中关于滥用管辖权异议的问题，但对于知识产权案件却仍存在一定的困难，尤其是在跨区管辖的大背景之下。知识产权案件本身的特殊性决定了部分案件就是原告通过选择管辖而诉至特定法院的，且跨区管辖之后各法院之间的管辖范围也较为复杂，在认定是否系"恶意"提起管辖权异议时，如原告起诉时就是通过建立管辖连接点提起的案件诉讼，那么被告依据住所地规则提起管辖权异议，据此能否认定被告恶意提出管辖权异议仍需要进一步仔细考量。同时，从认定"恶意"的程序上看，知识产权案件中被告提起管辖权异议的常见形式为只邮寄一份管辖权异议申请书，没有明确的送达地址、联系方式，承办法官进行法律释明时经常出现发了传票但当事人无故缺席的情形，导致法律释明这一程序规则经常无法在"恶意"认定中发挥作用。如何在保障当事人的诉讼权利和制约滥用诉权之间取得平衡，仍需通过立法或案例指导明确界限。

六是对知识产权案件实行无差别的审限管理导致惩戒难。知识产权民事案件与普通民事案件均应遵守《民事诉讼诉法》关于审限的规定进行审理，然而知识产权案件又有其特殊性，尤其是技术类案件，可能因当事人申请对涉案专利无效审查、申请证据保全等临时措施而使案件在该期间内无法进行实体审理，而这些期间都计入确定超长案件的"除斥期间"。对于在诉讼阶段出现的不诚信行为，如要进行司法惩戒，必定会占用案件审限。迫于案件审限的压力，法官对"恶意"的识别和适用司法惩戒心有余悸。

三、完善建议

一是有力加强源头审查。强化庭前会议功能，案件的承办法官要恪守法定程序，提高取证、查证、认证及心证的能力和水平，全面客观地审核当事人的陈述和提交的证据，对案件事实和法律关系进行去伪存真。对于可能存在瑕疵的权利，严格审查权利证据。同时，充分运用技术调查官、技术专家咨询等技术辅助力量，对专利的权利有效性、稳定性进行技术审查。承办法官发现当事人有恶意诉讼嫌疑的，可责令当事人接受法庭调查或必须到庭参加诉讼，追加利害关系人作为第三人参与诉讼，要求证人必须出庭，强化对当事人提交证据的实质性审查等。针对他人欲上市而提起诉讼但侵权行为不成立的案件，严格审查原告的诉讼行为和撤诉目的，对于恶意诉讼的撤诉申请应当驳回。此外，建立警示机制，引导当事人签订《诚信诉讼承诺书》，充分告知释明恶意诉讼风险责任和法律后果。

二是有效加大惩戒力度。根据《民事诉讼法》的相关规定，加大对不诚信诉讼行为人罚款、拘留等措施的法律适用力度，构成犯罪的，依法追究刑事责任。对一方当事人因不诚信诉讼造成诉讼拖延，给另一方当事人造成损失或其他后果的，及时行使释明权告知受害方提起侵权之诉。营造行为人"不敢、不能、不愿"实施不诚信行为的诉讼环境。对侵权人故意侵害知识产权的，可以根据侵权人主观恶意程度或侵权情节，在法律既有规则下积极适用惩罚性赔偿，以确定的补偿性损害赔偿数额为基数，在法定倍数范围内酌定损害赔偿数额。

三是有序推进信息共享。对内，完善法院内部审判管理系统，将有不诚信诉讼前科或重大嫌疑的人员列入黑名单，便于及时获知其是否存在相关联的案件、是否短时间内频繁诉讼等信息。对外，与公安、检察、市场监管等部门就办理商业秘密等案件建立信息共享机制，依法引导权利人提升举证效能的同时，有效防止诉讼中的二次泄密和保全中的反向刺探。借助市（县）知识产权联席会议和"打击侵犯知识产权和制售假冒伪劣商品"工作平台，做好电子商务法实施后电商平台、商家被恶意投诉等相关案件行政查处、民事侵权诉讼的衔接工作。建立与银行、工商、司法等职能部门之间的信息共享机制，定期或不定期通报不诚信诉讼行为的惩处情况。对严重恶意诉讼行为人纳入失信人名单或社会征信体系进行探索。

（撰写人：苏州知识产权法庭调研组）

7

出访报告

关于赴欧洲专题交流总结报告（节选）

  根据最高人民法院与欧盟在中欧知识产权保护合作项目（IPKey China）框架下的安排，知识产权法庭王闯副庭长率中国专利法官代表团一行 8 人于 2018 年 5 月 19—28 日赴法国、卢森堡和德国进行技术类知识产权案件审判专题交流。本次出访考察的主题是"技术类知识产权案件审判专题交流"，访问目的国为法国、卢森堡、德国，均系欧洲专利政策制定和纠纷处理主要机构所在地。其中，在法国的主要访问机构是法国国家司法学院、法国最高法院、巴黎上诉法院和巴黎大审法院，巴黎上诉法院对欧共体外观设计专利案件以及所有发明专利案件有专属管辖权；在卢森堡的主要访问机构是欧盟法院和欧洲普通法院，该两家法院直接决定了欧洲药品专利补充保护以及专利领域反垄断政策；在德国的主要访问机构是欧洲专利局、德国联邦专利法院及慕尼黑地方法院，前者系欧洲专利的政策制定及执行机构，后者系德国专利司法的主导者。代表团既实地考察了欧盟层面以及法国、德国等欧洲国家的专利制度及其实践，了解其成功经验与做法，又向欧洲知识产权司法和实务界介绍了中国最高人民法院知识产权法庭的成立及技术类知识产权司法审判制度的创新发展，传递了我国大力加强知识产权司法保护的强烈信号，取得了丰硕的访问成果。

一、交流内容

（一）欧洲统一专利及统一专利法院的背景与最新进展

  关于欧洲统一专利的背景与现存制度的关系。现有的欧洲专利体系是由欧洲专利局根据《欧洲专利公约》（以下简称《公约》）统一管理和授予专利。《公约》共有 38 个缔约方，除 28 个欧盟成员国❶外，还包括 10 个非欧盟

---

  ❶ 英国于 2020 年 1 月 31 日脱离欧盟。由于编写本报告时英国尚未脱离欧盟，故文中仍保留相关表述。

成员国。欧洲专利授予后在所指定的国家生效，这是"一束"分散的权利，实践中存在两大制度缺陷。一是授权过程，申请一个欧洲专利平均费用巨大，通常要花上万欧元，比美国和中国高出很多，主要是翻译费用，每一件专利申请均需翻译成慕尼黑协议中规定的所有官方语言。二是专利诉讼，如果专利权人发现侵权行为，需要在《公约》缔约方法院提起诉讼，或者请求宣告专利无效。由于各个国家的法律不同，出现比较严重的择地诉讼现象。专利权人主要看哪个国家的法律对其有利，或费用最低，就在哪个国家提起诉讼。有时，还可能产生在不同国家诉讼结果不一致的情况。正是基于以上原因，欧洲国家试图建立一个统一专利法院，专门审理统一专利纠纷。欧盟委员会还决定成立一个专门工作组，专门研究处理欧盟统一专利相关事务。欧洲统一专利是一个新系统，但其并非完全代替原来的欧洲专利或者成员国专利，而是提供另外一种可能性。当事人仍然可以继续申请或者维持欧洲专利以及成员国专利，因此成员国专利、欧洲专利和欧洲统一专利可以并存。但是，欧洲统一专利生效后，当事人如果选择申请欧洲统一专利，这意味着只要在欧洲专利局申请获得一个欧洲统一专利，就可以在所有参与的成员国获得同等保护和同等效力，这将大大提高申请效率并降低申请成本。

关于欧洲《统一专利法院协议》及其特点。欧洲统一专利法院通过签订《统一专利法院协议》这一国际条约来设立。该协议的生效，至少需包括英国、德国和法国三个欧洲专利数量最多的国家在内的 13 个欧盟成员国批准。目前已有 16 个国家批准了该协议，包括法国和英国，德国则在议会层面已经批准，但是由于遭遇到宪法诉讼，德国需要在联邦宪法法院对该宪法案件审理完毕后才能确定是否最终批准。同时，由于英国脱欧谈判正在进行当中，给《统一专利法院协议》的生效增加了变数，其生效的具体时间尚无法确定。欧洲统一专利法院将是一个崭新的机构，将尽可能把欧洲各国现行的专利保护实践融合到有关程序与细则中。同时，欧洲统一专利法院也将尽可能考虑到每个国家的特点，适应各国的不同需求。欧洲统一专利法院将具备以下特点：一是专业性。专利案件具有很强的技术性，法官应经过强化培训，具有专业技术知识。二是国际性，法官要来自不同国家，具有不同国籍。三是语言方面，本地法院和地区法院的诉讼语言是欧盟的官方语言，中央法院诉讼使用的语言则是英语。

关于欧洲统一专利法院的组织及诉讼制度框架。欧洲统一专利法院是根据《统一专利法院协议》这一国际协定设立的国际法院，不占用欧盟预算，其资金来源于诉讼费用。欧洲统一专利法院包括一审法院和上诉法院。上诉法院总部将设在卢森堡,其裁决是终审裁决,不会上诉至欧盟法院。一审法院将包括中央法院、地区法院和本地法院。其中,中央法院设在巴黎,同时在伦敦和慕尼黑设立两个分庭,伦敦分庭审理生活必需品、化学、冶金等领域的案件,慕尼黑分庭审理机械、照明、加热、武器等领域的案件,巴黎的中央法院则审理其他类别的案件,同时巴黎将成为中央法院中央法庭和院长办公室所在地。如果英国脱欧成功,伦敦分庭可能取消并转而在意大利设立米兰分庭。本地法院是缔约国在其国内设立的审理统一专利案件的法院,两个或者两个以上的缔约国可以联合设立一个地区法院。一审法院的合议庭由3名法官组成,其中1名具备技术背景。上诉法院的合议庭由5名法官组成,其中包括3名法律型法官和2名技术型法官。统一专利法院对审理专利侵权、临时保护与禁令、专利无效的反诉、补充保护证书等专利案件具有专属管辖权,专利权属、不正当威胁、专利许可及强制许可等纠纷则仍由成员国的国家法院处理。地区法院和本地法院可以审理专利无效案件,但是确认不侵权、专利补充保护证书的撤销等案件由中央法院专属管辖。专利权人在地区法院和本地法院提出专利侵权诉讼后,如果被告提出专利撤销或者无效的反诉,地区法院和本地法院可以自行裁量决定是否继续审理或者将全案或无效部分委托中央法院审理。此外,欧洲还将设立多个调解和仲裁中心,以有效降低成本。

关于法国在推进欧洲统一专利法院方面的积极努力。据法方介绍,统一专利法院将对法国的司法制度产生重大影响,尤其是在专利纠纷的解决方面。正因如此,关于加入欧洲统一专利法院的议案包括与欧盟的谈判,均由法国司法部主管。法国高度重视欧洲统一专利法院的创建和落实,不仅积极批准协议,还大力推进欧洲统一专利法院在法国的设立。据介绍,为了提升统一专利法院巴黎中央法庭对于专利权人的吸引力,使巴黎成为国际知识产权争端解决中心,法国在法院选址、人员配置、财力保障等方面均不遗余力。对于欧洲统一专利法院设立后有关法律规定如何在法国得以落实,法国建立了工作小组,确定需改革的内容,并与企业律师、知识产权顾问、上诉法院的法官等专业人士交流,听取公众的意见,进行修改。另外,法国还将与欧洲合作伙伴进行合作以便改革与欧洲框架相协调。改革有三大要点:目标性、亲民性和可读性、法律安全性。所谓目标性,是指法律修改的目标是与欧洲统一专利的相关法律相协调,并符合法国的特点。所谓亲民性和可读性,是指法国是成文法国家，知识产权法是由法典规定的，必须使新的条文纳入原有规定，成为一个和谐的文本。所谓法律安全性，是指如果认为国内的法律更有利于保护权利人，就保留该规定；如果发现有问题，就会修改法律条文使之与统一专利法院协议相一致。

关于欧洲统一专利法院与国家法院及欧盟法院的关系。欧盟会以渐进的方式成立统一专利法院。因此缔约国国内现有的法院体系及专利诉讼仍将存在，不会移交到统一专利法院。但是可以预见，在欧洲统一专利及法院设立后，缔约国国家法院的专利诉讼可能会降低。至于欧盟法院与欧洲统一专利法院的关系，根据《统一专利法院协议》，统一专利法院既是缔约国共有的法院，又是各缔约国司法体系的组成部分，其与欧盟法院合作，确保正确执行和统一解释欧盟法。统一专利法院在司法中遇到有关欧盟法问题的解释时，可以请求欧盟法院先行裁决，欧盟法院的裁决对于统一专利法院具有拘束力。欧盟法院通常只是对法律条文进行解释，不涉及专利效力、侵权等问题。

（二）法国专利诉讼制度及其特色做法

关于侵权物品扣押制度。在知识产权诉讼方面，法国极具特色的制度是侵权物品扣押制度。根据法国知识产权法典的规定，为了证明侵权行为，任何有权提起诉讼的人都可以向有管辖权的法院提出扣押申请。法院作出裁定后，由法官派执达员，在原告指定的专家协助下，对侵权行为进行详细记录、提取样品，或者实际扣押涉嫌侵权产品以及与之相关的文件，或者扣押实施侵权行为的原料和工具。法院裁定采取扣押措施时，可以要求申请人提供担保。在这一制度中，执达员发挥着关键的作用，由其完成侵权产品的扣押。执达员的权限仅限于法院确定的部分，可以现场询问当事人，但是其所提的问题必须与侵权产品相关。专利权人可以请一个专家来帮助执达员，被指定的专家可以是知识产权专家，很多情况下是知识产权案件中的顾问，也可以是在扣押之前对有关物品进行过鉴定的技术专家。执达员由原告指定的专家陪同前往，专家帮助执达员描述产品的特征、生产方法、原料等与侵权判定有关的事实，具有一定的技术性。执达员必须做好记录，详细记载其看到的内容以及专家告诉他的内容。执达员将获得的证据交给专利权人，由其决定如何运用。执达员的执行行为需要与被申请人的信息权实现平衡，执达员在执行时获取的信息以及询问的内容不能超过法官要求的范围。例如，如果法官要求执达员记录和扣押四个型号的机器，执达员就不能收集法官要求的型号之外的机器型号的信息。同时，如被申请人提出某些信息属于其商业秘密，执达员需要将该信息予以封存。这一制度既非临时禁令，又非简单的证据保全，而是帮助权利人获得侵权证据的特殊制度。侵权品扣押制度原限于具有紧迫性的场合，2007 年法律修改时，删除了"紧迫性"要求，扩大了该制度的适用范围，适应了知识产权尤其是专利权司法保护的需求。据介绍，这一制度在拿破仑时代就已经存在，现在广泛运用到知识产权诉讼中，对于充分保护知识产权发挥了极其重要的作用。

关于专利侵权损害赔偿。专利侵权损害赔偿由法官进行评定，确定赔偿的原则是足以弥补权利人的损害，同时侵权人不得因侵权而获利。根据法国知识产权法典，专利侵权损害赔偿包括物质损害赔偿和精神损害赔偿。物质损害包括权利人承受的因侵权导致的预期经济损失等负面经济效果，例如专利权人销售额的减少或可以获得的许可费等。精神损害的计算则需要考虑有无相关媒体报道、专利权人的声誉是否受到影响、是否花费很大精力去维护自己的权利等因素。法院在计算赔偿数额时并非将所有这些损失简单相加，而是全面考虑以下因素：第一，受害人因侵权带来的负面经济损失或本应实现的收益；第二，受害人一方的精神损失；第三，侵权者实现的经济收益。受害人一方可以选择赔偿方式，但是赔偿数额不能超过专利可能给专利权人带来的收益。

关于专利无效抗辩。在专利侵权案件中，法国法院可以根据被告的无效抗辩请求，审查专利权效力问题。这在法国通常被称为"迂回"做法。法院在专利民事侵权案件中审查专利权效力时，可以直接判决专利权是否有效，而且该判决的效力并不限于个案，而是具有对世性。但是，在民事案件中审查专利权效力时，专利权人不能修改其专利权利要求，其只能在专利局程序中以启动专利权订正程序的方式修改其权利要求。

（三）德国专利诉讼制度及其特点

关于德国法院专利民事侵权案件的管辖与审理。德国对专利案件实行集中管辖，全国范围内有 12 个法院对专利侵权案件有管辖权。由于侵权行为可能遍及整个国家，因此专利权人通常会根据自己的利益选择管辖法院。其中，杜塞尔多夫地方法院、曼海姆地方法院和慕尼黑地方法院是三个受理专利案件最多的法院。德国是贯彻专利侵权民事与无效行政二元分立体系最为彻底的国家，审理侵权案件的法院无权审理专利权效力；专利权效力问题由德国联邦专利法院专属管辖，该法院不审理民事侵权案件。在民事侵权案件审理过程中，如果当事人向联邦专利法院提出了专利无效的诉请，该无效程序正在进行之中，且该专利无效的可能性较高（例如请求人提出了专利授权时并未发现的现有技术），则法院可能会中止民事侵权案件审理程序，等待无效程序的结果。此时，法院会考虑如下因素后作出决定：诉争专利的剩余有效期；所涉产业领域；专利无效程序的启动时间等。

关于慕尼黑地方法院专利民事侵权诉讼程序的特色做法。慕尼黑地方法院专利民事侵权诉讼程序规则制定于 2009 年，2017 年进行了修改完善。该程序规则的目标是，为专利权人提供一个具有吸引力的诉讼地，缩短和便利审理程序，提高诉讼效率。为此，慕尼黑地方法院采取了如下特色做法：（1）每一个专利民事侵权案件原则上进行两次听审。第一次听审要求各方当事人本人必须到庭，其主要目的在于法官明确对案件事实（特别是被诉侵权产品）以及权利要求解释的意见，释明首要应该提交的材料，初步释明诉讼胜诉的可能性，确定和解的可能性，规划后续处理程序，查明反诉、合并审理以及其他诉答内容，确定第二次主要听审时间。通过早期向当事人释明法官对权利要求的理解、胜诉可能性等事宜，可以促成当事人尽早和解。第二次听审是主要听审，当事人本人并非必须到庭，其主要目的在于对案件的事实和法律问题进行最后明确，同时确定是否需要中止审理程序。（2）要求进行书面诉答。协调当事人诉答的截止时间。同时，一般情况下对于诉答摘要的篇幅长度、字数均有限制，不能超过 10 页，其中正文不能超过 5 页。书面诉答极其重要，几乎一切诉讼活动均建立在起诉、答辩等书面材料的基础上，听审的目的主要在于法官可以向当事人验证其是否正确理解了当事人的请求或者答辩内容。（3）严格的期限节点。严格按照时间节点进行程序控制，只有在确有正当理由的情况下才允许延期，而且只能延期一次，最长七天。同时，对方当事人并不自动获得延期。（4）很少需要专家意见。慕尼黑地方法院在实践中仅仅在特殊情况下才需要专家。需要专家时，由法院进行指定，当事人可以对指定哪个专家提出意见。一旦指定专家，专家需要到庭口头发表意见，当庭回答当事人的问题，不能通过书面形式在庭后补充意见。（5）很少中止诉讼程序。从实际情况看，中止审理的案件比例不超过全部案件的 15%。（6）与联邦专利法院合作对案件进行法院内调解。自 2010 年起，慕尼黑地方法院与联邦专利法院合作，征召联邦专利法院的法官担任案件调解人，取得了很好的效果。通过上述特色做法，慕尼黑地方法院专利案件的审理周期大约缩短一半（12—14 个月内审结）。

关于德国联邦专利法院的设立背景。德国于 1877 年成立帝国专利局时，内设有专利无效委员会和申诉委员会，分别负责审查有关专利商标的无效决定及撤销等其他行政决定的再审查，两者在性质上属于行政机构。对于委员会的决定，法律未规定当事人寻求法律救济的途径。直至 20 世纪 50 年代，一位专利申请人就其专利申请被专利局驳回且被上诉委员会维持的行为向巴伐利亚州行政法院提起上诉，认为缺乏对此类行为的司法救济违反了宪法。巴伐利亚州行政法院在该案判决中指出，当事人不服行政决定时，可向行政法院起诉。专利局不服该判决，向联邦最高行政法院上诉。上诉理由主要是，专利法赋予专利权私权的性质，专利权的授予只是对私权的明确和固定，在实体上不能视为公法事件，因而不是行政法院的裁判对象。德国联邦最高行政法院于 1959 年 6 月 13 日作出判决。该判决认为，从专利局的组织结构看，无法将其内设的委员会视为法院，其所作决定属于行政机构的行为，行政法院可将其撤销。该判决在确立行政、司法分立原则的同时，也产生了一个制度性的问题：专利无效诉讼属行政诉讼，其终审法院为联邦最高行政法院，而专利侵权诉讼的终审法院为联邦最高民事法院，两者分离容易导致裁判结果和法律适用不一致。同时，行政法院缺乏对于具有技术性的专利案件的审理能力，且行政诉讼采取三级三审制，导致专利案件审理周期延长。因此，德国国会于 1961 年 3 月 16 日第 12 次修订的德国基本法中增加规定，决定设立联邦专利法院。在此基础上，德国《专利法》第 65 条增加规定，联邦专利法院必须设立在德国专利商标局所在地慕尼黑，便于专利法院充分利用专利局的图书资源、技术审查人员与设备。同年 7 月 1 日，联邦专利法院正式成立。这是国际上第一个专门审理知识产权案件的法院。为了进一步明确专利授权确权行为的程序法律适用问题，充分考虑专利授权确权行为的特殊性，《联邦行政程序法》第 2 章第 2 条第 2 款明确规定该法不适用于联邦专利局，因而有别于政府机关的普通行政程序。因此，联邦专利法院的上诉法院为德国联邦最高民事法院，而不是最高行政法院。

关于德国联邦专利法院的法官、案件管辖与审理程序。联邦专利法院负责专利申请复审、强制许可、专利无效等案件的审理，不审理民事侵权案件。联邦专利法院的法官大部分有技术背景，多数曾在专利局从事过专利审查工作，之后才被聘任为法官。审理案件时，根据案件所涉条款、技术复杂性等因素，由不同结构的法官组成合议庭进行审理。对于主要涉及法律问题而技术问题并不突出的案件，例如强制许可等，由 1 名法律法官担任审判长，与 2 名技术法官组成合议庭；对于是否授予专利权或者专利应否无效等案件，由于技术性较强，由 1 名技术法官担任审判长，与另外 2 名技术法官和 1 名法律法官组成合议庭；对于完全属于法律问题的案件，由 3 名法律法官组成合议庭。德国联邦专利法院目前有法官 102 名，其中有技术背景的法官 55 名，无技术背景的法官 47 名。德国专利法对于联邦专利法院的案件审理程序作了非常详尽的规定，在审理专利申请复审以及无效案件的过程中，联邦专利法院主要适用专利法规定的诉讼程序；专利法没有具体规定时，则适用德国联邦民事诉讼法。

关于德国联邦专利法院的诉讼费用制度。联邦专利法院在审理专利申请复审和专利无效案件时，在符合公平原则的前提下，参照适用民事诉讼法关于诉讼费的规定收取诉讼费用。诉讼费用与专利本身的价值相关。如果在联邦专利法院受理案件前，就该专利曾有侵权民事纠纷，可以按民事侵权纠纷案件的赔偿数额确定专利价值，在此基础上增加 25%，作为联邦专利法院收取诉讼费的计算基础。如果此前没有侵权案件，则由法院在听取当事人意见后估定专利价值。确定专利价值后，具体费用的百分比由法律规定。假定专利价值约为 1000 万欧元，则法院诉讼费用为 7—10 万欧元。收费的目的是过滤掉缺乏诉讼价值的案件，同时促成当事人对案件达成和解。根据法律规定，专利申请复审和专利无效案件中的诉讼费用由败诉方负担。

（四）欧盟普通法院和欧盟法院的司法实践

关于欧盟普通法院的历史与现状。欧盟普通法院成立于 1986 年，最初的名称是初审法院，1989 年，又设立了一个受理欧盟机构和雇员之间纠纷的专门法院。2009 年，专门法院与初审法院合并，改称欧盟普通法院。欧盟普通法院是国际法院，其与各成员国有特别的关系，具有交流和对话性。例如，欧盟关于专利的法律规定，各成员国要通过国内法进行落实。同时，成员国也会就如何理解相关法律询问欧盟普通法院。欧盟普通法院受理案件范围非常广，超过 40 个案件类型。欧盟普通法院受理的案件中占比最高的是知识产权案件，每年有 300 件左右，超过案件总数的 1/3。2018 年，欧盟普通法院共受理知识产权案件 301 件，占比为 46%。每年结案中知识产权案件约 350 件，占比达 34%。原则上，对欧盟普通法院的所有裁判都可以向欧盟法院上诉，但有一定的筛选机制。欧盟普通法院的工作语言是法语，法律文书也用法语撰写，然后再翻译成原告在立案时选择的语言。按照欧盟国家的语言，共有 552 种语言转换组合，所以欧盟普通法院有 606 名翻译，他们既是律师，也是翻译。

关于欧盟普通法院的改革。欧盟普通法院 2015 年共审理 1000 件案件，案件的平均审理周期约为 18.7 个月。2017 年案件的平均审理期限上升为 20 个月，其中竞争法案件上升到 40 个月。近年来，为了应对案件数量的增长并提高审理效率，欧盟普通法院采取了改革措施。一是增加法官数量。欧盟有 28 个成员国，每个成员国在欧盟普通法院均选派 1 名法官，因此欧盟普通法院原有 28 名法官。2009 年，7 名雇员法院法官并入欧盟普通法院。2015 年，欧盟普通法院决定新增 12 名法官。2018 年欧盟普通法院还要再增加 9 名法官，法官总数将达到 56 名，另有 350 名法律秘书及助理。二是探索法官的专业化。由于欧盟普通法院审理案件类型较多，且不同类型的案件复杂程度差异很大，而法官不可能对每个领域均十分熟悉，所以不仅需要法律助理的帮助，更导致案件审理周期拉长。为此，欧盟普通法院正在探索法官的专业化问题，即让特定合议庭或者法官专门负责一个具体领域，从而提高审判效率。目前，欧盟普通法院下设 9 个合议庭，每个合议庭 3—5 名法官。

关于欧盟普通法院确保裁判标准一致性的措施。欧盟普通法院法官到 2018 年 9 月增加到 56 名。在法官人数较多、案件数量较大的情况下，确保案件裁判标准的一致性至关重要。为实现裁判标准的一致性，欧盟普通法院建立了如下制度。一是法官团队层面的校阅机制。每个法官的工作团队由 1 名法官、2 名法律助理和 6 名文书人员组成。法官的裁判文书先在团队内部进行校阅，法律助理负责文书内容和翻译，6 名文书人员负责统一格式，对于格式法庭内部有明确规定。上述 8 名文员均懂多国语言，并且具有法律文凭。文书人员的工作职责包括：（1）帮助起草裁判文书。（2）校阅文书，既检查格式，又检查裁判标准是否与在先判决具有一致性。通过校阅后，文书才送到翻译处进行翻译。（3）发现有需要更新的情况，例如有新法律规定、新的统计数据等，均要及时提出。所有法律文书草案都需要校阅，这个过程分为四级。前两级校阅主要检查格式及拼写错误，例如法律术语是否正确使用，统计数据是否正确，日期、作者是否正确等。如果仅是语法或拼写错误，不需上报，可以自己修改。后两级校阅则是检查法律内容。如果发现法律内容与在先判决不一致，则需要报告法官。在检查时，每一处修改都需作出记录，由法官最终决定是否采纳校验的版本。文书人员是为法官服务的，对文书质量把关，但不能越俎代庖，不能影响法官最终的裁决。二是法院层面的审查机制。欧盟普通法院设有一位院长和一位副院长，其中副院长负有保证裁决一致性的职责，其领导的审判团队直接负责审查机制的运行。这个审查机制大致如下：（1）在判决作出前，副院长的审判团队时刻跟进案件进展。如类似案件分给不同法官，副院长的审判团队也会事先提醒法官，安排他们事前沟通并且提出建议。（2）在判决作出前，副院长的审判团队认真校阅判决文稿。如果发现法官的判决可能与在先判决不一致，或与其他合议庭拟作判决不一致，由副院长负责协调。如果副院长认为合议庭的意见有问题，可能会增加法官参加讨论，如从3名法官增加到5名法官。如果两个合议庭将要作出的裁判不同，副院长的审判团队要负责协调两个合议庭的法官进行商讨，使同案不同判的问题在判决前得到解决。需要说明的是，副院长的审判团队在发现问题时只是告诉法官有判决不一致的可能性或风险，但并不提供具体解决方案，最终仍由法官自己作出决定。总之，这种审查机制既要尊重法官的独立性，又要避免判决矛盾。三是案例研究。欧盟普通法院设有研究与卷宗司，其主要职责是为欧盟普通法院和欧盟法院法官提供信息，包括案例信息和有关各成员国立法以及国际法发生的重要变化的信息。研究与卷宗司的日常工作是与各成员国进行交流沟通，把欧盟普通法院的裁判文书翻译成其他成员国语言，同时也将各成员国的法律或者判决翻译成欧盟官方语言。研究与卷宗司的服务人员大约有75人，其中42人是律师。如果成员国需要了解欧盟普通法院的判决信息，可以向研究与卷宗司提出。另外，如果欧盟普通法院认为有必要了解类似案件的情况或者其他成员国相关案件情况，也会要求研究与卷宗司对28个成员国的情况作出研究报告。研究与卷宗司通过比较研究，在总结各国法律规定异同的基础上形成报告。每年有10~20个案件需要做上述工作。在判决阶段，研究与卷宗司也会进行分析，识别出具有重要法律意义的案件，并汇总出版。四是案例数据库运用。为了便于研究和检索案例，欧盟普通法院利用信息技术手段，建立起功能强大的案例数据库。数据库是由欧盟普通法院电子技术部在购买软件程序的基础上，根据法院的需求进行调整和开发。该数据库的基础数据由研究与卷宗司整理并录入，电子技术部负责开发与维护。欧盟普通法院的全部判决均收录其中，每个案例均有关键词、所涉法院问题、摘要等内容。为了让法官能够在最短的时间内了解判决信息，研究与卷宗司会撰写摘要，在判决后三天之内发布在网站上，系统也会自动将案例推送给法律助理。

关于欧盟法院的知识产权上诉案件筛选制度改革。作为欧盟普通法院的上诉法院，欧盟法院受理的知识产权上诉案件占比很高。例如，2018年欧盟法院受理了193件案件，其中知识产权案件60件。对于商标、外观设计、植物新品种等知识产权案件而言，在上诉到欧盟法院之前，已经过欧洲知识产权局（EUIPO）、复审委员会以及欧盟普通法院三道程序审理，大部分法律问题均已获得解决，通常没有必要再做第四次审理。因此，欧盟法院认为有必要建立知识产权上诉案件筛选机制，对上诉案件进行过滤，以减少案件量。这一筛选机制的核心标准是，只有涉及欧盟法律的统一适用或对法律的发展产生影响的案件，才允许上诉到欧盟法院。该机制从2019年5月1日起施行。其具体操作程序是：诉讼服务部门首先对上诉案件进行审查，判断其是否涉及欧盟法律的一致性适用或对法律的发展产生影响，如果是，则接受上诉；如果不是，则提请副院长决定，副院长有权决定不予受理。在这个流程中，研究与卷宗司也会起到一定作用，该部门会和法官合作，对上诉涉及所有因素进行审查，主要审查是否涉及一致性适用和是否影响欧盟法律发展。据预计，该机制实施后，大部分知识产权上诉案件可能均会被拒绝受理。

关于欧盟药品保护期限延长制度及其进展。欧洲共同体条例（EEC）第1768/92号建立了医药产品补充保护证书制度。该制度建立的初衷是，由于医药产品专利申请与药品审批之间会出现长时间的迟滞，实际上缩短了药品获得专利保护的时间，而药品研发本身成本极高，为保护药品专利权人的利益，鼓励研发与投资，需要为药品专利提供延长保护。补充保护证书制度允许专利和证书的持有人自医药产品获得上市许可时起获得最长为15年的排他保护期，同时证书赋予的保护不得超过专利的正常期限5年。欧盟药品专利补充保护的条件是：（1）所涉专利产品是有关物质或者物质组合的药品（并未明确是否包含医疗器械专利，荷兰法院判决则明确认为不包括医疗器械）；（2）专利仍在有效期内；（3）专利药品已经获得上市许可；（4）仅能针对该专利药品的一个活性成分或者其组合获得一次补充保护。通过判例，欧盟法院进一步明确，如果一种专利药品的活性成分被发现具有第二用途，因而又获得了第二用途专利，那么后一专利的相同活性成分不能获得补充保护。药品专利延长保护在为专利权人提供激励的同时，也造成了在该制度设计之初没有预想到的问题——与其他不存在延长保护或者延长保护期较短的国家相比，欧盟内的仿制药生产商将面临竞争劣势，它们无法在专利正常保护期届满后生产专利药品用于出口。为了解决这一问题，欧盟委员会在2018年5月28日通过了关于补充保护证书生产弃权的建议。根据这一建议，补充保护证书对于药品活性成分的保护不应覆盖专为向欧盟外第三国出口目的而实施的制造行为以及该种生产及实际出口行为本身所必需的相关行为。这一制度在维护补充保护证书持有者欧盟境内权利的同时，对出口行为方面的权利予以限制，以提高欧盟境内仿制药生产商的全球竞争力。同时，为了确保补充保护证书持有者在欧盟境内的权利不受损害，建议还提出了仿制药生产商事先通知补充保护证书持有人、附贴出口标识、严格管理出口环节等保障机制。这一建议尚未正式成为欧盟法律，目前仍在讨论当中。

（五）中国法院知识产权司法保护改革

关于中国知识产权司法制度改革。王闯副庭长在多个重要场合均介绍了中国知识产权保护的最新探索，特别是最高人民法院知识产权法庭的成立及其诉讼制度。王闯副庭长介绍到，中国一直在探索知识产权司法保护，主要是围绕三个目标，一是统一裁判标准，二是保护创新，三是营造良好营商环境。近年来这种探索比较集中的成果是 2014 年设立了北京、上海和广州三家知识产权法院，三家法院的级别是中级法院，实现省内跨区域管辖。之后，最高人民法院又先后批准设立了 20 家知识产权法庭。但这种探索面临一个问题，就是这些法庭只是在各自省份或辖区内统一受理案件，在国家层面设立上诉审理机制还未实现。因为案件经过法庭审理后，分别上诉至各高级法院（32 个），仍然存在裁判标准不统一的问题。因此，需要在国家层面设立一个上诉审理机制。这也是最高人民法院知识产权法庭设立的目的。

关于最高人民法院知识产权法庭。王闯副庭长从制度创新和未来举措两方面对最高人民法院知识产权法庭进行了介绍。第一，制度创新。最高人民法院知识产权法庭是中国知识产权诉讼制度的重大突破和创新，它有三个重要特点：（1）审判机构层级高，是世界范围内首个在最高法院层面设立的专门化知识产权司法机构；（2）案件管辖范围广，案件类型几乎涵盖除商标权外的全部知识产权类型，且包括民事和行政两大类别；（3）审判机制创新多，包括上诉机制创新，形成中国特色的"飞跃上诉制度"，送达方式创新，审理方式创新等。第二，关于未来举措。（1）继续完善技术类知识产权案件审理机制；（2）深入推进技术类知识产权案件诉讼制度改革；（3）大力加强审判智能化建设。

二、心得体会

这次考察访问时间虽短，但内容丰富，形式多样，在不同制度的比较中思考，收获和体会甚多。

（一）最高人民法院知识产权法庭的设立成为国际社会关注焦点

无论在法国和德国司法界，还是在欧盟普通法院，欧方对最高人民法院知识产权法庭的成立均高度关注。欧方不仅知晓最高人民法院知识产权法庭的成立，甚至有法官和官员通过网络观看了2018年3月27日罗东川副院长公开审理法庭"第一槌"案件时的庭审直播过程。王闯副庭长全面而详细地介绍了中国近年来在知识产权司法保护方面作出的新探索和知识产权司法事业的迅猛发展，特别是在短短两个月的时间内设立最高人民法院知识产权法庭，不到50天审结"第一槌"案件并电子送达诉讼文书，令外方感到十分惊讶、羡慕并产生浓厚兴趣。法国巴黎上诉法院民事第三审判庭前庭长 Marie Courboulay 感叹，欧盟在建立统一专利法院的道路上已经走了40年之久，虽然近十年来步伐加快，但是由于各成员国利益诉求不同、缺乏强有力的政治力量领导，统一专利法院的正式成立仍遥遥无期，中国无疑走到了世界前列。欧洲专利局法律服务研究中心主任 Frédéric Bostedt、德国联邦专利法院法官 Arne Bieringer 在听了王闯副庭长介绍的知识产权法庭智能化建设之后表达了震惊，虽然欧洲专利局和德国联邦专利法院均高度重视信息化和智能化建设，并取得了一些成绩，但是与中国的发展进步相比已经落后了，需要学习中国经验。欧方对中国知识产权司法特别是知识产权法庭的高度关注和肯定可以证明，中央关于建立最高人民法院知识产权法庭的战略决策无疑是完全正确和高度成功的。

（二）各国争夺专利纠纷解决世界中心的司法制度竞争日趋激烈

面对新经济和新科技挑战，各国纷纷变革自身的知识产权法律制度，努力在国际竞争中占据优势。司法制度是国家重要的制度基石，其效能和权威当然会成为国际竞争的重要因素。专利司法制度是与创新联系最紧密的制度之一。近年来，欧洲各国均在改革专利诉讼程序，打造更高效率、对于专利权人更具吸引力的法院以及诉讼制度。在欧洲统一专利法院筹建过程中，这种竞争日趋明显。德国、法国、英国、意大利等国家均在力争将统一专利法院中央法庭或者分庭设在自己国家。法国总理、司法部部长等高层领导对统一专利法院巴黎中央法庭的设立高度重视，以增强巴黎中央法庭在欧洲的影响力，为促进法国的科技创新和投资创业提供更加良好的法治环境。德国、法国等国家在完善专利诉讼程序方面投入很大精力，相互进行激烈竞争，竞相打造国际知识产权争端解决中心。德国在完善专利诉讼流程、提高专利诉讼效率方面取得了很大成效，60% 以上的欧洲专利案件在德国法院审理。法国则在建立以侵权物品扣押与取证为重点的证据制度、便利专利权人维权、在侵权案件中审理专利权效力等方面进行了重要改革，极大地提高了法国法院在专利纠纷解决方面的制度能力和吸引力。最高人民法院知识产权法庭在建立之初，就高度重视诉讼制度改革，要求完善证据制度、提倡部分判决、善用临时禁令等诉讼制度，成果已经初步显现。尽管如此，我国专利诉讼程序中仍存在值得改进的环节，德国、法国的相关经验可以作为参考。

（三）知识产权国际司法交流与合作的需求更加紧迫

我国已经成为全球知识产权案件数量第一的大国，涉外知识产权案件比重亦逐年递增。国际社会对我国知识产权司法保护的持续关注度空前提高，了解、掌握我国知识产权司法保护政策、法律适用规律、司法发展动态等的需求极为强烈。我国法院审理了一批在国内外均有影响的知识产权大案要案，许多案件的裁判被业界评论为"具有国际水准"，并被国外研究者作为经典案例加以评价，国际影响力不断扩大。近年来，我国法院收到知识产权国际会议邀请的频率大幅增加，邀请方非常期待我国知识产权法官能够在国际场合就知识产权司法保护问题介绍情况、交流经验和探讨问题。在本次访问中，欧盟普通法院 Papasivass 法官提出共同在 2018 年 10 月中欧竞争周期间举办中欧反垄断司法研讨会的建议，慕尼黑地方法院 Zigann 庭长则邀请中国法官参加 2018 年 10 月在阿姆斯特丹举办的标准必要专利国际论坛。同时，在此次访问中，我们加深了对德国、法国的特色诉讼制度的理解，在比较研究中深化了对我国诉讼制度优点和缺点的认识。我们深切感到，中国法官需要进一步强化国际视野，如果缺乏对国际知识产权案件审判实践的了解，就无法作出既符合国际标准，又有利于维护国家利益和司法形象的裁判。加强知识产权司法领域的国际交流合作，积极宣传我国知识产权司法保护成就，不断扩宽知识产权法官的国际视野，不断提升我国在国际知识产权舞台上的参与权、话语权和主动权，已经成为一项重要而紧迫的工作任务。

（四）知识产权司法国际影响力的发挥关键在于高素质法官作出的标杆式判决

知识产权案件尤其是技术类知识产权案件以及垄断案件具有高度的专业性，需要稳定的法官队伍以及专业化和专家型的法官。在与中国代表团交流过程中，无论是法国法院、德国法院还是欧盟法院的法官，均通过标志性判例向中方介绍其法律的最新进展和对法律问题的认识，而这些标杆式判决无一例外均出自其所在国家的著名法官之手。这些法官长期从事知识产权和竞争审判工作，在相关领域有着精深的研究，其更深刻地了解创新规律、案件所涉领域的实际情况、国家的创新和竞争需求，进而更有能力作出符合其国家利益和实际需要的判决。这些法官和判决成为所在国家知识产权司法的名片和形象代言人。当事人也往往基于对该著名法官的信赖而将疑难复杂的新类型的案件诉至其所在法院，期待该法官和法院作出创造性和标杆式判决。例如，德国慕尼黑地方法院的 Zigann 庭长主持制定并修订了该法院的专利诉讼程序规则，提出了创新性的专利侵权纠纷解决慕尼黑方案，使得慕尼黑地方法院成为专利权人乐于选择的三大诉讼地之一，提高了德国法院的国际影响力。法国最高法院顾问 Sophie Darbois 原为巴黎上诉法院法官，其在医药专利、侵权物品扣押等问题上作出了多个有重要影响的判决，推动了法国专利司法的发展。周强院长在最高人民法院知识产权法庭座谈会上的讲话中要求，深刻把握国际形势变化和国内改革发展需求，集中力量攻坚，形成一批在国际上有重大影响的标杆性判决，为知识产权法庭提升国际影响力指明了方向。知识产权法庭需要在大案要案审理和作出标杆式判决方面重点着力。

（五）完善的裁判标准统一机制成为维系法院权威性的重要保障

法国、德国等欧陆法系国家法院以及欧盟普通法院等均存在法官人数较多且案件数量多的情况，因而维持裁判标准统一是法院最重要的工作之一。在这一方面，欧盟普通法院的经验令人印象深刻。特别是，该院的文书四级校阅机制、文书审查机制、案例研究制度和案例数据库运用形成综合系统，独具特色，在保证裁判标准统一方面发挥了重要作用。通过法官团队层面高素质的法律助理的四级文书校阅，帮助法官发现文字和法律错误；通过法院层面由副院长审判团队负责的文书审查机制，利用案件分配、判前提醒、协调商讨等形式，确保同案同判。这种校阅和审查机制既尊重了法官的自我判断权，又避免了判决矛盾。同时，欧盟普通法院的案例研究和案例数据运用也为维护裁判标准统一发挥了重要作用。欧盟普通法院专设研究与卷宗司，为普通法院和欧盟法院法官提供案例信息和法律发展变化信息，并根据法官的需求为其就有关特定法律问题的判例提出研究报告。上述机制为欧盟普通法院保证裁判标准的统一性发挥了重要作用。最高人民法院特别是知识产权法庭面临与欧盟普通法院几乎相同的问题，同样面临确保裁判标准统一的重要任务，可以学习和借鉴相关经验。

（六）智能化建设成为充分发挥知识产权司法职能作用的重要辅助因素

充分利用现代技术成果，使法院分配正义的方式更加高效，实现正义的途径更加便捷，提高工作效率，维护裁判标准统一，已经成为欧洲国家的普遍共识。欧盟法院、欧盟普通法院以及德国联邦专利法院均对信息化和智能化建设高度重视，投入了巨额的人力与物力。欧盟法院、欧盟普通法院专门设立电子技术部，负责开发与维护案例数据库，并根据法院的独特需求随时进行调整和后续开发，新判例可以在三天之内进入数据库。该数据库还有着强大的检索、自动推送等功能，为法官裁判案件提供了很好的帮助。德国联邦专利法院则专门开发了庭审软件系统，所有案卷材料均以电子形式存储和展示，证据材料可以随时调取、圈画；法庭则根据庭审需要和人体力学原理，专门设计了供法官使用的角度可以自行调整且内嵌在审判台中的电脑显示器、供律师使用的高度和角度均可自行调整的电脑显示器、投影仪等电子设备，极大地提高了可用性和庭审效率。法国法院也正在信息化建设、电子送达等方面进行改革与尝试。最高人民法院知识产权法庭在成立之初就高度重视信息化建设，注重推动大数据、人工智能的深度运用，并在极短的时间内建立了具有先进性乃至创新性的技术手段和措施。下一步，知识产权法庭在信息化建设方面还应继续投入，进一步完善系统细节、提高用户友好度和可用性。

（撰写人：中国专利法官赴欧访问考察代表团）

8

域外撷英

药物相关专利的创造性判断：Actavis 集团诉 ICOS 公司、Liliy 公司案

【裁判法院】英国最高法院（UKSC）

【裁判日期】2019 年 3 月 27 日

【案号】[2019] UKSC 15

【案件及审理情况】

Tadalafil（他达拉非）是以 CIALIS 商标销售的一种治疗勃起功能障碍（ED）的药物通用名，因其具有显著的效用优势，患者每天仅需要口服 5 毫克 Tadalafil，且不产生诸如红晕、头痛、背痛等副作用，系以往和现在伟哥品牌旗下销售药物 Sildenafil（西地那非）强有力的竞争对手。涉案专利为 EP（UK）1173181（以下简称 181 号专利），其归 ICOS 公司所有，Lilly（礼来）公司获得 181 号专利的独占许可。专利申请日为 2000 年 4 月 26 日，于 2003 年 10 月 15 日获得授权，181 号专利涉及治疗勃起功能障碍的 Tadalafil 药剂用量。

Actavis 集团针对 181 号专利提起无效请求的诉讼。理由是：其提供 EP 0839040 专利（以下简称 Daugan 专利，公开日为 1997 年 2 月 6 日，专利权人为 ICOS）作为最接近的现有技术证据，涉案专利的权利要求 1 相对于现有技术不具备可专利性。Daugan 专利涉及用于治疗 ED 的化合物 Tadalafil，对于普通的成人患者每天的剂量在 0.5 毫克到 800 毫克。其中，Tadalafil 的片剂中活性成分的含量为 50 毫克。然而，Daugan 专利没有涉及为了治疗 ED，每天口服的剂量应该为多少。基于 Daugan 专利公开的内容，本领域技术人员可以通过常规手段测试每天口服 Tadalafil 的剂量，从而显而易见地获得涉案专利权利要求 1—6 涉及的技术方案。

Lilly 公司辩称：涉案专利的发明点在于发现 Tadalafil 可以以低剂量有效地治疗 ED，且同时降低副作用。这一发现使得该药物可以每日以一定剂量长

期口服，而不是按需服用，从而避免了对可能发生的性行为进行预先口服准备。Lilly 公司还认为，较 Sildenafil 只能应急使用，Tadalafil 具有显著的效用优势。

双方争议的焦点是药物的给药剂量范围的可专利性应该如何界定。

高等法院经审理认为：涉案专利的发明点是非显而易见的。本领域的技术人员在现有技术的基础上无法预料到远远低于 50 毫克剂量的 5 毫克剂量能够治疗 ED，换言之，本领域技术人员根本没有动机去试验这么低的剂量。因此得出的结论是 181 号专利有效，具备创造性。

上诉法院经审理认为：涉案专利权利要求的技术方案本质上只是常规的临床前试验和临床试验的结果。没有发明能力的本领域技术人员仅仅按照标准流程对 Tadalafil 进行临床 IIb 期试验，也非常有可能去测试 5 毫克给药剂量的效果。当测试后发现 5 毫克的给药剂量是有效且安全的，即可得到涉案专利的技术方案。上诉法院并不认可涉案专利的发明点属于非显而易见的技术效果。因此得出的结论是 181 号专利因缺乏创造性，从而认定专利无效。之后，Lilly 公司向最高法院上诉。

最高法院经审理一致认为：支持上诉法院的审理意见，认定 181 号专利无效，驳回 Lilly 公司上诉。Lord Hodge 作出了经其他法官确认的唯一裁决。

【主要裁判理由】

自 1623 年英国《垄断法令》颁布以来，授予专利的目的一直是鼓励创新。专利制度的法理逻辑如下：发明人获得对其发明的垄断，以作为其向公众披露该项发明并在垄断期满之后供公众使用的回报。这一总体原则在加入《欧洲专利公约》后的英国专利法中得以保留。

在处理《1977 年专利法》第 3 节中关于显而易见性的认定问题时，英国法院通常采用所谓的 "Windsurfing/pozzoli" 判断法❶，EPO（欧洲专利局）通常采用的另一种方法是所谓的 "Problem – Solution Approach"（"问题—解决方案"）。虽然两种方法都聚焦于权利要求中的创造性概念，但都不应机械运用。显而易见的问题必须根据个案情况来考虑。

本案中判断权利要求的创造性相关的考虑因素包括以下 10 点：

---

❶ 1985 年 Windsurfing International v. Tabur Marine 一案中确立的有关创造性的判断法，具体分为以下四个步骤：①确定涉案专利所涉创造性概念；②确定本领域技术人员和普通技术知识；③确定请求保护的发明与现有技术的不同；④法院最终判断该不同之处对于本领域普通技术人员是否显而易见或需要一定程度的创造性。

1. 在优先权之日是否"明显会尝试"有关研究，即是否明显会进行一项特定研究，且该研究具有合理的成功预期。

2. 研究的"例行"性质，以及任何通过该例行研究达到某一特定目标的既有实践。

3. 研究项目的负担和费用。

4. 本领域技术人员在测试过程中进行价值判断的必要性及其性质。

5. 研究路径的可替代性或多重性。

6. 本领域普通技术人员的动机（即所述技术人员不是为了研究而研究，而是为某种目的而进行技术尝试）。

7. 发明者实际进行研究的结果是否出乎意料或令人惊讶。

8. 不可"事后诸葛亮"，对涉案专利内容的知晓也属一例（最高法院反复强调该因素）。

9. 涉案发明某一技术特征所产生的额外技术效果是否基于另一技术目的（即非显而易见性的评价对象要紧扣涉案发明目的本身）。

10. 涉案发明的性质。

在这个案例中，法院关注的是用"瑞士型权利要求"方法❶和2000年版《欧洲专利公约》权利要求方法❷表述剂量专利问题。欧洲专利局和英国法院都承认，具有这种权利要求的剂量专利可能有效。

在本案中，法院认为现有技术 Daugan 专利公开的发明，给予了本领域技术人员将 Tadalafil 进行临床试验治疗 ED 的动机。Daugan 专利已经披露治疗 ED 的 Tadalafil 对于普通成人患者的剂量一般在 0.5 毫克到 800 毫克。此时本领域技术人员的目标就不可避免地需要确定给药剂量的问题。临床前和临床试验涉及研究给药剂量范围，本领域技术人员会遵循常规的研发路径和试验流程，预期较大剂量的药品与较小剂量的情况相比是否会有更显著的临床效果。当尝试较低的给药剂量有效且安全时，就不出意料地获得了涉案专利的

---

❶ "瑞士型权利要求"或称"瑞士型的用途权利要求"，是专利申请中权利要求的一种撰写形式，是指覆盖某种已知的物质或化合物的第二种或随后的医学用途或指征的权利要求。这种权利要求被瑞士知识产权局1984年的一项行政裁决所确认，其一般的表述形式为"物质 A 在制备治疗疾病 B 的药物中的应用"。由于当前世界各国大多不给疾病治疗方法以专利保护，"瑞士型权利要求"是保护医学用途发明的主要途径之一。

❷ 欧洲专利局扩大申诉委员会于2010年2月19日作出决定，今后不再承认"瑞士型权利要求"的合理性。委员会表示，根据修订后的《欧洲专利公约》第54条（5）款，不排除与用途相关的产品取得专利的可能性，从而为已知药物的第二种或其他特殊医学用途给予了可专利性的保护。

技术方案。

在该案中，主审法官的裁判结果不依赖事后的观察，没有"事后诸葛亮"，包括证据明确证明的结果，即本领域技术人员有极大的可能性去尝试较低的给药剂量，从而获得涉案专利的技术方案。最高法院同时认为，上诉法院有权处理高等法院法官在本案中对非显而易见性有关事实的错误认定，即未能发现本领域技术人员通过现有技术披露的内容极有可能通过常规试验来获得涉案专利技术方案，且该错误认定属于"原则性错误"（相对于法律适用错误而言，一般指在事实认定过程中采用的标准有误），在此情形下，上诉法院有权对相关事实另行评估。因此，最高法院认为上诉法院有权纠正高等法院主审法官对显而易见性的认定，并认为181号专利因缺乏创造性而无效。

【相关法条】

《1977年专利法》第2条（2）款："从发明来讲现有技术应被认为包括所有的事物（不论是产品，或工艺，或关于两者中任何一者的情报以及任何其他东西），举凡在此项发明确先权日期之前任何时候已以书面或口述形式，或因使用，或以任何其他方式公之于众的（不管是在联合王国还是其他地方）。"

《1977年专利法》第3条："如果一项发明对一个熟悉这门技术的人来说并不是显而易见的，同时注意了仅因上述第2条（2）款［与上述第2条（3）款无关］而构成现有技术的一部分的事物，那么，该项发明应被认为包括一个创造性步骤。"

【相关法律词汇】

exclusive license 独占许可

prior art 现有技术

non – obviousness 非显而易见性

an optimal dosage regime 最佳给药方案

person skilled in the art 本领域技术人员

（翻译：王晓琳　校对：孔立明）

多主体侵权：Akamai 公司诉 Limelight 公司案

【裁判法院】美国联邦巡回上诉法院

【裁判日期】2015 年 8 月 13 日

【案号】797 F. 3d 1020（Fed. Cir. 2015）（联席判决）

【案件及审理情况】

Akamai 科技股份有限公司（以下简称 Akamai 公司）系 US6108703 号专利（以下简称 703 号专利）的独占被许可人，703 号专利涉及一种使用内容交付网络传送电子数据的方法。Limelight 网络有限公司（以下简称 Limelight 公司）系内容交付网络（Content Delivery Network，CND）的运营商。

Akamai 公司于 2006 年 6 月向美国马萨诸塞州地区法院提起诉讼，主张 Limelight 公司实施了 703 号专利中的部分步骤，侵犯了 703 号专利权利要求 19 和 34，构成直接侵权和诱导侵权。

Limelight 公司辩称其所提供的 CND 服务中，并未实施 703 号专利权利要求 19 和 34 中的所有步骤，其中的"标记"（tagging）这一步骤并非由 Limelight 公司实施，而是由其用户实施。

2006 年，地区法院首次判决经地区法院的陪审团裁定 Limelight 公司侵权成立，并应赔偿 Akamai 公司 4000 万美元。2009 年，地区法院重新审理后认定 Limelight 公司不侵权，原因为 Limelight 公司并未实施涉案专利中的所有步骤，不应对"标记"步骤的实施承担责任。

Akamai 公司不服，提起上诉。2010 年，联邦巡回上诉法院（US Court of Appeals for the Federal Circuit，CAFC）作出第一次判决，认为 Limelight 公司的客户为使用 Limelight 公司的服务，自行实施了标记步骤，而非以 Limelight 供公司的代理人身份或存在任何履约的义务，故认定 Limelight 公司的行为不构成直接侵权。Akamai 公司不服，向 CAFC 申请联席审理。2012 年 CAFC 联席重审推翻了上述结论，其认为即使本案不存在直接侵权，Limelight 公司故意诱使其他主体实施专利方法中的某些步骤，应当适用《美国专利法》第 271 条

（b）款条中关于诱导侵权的规定，应承担诱导侵权的责任。

Limelight 公司不服，向美国最高法院提起上诉。最高法院推翻了 CAFC 的判决，并把该案发回 CAFC 重审。最高法院认为，在不存在《美国专利法》第 271 条（a）款或者其他法条规定的直接侵权的情况下，不应认定被告构成第 271 条（b）款的教唆侵权。美国最高法院同时指出 CAFC 将第 271 条（a）款的适用范围限定得过窄，并建议 CAFC 重新考虑第 271 条（a）款的适用。

2015 年 8 月 13 日，CAFC 联席审理后作出判决，认定 Limelight 公司构成第 271 条（a）条款规定的直接侵权。第 271 条（a）款在用于判定多主体直接侵权时，并不仅限于委托代理关系、合同关系或者联合企业。法院还应考虑是否所有专利步骤的实施均可归责于某个单一主体。大量证据表明，Limelight 公司以用户完成"标记"步骤作为其使用内容交付网络的前提条件，且为用户实施前述步骤确定了方式和时间点。Limelight 公司控制或者指导其用户实施了其余步骤。故涉案方法权利要求中的所有步骤均由 Limelight 公司实施或归责于 Limelight 公司。

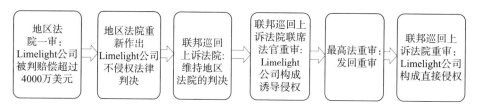

【主要裁判理由】

本案的关键问题为：当有一个以上的实体实施专利方法权利要求时，一方的行为是否能够归属于另一方，使后者负侵权责任。CAFC 表示，在以下两种情形下，一方将为另一方执行方法步骤负责：① 一方控制或指导（directs or control）另一方的行为；②各方组成了联合企业（joint enterprise）。

首先，判定是否存在"控制或指导"。在判定是否存在"控制或指导"的情况时，CAFC 借鉴了著作权法的"替代责任"原则。目前，符合 CAFC 认定的情况有：①多主体存在委托代理关系（适用传统委托代理原则）；②多主体存在合同关系；③当被诉侵权人以实施方（另一方）履行某一专利方法的一个或多个步骤作为实施方参与某种活动或者参与获得利益的前提，且设立了实施方的履行方式或时间时。第三个判断标准为本案新增。一方是否对一个或多个第三方形成"控制或指导"是一个事实问题（事实问题即交由陪审团认定），但可以在上诉中重审。

其次，判定是否构成"联合企业"。构成"联合企业"，需要证明以下四要素：①多主体存在明示或暗示的协议（an agreement，express or implied，among the members of the group）；②多主体存在共同执行的目的（a common purpose to be carried out by the group）；③多主体存在金钱利益伙伴关系（a community of pecuniary interest in that purpose，among the members）；④平等的发表意见的权利，赋予平等控制权（an equal right to a voice in the direction of the enterprise，which gives an equal right of control）。"联合企业"的认定也是一个事实问题（由陪审团认定），但可以在上诉中重审。

具体到本案，采用的是"控制或指导"的第三条标准。Limelight 公司为客户使用其 CDN 网络划定了前提条件，即客户必须自行执行"标记"步骤，且确立了客户执行"标记"步骤的方式或时间，所以客户必须执行这些步骤才能够获得服务。结合以上两方面的证据，CAFC 认定 Limelight 公司不但指导或控制了其客户的行为，并且有充分证据证明客户所执行的步骤均归责于 Limelight 公司。因此，Limelight 公司负有直接侵权责任。

【相关法条】

《美国专利法》（《美国法典》第 35 编）第 271 条（a）款：除本法另有规定外，专利权存续期间，未经许可于美国境内制造、使用、许诺销售或者销售已获专利授权的发明产品，或将该专利产品由进口入美国境内，构成对专利权的侵犯。

《美国专利法》（《美国法典》第 35 编）第 271 条（b）款：积极教唆他人侵害专利权者，应负侵权责任。

【相关法律词汇】

direct infringement 直接侵权

indirect infringement 间接侵权

joint infringement 共同侵权

induced infringement 诱导侵权

contributory infringement 帮助侵权

divided infringement 分离式侵权，拆分式侵权

（翻译：郝小娟　校对：徐飞）

9

智慧法庭

最高人民法院知识产权法庭信息化建设小记

习近平总书记曾多次强调，让人民群众有更多获得感是全面深化改革的出发点和落脚点。最高人民法院知识产权法庭的设立，正是为中外市场主体知识产权提供平等保护，营造法治化、国际化、便利化营商环境作出的重大变革。成立以来，作为司法改革的试验田、专利审判的领头羊，知识产权法庭以让人民群众有更多获得感为目标，以信息化建设为抓手，提升庭审质效、降低诉讼成本、统一裁判尺度、发展线上办案、应用高新技术，交出智慧法庭建设的满意成绩单。

一、信息化手段提升庭审质效，让人民群众获得便利感

"现在开庭！"2019 年 3 月 27 日，知识产权法庭"第一槌"正式敲响，引起了社会公众的广泛关注，庭审公开网点击量破百万。是什么让一个技术类知识产权案件获得如此高的关注度？除了这是罗东川大法官主持的知识产权法庭首秀外，还有什么特别之处？在庭审现场我们可以找到答案。庭审中，利用现实增强技术（AR）展示的证物细节不时出现在大屏幕上，当事人与法官可通过各自的电脑屏幕观看证物细节；通过分角色同步圈画技术展示图纸功能，当事人可利用自己面前电脑的触摸屏清晰定位图纸上的任一点；借助语音识别技术自动生成笔录、电子签名技术生成电子笔录原本，法官可与当事人对庭审笔录的电脑触摸屏手写签字，实现无纸化庭审；开启的全媒体直播，使公众可多渠道观摩庭审……新技术的使用让这场庭审充满了"科技感"，更是将以往需要多次开庭的复杂的专利侵权案件有效"浓缩"在三小时的庭审中，由于技术比对清楚，该案当庭宣判，从立案到判决仅用了 40 余天，生动地诠释了"以创新的方式保护创新"，树立起科技庭审新旗帜。

技术类知识产权案件，常需反复进行技术比对，尤其是复杂的专利侵权案件，庭审次数多、审理周期长，国际上审理周期通常需要几年。为了破解诉讼效率低、知识产权保护弱的难题，制度上，中央大刀阔斧、"飞跃上诉"，

成立知识产权法庭；手段上，知识产权法庭引进最新技术成果，发挥极致，大幅提升庭审质效，变不可能为可能，让人民群众获得便利感，让中国成为国际诉讼"优选地"。

二、远程连线降低诉讼成本，让人民群众获得安全感

又是一个特别的庭审过程，2019 年 7 月 4 日，知识产权法庭在一起侵害发明专利权案件的庭审过程中与一审法院上海知识产权法院进行了视频连线，引来无数疑惑，千里连线是为何？原来是为了在庭审中采用远程示证方式勘验证据实物。该案的被诉侵权产品系玻璃制易碎品，远途运输破损风险高，如有破损，无形中将给当事人带来巨大的诉讼成本，经两级法院沟通商议，决定尝试现场连线，通过影像实现证物的实时展示。成功连线后，双方当事人围绕实时展示的产品结构充分发表了意见，合议庭也充分地了解了证物实况，最终以远程示证的方式顺利协助审判人员完成了争议技术特征的比对工作。

"飞跃上诉"制度给审理专利侵权案件带来了实物证据质证难的难题，因一审法院范围覆盖全国、距离较远，证物有时又存在易碎、较大等不便远途运输等情形，导致侵权案件审理中必不可少的技术比对环节受到阻碍。针对此问题，知识产权法庭在信息化建设中不断探索，用科技手段打开突破口，连通一审、二审法院办案系统和远程庭审系统，通过远程示证有效解决质证难题，降低证物移转风险，让人民群众在诉讼中获得安全感。目前，已完成 17 家一审法院的联调及 5 家法院远程开庭数据接口的连通。

三、规则库应用统一裁判尺度，让人民群众获得信任感

统一裁判尺度是知识产权法庭设立最重要的意义之一，也是知识产权法庭的使命与任务，同时在紧锣密鼓的信息化建设背景下，人力与科技深度融合的司法运行新模式正在形成。如何将信息化建设与使命相结合，如何借助智能化手段更好地完成历史任务？"知己""知彼"裁判规则数据库正式建成发布。

"知己"裁判规则库是我国首个专注于收录、整理、发布技术类知识产权案件裁判规则的数据库。首批上线的内容收录了最高人民法院知识产权法庭2019 年作出的最具典型意义和指导意义的裁判文书和裁判规则。裁判规则库创新绘制了技术类案件审判"规则脑图"，直观呈现规则全貌，方便法官进行

"主动式学习"，较快地掌握规则体系，助力实现跨层级、跨区域高效解决类案争议，进一步推进最高人民法院知识产权法庭与各高级法院、知识产权法院、专门法庭之间的"1+76"协同化建设取得实效。"知彼"裁判规则库相应精心筛选国际上的权威案例并提炼出相应规则，为使用者拓展国际化视野，提供多元化参考。根据裁判规则库后台抓取的数据显示，月均浏览量已达4000余次。

裁判规则库的诞生无疑为技术类知识产权案件统一裁判尺度注入了一剂强心剂。专利类案件以往在中级法院一审，上诉之后到各地高级法院二审，30多个高级法院难免存在不同的裁判标准，同一专利民事案件与行政案件的分开审理也可能造成裁判结果矛盾，给当事人带来诉累，而"知己""知彼"裁判规则库的上线与应用，可以使一审、二审法官审理案件更有"据"，百姓心里更有底，让人民群众获得对司法机关的信任感。

四、移动微法院助力线上办案，让人民群众获得方向感

不见面审案件，如何办得到？"移动微法院"显神通，电脑、手机任意选，在线庭审便民又高效。2019年下半年，知识产权法庭已着手探索远程开庭，最终于2019年年底落成的中国移动微法院，为群众提供一站式网上发表意见、远程庭审、网上签署调解协议、证据交换等诉讼服务。2020年新冠肺炎疫情突袭，给刚刚建成的移动微法院带来了挑战，在相当长一段时期内远程庭审将是唯一选择，法庭迅速协调开发与微法院小程序端平行的PC端，于2020年4月底完成并投入使用，使人民群众有更多选择，远程庭审更加多元化、专业化。

知识产权法庭的当事人来自全国各地，更有大量境外企业，现场庭审对于当事人来说人力、物力成本高，尤其一些标的小、事实简单清楚、地处偏远的案件，当事人面对需要到北京开庭感到茫然，去则诉讼费用过高，不去则面对败诉风险。知识产权法庭从人民群众角度出发，积极推进线上庭审，在疫情防控期间更是发挥关键作用，使案件审理工作不停滞，人民维权有渠道，让人民群众在诉讼路上获得方向感。自新冠肺炎疫情暴发以来，知识产权法庭通过移动微法院的小程序端和PC端，已完成431次在线开庭或询问。

五、多手段应用高新技术，让人民群众获得期待感

技术类知识产权案件有什么内在规律和联系？大数据专项分析为您解答。

对技术类知识产权案件的数据进行有效分析，不仅有助于法庭实现治理体系和治理能力的现代化，更是统一裁判尺度的潜在需求，可以为决策、审判、调研提供基础支持。知识产权法庭通过拟定大数据统计分析需求、挖掘对比分析数据等推进数据统计标准和口径的完善统一，为领导决策、四个调研组均提供了有针对性的有效数据，发挥了大数据服务审判、提供预判的内生动能。同时未雨绸缪，搭建专属数据分析系统，为技术类知识产权案件审理、调研、相关法律法规的修改提供数据支持。

如何实现打官司无纸化？大量的证据材料搬来搬去，复杂案件多次开庭，京外当事人更是苦不堪言，电子卷宗随案同步生成及深度应用，将优化司法业务和流程，为当事人减负。知识产权法庭攻关克难，已打通一审电子卷宗数据上传大数据平台技术壁垒，结合个案排查解决上传不成功原因，基本实现内网查阅一审卷宗的功能，使在审案件一审电子卷宗保有率从不到50%上升至90%左右，并已开展本审卷宗立案阶段的扫描工作，完成了两个合议庭的本审卷宗扫描，电子卷宗随案同步生成及全流程无纸化指日可待。一旦全面实现电子卷宗随案同步生成，配套深度应用将带来更多惊喜。案件信息自动检索、法条案例自动推送等，使审判人员能够从大量重复性劳动中解放出来，将人工智能要素式提取和类型案件要件式解构相结合，推进案件要件化、标准化审理，既有助于提高审理效率，又有助于实现裁判标准的统一。

高新技术需要配套硬件设施，知识产权法庭正大力增建科技法庭，法院专线到互联网的在线庭审模式即将投入使用，为人民群众、审判人员带来更好的线上体验。相应地，司法区块链技术的应用也已提上日程，链上取证存证、智能合约等技术的应用将和移动微法院有机结合，促进线上诉讼的整体架构建立，打通信任的最后一公里。高新技术的有效应用，将便捷诉讼过程、提升司法公信力，让人民群众对司法改革的逐项落实充满期待感。

"人民对美好生活的向往，就是我们的奋斗目标。"这是最高人民法院知识产权法庭对人民群众作出的庄严承诺。知识产权法庭成立之初，就率先跨部门成立了信息化工作组，制定《知识产权法庭智能化建设三年发展规划（2019—2021）》《知识产权法庭2019年智能化建设工作要点》，明晰"一个平台""两个服务""三个展示""四个连接""五个重点点项目"的建设思路：打造"一个平台"，即知识产权法庭电子诉讼平台；坚持"两个服务"，即坚持服务人民群众、服务审判工作；突出"三个展示"，即展示诉讼服务、科技法庭、大数据智能化建设成就；着力"四个连接"，即连接有关下级法院、有关外部单位、当事人、社会公众；紧抓"五个重点项目"，即裁判规则数据库、技术类知识产权案件大数据分析系统、一二审法院办案系统和远程庭审系统的连通、知产法庭云建设和电子卷宗随案同步生成及深度应用。在周翔副庭长的直接带领下，全庭参与，全力进行信息化建设，构建了个性化的集成平台——"知识产权法庭电子诉讼平台"，包括办案系统、两级法院业务协同平台、庭审系统、归目系统及与之匹配的科技法庭等硬件设施，在短时间内基本建立了独立、完整的信息化审判、管理体系，用一年多的时间走完了司法信息化建设几年的历史进程。

（撰写人：毛涵）

"知己"规则库，为技术类知产审判描绘"规则脑图"

最高人民法院知识产权法庭自 2019 年 1 月 1 日挂牌成立以来，贯彻落实习近平总书记关于加强知识产权保护的指示，按照周强院长"要充分运用信息技术，积极运用审判智能辅助平台，把解决知识产权裁判尺度不统一、诉讼程序复杂等制约科技创新的体制性难题作为重要任务"的工作要求，专门成立工作组，在短短一年内完成了以法律适用规则为中心的技术类知产案件裁判规则库——"知己"裁判规则库的建设，并建立了配套制度。依托"知己"裁判规则库建立的"强制类案检索制度"是统一技术类知产案件裁判标准的重要保障，"知己"裁判规则库自试运行以来，检索人数增长迅猛，用户反映良好，有效助力技术类知产案件裁判尺度的统一和审判质效的提升。

一、"规则脑图"式检索体系是"知己"裁判规则库的重大优势

相较于既有的法信、知网、裁判文书网等平台，"知己"裁判规则库不仅是我国首个专注于收录、整理、发布技术类知产案件裁判规则的数据库，而且还创新应用了"规则脑图"，直观呈现规则全貌，用脑图的方式对裁判规则库中的规则进行指引，从而使使用者迅速获得明确的裁判规则以及裁判文书，同时较快地掌握规则体系。

"规则脑图"是裁判规则库最大的一个特色，这使"知己"裁判规则库与传统数据库产生了根本的不同。规则脑图并非简单地罗列裁判规则，而是根据不同类型、不同领域的案件特点，按照法律逻辑有序构建。例如，对于专利民事案件，根据案件审理顺序，规则脑图从"权利要求的解释"开始，到"相同和等同侵权的判定"，再到"侵权的抗辩""侵权责任的认定"。使用者一层层地点开这些规则脑图，就相当于学习了一门精心编排的课程，按

照法律逻辑顺序，逐步学习掌握这些权威的裁判规则。

二、专业性、典型性、权威性是"知己"裁判规则库的三个重要特点

数据库的裁判规则，总的来说有三个特点：一是专业性，这是第一个专注于技术类知识产权案件的数据库，并且是以裁判规则为主要呈现形式的数据库；二是典型性，这些裁判规则来自最高法人民院指导案例、最高人民法院知识产权法庭的典型案例（例如，知识产权法庭在2019年年底公开宣判的一批标杆案件）、最高人民法院年度报告中的案例以及历年评选出的全国法院典型案例；三是权威性，一方面是案件选择的权威性，提取裁判规则的案例均来源于最高人民法院的指导案例、标杆案件、年度报告案件和年度典型案例，另一方面是裁判规则的权威性，案件选定后，其裁判规则的总结和凝练工作由从事技术类知识产权案件审判一线工作的法官们完成，评定过程也需经多轮研讨。

三、开放式格局使"知己"裁判规则库实现"自我造血"

"知己"裁判规则库设计了开放式的格局，允许将未来的裁判规则不断地补充到现有的规则体系之中。裁判规则库将在最高人民法院、各高级人民法院以及44家有技术类知识产权案件管辖权的法院（庭）部署，从纵向和横向两个维度，实现跨层级、跨地域高效解决构建技术类知识产权案件全国一盘棋的格局，进一步统一裁判尺度，有助于最高人民法院知识产权法庭与知识产权法院、专门法庭之间的"1+76"协同化建设。今后，"知己"裁判规则库会不断补充"新鲜血液"，既有最高人民法院的判决，也会有全国一审法院的生效判决，一线的办案法官今天是裁判规则库的使用者，明天就是裁判规则的创造者，实现"自我造血"。更进一步地说，律师、企业法务人员、创新主体等法律共同体，也可以通过参与诉讼活动，成为裁判规则的"共建者"。

"知己"裁判规则库的上线与应用，是开展调研、服务大局的重要智力支持。借助不断丰富的裁判规则库，对特定法律问题裁判规则的发展脉络梳理与总结，有助于将经历实践检验的具体裁判规则总结为规范性法律文件，还能够关注特定技术领域的发展动态，针对生物医药、5G通信等事关国计民生的前沿技术领域，生成跨越具体法律问题的综合规则模块，

为开展专项调研工作、服务大局提供有力的智力支持和数据支持。未来还将继续推进规则库与办案系统的深度融合，增加规则库与未决案件的智能匹配，实现已有裁判规则自动推送等功能，为统一裁判标准和尺度发挥更大作用！

（撰写人："知己"裁判规则库小组）

"智慧"法庭助力疫情防控
线上办案回应司法需求

——知识产权法庭防疫期间信息化工作小记

庚子年年初暴发的新型冠状病毒肺炎疫情，来势凶猛、猝不及防，这一场突如其来的公共卫生危机使得全社会面临着巨大的风险与挑战。如何确保疫情防控与审判执行"两手抓""两不误"成为人民法院在疫情防控初期所面临的难题。最高人民法院知识产权法庭依托"智慧"法庭，出实招、见实效，有效确保了疫情防控期间队伍建设不放松、办公办案不中断、诉讼服务网上办。

一、"互联网＋党建"新融合，队伍建设不放松

2020 年 3 月 20 日，知识产权法庭党支部首次利用互联网平台，运用信息化手段组织开展主题党日活动暨党小组专题学习交流活动，使分别位于 40 多个不同城市的全体干警们时隔 2 个月再次相聚于"云端"会议室，活动围绕"防疫情、勇担当、作表率"主题展开，通过线上党建教育平台宣传疫情防控知识，营造良好防疫氛围，充分发挥党建带队建的引领作用。

二、打通防疫时空隔离，线上办公新模式初成形

知识产权法庭积极应对疫情带来的不利影响，依托信息化建设所取得的阶段性成果，软件、硬件齐上场，同时积极联动 76 家一审法院，充分发挥"1＋76"信息化联动效应，创新线上工作机制，实现"网上办公""居家办公"，做到疫情防控与审判执行"两手抓""两不误"。

因疫情防控要求，法庭采取轮流值班制开展相应工作，在疫情防控最严峻期间，大部分在京干警也无法前往办公室进行现场办公。为解决在京干警居家办公的需求，知识产权法庭信息化工作小组联合最高人民法院信息中心，

就如何使用最高人民法院移动办公办案平台 PAD 终端组织线上培训与答疑，帮助干警们掌握移动 PAD 各项功能。在移动 PAD 的辅助下，法官们实现了移动办公、"掌上"办案。同时，受疫情影响，法庭大部分外地借调干警未能返京，而许多工作的开展仍然需要依托法院内网进行，如何解决"异地"办公办案是知识产权法庭在推进"网上办公""居家办公"过程中所面临的新问题。经过与技术人员反复研究讨论，最终确定了连通京外法官原所在单位与最高法院办公网络的技术方案来满足"异地"办公办案需求。在相关职能部门的技术支持下，对于具备回原单位办公条件的 19 位外地借调干警，采用连通两地办公网络的技术方案，实现了通过原单位办公电脑访问最高人民法院办公、办案系统。2020 年 3 月 2 日上午，位于上海的第八合议庭徐卓斌审判长在上海高院通过"小鱼易连"视频会议系统远程参加了法庭分党组扩大会。

三、及时回应公众司法需求，知识产权法庭线上服务体系显成效

知识产权法庭积极运用互联网平台向社会公众公布疫情防控期间诉讼工作安排，及时回应当事人的司法需求。先后制定并通过微信公众号、官方网站发布了《最高人民法院知识产权法庭关于疫情防控期间诉讼活动、诉讼服务工作安排的公告》《最高人民法院知识产权法庭关于疫情防控期间来访接待事宜告知书》《最高人民法院关于新型冠状病毒疫情防控期间诉讼服务和申诉信访工作的通告》《最高人民法院知识产权法庭关于新型冠状病毒疫情防控期间网上立案、邮寄立案事宜的公告》。同时为了确保在线诉讼活动规范有序，制作了在线诉讼指引，对于在线诉讼活动的平台体系、活动内容和形式、启动方式、适用情形、注意事项等予以明确指引，为在线证据交换、在线询问等诉讼活动的有序开展提供了规范性保障。

"报告审判长，各方当事人信号均已接入，庭审准备就绪，可以开始询问。"2020 年 2 月 25 日上午，在征得当事人同意的情况下，知识产权法庭第六合议庭岑宏宇审判长在知识产权法庭第 9 法庭，依托"移动微法院"平台，就两起上诉案件，与远在上海、浙江、安徽等地的案件代理人视频连线，就案件相关问题进行询问。询问开始前，书记员通过"移动微法院"向各方送达相关诉讼文书，代理人在线提交了身份证明材料。询问过程中，法庭调查、举证质证、法庭辩论等环节有序进行，庭审过程规范有序、画面清晰、沟通顺畅，庭审全程录音录像。询问结束后，各方当事人在线阅看询问笔录并签署确认。闭庭后，合议庭立即通过线上远程合议的形式对案件进行了初步合

议。整个审理过程从网上阅卷、线上庭审到线上合议，全程做到了"零聚集，零接触"。

此次远程询问是知识产权法庭第一次依托"移动微法院"平台开展线上诉讼活动，也是最高人民法院第一次应用"移动微法院"平台开展线上审理活动。截至 2020 年 7 月 14 日，知识产权法庭已进行了 431 次在线开庭、在线询问。在疫情防控常态化的背景下，通过在线诉讼服务，进行在线庭审、在线送达诉讼文书、在线举证质证，有效避免了人员聚集带来的疫情防控风险，积极回应了人民群众的司法需求，对于充分贯彻落实"便于当事人诉讼、便于人民法院依法独立、公正和高效行使审判权"的"两便原则"亦具有重要意义。

（撰写人：诸方卉）

10

附　录

最高人民法院知识产权法庭 2019 年度大事记

2019 年 1 月 1 日，最高人民法院知识产权法庭正式揭牌办公。最高人民法院党组书记、院长周强出席揭牌活动并讲话。法庭的揭牌，标志着知识产权审判工作迈上了新台阶，开启了我国知识产权司法保护的新篇章。

2019 年 1 月 2 日，知识产权法庭工作部署暨业务培训班在国家法官学院开班。知识产权法庭全体人员和来自各高级人民法院、具有专利案件管辖权的中级人民法院以及北京、上海、广州知识产权法院的参训代表共 166 位同志参加培训，首次吹响了全国法院"1 + 76"技术类知识产权审判战队集结号。

2019 年 1 月 3 日，第一副庭长王闯出席"第二届中美知识产权峰会"。来自中美两国的专家、学者、律师、企业代表约 80 人参会，发言嘉宾对最高人民法院知识产权法庭的设立给予高度评价。

2019 年 1 月 16 日，成功举办第一期知识产权法庭讲坛。讲坛是法庭干警互学互长、交流学习、形成共识的重要平台。

2019 年 1 月 23 日，召开全体党员大会，选举产生第一届党支部委员会。

2019 年 2 月 14 日，最高人民法院党组成员、副院长兼知识产权法庭分党组书记、庭长罗东川到国家知识产权局调研并与申长雨局长座谈。

2019 年 2 月 27 日，出台《最高人民法院知识产权法庭关于从严治庭防范风险的意见》（《庭规十条》），开始构建以该意见为统领的"1 + N"的制度体系。

2019 年 3 月 27 日，庭长罗东川大法官敲响法庭"第一槌"。公开开庭审理上诉人厦门卢卡斯汽车配件有限公司、厦门富可汽车配件有限公司与被上诉人法国瓦莱奥清洗系统公司、原审被告陈少强侵害发明专利权纠纷一案。从立案、开庭到结案送达，仅用时 50 天，充分凸显了法庭案件审理的公正、透明、高效。

2019 年 3 月 29 日，第一期知识产权法庭"新知大讲堂"开讲，邀请全国人大常委会法制工作委员会副主任兼宪法室主任、第五任全国人大常委会香港基本法委员会委员武增主讲《宪法是治国安邦的总章程》。

2019 年 4 月 3 日，全庭干警赴北京市丰台区卢沟桥中国人民抗日战争纪念馆开展主题党日活动。

2019 年 4 月 23—26 日，举办"公众开放周"及"集中开庭周"活动，对 11 件具有典型意义的案件进行集中公开审理，涉及医疗器械、网络数据抓取、光学技术等多个高新科技领域。法官们还走进校园，向莘莘学子宣讲党中央决定设立最高人民法院知识产权法庭的背景、意义以及我国技术类知识产权司法保护现状。

2019 年 5 月 17 日，开展第二十二期知识产权法庭讲坛暨法律英语工作坊第三期活动。北京大学教师 Thomas Manson（白树林）先生为法庭干警讲授法律英语写作课程。

2019 年 5 月 19—28 日，第一副庭长王闯率专利法官代表团赴法国、卢森堡和德国进行技术类知识产权案件审判专题交流，向欧洲知识产权司法和实务界介绍中国最高人民法院知识产权法庭的成立及技术类知识产权司法审判制度的创新发展，传递我国大力加强知识产权司法保护的强烈信号。

2019 年 6 月 6 日，第一副庭长王闯与世界知识产权组织艾瑞克·韦伯斯一行交流座谈。

2019 年 6 月 11 日，在 6 月 10 日参加最高人民法院"不忘初心、牢记使命"主题教育动员部署会后，知识产权法庭迅速召开分党组会议，研究部署贯彻落实措施。6 月 21 日，召开全庭大会对开展"不忘初心、牢记使命"主题教育进行再动员再部署。

2019 年 6 月 24 日，法庭副庭长周翔与国际医药企业联盟协会（INTER-PAT）总干事 Andrew Jenner 一行交流座谈。

2019 年 7 月 4 日，第二合议庭在庭审过程中与上海知识产权法院进行视频连线，以远程示证的方式顺利完成对被诉侵权产品争议技术特征的比对工作。这是最高人民法院知识产权法庭成立以来，首次在庭审中采用远程示证方式勘验证据实物。

2019 年 7 月 17 日，第二期"新知大讲堂"开讲。91 岁高龄的最高人民法院退休老领导费宗祎同志以"不忘来时路 奋进新时代"为题，为全庭干警授课。

2019 年 7 月 23 日，开展首次巡回审判，第一合议庭赴江苏南京，在最高人民法院第三巡回法庭审理涉及潜水泵产品的侵害发明专利权纠纷系列五案。

2019 年 7 月 27 日，首次调派技术调查官支援地方法院技术类知识产权案件审判工作，尝试建立技术调查官派遣制度。

2019 年 7 月 31 日，庭长罗东川与国际法院院长优素福一行交流座谈，优素福对中国的知识产权司法保护给予了充分肯定。他表示，"中国的法律成就不仅体现在整个法治的推动方面，在具体的知识产权领域上的成就也让人非常钦佩"。

2019 年 7 月 31 日，第三期"新知大讲堂"开讲，邀请中国科学院院士、九三学社中央副主席刘忠范主讲《神奇的石墨烯材料：机遇与挑战》。首次通过视频连线的方式，组织北京、上海、广州知识产权法院以及南京知识产权法庭等 18 家知识产权法庭的干警在线聆听讲座。

2019 年 8 月 2 日，庭长罗东川为知识产权法庭全庭干警讲授"不忘初心、牢记使命"主题教育专题党课。

2019 年 8 月 23 日，第七合议庭在山东省济南市、泰安市运用统筹联动机制促成关联案件一揽子解决。这是最高人民法院知识产权法庭首次进行巡回调解工作。

2019 年 8 月 29 日，第二批 13 名借调法官报到。至此，法庭共有法官 40 名。9 月 10 日，庭长罗东川与第二批法官、书记员座谈。

2019 年 9 月 3 日，庭长罗东川会见古巴最高人民法院院长雷米希奥一行。

2019 年 9 月 19 日，副庭长周翔在西南政法大学参加中国知识产权法官讲坛，作主题为"最高人民法院知识产权法庭的使命、运作与愿景"的讲座。

2019 年 9 月 25 日，举办"庆祝新中国成立 70 周年"主题党日暨"我与祖国共奋进——国旗下的演讲"特别主题团日活动。

2019 年 10 月，"线上线下全覆盖 教育管理全天候——最高人民法院知识产权法庭党建创新成果案例"参加中央国家机关工委《旗帜》杂志社主办的第二届党建创新成果展示交流活动，荣获"百优"案例。

2019 年 10 月 16—18 日，第四合议庭前往青海省格尔木市进行案件现场勘验。

2019 年 10 月 28—31 日，与农业农村部种业管理司等单位组成联合调研组，在湖南、海南两省开展植物新品种权保护联合调研活动。中国"杂交水稻之父"袁隆平院士在会见联合调研组时表示，期盼司法保护能为种业知识产权保护提供强大动力和重要支撑，助推现代种业发展。

2019 年 11 月 7 日，召开多元化技术事实查明机制建设发展座谈会。宣布"全国法院技术调查人才库"建成和"全国法院技术调查人才共享机制"启动，发布《技术调查官手册（2019）》。

2019 年 11 月 20 日，最高人民法院党组书记、院长周强亲切看望慰问知识产权法庭干警，深入调研法庭建设情况，并召开座谈会听取工作汇报，与干警进行交流。周强院长对知识产权法庭的执法办案、司法改革、党建队建、基础保障、文化建设等方面工作给予了充分肯定，同时提出了下一步工作要求。

2019 年 11 月 25 日，最高人民法院知识产权法庭应天津知识产权法庭申请，从"全国法院技术调查人才库"调派一名北京知识产权法院技术调查官参与一起侵害发明专利权纠纷案件诉讼活动。这是最高人民法院知识产权法庭建成"全国法院技术调查人才库"和启动"全国法院技术调查人才共享机制"后的首次跨区域调派技术调查官参与诉讼。

2019 年 11 月 25 日，商务部"知识产权与发展司局级国际研修班"来自巴西、印度、南非等国的 20 余位学员到知识产权法庭参观座谈。此访是知识产权法庭成立后的第 29 次国际交往活动，也是规模较大、涉及国家较多的一次。

2019 年 12 月 9—13 日，组织"集中宣判周"活动，宣判 6 件具有标杆意义的案件。其中，既有专利案件，又有植物新品种案件；既有基因工程等前沿科技领域案件，又有医疗器械等民生领域案件；既有裁判规则创新，又有诉讼程序创新。

2019 年 12 月 23 日，第六合议庭赴山东日照钢铁厂对一台大型铁水倾倒装置进行现场勘验。

2019 年 12 月，法庭被农业农村部授予"全国农业植物新品种保护先进集体"称号。